普通高等教育“十一五”国家级规划教材
普通高等教育精品教材
21世纪中国语言文学系列教材

中国文化概论

（精编本）

ZHONGGUO WENHUA GAILUN

主编　金元浦
副主编　薛永武 李有光 刘登阁

中国人民大学出版社
·北京·

编委会成员

目　录

下篇　中国传统文化新论

绪论 观乎人文 以化成天下

为天地立心，为生民立命，为往圣继绝学，为万世开太平。

——张载

……通过人并且为了人而对人的本质的真正占有……它是人和自然界之间、人和人之间的矛盾的真正解决，是存在和本质、对象化和自我确证、自由和必然、个体和类之间的斗争的真正解决。

——马克思

第一节
文化的概念、分类、结构与功能

○文化的含义 ○《原始文化》 ○《文化的概念》 ○文化力 ○自然的人化 ○人的本质力量的对象化 ○文化的分类 ○物质生产文化 ○制度行为文化 ○精神心理文化 ○文化的功能 ○记录 ○认知 ○传播 ○教化 ○凝聚 ○调控

人类从野蛮到文明，靠文化进步；从生物的人到社会的人，靠文化教化；人们千差万别的个性、气质、情操，靠文化培养；人们的欢乐与痛苦、幸福与悲伤、崇高与卑俗、伟大与渺小等情感的表现，靠文化赋予；人们各种各样的人生观、价值观，靠文化确立。那么，文化究竟是什么？

一、文化的含义

当代世界关于文化的定义，据统计已有260余种。文化具有与人类自身同样长久的历史，一部人类史就是人的文化史。中国古代典籍中，早就有“文化”一词。“文”字的本义，是指各色交错的纹理。《易·系辞下》云：“物相杂，故曰文。”《礼记·乐记》云：“五色成文而不乱。”许慎在《说文解字》中追根溯源，认为“文，错画也，象交文”。由此原始之义衍生，文遂有文字、文籍、文章、文学之义，进而“文”字有了与“质”、“实”相对的精神修养与美善德行之义。《论语》称：“质胜文则野，文胜质则史，文质彬彬，然后君子。”郑玄注《礼记》曰：“文犹美也，善也。”可见，“文”字自其始，便与今日之“文化”一词有着不解之缘。

“化”字本义指事物动态的变化过程。如《易·系辞下》曰：“男女构精，万物化生。”《礼记》曰：“赞天地之化育。”后又延伸出造化、大化等义，并由自然万物（造化）的生成、变易引申出伦理德行的化成。

“文”、“化”合用，见于《易·贲卦》：“刚柔交错，天文也。文明以止，人文也。观乎天文，以察时变；观乎人文，以化成天下。”在这里，天文与人文相对，天文指天道自然，人文指社会人伦。治国者必须观察天道自然的运行规律，以明耕作、渔猎的时序；又必须把握现实社会中的人伦秩序，以明君臣、父子、夫妇、兄弟、朋友等等级关系，使人们的行为合乎文明礼仪，并由此而推及天下。显然，“文”、“化”从其最初的联用起，便具有明确的文明教化之义。这一用法延至后世，进一步引申出多种义项，分别与自然、神理、朴野、武功相对举。与“自然”对举，取其人伦、人文之义，如李百药《北齐书·文苑传序》称：“夫玄象著明，以察时变，天文也；圣达立言，化成天下，人文也。达幽显之情，明天人之际，岂在文乎？”与“神理”对举，取其精神教化之义，如南齐王融“设神理以景俗，敷文化以柔远”(《三月三日曲水诗序》)。与“质朴”、“野蛮”对举，取其文明、文雅之义，如前述孔子“文质彬彬，然后君子”。与“武功”、“武略”对举，取其文治教化之义，如刘向《说苑·指武》云：“圣人之治天下也，先文德而后武力。凡武之兴，为不服也；文化不改，然后加诛。”又晋束皙曰：“文化内辑，武功外悠。”(《昭明文选补之诗》)所谓“以文化辑和于内，用武德加于外远也”(《昭明文选》)。

西方语言中的文化一词与汉语的文化有相近的一面，又有相异之处。英语中的Culture和德语中的Kultur均由拉丁语的Cultura转化而来。拉丁语的Cultura有耕作、掘垦、居住、动植物培育等与物质生活相关的意义，这种用法至今仍在“农业”(agriculture)和“园艺”(horticulture)中保存着。《牛津词典》把1510年作为文化的精神人文用法在英语中首次出现的日期。这里的文化已意味着为增进某种东西的质量而作出的努力。后来在这种物质性的栽培、种植的意义上引申出神明拜祭、性情陶冶、品德教化等含义。自中世纪起，文化概念已大致与今日西方的文化概念相当。德语Kultur的本义指精神文化，即人文—宗教文化，英语Culture则与政治、法律、经济、教育等社会生活有关，二者又有差异。中国文化一开始就有一种精神和人文的指向，而拉丁语系的Cultura则是从对物质文化的解说开始的。

实际上，文化作为一个内涵丰富、外延宽广的多维概念，是由近代欧洲人开创的。

1871年，英国人类学家泰勒在其《原始文化》一书中对文化作了系统阐释。他提出：“文化或文明，就其广泛的民族的意义来说，乃是包括知识、信仰、艺术、道德、法律、习俗和任何人作为一名社会成员而获得的能力和习惯在内的复杂整体”①。泰勒强调文化作为一个精神文化的综合整体的基本含义，对后世产生了重要影响。

对文化概念进行了详细考察和整理的是美国文化学者克罗伯和克拉克洪。他们于1952年发表了《文化的概念》，对西方当时搜集到的160多个关于文化的定义做了梳理与辨析。在此基础上提出了他们的概括：

> 文化由外层的和内隐的行为模式构成；这种行为模式通过象征符号而获致和传递；文化代表了人类群体的显著成就，包括它们在人造器物中的体现；文化的核心部分是传统的(即历史地获得和选择的)观念，尤其是它们所带的价值。文化体系一方面可以看作行为的产物，另一方面则是进一步的行为的决定因素。②

这一综合定义确定了文化的符号传递方式和其历史传统的构成核心，并强调了其动态的过程性：既是人类行为的产物，又是决定人类行为的某种要素。他们的文化观念产生了非常广泛的影响。

在文化研究的发展史上，英国文化研究的著名学者雷蒙德·威廉斯拓宽了“文化”的定义。在威廉斯之前，英国最具代表的文化观，是阿诺德提出的“文化是世界上最好的思想和言论”，以及其后以利维斯主义为标志的精英主义文化观。它们基本

---

① 庄锡昌等编：《多维视野中的文化理论》，99页，杭州，浙江人民出版社，1987。

② 转引自傅铿：《文化：人类的镜子——西方文化理论引导》，12页，上海，上海人民出版社，1990。

上都采用了高雅文化与大众文化的二元对立思想，把大众文化视为对高雅文化及道德的一种威胁。按照这种观念，文化被视为是为上流阶层所拥有的高等文化，而下层大众则往往被视为没有文化的群体。威廉斯不同意这些看法，他试图从“文化”这个词的内涵来理解文化本身。他在《文化与社会》中提出，文化即“全部的生活方式，包括物质的、知识的和精神的”，随后他在其《漫长的革命》一书中进一步提出：文化是对一种特殊生活方式的描绘，这种生活方式表达某些意义和价值，但不只是经由艺术和学问，而且也通过体制和日常行为。依据这样一个定义，文化分析就是对暗含的和显在的一种特殊生活方式——一种特殊文化的意义和价值的澄清。这个定义的关键词有两个：一是“全部”，二是“特殊”。通过前者，他将日常生活和社会体制纳入“文化”范畴，并强调了各种经验形式的相互关联；通过后者，他将“文化”作为“指意系统”，也就是将人类的所有表意实践视为“文化”，大众文化因而才成了“文化”的一部分。

综上可见，文化概念的多重含义往往使人们对文化的理解产生分歧，一般来说，人们对文化的理解有三个层次：

第一个层次主张文化是涵盖人类所有文明成果的大文化观。穆勒米埃尔认为：“文化包括知识、能力、习惯、生活以及物质上与精神上的种种进步与成绩。换句话说，就是人类入世以来所有的努力与结果。”① 美国文化人类学家维斯拉认为：“历史以及社会科学，把所有人们的种种生活方式称作文化。”②

另一位美国人类学家拉尔夫·林顿也持这种观点：“文化指的是任何社会的全部生活方式……没有无文化的社会，甚至没有无文化的个人。每个社会，无论它的文化多么简陋，总有一种文化。从个人跻身于一种或几种文化的意义上看，每个人都是有文化的人。”③

我国文化学家梁漱溟认为：“文化，就是吾人生活所依靠之一切。……文化之本义，应在经济、政治，乃至一切无所不包。”（《中国文化要义》）著名学者钱穆亦主张：“文化即是人类生活的大整体，汇集起人类生活之全体即是‘文化’。”（《文化与生活》）《大英百科全书》则标明文化概念应分为两类，第一类是“一般性”的定义，即文化等同于“总体的人类社会遗产”，第二类是多元的相对的文化概念：“文化是一种渊源于历史的生活结构的体系，这种体系往往为集团的成员所共有”，它包括这一集团的“语言、传统、习惯和制度，包括有激励作用的思想、信仰和价值，以及它们在物质工具和制造物中的体现”。这两种定义虽哲学基点不同，但都主张一种涵盖物质文明和精神文明总体的大文化观。

文化概念的第二个层次主张文化应主要指人类精神文化方面的创造性成果，而不包括物质生产及其器物性、实体性成果。前述英国文化学家泰勒的文化定义就倾向于文化的精神方面的界说。我国学者多注意到了文化含义的广狭之分，认为广义的文化应包括物质、制度、精神心理等所有范围，狭义的文化则应指精神文化的创造与成果。

---

① 转引自曹锡仁：《中西文化比较导论》，4页，北京，中国青年出版社，1992。

② 转引自［日］石川荣吉：《现代文化人类学》，5页，北京，中国国际广播出版社，1988。

③ ［美］拉尔夫·林顿：《个性的文化背景》，见［美］C. 恩伯：《文化的变异》，29页，沈阳，辽宁人民出版社，1988。

第三个层次的文化概念大大缩小了文化的范围，它沿袭了传统和现实生活中人们对文化的直观理解，即将文化理解为以文学、艺术、音乐、戏剧等为主的艺术文化，是人类“更高雅、更令人心旷神怡的那一部分生活方式”，是“弹钢琴谈论勃朗宁的诗”那一类内容。如我国大众所熟知的对我国文化部门所管辖的文化的理解。

可见，文化的概念是多层次的。广义的大文化观与“文明”概念相接近，涵盖了文化的所有内容。而一般学界所公认的文化观则在赞同多层次文化观的基础上，主要指人类的精神形态、观念形态方面的内涵。

那么，什么是我们所理解的文化本质呢？我们认为，文化就是马克思所说的自然的人化。

尽管不同时代、不同民族、不同学科对文化的理解和界定存在着明显的差异，但有一点是比较明确的，即文化的核心是人，文化是由人所创造、为人所特有的东西，一切文化都是属人的，纯粹“自然”的东西不属于文化范畴。文化便是“自然的人化”，是人类创造的“人工世界”及其形式，是人类区别于动物的本质特征，也是人工产品同自然物相区别的根本标志。

人作为社会存在物，既是特殊的现实的个体，同时又是社会的总体。无论是作为对象还是作为主体，人都既是文化的结果，又是文化的起点。文化造就了人，人又创造了文化。没有人，文化既不存在也没有意义；没有文化，人也不成其为人。

文化就是“自然的人化”，自然的文化化。在马克思看来，自然包含两个部分，一部分是人之外的自然，即不依赖于人而存在的自然界，马克思称之为人的“无机身体”，另一部分则是人自身的自然，即人的“有机身体”。自然的人化一方面包括人类对外在自然的能动的现实的改造，另一方面也包括人自身的躯体和全部感觉（内在自然）发生属人的变化。说到底，文化就是人类主体通过社会实践活动，适应、利用、改造自然界实体而逐步满足自身需要，包括肉体和精神（观念）的两种需要的过程。

从外显的文明现实来看，文化是人的社会实践的产物。马克思曾说过，蜜蜂建造蜂房，使得所有建筑师都为之惊叹不已。但他又深刻地指出：

> 最蹩脚的建筑师从一开始就比最灵巧的蜜蜂高明的地方，是他在用蜂蜡建筑蜂房以前，已经在自己的头脑中把它建成了。劳动过程结束时得到的结果，在这个过程开始时就已经在劳动者的表象中存在着，即已经观念地存在着。①

人与动物的本质区别，就在于人的活动是有目的的有意识的活动，在于他能按照人的需要去认识和改造世界。

同时文化还是人的全部社会关系的总和。人与人之间的社会联系是文化得以产生的基础。马克思认为，人不同于动物，人的自然属性只有在社会中才成为属人的主体性。因为只有在社会中，自然界对人说来才是人与人联系的纽带，才构成了文化——这一人的现实的生活要素。所以，文化是人同自然界的完成了的本质的统一。

从文化的内显的本性来看，文化的这种社会本质又不是一种同单个人相对立的抽象的一般力量，而是每一个单个人的本质，是他自己的活动、他自己的生活。文化的

---

① 《马克思恩格斯全集》，中文1版，第23卷，202页，北京，人民出版社，1972。

内在本性，形成和发展了人的各种感官和能力。人类的文化史，说到底就是人的感觉的不断解放，不断人化，不断由自然人走向社会人，从而走向审美人的过程。“所以社会的人的感觉不同于非社会的人的感觉。只是由于人的本质的客观地展开的丰富性，主体的、人的感性的丰富性，如有音乐感的耳朵、能感受形式美的眼睛，总之，那些能成为人的享受的感觉，即确证自己是人的本质力量的感觉，才一部分发展起来，一部分产生出来。”① 人作为文化创造主体的主观条件成熟了，人的文化意识便在社会实践中产生了，它是人的本质力量在对象世界实践的肯定方式。

文化在历史中发展，文化即是历史，由历史形成的文化模式深刻地影响着人们的社会行为方式，但处身于一种文化之中的人们，往往对这一文化业已形成的模式日用而不察。今天我们对传统文化的反思总是在与不同文化的比较中才可见出。人类古代的巴比伦文化、玛雅文化、埃及文化已经远逝于人类文明的地平线，唯有中国文化、印度文化、伊斯兰文化和西方文化（古希腊、古罗马、希伯来文化）依了一种哲学或宗教而在漫长的文明进程中延续下来。

文化是人类改造世界的一种巨大力量，可以称之为“文化力”或“文化生产力”，它是与经济、政治相对应的、在文化领域内塑造历史的一种力量，三者相互渗透、影响，又相互对立并转化。一定的文化总是在一定的文化场中展开的，而文化场则是文化领域中各种文化力交相作用而形成的。

文化是文化共同体所共同享有的，它绝不仅仅代表某一个人的行为或观念；文化是后天习得的，绝不是先天所固有的。语言是文化的主要载体，不仅如此，语言本身就是文化的重要存在形式。文化不是只有一种，人类文化是多元发展的，各民族各地域的文化有其独特的文化模式，因为各民族的文化都由不同的价值取向和民族精神所主导。但无论在哪一种文化模式中，人们的精神和行为都是趋于一致的。

二、文化的分类和基本结构

文化的基本结构包括物质生产文化、制度行为文化与精神心理文化。

在人与自然的关系中，人类改造自然、征服自然的活动与成果构成了物质生产文化。在人与社会的关系中，人类建立社会制度和人的行为规范的活动及其成果构成了制度行为文化。在人与自我的关系中，人类主体意识的创造活动的过程和成果构成了精神心理文化。

（一）物质生产文化

物质生产文化是指人类物质生产过程及其物质生产的实体性、器物性成果，它们当中也凝聚了人类认识、改造自然的精神因素，但主要显示物的实体性质，它在物质生产领域内显示人的本质力量的对象化、客观化程度。物质生产文化主要包括：由劳

① 《马克思恩格斯全集》，中文1版，第42卷，126页，北京，人民出版社，1979。

动者、劳动资料、劳动对象构成的现实生产力和满足人类最基本的衣、食、住、行的生存需要的消费资料。

（二）制度行为文化

人类在社会实践中建立的各种规章制度、组织形式，以及在人际交往的历史中形成的风俗习惯，构成人类的制度行为文化。制度行为文化包含两个层次：在上的层面为制度文化，而制度文化的长期运行又形成在下的民俗民风文化，即行为文化，所谓“在上为礼，在下为俗”。

制度文化是指人类依据一定的思想观念建立起来的国家根本制度，如经济制度、政治制度、法律制度、教育制度、婚姻制度等，还包括社会组织机构和工作部门的设置形式及其结构，以及与之相应的制度、规章、条例等。

行为文化是在制度文化影响下长期形成的民族的、地域的风俗习惯、行为礼仪、交往方式和节庆典礼等。这种行为文化从属于一定文化体系，往往超越制度文化的变更而更具有历史性。

（三）精神心理文化

精神心理文化由人类社会实践和意识活动长期孕育而成的价值观念、思维方式、道德情操、审美趣味、宗教感情、民族性格等因素构成。它所反映的是人的内心世界，潜伏在整个文化系统的深层。如果细致地加以区分，精神心理文化又分为与制度文化相对应的意识形态，与风俗习惯行为文化相对应的社会心理文化。意识形态层次包括政治理论、法权观念等基础意识形态和更高地“悬浮”在空中的哲学、宗教、文学、艺术等更具观念特征的意识形态。马克思、恩格斯曾说，任何一个时代的统治思想都是统治阶级的思想。同样，统治阶级的文化也是该社会占统治地位的文化。政治理论、法权观念等意识形态是经济基础的集中体现，同时又是制度文化的观念内核。但这一层次文化的发展、变革还要经过社会心理文化这一中间环节的中介。更高地“悬浮”在空中的哲学、宗教、文学、艺术，相对而言离经济基础更远，其发展变革除了经过社会心理文化的中介外还要经过政治理论、法权观念等中介层次。精神文化层中与意识形态有所区别的、更为广泛深刻的层次是社会心理文化层。社会心理文化是某一时代、某一地域、某一民族、某一社会形态下长期形成的集体文化心理结构，是风俗习惯等行为文化的内化方式。它特别表现为思维方式、价值取向、伦理观念、宗教情感和审美情趣的不同。我们说，某一民族或某一地域的文化之所以表现出鲜明的独特性，与其民族（或地域）文化形成的心理结构密切相关。

在文化结构的三层次中，外显的物质性的文化往往随着生产力这一最为活跃的因素的变革而迅速变革，它的外在的物质实体比较容易发生变化。处于中层的制度文化随着社会革命或快或慢地发生，并由于统治阶级文化的改变而影响人们的社会行为方式。而精神心理文化则内化于人类文化发展的各个层面，它长久地积淀于各民族文化深层，构成各民族的独特心理结构。它最难以发生变化，其最核心的部分是思维方式、价值观念和对生活意义的体认。比如，对于西方外来文化，人们最容易理解和接受的是外来的物质文化，即西方文化中外显的物质实体性文化，对中层的制度行为文化已有很大的选择性，而对于深层的精神心理文化则很难认同和接受。西方人也是这样，他们欣然接受了中国发明的火药和鞭炮，却无法认同中国人以鞭炮驱鬼避邪的传统信念。马可·波罗很容易地接受了中国的许多发明和先进的技术文明，却无法接受中国人见着皇帝行三拜九叩大礼，仰视“天子”的心理现实。文化差异的关键是深层文化的不同。

可以看出，广义的文化包括物质文化和精神文化全体，与人类的文明同义。狭义的文化则专指人类的精神创造活动及其结果，是指相对应于人类社会中的政治、经济结构的文化，是构成人类社会的三大支柱（经济、政治与文化）之一。

三、文化的功能

文化的功能是指文化系统在人们的社会生活实践中，能适应和满足个人和社会多种需要的重要作用。文化的功能是巨大的，主要表现在以下几个方面。

（一）记录功能

文化从被人类所创造的第一天起，就起着记录的作用。世界各民族的文学几乎都是在口头文学的基础上发展起来的。直至今天，一些没有文字的民族还是如此。就是在当代中国，某些家族、行业、团体，或出于保密的需要，或受封建宗法观念支配，或是没有书面文字表达能力，诸如祖传秘方、武术擒拿、气功口诀、工艺配方等仍口耳授受，逐代相传。

文字作为文化的载体，扩大了文化的记录功能。中国的甲骨文、埃及的象形文字、巴比伦的楔形文字等等，都给我们留下了人类早期社会实践的记录，让我们窥见了远古先民的智慧和能力。而后，随着造纸术、印刷术的出现，随着科学技术和文字本身的不断发展，这种记录功能更是无时不在，无处不起作用。科学著作、史书典籍、报纸杂志、录音唱片、缩微胶卷……无不在发挥文化的记录功能。人类正是凭借文化的记录功能，在前人积累的知识经验基础上，去开拓更广更深的认知领域，创造出更加光辉灿烂的文化。

不仅语言文字有记录功能，物质型文化也有这种功能。一件兵器，一种生活用具，一个艺术品，都可以使我们感知到彼时彼地人们的精神风貌和实践活动、彼时彼地的风土人情和风风雨雨。秦朝的兵马俑使我们重睹秦王朝风采，而一幅《清明上河图》使宋代都市繁华热闹的生活图画又呈现在眼前。

（二）认知功能

一部人类文化史，从认识论的角度来看，就是一部人类认识史。人类的认识过程总是受到文化现象的制约和规范的。人类正是通过文化，不断积累经验，改进自己的思维方式，提高自己的认知能力，从而逐渐地认识自然，认识社会，认识自身，认识世界的。

人们还通过文化，不断改进已有的物质认识工具，并创造出新的物质认识工具，从而使自己认识的能力不断扩大和深入，质量不断提高，速度不断加快。从望远镜到射电望远镜，从显微镜到CT机，从算盘到电子计算机，从记账本到电脑终端网络……这些都是明证。

人类还通过文化认识不同国家、民族、阶级、阶层的昨天和今天，并去探索它们的明天。摩尔根的《古代社会》使我们认识印第安人的原始社会；联合国一年一度的大会，使我们了解当今世界各国政治经济的风云变幻；各种情报机构、各种信息总汇还可帮助我们去预测明天。

(三) 传播功能

任何一种文化现象都是社会现象，它在社会交往中产生和发展，自然就会在社会交往中得到传播。一件款式新颖的时装、一首中听的流行歌曲为什么能立即风行一时？靠的就是文化传播功能。显然，这种传播可以是纵向的，也可以是横向的；可以在社会群体之内，也可以在社会群体之间。

语言和文字既是文化现象，又是文化的载体，其传播功能巨大。语言会传播，婴儿才会牙牙学语，于是一个地区乃至一个国家都能操同一种语言，各种信息才得以交流。文字会传播，二十四史为我们送来中国封建社会诸多信息，现时众多的报纸杂志，使“秀才不出门，却知天下事”。

实物也可以传播。古有丝绸之路，郑和下西洋，昭君出塞，文成入藏，促成了中国和邻国、汉族和少数民族之间的文化交流。现在广交会上琳琅满目的商品，艺术节里精彩纷呈的节目，以及各种展览会、博物馆、体育竞技、学术报告等，无不在利用文化的传播功能来促进文化的进一步交流。

随着科技不断进步，文化传播功能更臻完美，电话、电报、电台、电视、电脑，使天涯若比邻，四海成一家，世界上每一个角落里发生的事情，我们都可以在同一天知道。同时，文化的传播还可以跨越时空。1977年，美国先后发射两艘宇宙飞船，载着地球上人类的各种信息，包括莫扎特乐曲、中国的《二泉映月》，以及许多数学符号等，飞向茫茫的太空，向宇宙传播人类的文化。

(四) 教化功能

文化被人们所创造以后，就成了人们生活环境中的有机组成部分。这种不同于自然界的人造环境，我们称为文化环境。它一旦产生就反过来影响人、塑造人，发挥其教化功能。

人从呱呱坠地开始，就生活在一定的文化环境中，父母教他学话，教他识别器物，教他爱憎。长大后，学校教他知识，教他做人。社会上各种规章制度、风俗习惯、言行举止教他适应社会。文化不仅自觉教化人，而且更多的是潜移默化地教化着人，使之社会化，使之成为社会的人。

文化的教化功能还表现为文化环境发生变化，可使人们的思维方式、行为习惯、价值观念、审美趣味也随之变化。改革之初，迪斯科跳起来，红裙子穿起来，流行歌曲唱起来，男女青年手挽手地在街上走起来，当时不少人慨叹人心不古，世风日下。如今呢，强烈反对的人默默无言了，诧异的人习以为常了，甚至也跳起了交谊舞，哼起了流行曲。这就是文化教化的结果。

诚然，文化教化功能可以是积极的，也可能是消极的。近朱者赤，近墨者黑，因而我们要积极营造健康向上的文化环境，克服文化的消极因素，去塑造广大人民特别是青少年的健康身心，以保证青少年一代的健康成长。

（五）凝聚功能

文化可使处于一个社会群体中的人们在同一文化类型或模式中得到教化，从而产生相同的思维方式、价值观念、行为习惯，紧紧团结在一起，产生巨大的认同抗异力量。世界史上，民族冲突和战争此起彼伏，苏联解体，波黑塞族和穆族之间交火，其中一个原因就是这种认同抗异力量。

中华民族文化的凝聚功能主要表现为伟大的爱国主义。三元里抗英，狼牙山五壮士跳崖捐躯，杨靖宇饿死不屈服……中华民族历尽劫难仍生生不息。今天，海内外华人同心同德，为现代化建设捐资捐物，献计献策。一切靠的都是文化凝聚功能，靠的都是伟大的爱国主义。

由于文化层次不同，文化的凝聚范围、层次、程度也不同，爱国主义是价值观念的体现，属于精神型里层文化，因而其凝聚范围大、程度深，也最稳固持久。至于共同的爱好、共同的职业、共同的习惯经历等则属于表层、中层文化，相对而言，凝聚功能也趋于表面，面狭且易变，如各种俱乐部、各届同学会等。当然，由于文化内容不同，文化凝聚功能有其积极一面，也有其消极一面。

（六）调控功能

任何一个社会群体为了共同的生存和发展，在实践过程中，自然会要求其成员必须遵守某一行为准则和道德标准，形成一定的社会规范，使人们明是非、辨善恶，共同趋向某种价值观、审美观等，以保证社会在一定秩序中运行发展。这就是文化的调控功能。事实上，也正因为有这种功能，不同制度的社会、不同国情的国家之间才有可能和平共处。

“人不知耻，何以为人？”“家有家规，国有国法。”这说明文化的调控功能主要靠精神型文化和行为型文化来实现。原始社会没有阶级，没有国家，自然也没有法律，于是就靠巫术、图腾、传统道德观念、宗法观念等来实施调控；在阶级社会里，靠法律甚至还采取武装暴力的强制文化手段来实施调控的目的。清王朝入主中原，为防止汉人反抗，同时达到笼络人心的目的，就捧出程朱理学，对其尊崇有加，将朱熹的

《四书章句集注》作为科举考试的内容。与此同时，大兴文字狱，不断制造冤假错案。这就是典型的刚柔相济的文化调控手段。

第二节 中国传统文化与理想人格

〇三元会通 〇传统文化与理想人格 〇理想人格的转化 〇理想人格的建构

中国文化是中华民族对世界文明作出的伟大贡献。它在数千年的文明之河中汇流，形成了独具特色的文化体系，曾长期居于世界领先的地位。

一、三元会通的中国文化

在研究中国传统文化之前，我们必须首先叩问：什么是传统，传统是否仅仅是古书上的文字或者仅仅是历史留下来的遗迹？

传统文化无疑具有深厚的历史渊源，具有历史传递性。人类不能割断自己的传统，不能从外在于传统的视点“中立”地、无前提地评论或接受传统。马克思说：“人们自己创造自己的历史，但是他们并不是随心所欲地创造，并不是在他们自己选定的条件下创造，而是在直接碰到的、既定的、从过去承继下来的条件下创造。”①

中国文化正是从我们直接碰到的、既定的、从过去承继下来的条件中向前发展的。今日中国文化，是昨天中国文化的延续，又是明天中国文化的母体。传统并不是与我们今天分离或隔绝的对象，在传统属于我们之前，我们早已属于传统。这种传统储存在人类各民族的语言文化中，因而每一个人从他牙牙学语开始便进入了一种文化传统，这是一种既成的历史条件，具有发生学的渊源关系。

同时，传统文化又具有强烈的现实性和当代性。黑格尔说，传统并不仅仅是一个管家婆，只是把它所接受过来的忠实地保存着，然后毫不改变地保持着并传给后代。它也不像自然的过程那样，在它的形态和形式的无限变化与活动里，永远保持其原始的规律，没有进步。传统的生命在于改造、创新与新的阐释。如果它已失去了与现实生活的联系，它的生命也就终止了。历史上的玛雅文化、埃及文化便是如此，历尽繁华最终却还是成了博物馆的陈列品。

从当代阐释学看来，人类的传统就如同一条源远流长的大河，在九曲十八弯的漫长历程中，总有许多支流不断汇入，又有不少河汊分流而去。在汇流之前，也许清浊

① 《马克思恩格斯全集》，中文1版，第8卷，121页，北京，人民出版社，1961。

缓急判然有别，如泾渭之分明，但汇为一体后，就不再见出原本的形态了。文化的发展总是在选择、融合、沟通和创造中前进。传统总是在其发展的某一时间空间增加或装载些什么，又在另一特定时空卸下、删汰或丢失些什么。所以，传统总是活在行进中，活在日常实践中，活在“转化”和新的阐释中。它总是将那些与当下实践有密切关系的东西一代一代地传下去，从这一意义讲，一切为我们今天所关注的传统，都具有当代性、现实性。

中国传统文化博大精深，它的充满智慧的哲学思辨对现代世界产生着重要影响；它的极为丰富的文化典籍，特别是独具形态的汉字体系，随着计算机之门的开启而进入当代世界；它对人与自然关系的深刻思考，在现代条件下焕发了勃勃生机；它的沉积丰厚的道德伦理与人文追求，对现代工业社会不无深刻启迪；而绚丽多彩奇幻美妙的中国古代文学艺术，更以其富于魅力的东方意境越来越吸引着世界的注意。中国文化在当代条件下的创造性转化，既是当代社会的紧迫需要，又是历史的必然选择。

今天的中国当代文化，是由中国传统文化、马列主义文化与西方文化三元汇一、浑然一体的交融会通型文化。在这一交融会通型文化的内部，各构成部分又各具特点。中国古代文化传统依附于血缘人伦的观念形态和日用不察的民俗民风，通过本土语言传递的文化脉络，在文化整体中保持了一种漫漶而又深邃的基础文化特征。而马列主义在一个世纪的输入与发展中，已成长为中国文化的一种十分深厚的当代传统。作为一种从西方发端的文化，它已在与中国社会的具体实践的结合中，与我国当代制度文化建立了根本性联系，通过数代人的传承，发展成为强有力的文化基石，并已上升为主导性意识形态文化，多年来全面、深刻地影响着一代代知识分子和广大人民群众。而西方文化（主要是近代以来的科学技术及现代性理论），在中国现代化实践，特别是物质文化实践中居于十分重要的地位。在当代世界经济一体化的格局中它已迅速渗透并改变着中国当代文化的性质。从理论形态上，它也仍然是当代知识理论界的重要思想资源之一。

中国当代三元会通的文化传统是中国基于当代社会发展的需要而对古代和西方进行选择吸纳，进而融合重铸的过程。它既不再是传统意义上的中体，也不再是原本意义上的西体了。因此，三种传统基于中国当代现实的创造性融合，相辅相成又相反相对，相互制约又相互补充，是中国文化发展的必然趋向。这种文化以马克思主义为指导，吸取了中华民族和世界的优秀文化遗产，是以为人民服务为宗旨的社会主义新文化。这种文化主张文化形式、文化流派和学术观点“百花齐放”、“百家争鸣”。同时，这种文化又是对传统与现代、本土与外来优秀文化成果的选择、吸收、融合与创新，因而既具有鲜明的历史继承性，又具有当代性与开放性。

二、中国传统文化的理想人格与人生境界

在考虑中国传统文化的现代转化问题时，我们还必须着眼于中国传统文化对现实中国的社会发展以及国民文化素质的培养所具有的意义。从整个中国传统文化的精神

实质来看，中国传统文化以圣贤作为理想人格的典范和人生追求的目标，激励人们加强自身的道德修养，完善自己的人格操守，提高自己的人生境界，从而实现人的价值和尊严，这在今天仍有其积极意义。中国传统文化总是肯定人在天地间的崇高地位，注重人的主体精神，追求“天人合一”的人生境界，总是指向人、指向人生，故而，可以说，在中国古代，无论是儒学、道学，还是玄学、理学、佛学，都是人学。

因此，要实现传统文化的现代转化，就必须以人为核心，把人类自由全面的发展作为最高的价值目标，大力弘扬传统文化中有关理想人格和人生境界建构的精神，以有益于解决高工业技术文明所带来的种种负面影响。

不少西方人对中国传统文化的理想人格充满了敬仰之情：莱布尼茨艳羡《易经》的“天行健”；孟德斯鸠赞赏中国政治科举制度对血统世袭制的超越，为“柴门”、“寒门”奋斗者开辟了“通达之路”；歌德推崇中国话本小说中的世俗人格；叔本华看好宋明理学家的人格方式；海德格尔认同道家的生存方式。[①] 汤因比和池田大作则在《展望二十一世纪》中说：“世界统一是避免人类集体自杀之路。在这点上，现在各民族中具有最充分准备的，是两千年来培育了独特思维方式的中华民族。”人本心理学家马斯洛也经常引述老庄的言论，他将“自我实现”者的精神状态称为“道家式”的。而英国著名作家格林曾这样热烈赞颂过中国人的人格价值与人格理想：

> 我被中国人吸引了。特别是他们那宝贵的人与人之间的关系。我钦佩他们远大的历史观，他们固有的彬彬有礼的行为，他们对友谊的特大度量以及他们对朋友的忠诚（他们永远不忘记别人做的好事）。我佩服他们民族的无畏精神和他们几乎不惜任何代价维护原则的坚强决心。我欣赏他们深沉而热烈的感情，这种感情常常隐藏在容忍的品质之中。我佩服他们那自然而文雅的礼貌，对老年人的尊敬和对年轻人的关切。他们文雅博学而又天真无邪，经常使我们感到惊奇和愉快。如果我处在一个紧要关头和遇到一个真正的危险时，我情愿要一个中国朋友和我站在一起，而不要其他任何人。[②]

当今世界不少有识之士十分关注中国文化，我们更有责任继承和发扬这份辉煌的人类文明遗产。中国古代哲人以其特有的聪明智慧对人生理想境界进行了广泛而深入的探讨，给我们留下了一座极为丰富的思想宝库，我们应该给予充分的发掘和批判的继承。

中国传统文化人生理想境界论的最重要的特征是对人生的热爱。无论是儒家还是道家，都表现出对人生的乐观旷达的情怀。如道家所主张的闲云野鹤、无拘无束的生活情趣与宁静恬淡、清心寡欲的心理境界，就取一种中国传统文化所推崇的超然宁静的审美态度。而崇尚积极进取，有所作为，“敢为天下先”，“知其不可而为之”的儒家哲人在强调弘毅进取、积极入世、以天下兴亡为己任的同时，也提倡一种开朗、乐观的人生态度。

儒家哲人认为：“仁者，人也。”“仁”是人之所以为人的本质属性。这样，人的

---

① 参见［德］雅斯贝尔斯：《苏格拉底、佛陀、孔子、耶稣》，128～130页，合肥，安徽文艺出版社，1991。

② 转引自韦政通：《中国的智慧》，5页，长春，吉林文史出版社，1988。

行为与人生态度都必须遵循“仁”道的原则。而“仁”道的基本内容就是亲亲，就是对人生、对生命的热爱。即如《中庸》所说的：“仁者，人也，亲亲为大；义者，宜也，尊贤为大；亲亲之杀，尊贤之等，礼所生也。”“亲亲”，就是父慈子孝，兄友弟恭，爱自己的亲人。同时，还应由“亲亲”而“仁民”，即将人生相亲相爱的孝悌之情，推及他人、社会，甚至宇宙。由“亲亲”，即由亲子顺亲的血缘情感出发，最终实现人与人的相亲相爱，人与社会、与自然的相亲相爱、和谐统一。这才是儒家哲人所追求的“仁”，这也才是最高的人生理想境界。《中庸》云：“诚者非成己而已也，所以成物也。成己，仁也；成物，知也。性之德也，合外内之道也，故时措之宜也。”朱熹注云：“诚虽所以成己，然既有以自成，则自然及物，而道亦行于彼矣。仁者体之存，知者用之发，是皆吾性之固有，而无内外之殊。”由仁民到爱物，将诚心仁念施及宇宙天地、自然万物，热爱生命，热爱自然，热爱生活，这才是传统文化的精神。

正由于热爱自然，热爱生命，热爱生活，泛爱众生，所以孔子在日常生活中非常乐观旷达，胸襟开阔，心情愉快。孔子热爱生活，对生活始终抱着一种乐观、活泼、超然、平淡的态度。由于热爱生活，所以他知足无忧。《论语·述而》云：“子之燕居，申申如也，夭夭如也。”同时，也正由于热爱生活，所以孔子又能以天下之忧为忧，影响及后人，遂成为中华民族所推崇的“先天下之忧而忧，后天下之乐而乐”的高尚情操、人生态度、人生价值观与人生最高理想境界。

热爱生活，重视感性生命，所以即使“饭疏食，饮水，曲肱而枕之”，孔子依然“乐亦在其中矣”。也就是说，只要能畅游生命，达于生命之本，就能心情舒展、愉悦；只要有粗茶淡饭能充饥，能够喝点水，把手臂曲起来当枕头舒服地睡觉，这样的人生也就足够了。

中国传统文化人生境界论的突出特点是重视人生并落实于人生。中国古代哲人所构想与设计的人生理想境界是“天人合一”。无论儒家，还是道家、佛教，都强调人与自然、人与社会、人与人、美与真善的和谐统一。就儒家人生理想而言，所追求的是“求仁得仁”的圣人境界，表现了中国传统文化强烈的重生意识。这种圣人境界就是《易·乾卦·文言》所描述的：“夫大人者，与天地合其德，与日月合其明，与四时合其序，与鬼神合其吉凶。先天而天弗违，后天而奉天时。”“与天地合其德”强调人必须与天相认同，认为在人与自然、本质与现象、主体与客体的浑然统一的世界中，人始终处于核心地位。因此人应充满着向上的精神，并由此精神培养，产生出对生活、对生命的珍惜与重视，保持一种积极向上的人生追求。故而可以说“与天地合其德”的境界，也就是“天人合一”的人生最高理想境界。在儒家哲人看来，尧、舜、禹等都是达到这种理想境界的人。达到这种境界的人则可称为“圣人”，为人们所景仰。故而，这种人生理想境界又被称为“圣人气象”和“圣人范式”。

在儒家哲人看来，重视人生，就必须热爱自然、热爱社会与他人，所以“与天地合其德”的人生理想境界的核心内容就是“仁”。如孔子就认为，“仁”的境界之所以是一种物我两忘、天人合一的最高人生理想境界，就在于“仁”的实现是本于天理的至理、至德和至善。所以，“仁者”也就是“圣人”。《论语·雍也》说：“子贡曰：‘如有博施于民，而能济众，何如？可谓仁乎？’子曰：‘何事于仁，必也圣乎？尧舜其犹病诸！夫仁者，己欲立而立人，己欲达而达人，能近取譬，可谓仁之方也已。”

可见，“仁”的基本精神就是“己欲立而立人，己欲达而达人”。具体说来，“仁”，既是自强不息，也是助人有成，是人己兼顾，是对他人的尊重，是由己及人，是以自己为起点，从我做起；“仁”既包含情感上的爱与物质上的扶助，同时更注重道德上的提高；既注重对他人物质生活的维持，更注重他人道德品质的提高。仁者对他人的爱助，其目的在于使其成为有仁德有成就的人。这种“博施于民，而能济众”的仁者，也就是极高人生理想境界的实现。同时，儒家哲人还强调指出，“仁”的具体表现则是“爱人”与“爱物”。即如孟子所指出的：“亲亲而仁民，仁民而爱物。”（《孟子·尽心上》）“仁民”，就是将对自己父母、兄弟、姐妹等亲人的相亲相爱之情推广到人与人之间，并作为人与人之间关系的准则。“爱物”则是将这种仁爱之心推及到宇宙自然，使人与自然和谐共处，相亲相爱，浑然与物同体。

孟子认为，人的形体与无限的生存时空相比是非常有限的，但是，只要人能让自己“直养”、“配义与道”，以培养出“浩然之气”，使人的精神意志达到“至大至刚”的境界，那么，就能使人超越形体与生存时空的有限，而与宇宙同呼吸。能达到这种人生理想境界的人，就是“圣人”，也就是“大丈夫”。《孟子·滕文公》云：“居天下之广居，立天下之正位，行天下之大道，得志与民由之，不得志独行其道。富贵不能淫，贫贱不能移，威武不能屈，此之谓大丈夫。”“得志与民由之”，也就是“己欲立而立人，己欲达而达人”，“达则兼济天下，穷则独善其身”。而“富贵不能淫，贫贱不能移，威武不能屈”，也就是达到“至大至刚”境界的具体表现。孟子认为要达到这种人生境界，就必须要“反身而诚”，恢复人先天的善端本性，摒弃各种物欲的诱惑，以形成充溢着刚性之“力”的“浩然之气”，使人自身和贯注于宇宙间万事万物的浩然正气相互融合，并熔铸成一种真力弥漫、生机勃勃的内在精神，从而使人超越有限的时空的束缚，达到人生最高的理想境界。这就是《孟子·尽心上》所说的“夫君子，所过者化，所存者神，上下与天地同流，岂曰小补之哉”？人要达到“与天地同流”，其关键就在于作为个体的人对作为整体的人的本质的体认。人的本质就是宇宙的本质。个体是小宇宙，天地则是大宇宙，因此，“万物皆备于我矣，反身而诚，乐莫大焉，强恕而行，求仁莫近焉”（《孟子·尽心上》）。孟子对人生理想境界的这种揭示即使在当代，也是有一定现实意义的。它能增强我们对人生的热爱，增强我们的社会责任感，并且通过内心体验，认识自我，珍惜生命，热爱生活，热爱社会与自然，保持一种健康、乐观的人生态度，追求并实现最高的人生理想。

所谓“反身而诚”，作为审美意蕴上的启示，实际上就是一种心灵体验方式和对人生本质的认识。中国传统文化认为，作为人掌握世界的一种特殊方式，人生理想境界的建构活动实际上是人对自身本质特性的一种自证自悟和自我解脱，或谓自我观照和自我体验；是要恢复本心，以合天人，要“虚无恬淡，乃合天德”，以回归自然，拥抱天地，融身大化。所谓“反复而诚，乐莫大焉”，这里的“诚”，就是指诚明本心；“反身而诚”，则是指人通过对道德意识的自我体认，以及对实践经验的内心体验，以完成从心理学到哲学、美学境界的超越；体验自我，发现本心并把握本心，来达到天人合一的极致人生理想境界，从而悟解宇宙万物生命的奥秘。人们只要通过自我体认，“求仁”、“由己”以归复“诚明”的本心——内在生命，那么就能够让内在生命之光照亮天地万物，领悟到天地万物生命的微旨妙谛。

从自然属性来看，人与自然万物的生命本体都是“气”。“万物之始，皆气化”（《河南程氏遗书》卷五）；气化之在人与在天，一也。天地万物与人都是由元气所演化与生成。“元气化为万物，万物各受元气而生，有美恶，有偏全，或人或物，或大或小，万万不齐”（王廷相：《雅述》）。由“气化”说来看，人的意识的本性也来自自然，并且中国传统文化所推崇的个体修养活动的内心体验，乃是“壹其性，养其气，合其德，以通乎万物之所造”（《庄子·达生》）的全身心灌注于其中的感悟与穿透、超越活动，它倾注着人的生命，既是人的精神在总体上的圆满具足的感发和兴会，也是人的精神的自由和解放。它能使道德主体在一种生命的挥发中把握自己的本心，认识自我，并以此体验到自然生命之道与宇宙精神，达到与宇宙自然相通相感、相参相配，领悟到“气陶化而播流，物受气而含生”（杨泉：《蚕赋》）的生命创造的乐境。

总之，以孔子为首的儒家哲人实际上给我们设计了很高的人生理想，它强调对内心仁德的自觉，肯定主体精神的伟大和崇高，要求人们为了实现自己的人生理想应终生不懈地努力，要以天下为己任，不怕任何挫折和磨难。孔子的弟子曾说过：“士不可以不弘毅，任重而道远。仁以为己任，不亦重乎？死而后已，不亦远乎？”（《论语·泰伯》）可以说，达到“仁”的理想境界，也就是“圣人”、“大丈夫”。他们爱仁以德，立人达人，忠孝信义，宽信敏慧，智勇刚朴，心胸坦荡，有浩然之气，对社会、人生都有强烈的责任感。对这种人生理想境界的追求中所表现出的奋斗精神与献身态度，对于当今那些极端个人主义者，以及那种只讲索取、不讲奉献的不良风气，无疑是有其匡正作用的。

【思考与研讨】

1. 每个同学搜集两条关于文化概念的定义，然后将这些定义汇总。以组为单位，分别发言说说自己最喜欢的定义以及理由。

2. 结合自己的直接和间接经验，写一篇小论文，阐述你对一种文化功能的深入认识。

3. 分组召开小型讨论会，以“中国传统文化的理想人格对当代商品社会道德滑坡趋势的正面意义和作用”为主题。将讨论会的记录整理后交给老师。

上篇

中国传统文化总论

第一章 天道有常 周行不殆

——中国传统社会和文化的总体概貌

孟子曰："人有恒言，皆曰：'天下国家。'天下之本在国，国之本在家，家之本在身。"

——《孟子》

无疑中华帝国已经超出它的自身的价值而具有巨大的意义。他们享有东方最聪明的民族这一盛誉，可见，他们对其他民族所起到的典范作用表明，自有耶稣使徒以来，世上大概还没有比这更伟大的事业值得耶稣使徒去从事。

——莱布尼茨

中国是文明古国，中国文化自它产生之日起，经历了五千年的历史而从未中断、衰落，可谓历史悠久，源远流长。考察这样一个传统悠久的国度里的文化，必须首先研究中国传统社会的基本特征。中国传统社会的基本特征就是中国自有史以来从未发生过根本变化的自给自足的自然经济和血缘宗法伦理制度。

第一节 中国传统社会特征之一：农业自然经济

○自然经济 ○自给自足 ○小农经济 ○重农抑商

文化总是与经济紧密联系在一起。中国文化之所以源远流长，历史悠久，也是与中国几千年来的自给自足的自然经济分不开的。

所谓自然经济，是以自给自足为生产目的的一种经济模式，是与以交换为目的、以营利为宗旨的商品经济相对的一种经济结构。具体地说，自然经济下的生产者的生产是为了满足和维持自身生存的需要，为了氏族、庄园、家庭等经济单位的物质需求。农业与家庭手工业相结合是自然经济的特点和基础。

在自然经济条件下，社会是由许多成独立体系的经济单位组成的，如原始氏族公社、奴隶主贵族庄园、封建领主或地主庄园、宗族式农民家庭等。每一个这样的单位所从事的经济活动，都在这些经济单位内部进行，很少与外部发生联系。在封建社会，一个农民家庭就是一个自然经济的生产单位，家庭成员按年龄、性别自然分工，从事着维持家庭成员生存所必需的劳动。

自然经济是社会生产力水平低下和社会分工不发达的产物。从有人类社会起一直到资本主义生产方式形成以前的历史时期内，自然经济始终占着统治地位，商品经济只具有从属、补充的作用。在一个以自然经济为基础的社会中，一切生产部门都是为了满足生产者自身和家庭、家族成员物质生活的需要，而不是为了交换、积累和聚敛财富。在社会的一切生产部门中占支配地位的是使用价值，而不是交换价值。在中国，这种自然经济则一直延续到20世纪。

实际上这种自给自足的状况，从人类一经进化形成就存在着。那时的人类只能直接从自然界获取现成的食物，比如采集树种、野果，捕猎野兽等，还不懂得“生产和再生产”。人类只有进化、发展到以种植业，即以原始农业为主要生活资料来源时，才具有了真正意义上“物质的生产和再生产活动”，只有这时才谈得上自给自足的自然经济。

原始农业是从旧石器时代的采集活动中直接产生出来的，妇女是原始农业的发明者。母系氏族公社时期是原始农业的开端。《易·系辞下》中曾说：“庖牺氏没，神农氏作，斫木为耜，揉木为耒，耒耜之利，以教天下。”《白虎通·号篇》中也说：“古之人皆食禽兽肉，至于神农，人民众多，禽兽不足，于是神农因天之时，分地之利，制耒耜，教民农作，神而化之，使民宜之，故谓之神农也。”这便是古代关于“神农氏”的传说。这说明人类逐渐结束了直接从自然界获取现成的物质生活资料的时代，开始了真正意义上的“物质的生产再生产活动”。据古文献记载，我国在夏代种植业已处于十分重要的地位，并制定了适合农业生产的农历即“夏小正”。从母系氏族时期原始农业产生起经父系氏族时期到我国夏朝禹在位时止，农业生产活动的经济单位是原始氏族公社。禹死后，其子启夺取了王位，废除禹以前的氏族首领“禅让制”，开始实行“世袭制”，阶级产生，原始氏族公社解体。

因此，夏末至商代，社会经济单位由原始氏族公社逐渐演变为奴隶主贵族庄园。商代的农业已较前有了较大的发展。商王对农业生产十分关心，他经常向天帝、祖先祈求降雨和获得好收成，并亲自去田间察看庄稼，参加耕田活动。商代不但农业有了大发展，手工业和畜牧饲养业也得到了发展。商代的奴隶主贵族庄园是以血缘关系为纽带而形成的，生产活动仍然是群体性集体劳动。庄园是一个独立的自给自足的经济生产单位，其劳动产品主要是用于本经济单位内人们的物质生活所需，包括要拿出大部分产品供给奴隶主贵族消费。

周代初期实行土地分封制。土地占有者主要是奴隶主贵族或封建领主，社会经济单位仍为奴隶主贵族庄园或封建领主庄园。与商代不同的是，周代的农奴已有了自己的家室庐舍、妻子儿女，用自己的生产工具为庄园主耕种土地。农奴与贵族封建领主或庄园主之间保持着人身隶属关系。农奴的全部生产所得就是为了供养奴隶主贵族和维持自己的生活。周代也有官府手工业和农奴家庭手工业，但都是为了自给自足而生产。官府手工业作坊生产的产品全部归周王室及诸侯、卿大夫等贵族享用，农奴家庭手工业产品主要也是为了自用，而不是为了交换。周代是我国封建社会的开端。但初期的封建社会还是领主制，还不是地主制，土地还是分封的，而不是归个人所有的私田，领主对农奴的剥削，还是徭役地租形式。周代后期由于人口的增加，生产力的发展等原因，公田即井田之外的土地被大量开垦，私田出现，井田制逐渐瓦解。公田逐步被私人所占有，土地买卖出现，封建领主转化为封建地主，农奴转化为佃农，并有了一定的人身自由。随着这种“转化”，以“男耕女织”为特征的家庭农业和小手工业生产的自然经济逐渐形成并得到发展。

秦时期封建的统一国家形成。在此后大约两千年的封建社会中，以家庭为主的“男耕女织”式的家庭农业和小手工业经济形式一直占主导地位，自给自足的自然经济始终起着决定性作用。在西汉政府编制的户籍中，自耕农人数最多，他们是当时农业生产的主要承担者，负担着非常沉重的租赋，这就迫使农民必须夜以继日地辛勤劳作，才有可能完成繁重的租赋和获得自身生存所需要的物质生活资料。《汉书·食货志》上曾说：“一夫不耕，或受之饥；一女不织，或受之寒。”说明西汉时期这种“男耕女织”、耕织结合的经济结构形式是当时农民的主要生产方式，也是西汉社会经济的主要来源。东汉时期北方人口大量南迁，带去了先进的农业和手工业生产技术，以及耕织结合的生产方式，使南方的农耕种植、桑蚕丝织等生产水平有了很大的提高。南方经济的发展是南方各民族的进步，也是自然经济在南方传播的必然结果。必须明确的是，秦汉以前这种以家庭为经济单位所进行的生产，不论是田里收获的农产品，还是家中生产的纺织品，都是用于满足自己和他人的物质生活需要，而不是为了交换。他们交给土地所有者的地租，交给官府的各种税赋，也都是用于满足生活消费，而不是为了交换。

这种自给自足的生产方式，在中国漫长的封建社会中年复一年、代复一代地重复着、延续着。即使是在农民起义或农民战争之后，虽然实现了改朝换代，建立了新的政权，但却并没有建立起新的经济关系和生产方式，仍然还是自然经济。农业与家庭手工业紧密结合是自然经济的主要形式，中国农民两千年来就是以一家一户为一个经济单位来进行生产的，这种分散的个体生产，就是封建经济的基础。这种分散的个体生产在规模上很小，其生产的目的主要是为了解决吃饭、穿衣问题。耕织结合构成了这种以家庭为主的经济单位的主要的经济活动内容，秦代的《吕氏春秋·上农》篇中也曾提到“丈夫不织而衣，妇人不耕而食，男女贸功以长生”，说明了男耕女织相辅相成互助合作以解决吃饭、穿衣两大生活基本问题，二者已是不可分割的了。这种耕织结合的家庭经济形式在漫长的中国传统社会中一直延续着、存在着，直到19世纪中期，在全国范围内仍然占据着统治地位。

在这耕织结合的家庭经济里，一家一户就是一个生产单位，所用工具都是自备，原材料也大多是自己生产的，家庭成员之间实行原始分工，即“男耕女织”。手工棉、麻、丝织业都是在家庭内完成其全部生产工序的，时间多在农闲，以不误农时为原则。中国传统社会的广大农民正是这样“男力稼穑，女勤纺织”，“农时俱在田首，冬日则相从夜织”，“晴时耕耘，雨时纺织”，“日操犁锄，晚动机杼”，用自己的生产原料和工具，利用一家老小的一切闲散时间，生产着满足一个家庭所需的生活资料。

这种耕织结合的小农经济，以家庭为经济单位的生产方法，为什么能够长期占据着中国社会经济的统治地位？这首先是由历代王朝所奉行的重农抑商政策所致。重农抑商政策起源很早，大约产生于我国的战国时期。当时的社会经济发生了巨大变动，诸子百家也在学术上互相争鸣。他们面对社会的剧烈动荡变化，纷纷提出重农抑商政策。如《管子·权修》中就说：“上不好本事，则末产不禁；末产不禁，则民缓于时事而轻地利。轻地利而求田野之辟，仓廪之实，不可得也。”《管子·治国》中又说：“凡为国之急者，必先禁末作文巧，末作文巧禁，则民无所游食，民无所游食则必事农，民事农则田垦，田垦则粟多，粟多则国富。国富者兵强，兵强者战胜，战胜者地广。”《吕氏春秋·上农》中也说：“民舍本而事末，则其产约，其产约则轻迁徙；轻迁徙，则国家有患皆有远志，无有居心。民舍本而事末则好智，好智则多诈，多诈则巧法令，以是为非，以非为是。”这说明古代人们之所以重农抑商，是因为认为农业是根本，是直接进行物质生产的，可以富国强兵。而商业则是“末作”，是靠奸巧获得的，只能乱人心智，造成社会混乱。历代统治者为了保证本阶级的物质利益和统治地位，为了保证再生产的顺利进行和社会的稳定，将重农抑商作为他们力求实现的政治的和经济的目标的一个手段，并且一代一代地传承下去，使之成为从古代到近代贯穿中国传统社会的一个一成不变的经济政策，从而使自给自足的自然经济成为中国传统社会占统治地位的经济模式。

其次，这是由中国传统社会的土地所有制和统治者残酷的经济剥削所造成的。中国自周代实行土地分封以后，长期以来土地被少数人占有，广大的劳动者处于无地或少地的状况，他们的生产积极性受到制约。土地占有者却只知对农民进行残酷的地租徭役剥削，官府也向农民征收大量的租赋。沉重的地租和赋税、地主和官府的双重剥削，不但侵吞了农民全部的剩余产品，而且也占去了相当大一部分必要产品，即农民生产所必需的费用。农民不得不从事农业以外的家庭手工业生产，以织助耕、耕织结合，以完成官府、地主的赋税、地租，也操持一家人的温饱生计，从而使农业与家庭手工业紧密结合起来，由此又造成农业与工业分工发展的重大障碍。这样一来，就从几个方面加强了自然经济的稳固性，并使之绵延数千年而不易被打破，一代一代地传下去。

再次，这是孔孟儒学向人们灌输的与统治者重农抑商政策相一致的重农抑商思想意识所致。如“重义轻利”思想和“知足常乐”的价值观等。孔子要恢复的“周礼”，其中就包括了恢复周代土地分封政策和庄园式的农业生产方式。孔子好古，不喜改制，认为周礼是至高至善的最理想的社会制度，应当流传百世而不改变。这种保守的思想观念，只能起着稳定封建的自然经济结构、巩固封建统治、阻碍社会进步的作用。再如后世儒家所主张的“存天理灭人欲”，“非礼勿听，非礼勿动”的教化等，长期以来压抑着人们的创造性，禁锢着人们的思想，使人们不敢有非分之想，不敢越雷池一步，养成了人们的思维定势和小农经济意识：循规蹈矩，因循保守，不思改变，不敢冒险。人们视商人为不义之人，经商赢利是为获取不义之财的不正当职业。只有“男耕女织”式的家庭生产方式才是祖宗传下来的经济生活方式。总之，孔孟儒学中所表现出来的重农轻商思想，从人们的思想意识上强化了历代王朝所推行的重农抑商政策，巩固了自给自足的自然经济。

在我国社会经济发展的历史长河中，除以家庭为单位、耕织结合的小农经济外，还存在着从春秋战国时代就出现并逐渐发展形成的规模庞大的官府手工业经济。据《周礼·考工记》记载，周代的官府手工业已经能够生产十分精致的铜器、玉器以及木器、陶器等。显然，这些精致的器皿不是用来出售的，也不是用来交换的。这些精致的器皿大多是奢侈品，并不是广大农奴生产和生活所必需的。毋庸置疑，周代官府手工业产品主要是供官府、奴隶主贵族自己享用的，就是说官府手工业产品也是用于自给自足的。它的生产是为了满足奴隶主贵族奢侈的物质生活享受，它的产品的价值仍然是使用价值，而不是交换价值。因此，周代的官府手工业与封建庄园内农奴的家庭手工业，都别无二致地属于同一性质的经济，即自给自足的自然经济。

据资料记载，西汉的官府手工业也十分发达，尤其是冶铁业，其冶炼技术和铁器种类、数量、质量都比前代有了重大进步。特别是淬火技术的发明使用，它大大提高了铁器的坚韧性和锋利程度。然而它主要是用于兵器生产，用来装备军队。西汉的官府手工丝织业也很发达，临淄（今山东淄博）、襄邑（今河南睢县）都设有规模庞大的官营作坊。据《汉书·贡禹传》记载：临淄三服官“作工各数千人，一岁费数巨万”。[①] 然而它所生产的丝织品全部供皇室使用。为了管理好官府手工业，提高工艺技术，唐代还专设了掌管官府手工业的机构少府监和将作监。少府监专管百工技巧，主要负责管理制造精致的工艺品、日用装饰品，专供皇室和官僚贵族使用。将作监专

① 参见翦伯赞主编：《中国史纲要》（上），124、440页，北京，人民出版社，1983。

管建造宫殿、庙坛、官署、陵寝等土木工程，还制作供皇室、官僚、贵族使用的丧葬用品。少府监和将作监生产的手工业产品均不在市场出售，不用于交换。历代王朝及其各级官府机构，出于生活上的享受和统治上的特殊需要（如制造兵器、军需品和祭器等），控制着种类繁多的官营手工业生产。其原材料多是征调而来，其生产者也是服徭役的农民或子孙世袭的官籍手工业者，其产品不是为了营利，不是为了交换（出于财政目的而经营的盐、铁专卖除外），而是为直接满足皇室、贵族、官吏的生活需要。所以历代官府手工业主要的也还是一种自给自足的生产，属于自然经济的性质范畴。

在中国传统社会中，自给自足的自然经济始终占据统治地位，但并不是说就完全没有商品生产和商品交换。实际上农民的产品有剩余时，即使很少也还是要拿出去进行交换以调剂余缺，换回自己不能生产的生产资料和消费资料的。官府手工业虽在手工业生产中占据重要地位，并且也是自给自足供官府自己享用的，但官府终究不可能也没有必要把所有的手工业生产网罗净尽，民间手工业还是在缓慢地发展着，如民间制陶业、造纸业、印刷业、粮油加工业等。这些民间手工业不是传统的夫妻小家庭能够生产的，都具有相当的规模和较强的专业性，一般来说也都具备了商品生产的性质。

实际上早在我国春秋战国时期，在农业、家庭手工业、官府手工业发展的同时，也就出现了“独立自由”的手工业者与商人。《墨子·节用》篇上记载当时已有专门的甲工、制轮工、制车工、皮革工、冶炼工、梓木工等。《左传·僖公三十三年》上记载有郑国商人弦高犒秦师之事。孔子的弟子子贡就是一个做生意的商人。秦国宰相吕不韦就曾弃官从商，成为阳翟大贾。《荀子》说，当时北方的走马、吠犬，南方的羽翮、齿草、丹干，东方的织物、鱼、盐，西方的皮革、文旄，都出现在中原的市场上。这说明当时的商品交换、商业贸易已相当活跃。为了适应日益发展的工商业，货币产生，高利贷资本也出现了。秦汉大一统帝国形成后，由于度量衡、货币、文字等的统一，又更进一步促进了商品经济的发展，出现了洛阳、邯郸、成都、临淄、宛城等五大商业都市。唐宋两代有长安、开封、扬州、成都等商业繁荣的城市，工商业的行会组织也在北宋首次出现。南宋时期海上贸易有了大发展，东南沿海的丝织品、瓷器、铜器、印刷品都曾大量销往日本和东南亚各地。海上贸易的发展也引发了造船业和其他相关手工业的发展，明清两代随着商品生产和交换的发展，手工业和农业的分离加速，分离程度增大，独立的有相当规模的手工业作坊、工场不断增加。不仅供统治者享用的商品生产有所扩大，而且广大老百姓生产、生活所必需的手工业产品的生产也日益商品化、规模化，并逐渐形成了一些集中生产某种或几种产品的手工业中心城镇，如杭嘉湖的丝织品、景德镇的陶瓷、福建的纸、陕西华州的铁等。农产品商品化亦有所增长，主要是经济作物的大量种植和出售，如棉、麻、茶、桑、烟草、甘蔗等。随着工商业的发展，城市大粮商、粮行也出现了。总之，在中国传统社会的漫长历史时期，商品生产、商品交换不但大量存在着，而且还在缓慢地发展着。

然而，在漫长的中国传统社会中商品经济却始终未能占据统治地位，一直处于次要的从属的地位。这是由于中国历代一直实行着重农抑商政策。如前所述，历代王朝统治者一直认为只有农业才是关乎国计民生的根本，而商业活动不能直接生产人所必需的衣、食等物质产品。工商业的发展会使人变得奸诈贪婪，会引起土地兼并，导致社会动乱，政权不稳，国力削弱，民众不安，直接威胁到统治者的政权和物质利益。因此，历代王朝都把商人及商业活动看作祸国殃民的根源抑制之、贬低之。把商人和罪犯等同看待，视商人为奸巧小人，经商为“末作”、下贱的职业。降低商人的社会地位，不许商人做官，甚至不许商人乘车马、穿丝绸衣服等。加重商人的税赋负担，使经商成为无利可图、无钱可赚的职业。在汉武帝时代，甚至采取极端严厉的办法抑商，直接查抄没收商人的财产，不断改变币制，使商人的货币积累丧失或减少价值。统治者还采用扩大官办手工业的方法来控制非农产品的生产，实行土贡制度，强令各地向皇室纳贡土特产品，甚至不惜实行俭约的生活，抑制奢侈行为，以限制和减少生活奢侈品的生产等，从各个方面采取措施，以达到全面重农抑商之目的。

总之，在上述抑商政策之下，商品经济终于未能在中国传统社会中发展形成占统治地位的经济，从而使自然经济一直独领风骚，占据着社会经济的统治地位，并成为我国传统社会的基本特征之一，也体现了中国传统自然经济的长期性与稳定性。

第二节 中国传统社会特征之二：血缘宗法制度

〇血缘宗法制度 〇“宗”与“族” 〇“家”与“国” 〇宗子法 〇门阀氏族制 〇宗族制 〇父权、夫权、君权

在人类社会中，人与人之间的关系是多层次的，而其中最基本、最原始的是人与人之间的自然关系，即以婚育为前提所形成的血缘或血亲关系。在中国传统社会中，这种自然形成的血缘关系，不断地被强化、延伸，以至于上升演变为一种制度——血缘宗法制度。这一制度绵延数千年不变，从而构成了中国传统社会的一大基本特征。

所谓血缘宗法制度，就是以血缘关系的远近亲疏来区分高低贵贱的法规准则。它是在一定的社会历史条件下，以血缘为核心而形成的，要求家族成员乃至广大社会成员共同遵守的行为规范。血缘关系也就是血统关系，是人类因婚姻生育而自然形成的关系。如父母与子女之间、兄弟姐妹之间的关系，以及由此而延伸、扩大的内亲、外戚、同宗、同族等。

中国传统社会的血缘宗法制度是在古代社会宗族的普遍存在的基础上形成的。宗族就是同一父系，群聚而居，有着共同的土地财产，有共同的宗庙，祭祀着同一祖宗，甚至还有共同的墓地等的一个血缘群体。宗法制的实质，就在于族长对宗族的政治、经济、宗族祭祀活动等拥有绝对的支配权，亦即对整个宗族实行家长式的统治。这种权力上与国家政权相结合，下与每一个宗族成员相联系，形成了一个与国家权力相辅相成的统治着每一个宗族成员的特殊的权力机构。因此，中国社会的血缘宗法制

度的根基可以用“宗族”两个字来概括。

关于“宗族”，古代的辞书典籍是这样解释的。《尔雅·释亲》说：“父之党为宗族。”《墨子·明鬼下》上说：“内者宗族，外者乡里。”如果分开来讲，“宗”，《说文》解为：“遵，祖庙也。”《白虎通义》解为：“宗者，遵也。为先祖主者，宗人之所遵也。”《礼记·丧服小记》则说：“尊祖故敬宗。”《辞源》解释为“祖庙或祖先”。综合上述之意，“宗”是与古代祭祀有关的一个字。上古祭祀活动，祭鬼神亦祭祖先，故而“宗”与祭祀的庙宇有关，有宗社之意；又与祭祀之对象先祖有关，有尊祖之意。“宗”是中国文化祖先崇拜的代码，它从英雄祖先的神话中诞生，并从上古氏族社会一直延续到当今文明社会中。

关于“族”，《说文》解为：“族，假借为属”，“属，连也，从尾蜀声”。《中文大字典》亦同意假借为“属”的说法，并具体解释为直系亲属或同姓亲属。综合上述之意，“族”乃与血缘有密切关系，指那些在血统上相联系的人。“族”是中国文化血亲的代码。它小则指家庭、家族，泛则指种族、民族。无论含义的广狭，“族”都是对同一血缘的人的总称。

在中国文化中，宗与族是相依赖而存在的。同宗者必是同一血缘，共祭同一祖庙；同族者必有共同所亲之祖，所敬之宗。在“宗族”这一概念中，祖先崇拜和血缘关系被有机地结合在一起。血缘关系是祖先崇拜的基础，祖先崇拜又是强化血缘关系的纽带，随着宗族概念的反复运用，祖先崇拜和血缘关系不断被强化，成为中国传统社会赖以存在的核心，形成了绵延数千年的血缘宗法制度。

这种以血缘关系为纽带所形成的宗法制度，其渊源可以追溯到原始父系氏族公社或家庭公社时期。作为一种制度，它形成于商，完善于周。在商代之前，人类经历了原始群落和氏族公社两大阶段。原始群落是人类最早的社会组织形式，这时的人类生产力水平、征服自然的能力都十分低下，面对着自然的严峻挑战和野兽的威胁，单独的个人是无能为力的。人类只有依靠群体的力量才能抵御猛兽的侵害，才能获得一定的生活资料，以维持自身的基本生存。因此，人类必须群聚而居。这种原始群落已经是由有一定血统关系的人自然形成的群体。随着人口的繁衍增加，生产力水平有所提高，生产规模逐渐扩大，经济得到了缓慢发展，人类的社会组织也由原始群落向氏族公社过渡。与生产、生活方式相适应的是首先形成了母系氏族公社，后又演变为父系氏族公社。在母系氏族公社中，由于群婚制，由于男子外出狩猎，原始农业生产、饲养家畜、管理家务都以妇女为主，因而妇女居于支配地位，血统从母系计算，财产由母系继承。父系氏族公社的产生则是由于农业有了发展，农业生产成为获得物质生活资料的主要来源，狩猎活动逐渐退居次要地位，男子退回家中从事农业生产，并由于对偶婚姻形成，男子开始居于支配地位，世系血统从父计算，财产由父系继承。很明显，这种氏族组织已经具备了血缘宗法制的形态，实际上也就是宗法氏族制度。此时的社会规范也就是人类长期形成的氏族习惯或习俗。

血缘在社会发展初期就占着重要的地位，恩格斯在《家庭、私有制和国家的起源》中就认为：国家是由氏族组织逐渐演化而来的，而氏族组织则是血缘关系的结合体，这样就使国家这一政治实体免不了要带有血缘的成分。随着王权的扩大，血缘成分逐渐加强，最终演变成了世袭制。在国家最初形成过程中，血缘就与国家政权紧密结合而形成宗法世袭制。在我国古代父权制即父系氏族公社后期，大约是在禹的时代。禹死后，他的儿子启夺取了王位，破坏了尧、舜时代的王位“禅让制”，开始实行“世袭制”。从此以后，王位由有血缘关系的儿子、兄弟相传便成了制度，社会也由原来的大血统氏族集团转变为以血缘关系组成的“家天下”的宗族国家，王位和财产继承都是以血缘为规则的。

商灭夏以后，掌握着国家政权的就是由商王及其近亲、外戚组成的统治集团，王位和官职都是世袭的。商朝的国家形式仍是以王为首的奴隶主贵族政体，是一个比夏朝更进一步发展了的“家天下”。王族是国家政权组织的主体，由它联结着许多旁系、支系贵族，构成了家族统治网。王位更替是以兄终弟及与父死子继相结合的方式进行的，大小官职主要是由王族和旁系、支系的大小贵族担任。贵族意味着官职，官吏多为贵族，亲贵合一，官贵合一。选任官职，先查其与商王关系的亲疏远近，据此决定授官之大小。商朝末期，开始实行按血缘关系进行分封土地的制度，受封者的政治地位和土地世代相袭。血统成了决定人们社会地位的重要因素。

西周时代进一步完善和全面实行了以血缘关系为核心的分土封侯制度。周天子把天下的土地分给与他同姓、同血统的姬姓，并封他们为诸侯。各诸侯再以同样的血统原则把他的封国内的土地分封给卿大夫为采邑，卿大夫再把采邑内的土地分给士，士再分给农奴去耕种。这样自上而下层层分封土地，再自下而上地层层交纳贡赋。周天子与各诸侯保持着以血缘为纽带而联结起来的君臣血缘宗法关系，这对于维护和巩固周天子的政权有着十分重要的作用。《诗经》中说：“大邦维屏，大宗维翰，怀德维宁，宗子维城。”就是指周天子依靠同姓诸侯作为“屏翰”来维护自己的统治。周代的土地分封制是与血缘宗法制紧密结合在一起的，从而构成周的社会制度和政权机构。分封制也就是封建制，所以周代的社会制度就是封建宗法制。宗法制又称为“宗子法”，是以周天子为天下同姓诸侯的大宗，王位由嫡长子继承。嫡长子是嫡妻所生之子，而诸妃妾所生之子称为庶子，庶子可以封为诸侯，对天子而言他们是小宗。但各诸侯在自己的封国内则为大宗，君位仍为嫡长子继承，其庶子则分封为卿大夫，卿大夫对嗣君来说又是小宗，在本家族内以嫡长子相传大宗，其庶子则建立分支为小宗士。这样就构成大宗统小宗的层层统治的宗法关系。在这种宗法关系或宗法制度之下，从周天子到士可以说就是一个庞大的宗族大家庭。在这个大家庭中，其成员的高低贵贱是由与大宗主的血缘关系的远近亲疏而定的。

在周代，整个社会制度就是一个金字塔式的等级结构。其亲贵合一，等级有序，尊卑有分，亲疏有别，壁垒森严，不可逾越，血缘与政治紧密地结合着。这种以血缘为中枢而形成的政治结构，必然是家国不分，伦理与政治相通。如此一来，受封者之于分封者，不仅有着政治上的支配与被支配的关系，而且有着人身隶属关系，上级是下级的绝对宗主，下级则是上级的绝对附庸。从此以后，中国的历代皇帝就像一个大家族中的父亲一样，对臣民子女有着至高无上的权力。

中国原始社会父权家长制时期血缘亲属制度由于与奴隶制的结合，形成了一种带有中国特色的宗法奴隶制，与古希腊的城邦奴隶制以及印度的种姓奴隶制大不相同。历史进入周代封建制以后，这种宗法制发生了变化，西周社会是以分土封侯的封建制为内容，以宗法制为外壳的，而东周时期则表现为家族制代替原始的宗族制，也就是以一个家庭为单位的土地所有制代替以一个宗族为单位的土地所有制。随着这种变化，建立在宗族制度上的旧国家也就逐渐演变为建立在家族制度上的新国家。这是由于社会的发展，人口的增加，铁器和牛耕农业的出现，私田的大量开垦，周代土地为国家所有的公田制度“井田制”遭到了破坏，土地私有制产生，因而造成诸侯争夺土地与奴隶的战争蜂起。周天子的统治结构体系受到冲击，世秉国政的贵族上层越来越腐朽无能，出身于下层贵族的人开始在各方面发挥着越来越重要的作用，以宗法关系分封土地的封建领主制开始解体。到了战国后期这种状况进一步加剧，以血缘宗法关系为纽带的世卿世禄制和分土封侯制进一步被削弱甚至被废除。这就是从春秋时期就开始出现的所谓“礼崩乐坏”的局面，一直延续到战国末期至秦统一六国时。

然而就在春秋末期，中国历史上著名的思想家、教育家孔子创立了儒学。孔子把西周社会看作最理想的社会。他对以血缘关系为纽带而形成的周代一切礼仪制度都十分崇拜。孔儒学说的主要内容就是要“克己复礼”，即希望各诸侯国都要克制自己对于土地和权力的欲求，以恢复完美无缺、至高至善的周礼，并把努力恢复周礼看作各诸侯贵族应具备的品德。然而孔子要恢复周礼的主张并没有得到各诸侯国的采纳。于是孔子便带着他的弟子周游列国，到处游说、讲学，宣传他的思想主张。相传孔子曾删削六经，即孔子按照自己的思想主张收集、整理、删改《诗》、《书》、《礼》、《易》、《乐》、《春秋》。因此六经中反映着孔子的思想主张。后又有孔子的弟子编纂了记载孔子思想、言行、主张的《论语》。战国时代又有儒家的传人孟子承继孔子的思想主张，游说各诸侯不成，“退而与万章之徒，序《诗》、《书》，述仲尼之意，作《孟子》七篇”（《史记·孟子荀卿列传》）。由此，孔子的思想得以流传。

孔、孟要恢复周礼的思想主张一直没有得到各诸侯王的采纳。战国后期至秦统一，血缘宗法制基本上已废弛，周礼被废弃不用。尤其是秦代，秦始皇曾下令焚书坑儒，禁绝私学，烧毁了包括儒家经典在内，除秦国史书以外的所有六国的史书，并在咸阳坑杀儒生 460 多人，儒学几乎禁绝。到了汉代，董仲舒提出“罢黜百家，独尊儒术”的主张，被汉武帝采纳，才使儒学又得到了复兴。董仲舒借用阴阳家的某些思想重新解释儒家经典，极力鼓吹封禅和改制。其实质仍然是用血缘宗法思想来维护君臣伦理的封建秩序，神化皇权专制，提出了一系列以血缘宗法思想为核心的清规戒律，并力图把封建政权与族权、神权、夫权紧密结合起来，而这四种权力正代表了全部的宗法思想制度。

魏晋隋唐时期是宗族、宗法制度盛行的时期。除皇位仍为世袭嫡长子继承外，在民间，宗法意识、宗族生活已渗透到每个人的思想意识深处。此时期宗法观念、宗族势力昌盛的原因如下：一是连年战乱，弱肉强食，人们需要聚族而居；二是人们南北迁徙，因语言上、风俗生活习惯上的差异及政治上的原因，也必须同族而居；三是自给自足的自然经济加强了血缘宗法关系，血缘宗法关系又巩固了自给自足的自然经济结构，使人们易于结成以血缘、地缘联合的不大流动的宗族群体；四是此时重门第之风盛行。由此发展形成了若干有名的大姓家族和许多无名的小家族。有名的如东吴时的吴姓大族，东晋时的乔姓大族，唐代的李姓大族等。这些大姓家族经济实力雄厚，拥有自己的武装力量，在政治上与皇权贵族相勾结，与国家机构相结合。这些大家族的上层在族内掌握着家族大权，出族可以在朝廷担任官职，在经济上操纵着地方乃至国家的部分经济命脉，可以左右朝廷和地方官府，有着与官府分庭抗礼的一面。魏晋时期在法律上曾实行过连坐法，并盛行裙带风，形成一损俱损，一荣俱荣的血缘关系。人们极重宗法、门阀，严嫡庶之别，重谱牒之学，族籍管理制度十分健全、严格。婚姻上重门第出身，实行世族联姻。财产继承权仍从男、从嫡、从长，社会等级结构、血缘家族出身十分严格。

隋唐五代之后，门阀大族逐渐解体。从宋代开始，宗族制度有了新变化。已分裂成个体小家庭的同一祖先的子孙，用祠堂、族谱、族田、族产联系起来，家族内部有严密的组织，族长为最高首领，族之下按血缘关系的远近亲疏分为支系或旁系。祠堂、族田等族中财产有专人管理，族人按规定耕种族田或从事族中公共的生产活动，其产品用于宗族祭祀、复仇、诉讼等族内活动费用。在同一家族之内也存在着互帮互助的生产协作和经济活动，并有其组织形式如行会等。族内制定有严格的族规，违犯者必以酷刑惩罚，族长有权处死违规者。以祠堂、族产、族规、族长等形成的宗族权力是当时社会底层的权力机构组织，它与国家政权、地方官府相结合，结成一个严密的网络，严酷地统治着下层族人。尤其是在明代，宗族制度对巩固封建政权起着十分重要的作用，因而族权受到了统治者的保护。

与血缘宗法制紧密结合的官职世袭制，在隋唐以后发展演变为任子制和恩荫制，即以荫补官，而不是选贤任能，这是与科举制度同时存在的一种任用官吏的制度。任子制大约始于汉代，以血缘关系为原则来任用官吏，是官僚贵族享受的一种特权。在唐代已经实行科举取士的同时，也还存在着这种任子制，高官要员的子弟可以不经过科举考试而直接做官。任子制在宋、元、明时又被称作恩荫制，尤其是在宋代，恩荫制已经发展到了泛滥的地步，以至于影响到宋代国家机构的正常运转。因为通过恩荫制所任用的官吏大多没有真才实学，很难胜任管理国家的职责。因此到了清代，恩荫制又演变为恩生制，即高官要员的子弟在做官之前先进入国子监当监生，通过一段时间的读书学习之后方可任用。清代的恩生制规定，京官四品、地方官三品、军职二品以上官员，可以送一子直接进入国子监学习，修业期满后，再根据父辈的官职品级授予一定的官职。而满族的八旗子弟则仍可以由恩荫直入仕途。从此也可以看出血缘宗法关系在历代王朝的绵延存在。

从上述内容我们可以看出中国传统社会是一个十分重视血缘宗法关系的社会。这是由中国社会几千年来自给自足的自然经济所造成的。人类要生存，就必然要结成群体，协同合作，互助互卫。而这种群体是以血缘为纽带联结起来的、具有血缘关系的自治体。这种血缘群体不仅体现为一种社会关系，还是一种政治组织和经济单位；不仅有一套完整的组织形式，还有维护这种组织形式的法规即族规和严格规定的辈分、嫡庶、长幼、主从、贵贱的等级秩序。

我国传统社会的这种血缘宗法制度大体上可以分为三种类型：第一类是周代的“宗子法”，也就是嫡长子继承法。嫡长就是“大宗子”。周天子自称承受天命来治理天下的土地和臣民，其位由嫡长子继承，因此，周天子是“天下之大宗”。其诸弟都是“小宗”，被分封到各地去做诸侯，管理封国内的土地和人民，向王室纳贡并保护周王室。在各诸侯国内，国王又被尊为“大宗子”，他再分封同姓卿、大夫，直至士，其王位也是嫡长子继承。如此按血缘关系层层分封。在分封中也有受封的异姓诸侯、卿、大夫，但他们都是周王室的姻亲外戚，或为有功于周王室的军人、武士。周王室利用血缘和姻亲关系维持王国的统治。周代的“宗子法”是最完整的血缘宗法制度，其特点就是血缘宗法与分土封侯制相辅相成、紧密结合，共同构成周的国家政权机构。第二类是东汉以后兴起的以血缘宗法关系为纽带的门阀氏族制度。这是周代“宗子法”的变形。汉晋时代皇权皇位仍由嫡长子继承，但皇室宗亲、贵族阶层中有一部分人热衷于周代的“宗子分封”，想做诸侯王，就利用宗法血缘关系和村社聚落而居的形态，盘踞一方，建立地方宗族权力机构，结成相当牢固的大宗族组织，自称“宗主”。魏晋时期的门阀大族还控制着国家政权，操纵着选任官吏之事，选用的官员多是世族子弟。汉唐时代朝廷承认出身门第的差别，国家设立谱局，任用官吏“必稽谱而考其真伪”。实行如前所述的“任子制”，官职的选拔任用基本上为门阀世族所垄断，出现了“上品无寒门，下品无世族”，“以贵袭贵，以贱袭贱”的重血统出身的局面。第三类是宋代以后的家族或宗族制。旧的世族自隋唐以来因多次大规模的农民战争和社会发展变化等原因，逐渐衰落下去。可是由于宋代理学家极力宣扬血缘宗法思想，于是联宗收族，编修家谱、族谱之风盛行，使血缘宗法意识在平民百姓中得到了加强。皇权仍然是世袭的，而民间的村社宗族组织却成了封建政权的重要补充。家规族法本身就具有政权的性质，并能起到一般政府机构所起不到的作用。有些国家事务是通过宗族组织来进行的，比如族长督促族人交纳赋税，对族人进行教化，宣讲儒家伦理及国家律条等。族长可以利用祖宗的名义对族人实行统治、惩罚。老百姓可以不与官府发生关系，但却不能不与宗法族权发生关系；他们常常反抗官府，但却很少反抗族权的压迫。这就是因为血缘亲情意识已深入老百姓的思想灵魂深处。族权正是利用着人们的这种血亲意识实行着名正言顺的统治，起着国家政权、皇权统治所起不到的作用。族权和政权可以互相补充、互相倚重，所以历代王朝总是支持、强化宗族统治，从而形成中国特有的、不同于西方社会的血缘宗法制度，并且源远流长，一直绵延至近代。

父权系统和孝道观念是宗法社会的基础，也是它的一大特点。在以血缘关系组成的大家庭中，家长即父亲无疑居于统治地位，握有至高无上的权力。作为人子必须孝顺父亲，服从家长，恪尽孝道。家庭中的大小事务都要禀告家长，家庭财产都系在家长名下，一切财物均由家长分配、处理，家庭成员必须无条件地服从家长的意志和家长的是非观念。在这样的大家庭中，还有一套严格的贵贱尊卑等级制度，一切都按辈分论大小，还要严格区分嫡庶长幼的尊卑关系。实行着嫡庶有别、长幼有序的血缘宗法原则。

夫权是宗法家长制社会的第二大特点。封建的血缘宗法社会是以男权为中心的社会，上至皇帝，下至大小官吏以及宗族组织中的族长、家长均是男性担任。妇女自从母系原始氏族公社结束之后，就一直处于从属地位，丈夫对妻子有着支配和占有的权利，而妻子则处于从属依附的地位。她们没有财产继承权，没有读书做官参加社会活动的权利，只能在家中操持家务，侍奉公婆，生儿育女，传宗接代，严守着“三从四德”的律条。男人可以纳妾，或休妻再娶，却要女人从一而终，保持贞操。即使丈夫死亡，妻子也要为之守节，不能再嫁，几千年的传统社会形成了一整套束缚女性人身自由的清规戒律。

君权是宗法社会的第三个特点。在传统的封建社会中皇帝拥有至高无上的权力，皇位是终身的、世袭的。整个国家都是皇帝“家天下”的个人私产，臣民都是皇帝的奴仆。所谓的“普天之下，莫非王土，率土之滨，莫非王臣”，说的就是皇权的至高无上，广大无边。而老百姓也把皇帝看作“天之子”，当作自己的主宰、心目中的偶像而顶礼膜拜，遵从有加，敬仰有重。皇帝的意志就是法律，只能绝对遵从，不能有丝毫的不敬。孔儒学说的政治理想就是要把血缘宗法思想贯彻于整个社会生活之中，汉代儒家董仲舒提出的“三纲五常”，强调的就是君权、父权、夫权观念。而宋代以后进一步强化了臣对于君、子对于父、妻对于夫的绝对服从意识。这都是以血缘宗法关系为纽带、为核心而提出的维护封建统治的清规戒律。

中国传统社会绵延数千年，血缘宗法制度始终延续而不衰，儒家学说起了重要作用。孔子创立儒学是在春秋末期，但儒学思想的渊源则可以追溯到尧舜时代，即原始社会父系家长制时期。尧舜时代的宗法思想是一种不带阶级压迫内容的宗法思想。《尚书·尧典》记载：帝尧“克明俊德，以亲九族；九族既睦，平章百姓”。尧舜时代是十分强调“孝悌”的，即父义、母慈、兄友、弟恭、子孝。周代把尧舜的孝悌之道改造成为奴隶制服务的行为规范，使原始的宗法思想具有了复杂的内容。孔子的儒学除继承自尧舜至周的宗法思想外，还反映了他那个时代的封建制的内容。孔子主张“君君、臣臣、父父、子子”。前二者是维护君权的，后二者是维护父权的。君权和父权是两个性质不同的概念。君权是阶级社会建立了国家机构之后才产生的，父权早在原始社会父系氏族公社时代就已形成。孔子企图把二者结合在一起，为当时刚刚诞生的封建宗法制提供一种思想依据。先秦时期，百家争鸣，各派思想家都围绕着封建国家究竟应采取何种形式的问题展开争鸣。墨、道、法家都主张把上下贵贱的君臣关系和血缘关系区分开来，只承认君权不承认父权，唯独儒家主张以周礼为蓝本建立一套封建宗法等级制度，使君权与父权形成一种互补关系。这也就是后世历代王朝独尊儒术的根本原因。

宗法封建制是儒家所主张的一种社会理想，孔子希望封建制能像原始父系家长制那样，即既能按血缘的远近亲疏区分上下贵贱等级，又能使各种不同身份地位的人相亲相爱、和谐融洽。中国传统社会确实实现了血缘宗法与封建制的结合，但却很难达到孔子所希望的那种和谐融洽的理想境界。汉代独尊儒术以后，儒学不仅在汉大兴，而且还流传后世几千年。汉代儒家还发展了孔子的某些思想，使儒学成为更明确、更具体、更便于操作的封建伦理纲常。后又经宋、明两代诸儒的进一步强调和倡导，儒家的伦理纲常、宗法思想更加深入人心，更加巩固和强化了历代王朝的封建统治。尽管几千年来中国历史上不断地改朝换代，中国社会经历了无数次的社会大动荡和大变革，而儒学中这种不变的核心内容——宗法思想意识却始终未变，不仅被历代王朝奉为圭臬，而且也为老百姓所接受。

中国传统社会的结构是以家庭为本位的，每个社会成员都不可能脱离这种血缘宗法实体而独立。因而为了维护社会的稳定，首先必须维护家族的稳定。就统治者方面来说，只有妥善地处理好他们家族成员之间的关系，才能使权力和财产的继承有章可循；就被统治者来说，以一家一户为单位的小农业生产是在家长的主持带领下进行的，也只有使他们的家庭成员和睦相处，尊长爱幼，其生产活动和日常生活才能正常运转。这就使历代历朝上至皇族宗室，下至平民百姓都不能不以这种血缘宗法关系作为巩固自己的统治和家族权力的支柱和根本。说到底仍然是落后的自然经济决定了与之相适应的血缘宗法制度；反过来，血缘宗法制度又巩固了自然经济结构。从而才使血缘宗法制度和自然经济结构相辅相成，共同构成我国传统社会的基本特征。

血缘宗法制是中国社会最重要、最基本、最普遍的社会组织制度。它是一系列国家制度和其他社会制度的重要基础。宗族组织是国家政权的辅助，可以维护地方治安和封建秩序，宗族互助和家族“亲亲”教育掩盖着贫富分化的现状，模糊着人们的阶级视线，稳定着封建的自给自足的自然经济结构和生产关系，宗族势力、宗族贵族不同程度地参与政治，给不同时期的政局以重大影响。宗族实行宗族教育，开办学校，续写宗族家谱，编撰宗族历史。凡此种种，说明血缘宗法关系或宗法思想意识，存在于政治、经济、法律、文化的诸多领域，构成了中国传统社会的一个基本的特征。它既有其历史的必然的一方面，又有其落后、保守、愚昧的一方面，从而对中国传统文化的发展产生了复杂的影响。

第三节 中国传统文化的结构概观

○传统雅文化　○传统俗文化　○隐学与显学　○山林文化与庙堂文化

一、中国传统文化的雅俗之分

中国传统文化自古就有雅俗之分。雅文化亦可称为士大夫文化或精英文化，俗文化亦可称为通俗文化或大众文化。

（一）中国传统雅文化

“雅”字，是从中国第一部诗歌总集《诗经》的“雅诗”中套用过来的。“雅”是“正”的意思。士大夫文化是少数人的文化，它既有统治阶层的思想意识，也反映了民族共同文化、共同心理的要素。士大夫一般都受过系统的文化教育，较好地继承了历史文化传统，其思想文化比较系统、精致、深刻；同时书生气浓，趋于保守，且具有较浓厚的空想色彩。在人生价值上，他们大多奉“重义轻利”、“崇德贱力”等为人生的圭臬。

我们以《诗经》为例。其中雅诗分为大雅（31 篇）与小雅（74 篇），是中央王畿的声调，与地方土乐是相对应的。除有些小雅的篇章反映了劳动生活，如《何草不黄》反映不义战争所带来的灾难，表现人民极为沉痛和怨愤的感情之外，可以说绝大部分的小雅与所有的大雅描写的是祭祀祖宗、社稷、土地，记叙历史、征战斗争等内容。如记叙周族历史基本以大雅为主，这些诗叙事性强，篇幅略长，句型整齐，讲究篇章结构，明显表现出士大夫文人撰写的印迹。从描写的内容方面来看，多通过追忆祖先的发迹经过来表现其神异不凡，颂扬其德配上帝、功盖天下的德行。其中，《生民》、《公刘》、《绵》、《皇矣》、《大明》五篇，叙述周自始祖后稷至武王灭殷的全部历史过程。《生民》写周的始祖后稷的发迹，《公刘》写远祖公刘率部族从邰迁到豳，并在豳地开荒辟地，建屋定居的经过，《绵》写文王的祖父从豳迁到岐山营建城郭宫室的情形，《皇矣》写从太王、太伯、王季叔到文王伐密伐崇，《大明》写从文王出生到武王伐纣。这些诗大都是根据传说写出来的，叙事比较呆板、稳滞，缺乏细致的情节描写。

（二）中国传统俗文化

俗文化流行于没有条件接受系统文化教育的广大民众之中，包括农民文化和市井文化。和雅文化一样，中国传统的俗文化也源远流长，最早可追溯到《诗经》中的“风诗”。

“风”是“声调”的意思，国风就是地方声调、地方土乐，它们大都是民歌，产生于黄河中、下游及汉水流域一带，共有十五国风。其中绝大部分反映的是劳动与生活情景，清新活泼。如《七月》（豳风）通过对劳动人民一年劳动情况的描写，展示了一幅悲苦生活的画卷。他们从严寒的二月就下地劳动，接着是采桑、养蚕、织帛、缝衣、收获、打猎、筑场、造酒等，还要给当地统治者造房、凿冰，而自己却过着“无衣无褐，何以卒岁”的凄惨生活。再如《硕鼠》（魏风），不仅表现了劳动人民对剥削阶级的愤怒情绪，对非人生活处境的诅咒、怨弃，而且热烈向往和追求美好的生活。

中国传统俗文化通常以“富贵利达”为最高的价值，民众心目中最崇敬的人物通常不是仁智合一的圣贤，而是膂力过人、侠肝义胆的“好汉”。俗文化中常常有一些“路见不平，拔刀相助”的侠义思想。以唐代传奇为例，唐代传奇是唐代作家用文言写的短篇小说。中国以往把“释经阐道”的诗文作为雅文学或正统文化，而认为“不本经传”、“作意好奇”的小说是卑下的，将之贬称为“传奇”，是俗文学或市民文学。其实，中国成熟的短篇小说，应该说是从唐传奇开始的。据段成式《酉阳杂俎》记载，中唐前后，民间流行着一种“市人小说”，当时叫作“说话”。传奇作者受“说话”的影响，将当时流传的民间故事加以整理，进行再创作。如白行简的《李娃传》，就是根据民间传说《一枝花话》改写成的。唐代传奇的作者，如沈既济、蒋防、元稹、白行简等多出身寒门。

作为俗文化的唐代传奇，不少作品描写豪士侠客仗义执言，为平民百姓“排难解纷”。如《昆仑奴》中的昆仑奴，《霍小玉传》中的黄衫客，《李娃传》中的李娃，他们“路遇不平，拔刀相助”，或者“慷慨解囊”，施财济困，或者救焚拯溺，扶弱锄暴。如牛僧孺的《郭元振》，写的是郭元振夜过某地祠堂，遇猪怪乌将军兴妖吃人。

为此，郭见义勇为，设计杀伤妖精，救出了被害的少女。但乡民却认为他触犯了“神明”，要送他去官府治罪。郭元振说服乡民，并带领他们沿着血迹，深入魔窟，杀死妖精，除了一害。裴硎的《聂隐娘》则描写了一位武艺高超、奋不顾身解救主难的女侠客。这一女侠形象，对后世侠义小说的创作影响很大。唐代除传奇外，还有话本、词文、变文、讲经文、俗赋等，大多是口传心授成为口头文学，因有文人记载，故今天我们还能在古籍中（如《太平广记》、《敦煌藏本》）略见其一二。

中国传统俗文化的传播者中，一般民众识字不多，甚至是文盲，其思想文化比较零碎、朴野、肤浅。但他们有丰富的人生阅历和劳动生产经验，故具有鲜活、实在、形象、生动等特点。以唐代变文为例。唐代的变文是“俗讲”的底本，所谓“变文”是变易深奥的经文为通俗文的意思。变文的文体，据学者胡士莹考证可分三种形式：一种是用一段散文和一段韵文的形式相间写成的，像《大目乾连冥间救母变文》；第二种是全部用韵文写成的，像《舜子至孝变文》；第三种是全部用散文写成的，像《刘家太子变文》。这三种变文，韵散相间、诗文结合，说说唱唱，成为我国传统民间文学的重要形式之一；同时，唐代的变文不少是文图相配，如王昭君故事卷子中有“上卷立铺毕，此人下卷”。吉师老《看蜀女转昭君变文》诗有“画卷开时塞外云”句，都证明变文是有图相配的。在表演时，仍以文为主，图为辅。

当然，如果说雅文化的最大问题是保守、僵化、迂腐，甚至流为虚伪的话，那么俗文化的最大问题是庸俗与腐朽。不过，在整个中国传统文化中，占主导地位的还是雅文化。

二、中国传统文化的隐显之分

中国传统文化在秦汉以后还出现了隐学与显学之分。春秋战国时代的百家争鸣，到汉武帝时变为“罢黜百家，独尊儒术”。当时法家遭遏止，墨家和名家中绝，阴阳家被儒家所吸收。然而，中国两千多年来，仍然是儒法两家的争斗。儒家从汉代起取代了法家，备受推崇，以正统的意识形态的身份起作用，处于显学地位；而法家、墨家等被统治者所抑止。法家的“法、术、势”和墨家的“兼济天下”等，以各种隐蔽的方式起或大或小的作用而成为隐学。

（一）中国传统儒家显文化

儒家在孔子、孟子、荀子、董仲舒、韩愈、周敦颐、张载、程颐、程颢、朱熹、陆九渊、王守仁、王夫之、颜元、戴震等人的开拓、继承、发展下，渐渐形成了一个博大而精深的文化体系。其文化要点，概而言之，主要有以下五个方面：

第一，“义以为上”的价值观。儒家强调“正其谊不谋其利，明其道不计其功”，反对私利之说。

第二，重视现世。要求解决现实生活中的问题，不讲“来世”，不追求死后的“极乐世界”。

第三，天人合一。追求天人之间的和谐统一，阐发天地万物一体的宇宙观和社会观。

第四，刚健自强的人生思想。儒家文化的主流是积极进取、“自强不息”，但儒家也说“静”，不过儒家所说的“静”，是思想道德的境界，与老庄的“虚静”、“无为”判然而别。

第五，修身为本，以德为政。强调修身、齐家、治国、平天下，把德教礼治作为施政方针。

儒家显学体现在中国古典文学上就是“经世致用”的文学观。先秦诸子都反对“人怀其文而忘其用”，强调为现实服务。孔子的“兴观群怨”、“温柔敦厚”，既强调了文学的社会功用，又规定了文学必须遵循的道德规范。在汉代，儒家主张文学要能够“经夫妇、成孝敬、厚人伦、美教化、移风俗”，要求文学发挥劝善惩恶的作用。唐宋时期，所谓“文以载道”、“文以明道”说，都是崇尚现实功用。白居易为此曾言：“文章合为时而著，歌诗合为事而作”（白居易：《与元九书》），正体现出这一主导思想。

我们试举《孟子》为例。孟子名轲，是孔子之孙孔汲的再传弟子。孟子的思想核心，也是他在散文中极力表现的主题。如《滕文公下》“月攘一鸡”的故事，就是用来表达以轻徭薄赋争取民心的思想，这也与他一贯倡导仁政的“省刑罚，薄税敛”，减轻人民负担的思想观点是一致的。再如，他主张“制民之产”，用土地吸引天下之民，“民贵”、“民爱”。他说：“民为贵，社稷次之，君为轻。”因为“得乎丘民而为天子，得乎天子为诸侯”。他在文中不厌其烦地阐述民心向背是关系到天下得失的大问题。同时，他严厉地批评暴君，他说，“庖有肥肉，厩有肥马；民有饥色，野有饿莩”是统治者的罪恶。要以民为本，保民而王。要达到这个目的就应“老吾老以及人之老，幼吾幼以及人之幼”，推恩爱民，实行仁政。另外，作为知识分子来说，要“穷则独善其身，达则兼济天下”，“威武不能屈”。所以我们与其说孟子在撰写诸子散文，毋宁说他在写弘扬孔子仁政学说的学术论文。

（二）中国传统法家隐文化

法学文化和儒家文化尽管一直保持着互补关系，但也存在着很多截然不同的观念。在价值观上，儒家重义轻利，崇德贱力；而法家却重利轻义，尚力黜德。

法家是战国末期反映新兴地主阶级利益的学派。法家思想起源较早，郑国子产作刑书，晋国范宣子铸刑鼎，这是法治思想的萌芽。战国初年，魏国李悝著《法经》，楚国吴起主张“明法审令”，到战国中叶，秦国任用商鞅进行变法。法家集大成者是韩非，他汲取了申不害的“术”、慎到的“势”和李悝的“法”后自成一家，主张以法治天下。法家主张治国牧民要以法为主，以德为辅，肯定“道德定于上，则百姓化于下矣”。但道德教化需以法令威严为前提，认为“法立令行”，然后，“教可立而化可成”，据此认为：“所谓仁义礼乐者皆出于法。”又以“凡人者莫不欲利而恶害”为根据，提出统治者“与天下同利”的主张，即顺同百姓利欲，举百姓之利而利之。商鞅和韩非把法与德对立起来，主张“不贵义而贵法”，“不务德而务法”。

法家把社会中人与人之间的关系理解成赤裸裸的利害关系，所以他们反对儒家的“仁爱观”，否定道德的作用。对此，汉代的人汲取秦暴早亡的教训，提出治国不能单靠刑罚暴力，还必须靠“行仁义”即德治教化。司马谈在《论六家要指》中指出：“法家不别亲疏，不殊贵贱，一断于法，则亲亲尊尊之恩绝矣。可以行一时之计，而不可长用也，故曰‘严而少恩’。若尊主卑臣，明分职不得相逾越，虽百家弗能改也。”《汉书·艺文志》认为：“法家者流，盖出于理官，信赏必罚，以辅礼制。易曰：‘先王以明罚饬法’，此其所长也。及刻者为之，则无教化，去仁爱，专任刑法而欲以致治，至于残害至亲，伤恩薄厚。”

法家隐文化认为：“法、术、势”三者，不可一无，皆“帝王之具”，并提出“以法为教”、“以吏为师”，奖励耕战，剪除私门势力，选拔“法术之士”等政策。这些为推动改革，加强中央集权提供了理论基础。法家也注重于名实问题的讨论，将名实研究用诸政治，联系于刑名法术，故又称为刑名家。法家注重“参验”的认识理论，宣扬历史进化的历史观，以及非道德主义的伦理观、极端功利主义的美学观，这些对后世都产生了一定的影响。

西汉以后，独立的法家学派逐渐消失，其法治文化被吸收到汉代儒学的体系中，从而成为中国传统文化中的隐学。

三、中国传统文化中的山林庙堂之分

在先秦时期，道家与儒、法、墨、名诸家对立，然而到了魏晋南北朝时期，道家、佛家逐渐声势浩大起来，终于形成了儒、道、释三足鼎立之势。纵观中国传统文化史，儒、道两家学说是中国古代哲学的核心部分，由此派生出庙堂文化（儒家）与山林文化（道家）两类。

（一）中国传统的山林文化

山林文化亦可称为隐逸文化，它以道家思想为核心。先秦道家反对有为，主张无为，他们不仅攻击现实的政治经济制度和道德观念，攻击儒、法、墨、名诸家的思想学说和主张，而且从根本上否定整个文明，包括物质的、制度的、精神的价值。他们追求的是那个超越一切相对的绝对的“道”。

道家舍弃“从政”，他们视蟒袍加身为自然本性的丧失。他们“非汤武而薄周孔”（嵇康：《与山巨源绝交书》），“越名教而任自然”（嵇康：《释私论》），不与朝廷合作。庄子认为，从政当官之事，类似于“络马首，穿牛鼻”，败坏人生，违背天性。正因如此，道家欲图“游无何有之乡，以处旷垠之野”。于是，山林便成了以隐士为理想人格追求的道家所神往的地方。《晋书·嵇康传》载：“故有处朝廷而不出，入山林而不反之论。”《汉书·王吉传赞》曰：“山林之士，往而不能返，朝廷之士，入而不能出，二者各有所短。”可见，山林与庙堂相对，山林之士便是隐士。

自隋唐以来，读书人凭借科举进入仕途，宦海沉浮，升迁不定，进退莫测，这样他们不但需要儒家这样积极有为的人生哲学，一旦失意，也需要老庄这样消极隐退的人生哲学。道家“以死生为一条，以可不可为一贯者，解其桎梏”（《庄子·德充符》），要做超脱人世的圣人、真人、神人。他们感受到了现实生活对人的种种压抑，但又不敢，也无力去改变其消极、保守的人生态度。在人生失意之后，最合适的居处便是“不知有汉，无论魏晋”的世外桃源。

山林文化可举陶渊明加以评说。陶渊明的诗歌中绝大部分是“田园诗”，描绘了作者归隐后的农村生活，反映了作者讨厌官场宁愿归隐的思想感情。如《归园田居》首篇：“少无适俗韵，性本爱丘山。误落尘网中，一去十三年。羁鸟恋旧林，池鱼思故渊。……久在樊笼里，复得返自然。”诗中把官场比作“尘网”、“樊笼”，表示了对过去官场生活的厌弃。需要强调的是，陶渊明田园诗里那种闲适恬淡和纯洁幽静的趣味，总是跟官场宦途比较而来的。

《桃花源记》是陶渊明晚年写的著名的散文作品，紧接“记”还有一首《桃花源诗》。这一文一诗描绘了一个与世隔绝的乌托邦式的空想社会。这个空想社会是作者晚年理想的寄托，也反映了诗人在归隐后对农民被苛捐杂税剥削和农民痛苦生活的同情。陶渊明是中国文学史上田园诗新纪元的开创者，是“田园诗人”或“隐逸诗人”的代表。他所代表的山林文化对后世的文学产生了较广泛的影响。唐代诗人李白的《梦游天姥吟留别》显然与陶渊明的“不为五斗米折腰”的精神相联系。白居易、苏轼等在政治斗争中受到挫折时喜用陶渊明的诗篇安慰自己就是明证。总之，陶渊明的诗文在中国山林文化中具有举足轻重的地位，他的作品对后世的山林文化产生了极为深刻的影响。

（二）中国传统的庙堂文化

道家和儒家，它们之间常常相互补充，形成了一个完整的哲学体系。清代王夫之曾说：“得志于时而谋天下，则好管、商；失志于时而谋其身，则好庄、列。”出世时，超然尘外，做情欲沉寂、自甘落寞的隐士；入世时，做一个“先天下之忧而忧，后天下之乐而乐”的仁人。所以儒道两家，由各自的理想人格和人生态度所决定，在政治取向上，前者倾心于庙堂之内，后者钟情于山林之间。

庙堂，是指太庙的明堂，古代帝王祭祀、议事的地方。后来多用以指代朝廷。宋代范仲淹曾发出“居庙堂之高，则忧其民”的喟叹，其中“庙堂”就是说的这一含义。

儒家人生态度是积极进取的、入世的。孔子“博施于民，而能济众”（《论语·雍也》）。为了实现人生理想，成为志士仁人，就须“无求生以害仁，有杀身以成仁”（《论语·卫灵公》）。孟子坚信人能培养自己的浩然正气，能尽心、知性、知天，使其仁政学说泽被天下。唐代“文起八代之衰”的韩愈，力主“文以载道”，他从复兴儒家出发，提倡古文，反对骈文；认为道是目的，文是手段；道是内容，文是形式；文道合一而以道为主。为此，韩愈力主用先秦两汉的古代散文来代替骈文。同时，他还提出：德行是作家的根本，言辞和文章是德行的外部表现。他一生致力于古文运动，并把原则贯穿于他的文学实践中。

被誉为“天才少年”的王勃，也表达了“老当益壮，宁知白首之心；穷且益坚，不坠青云之志”（王勃：《滕王阁序》）的壮志；宋代理学家张载更是以“为天地立心，为生民立命，为往圣继绝学，为万世开太平”作为最高理想；文天祥留下了“人生自古谁无死，留取丹心照汗青”的诗篇；范仲淹写下了“先天下之忧而忧，后天下之乐而乐”的千古名言；苏轼发出“大江东去，浪淘尽，千古风流人物”的喟叹；岳飞发出“待从头，收拾旧山河，朝天阙”的壮志，等等。这些无不与儒家精神有关，是中国传统庙堂文化中的典型代表与思想结晶。

【思考与研讨】

1. 请来自农村的同学上台讲一讲今天农村的生产方式，看看还有没有自然经济的影子。如果一些偏远地区还保留着自然经济的模式，思考其存在的原因。

2. 教师可以进行一个小的课前活动：请班上那些姓名中含有家谱辈分字的同学说说自己姓名的构成。

3. 开展一个小竞赛：每个人绘制一份家国同质同构的表格，看谁总结出的相同因素更多。

第二章 日新其业 文律运周

——中国传统文化的发展与演变

汤之《盘铭》曰："苟日新，日日新，又日新。"《康诰》曰："作新民。"《诗》曰："周虽旧邦，其命惟新。"是故君子无所不用其极。

——《大学》

新则壮，旧则老；新则鲜，旧则腐；新则活，旧则板；新则通，旧则滞：物之理也。

——康有为

中国传统文化的发展过程就像中华民族悠久的历史一样，既不是直线式的一直向前，也很难说是螺旋式的上升。其间的萌芽、发展、断裂、传承、变革和进步的过程极其复杂。但总的说来，中华民族的物质文化、精神文化和制度文化还是朝着日臻完善和定型的成熟方向前进，并最终形成了以儒家文化为主，同时又具有儒道互补特色的文化体系。应该说，中国传统文化在每一个历史阶段都有自己清晰的特点和个性，这些特点和个性相互作用、彼此融合、共同促进，从而使中华文化在不断积淀和变革的基础上完成了自己灿烂辉煌的发展史。

第一节
先秦：中国文化的萌发与争鸣

○氏族公社　○青铜文化　○宗法制度　○礼乐制度　○《周易》　○轴心时代　○百家争鸣

从文化人类学的视域，我们可以将中华民族的始祖根据分布地域的不同划分为三个大的文化区。第一个就是被认为是中华文化主要起源的，分布在黄河中下游的河洛文化区。其始祖被称作烈山氏，后来有两个大的氏族部落首领炎帝和黄帝相互结盟，其后代就是我们今天所说的炎黄子孙，他们大约生活在距今六千至八千年间，今天考古学上定位的龙山文化、仰韶文化和裴李岗文化是其代表。第二个就是位于长江中下游的江汉文化区，它以河姆渡文化为代表，距今约有七千年，是古苗族和蛮族的主要栖居区。第三个是位于黄河下游和黄淮之间的河岱文化区。一般认为其始祖是教人们渔猎的伏羲氏，这一文化区以大汶口文化为代表。后来随着生产力的进步和私有财产的产生，在不断的相互争夺和冲突中，第一文化区的华夏先民战胜了东夷部落和南方的苗蛮族群，从而在中华民族的繁衍生息史上成了一股占主导地位的力量，华夏从此也作为中华各族人民共同的历史称号沿用至今。

氏族是以血缘关系维系的基本经济单位和生活群体。氏族公社是人类发展史上的一个重要阶段，一般分为母系氏族和父系氏族两个连续的阶段，其存在的时期大约与考古学上的新石器时代的前、后期相一致。在漫长的石器时代，人类早期最重要的精神活动表现在原始宗教现象中。显然，原始宗教包括巫术、神话、禁忌和图腾崇拜等非常庞杂的内容，其本质是古人受历史条件和自身理解力的限制，在对各种自然现象作出解释时很自然产生的种种幻化观念。其中图腾崇拜是较为高级的原始宗教形式，它来自早期的自然崇拜，即认为自然物和自然力都是具有生命和意志的伟大力量。后来人们又开始相信自己的氏族起源于某种动植物或无生物，并将其视作氏族的祖先和保护神，这些被人格化的动植物和无生物就这样成为氏族的标志被顶礼膜拜，这就是“图腾”。中国的图腾文化非常丰富，1992 年中国社会科学出版社出版的《中国图腾文化》对此作了深入的研究，可供参考。

夏商周时期是我国著名的青铜文化时期，被看作中国文明时代的开始。这一时期最重要的文化事件是文字的产生。毫无疑问，文字的发明及应用是人类进入文明社会的重要标志。我国古代有“仓颉造字”的记载和传说，但文字的创造显然是古人集体智慧的结晶，并经一群从事巫史等脑力劳动的知识阶层认可和推广而约定俗成的。中国的汉文字究竟产生于何时一直是个颇有争议的问题，史学界一般认为，真正的汉文字出现在商代，以今天发现的甲骨文为标志。在河南安阳原“殷墟”发现的距今四千余年的甲骨文，是刻在龟甲和兽骨上的文字，内容多是殷人占卜的行为和言辞的记载，如占卜时日的吉凶、天气、风雨、出行、生育、疾病、祭祀、征伐、狩猎、年成的好坏，等等。甲骨文的单字约有 4 500 个，数量已相当可观。这些字不仅代表词，而且能组词成句，表达完整准确的意思。甲骨文在结构上已具备了象形、指事、会意、形声、假借、转注等六种形式，这为后来汉字的发展打下了基础。

中国文字的产生在世界文化史上有着深远而重大的意义，因为世界上最早的三种文字符号：埃及的圣书体、苏美尔人和古巴比伦人的楔形文字和中国的汉文字中，前两种文字如今已经成为历史陈迹并被拼音文字所取代，只有汉字依然保持着旺盛的生命力。此外，青铜器作为殷周时代最有代表性的生产工具，对提高当时的生产力和形成独具特色的青铜文化发挥了重要的作用。

夏商周还是中国古代社会两个贯穿始终的重要制度——宗法制度和礼乐制度的形成期。依据考古发掘的材料和现存文献可以得知，以父系血缘为纽带的宗族系统和制度大约产生于商代晚期。宗法制主要包括嫡长子继承制、庙数制和同姓不婚制等，其宗旨在于明确划分和确定宗族内部的等级制度和亲疏关系，解决家族子弟的继承权争端问题。宗法制和国家的分封制相结合，奠定了中国古代族权和政权合一的家国同构的特点。此外，沿袭夏商，至周代成熟的礼乐制也是这个时期的重要文化特征。周代礼乐的本质在于规定君臣、父子、兄弟、夫妇间的上下尊卑的等级关系。每个人从出生到死亡，从日常生活到家国大事都要按照与其身份相适应的礼乐制度去说话做事。因此，宗法制和礼乐制的根本目的就是通过强调秩序来增强国家的稳定性。

成书于殷周之际的《周易》是我国早期的一部非常重要的文化元典，相传为周文王所作，司马迁《报任少卿书》说：“文王拘而演周易”，恐不可靠，《周易》应是西周前期巫史们在大量筮辞的基础上，经过筛选、整理、编排而集体创作的结晶。它由卦象、卦辞和爻辞三部分组成，卦象有八卦，卦辞是对卦象的解说，爻辞是对爻象的阐释。八卦是八种基本图形，其名称和卦象的顺序是：乾，坤，震，巽，坎，离，艮，兑。《周易》运用阳爻和阴爻两个符号经过一系列排列组合而形成六十四卦、三百八十四爻，从而以此预测和解释世界万象和人类社会的复杂变化。尽管《周易》本来是一部有关占筮的典籍，但其中所蕴含的观物取象、阴阳交感和相互联系等观念却充满了辩证思想，对以后儒道文化及中国哲学的发展产生了深远的影响，经过后代不断的研究和阐释，《周易》已经成为中华民族文化宝库中一部取之不尽的，并对中国人的思维方式和文化进程发挥重大作用的文化元典。

德国哲学家雅斯贝尔斯认为：“以公元前 500 年为中心——从公元前 800 年到公元前 200 年——人类的精神基础同时地或独立地在中国、印度、波斯、巴勒斯坦和希腊开始奠定。直到今天人类仍然附着在这种基础上。……在公元前800年到公元前200年间所发生的精神过程，似乎建立了这样一个轴心。在这时候，我们今日生活中的人开始出现。让我们把这个时期称为‘轴心时代’。在这一时期充满了不平常的事件，在中国诞生了孔子和老子，中国哲学的各种派别开始兴起，这是墨子、庄子以及无数其他人的时代。”① 的确，从文化史的角度看，春秋战国时期就是雅斯贝尔斯所说的“轴心时代”和“革新的时代”。这一判断是基于两个重要历史现象的出现：士的崛起和士文化的繁荣——百家争鸣。士的崛起主要取决于三个条件：一是生产力的提高导致了脑力劳动和体力劳动的分工，从而使大批的士人“不耕而食”成为可能。二是政治条件。春秋战国是诸侯争霸，弱肉强食的时代，各个诸侯王为了稳固自己的统治，进而确立霸主地位，不惜一切想方设法招揽人才，这就给士人施展自己的聪明才智提供了广阔的用武之地。最后是士人崛起的内因，因为他们也想凭借自身的才华和口舌来获得稳固的生活保障，进而提高自己的社会地位。因此，士人理所当然地成为当时社会中最为活跃的群体。他们有的是武士，有的是卿大夫的家臣，有的是自由职业者，还有一部分来自旧贵族及其子弟，这些人在社会变革和动荡中由于家道中落而开始发奋读书，从而成为士人中的一员。此外，出身低微的庶民中也有一批人通过自身努力而跻身于知识阶层。士人一般知识丰富，思想敏锐，且大都敢作敢为，并具有很高的雄辩才能，他们主要采用兴办私学、游说列国的方式来扩大自己的影响力。总的说来，士的崛起给春秋战国年代增添了生动的活力，也使这一历史时期充满了创造和变革的力量。不仅如此，由于士人摆脱了过去巫史对王室贵族的完全依靠，在一定程度上取得了相对独立的人格，他们因此逐渐形成了中国传统知识分子所独有的可贵品格，这些品格主要有：博大的胸怀和以天下为己任的开放心态；强烈的政治参与意识；为民请命的社会责任感和日三省吾身的道德自律意识。②

在中国历史上，春秋战国是以诸子百家为文化标志的硕果累累的历史时期，尤其是战国时期的百家争鸣，更是以文化的空前活跃和思想的原创性而彪炳史册。所谓诸子百家，其实是对当时众多流派的一种概括性的称呼。西汉司马谈曾将诸子划分为阴阳、儒、墨、名、法和道德六家，后来西汉刘歆据此进一步总结出十大流派：儒家、墨家、道家、名家、法家、阴阳家、农家、纵横家、杂家和小说家。司马谈对各家学说的评价比较公允深刻，历代对诸子的不断阐释一般都以此为基本出发点：

> 夫阴阳、儒、墨、名、法、道德，此务为治者也，直所从言之异路，有省不省耳。尝窃观阴阳之术，大祥而众忌讳，使人拘而多所畏；然其序四时之大顺，不可失也。儒者博而寡要，劳而少功，是以其事难尽从；然其序君臣父子之礼，列夫妇长幼之别，不可易也。墨者俭而难遵，是以其事不可遍循；然其强本节用，不可废也。法家严而少恩，然其正君臣上下之分，不可改也。名家使人俭而善失真，然其正名实，不可不察也。道家使人精神专一，动合无形，赡足万物。其为术也，因阴阳之大顺，采儒墨之善，撮名法之要，与时迁移，应物变化，立

① ［德］卡尔·雅斯贝尔斯：《人的历史》，转引自《现代西方史学流派文选》，38～40页，上海，上海人民出版社，1982。

② 参见冯天瑜等：《中华文化史》，第2版，上海，上海人民出版社，2005。

俗施事，无所不宜，指约而易操，事少而功多。（《论六家要指》）

诸子之中，儒墨两家是显学，其次是道家、法家和阴阳家。这些对后世影响巨大的学术流派我们将在后面分别设专章讲述。需要补充说明的是，除了以上各家之外，春秋战国还涌现出许多杰出的历史人物，譬如史学家左丘明及其《春秋左氏传》，军事家孙武及其《孙子兵法》，著名诗人屈原及其《离骚》、《九歌》、《九章》，还有杰出的政治家管仲、商鞅、晏婴，外交家苏秦、张仪，医学家扁鹊和水利学家李冰等。从思想的原创意义出发，这一时期还是中国传统文化中两个极其重要的思想的诞生和发展时期。一个是中国传统文化最根本的特色和命题——天人合一，另一个就是具有重大实践意义的民本思想。可以说，中华文化的发展脉络和总体特征都与这两个文化主题密切相关。总而言之，这是一个令中华民族世代骄傲和景仰的时期。我们需要认真地思考和总结：为什么如此众多的文化巨人和如此众多的文化流派会产生在这样一个所谓礼崩乐坏的时代？为什么在中华文明的延续中我们世世代代都在不断回头从这一时期汲取精神的营养？

最后需要提及的是，春秋战国众多文化流派的产生和发展在很大程度上都受到不同生态环境的影响。不同地区的风俗习惯、地理气候、人文环境等地域性差异决定了一种文化流派的风格和特点。大致说来，儒墨产生于鲁国，传播于晋、卫、齐；道家源于楚、陈和宋；法家来自三晋，成功于秦；阴阳家发端于燕，流行于齐；兵家盛行于齐、魏和秦。以此为基础，逐渐形成了春秋战国富有特色的地域文化，大致有齐鲁文化、三晋文化、秦文化、楚文化、吴越文化、巴蜀文化等。直到今天，我们仍然能够看到这些地域文化特点显现在不同地区人们的生活习惯中。

第二节
汉魏六朝：中国文化的一统与多元

○董仲舒　○独尊儒术　○谶纬学　○魏晋玄学　○九品中正制

秦朝统一六国后所建立的中央集权制为文化的一统奠定了基本的政治条件，同时推行的法家严刑峻法的思想和施政方略又进一步加强了全国大一统的局面。尤其是秦始皇在全国实施的书同文、车同轨、度同制制度，为汉代董仲舒的独尊儒术准备了统一的文化环境。毫无疑问，秦朝的“焚书坑儒”对中华文化的发展起到了严重的阻碍作用。鉴于秦朝的残暴和速亡，西汉初年，统治者崇尚黄老之学，实行“无为而治”的政治方针。经过几十年“与民休息”政策的推行，汉朝的国力得到迅速的恢复，经济开始呈现繁荣的局面。

董仲舒是西汉文景时期的大儒，精通《春秋》公羊学。因参加汉武帝诏举应对而受到武帝的赏识。董仲舒以传统的儒家思想为基础，兼取阴阳五行学说，建立了一套自己的儒学体系。董仲舒从亡秦和吴楚七国之乱认识到汉当“更化”。他说：“当更化而不更化，虽有大贤不能善治也。故汉得天下以来，常欲善治而至今不可善治者，失之于当更化而不更化也”，这表现出他有强烈的“变道”思想。因此，董仲舒从“大一统”的政治思想出发，结合他的儒家思想体系，提出了影响千古的“罢黜百家，独尊儒术”思想。他说：“臣愚以为诸不在六艺之科、孔子之术者，皆绝其道，勿使并进。邪辟之说灭息，然后纲纪可一，而法度可明，民知所从矣。”（《汉书·董仲舒传》）这一主张因得到汉武帝的支持而迅速在全国推行。

不仅如此，董仲舒还提出了独尊儒术的具体途径和方法。他认为“南面而治天下，莫不以教化为大务”，而办学校则是实施教化培养人才的重要措施，因此他建议：“兴太学，置明师，以养天下之士，数考问以尽其材，则英俊宜可得矣。”（《汉书·董仲舒传》）汉武帝很快采纳董仲舒的意见，专立儒学《诗》、《书》、《易》、《礼》、《春秋》五经博士，余家皆废。博士所教学生，可补文学掌故的缺额；学业优者可做郎中。还在乡里设学校以“崇乡里之化”，优秀学生可逐级学习。董仲舒的哲学思想是阴阳五行说。他认为天生阴阳，阴阳生四季，四季配东南中西北五方成五行。人是天之副，阳尊阴卑，非常神秘。从这一哲学思想出发，董仲舒提出“天人合一”学说，肯定天是至高无上的神。他说：“天者，百神之大君也”，因此，人逆天志不仁天就降灾，顺天志行仁天就免灾。“天”还给人类降临“君主”，“承天意以从事”，“故号为天子者，宜视天如父，事天以孝道也”。既然如此，民众必须服从君王，君王必须服从天。董仲舒的道德观是天人感应目的论。他认为人性要符合天意就必须受到“圣人”设置制度的教化。从天人感应目的论出发，董仲舒提出建立“三纲”、“五常”的政治伦理道德。他认为君为臣纲，父为子纲，夫为妻纲。“三纲”是天意，“可求于天”，是宇宙的法则。仁、义、礼、智、信“五常”是“三纲”关系的调整原则。

儒学取得独尊的文化地位后，汉武帝设五经博士。这样，除已亡佚的《乐经》外，《诗》、《书》、《易》、《礼》、《春秋》等取得儒家经典的特称，称“五经”。为广泛收集儒家著作，朝廷将当时流散民间、口头传授的儒学著作加以整理，用隶书写成书，叫“今文经”，如田何传的《易》、伏生传的《书》、申培传的《诗》、高堂生传的《礼》、公羊和穀梁传的《春秋》等。新发现的儒家著作原本，因其是用古文写的，叫“古文经”，如《尚书》、《礼》、《孝经》、《论语》、《春秋左氏传》、《周官》等。朝廷还组织对今文经和古文经的研究，以至形成今文经学派和古文经学派。今文经学以阴阳五行为灵魂，大讲天人感应、符瑞灾异等离奇古怪的事情，在西汉居“官学”正统地位。独尊儒术成为独尊今文经学。古文经学则较朴实，按字义讲解经文，但也有神学成分，因而也曾受到过官方青睐。儒学实际上已经经学化。

董仲舒的新儒学在取得独尊地位之后，经学与之结合逐步演变为谶纬学，以不断迎合统治者的需要。谶是“诡为隐语，预决吉凶”（《四库全书总目纲要》）的宗教预言，也叫“符”，意思是事后有“徵信”，符合神意。许多谶书还附有图样，又叫“图谶”。汉代谶书专门讲“为王者受命之徵验”（《后汉书·光武帝纪》），如王莽篡汉，先言他在当时已有神的启示。纬是用宗教迷信思想对儒家经典的解释。如《演孔图》说：“孔子论经，有鸟化为书，孔子奉以告天，赤雀集书上，化为黄玉，刻曰：孔提命，作应法。”谶和纬的基本内容都是讲宗教迷信，宣扬神秘荒诞观点，为帝王服务。

王莽、刘秀的兴起都与此很有关系。因此，王莽、刘秀都曾推崇谶纬，奉谶纬为“秘经”。东汉章帝亲自主持召开经学讨论会，用谶纬妄解经义，并纳入《白虎通》，将谶纬法典化，使谶纬与经学地位同样神圣崇高。经学就这样谶纬化了。

很有意思的是，秦汉大一统的文化格局到了魏晋时期，却演变成儒、道、佛、玄思想多元互动，并立丛生的局面。汉武帝以来，今文经学大讲阴阳五行学说，宣扬符瑞灵异等怪诞思想，一味迎合统治者的喜好，越来越使人感到面目可憎；而古文经学又过于强调名物训诂，流于细碎繁琐，也一步步走向僵化。结果二者都没能进一步将儒学发扬光大，反而使其步入衰退时期。与儒学边缘化相映成趣的是，中国本土的道教和外来的佛教却开始显现出繁荣的气象。这主要是由于魏晋时期政治黑暗、官府险恶、民生疾苦造成的。道教宣称人人可以通过修炼得道成仙，佛教主张只要今世苦修，就能进入极乐世界，这些思想恰好符合了广大百姓渴望解脱现实痛苦的心理。中国道教产生于东汉时期，东汉之前中国没有道教，只有道家学说。秦汉的方生术士在民间相当活跃，他们为了满足秦始皇这样的统治者企图长生不老的愿望，到处杜撰所谓的仙丹仙药仙山的谎言，结果许多贵族包括汉武帝等都相信服食丹药可以长生，经由封禅可以升天，运用占卜能够预知吉凶，驱鬼求神能够祈福免灾等。东汉末年巨鹿人张角奉《太平经》为经典，建立太平道。东汉顺帝时，张陵在四川修道，以符水和中草药替人治病，凡是入道者须出五斗米，这就是后来著名的“五斗米道”。一般来说，道教教义缺乏系统性，学界多认为“道家之术，杂而多端”，因为它将道家学说、鬼神祭祀、神仙思想以及占卜和符咒等巫术糅合到一起。跟其他宗教把目光关注到“人死后如何”相比，道教却将重点放到“人怎样才能不死”的现实问题上，由此也可以看出中国传统文化极其强烈的活在现世的特点。随丝绸之路的开辟而传入中国的佛教对中国文化的影响可谓深远。本书设专章讲述佛教内容，此不赘言。下面将重点阐述被称为魏晋时代精神的玄学。

从学理上分析，魏晋玄学应该是儒佛道三家思想在中国文化中第一次发生碰撞的产物，它既是三教相互排斥又是三教相互融合的结果。玄学，因研究阐发《老子》、《庄子》、《周易》这三本书的玄理而得名。这三本书被称为“三玄”。《老子》论“有”“无”是“同谓之玄。玄之又玄，众妙之门”。《庄子》亦以“玄”作为论题。研究者以老庄学说来解释儒家经典《周易》，比较有代表性的研究者有何晏、王弼、阮籍、嵇康、向秀、郭象等。玄学提倡尚自然、笃名教。尚自然，就是崇尚道家的“无为”；笃名教，就是笃信儒家的三纲五常。他们杂糅儒道，探讨世界现象之上和之后是否有一个更为根本的本体。这里产生出两种观点：一种观点认为世界现象的真实存在是精神性的本体——“无”，“无”永恒不变，产生万物。何晏、王弼等人是这一观点的代表。王弼说：“道无形，不系，常不可名，以无名为常，故曰道常无名也。”即是说道无形、不固定、不可言说的，但又认为道是万物产生的根据：“（道）深远不可得而见，然而万物由之其（而）可得见以定其真，故日窈兮冥兮，其中有精也”。另一种观点认为世界现象的真实存在的本体是“有”，“有”是自生的。郭象、裴頠等是这一观点的代表。如裴頠在《崇有论》中说：“夫至无者，无以能生，故始生者自生也；自生而必体有。”这是说“无”不能生“有”，“有”是自生的。“有”能自生，它就有“有”的本体。

玄学还从本体论出发，论证了名教与自然的关系等问题。何晏、王弼、向秀、郭象认为名教出于“自然”，是人性“自然”的产物，是“立名分以定尊卑”的必然结果。或者干脆认为“名教”即是“自然”。这就把“名教”看作和世界万物的存在一样自然，合情合理，为统治阶级服务。阮籍、嵇康反对“名教”，提出“越名教而任自然”（《释私论》），要求人超出名教的束缚。他们批评“名教”教人弄虚作假，追逐名利：“造立仁义以婴其心，制其名分以检其外，劝学讲文以神其教，故六经纷错，百家繁炽，开荣利之涂，故奔骛而不觉”（《难自然好学论》），对“名教”表现出较多否定的态度。玄学在探讨世界本体过程中，富于理性思辨。例如王弼对“言不尽意、得意忘象”命题的论述。他在《周易略例》中，对“言”、“象”、“意”三者之间的关系作了多层次的解说，说理抽象而深刻。颜之推认为，玄学论辩“清谈雅论，辞锋理窟，剖玄析微，妙得入神”。玄学的这一思辨性特征，对其后的中国哲学和文学艺术等都产生过广泛影响。

官吏选拔制度是中国传统文化中制度文化的重要组成部分。自从秦始皇建立了高度统一的中央集权制国家以来，如何选拔和任用官吏就成了一项关系到国家兴衰成败的重要任务。正式产生比较完善的官吏选拔制度的时代是汉朝。汉朝主要实行察举制和征辟制。所谓征辟就是由皇帝或官府直接聘请那些志行高洁、博学多才的杰出人士出任官职，一般无需考核即可直接就任。察举就是考察荐举，常常是由皇帝亲自下令给中央和地方的高级官员，让他们按照政府制定的选拔标准，把那些德才兼备的平民和下级官吏推荐给朝廷，由朝廷直接任命，或经过一定形式的考核再择优录用。名目繁多的察举制是汉代最主要的也是入仕数量最多的一种选拔制度，客观来讲，这种任用制度也确实为朝廷选出了很多杰出的人才，对发展和巩固汉代的政治、经济和文化起到了重要的作用。

此外，魏晋时期的九品中正制也是一项在中国历史上产生了很大影响的取士制度。九品中正制也叫九品官人法，是由曹魏黄初元年（220）的吏部尚书陈群具体制定的。大致方法是在各个州郡选择德才兼备的朝廷官吏出任“中正”，每州设大中正，每郡设小中正。他们的职责和任务就是根据家世、才学和德行，将本州郡的士人划分为上上、上中、上下、中上、中中、中下、下上、下中和下下一共九品。一般是三年评一次，还可以根据所评人物的表现予以升降。小中正评选的人才要报送大中正核查，然后再报送司徒审核。最后再交给尚书吏部予以录用。九品中正制发展到后来出现了越来越多的弊端。主要是这种制度更重视人的家世出身，才德倒是其次。这样很多真正有才能的人被排斥在外，以至形成了所谓的“上品无寒门，下品无世族”的局面。

第三节
唐宋：中国文化的成熟与辉煌

○理学　○盛唐气象　○科举制　○唐诗宋词　○三教并行

唐宋时期是我国传统文化进入全面辉煌和成熟的鼎盛期。从贞观之治、开元盛世到大气磅礴的盛唐气象，直至儒学的最高形式——宋代理学的建构，这一时期有太多可圈可点的令中华民族世代为之骄傲的成就。英国著名学者威尔斯曾将这一时代的中国置入同一历史时期的世界文化的大背景下进行对比：

> 在整个第7、8、9世纪中，中国是世界上最安定最文明的国家……在这些世纪里，当欧洲和西亚敝弱的居民不是住在陋室或有城垣的小城市里，就是住在凶残的盗贼堡垒中的时候，许许多多的中国人，却在治理有序的、优美的、和蔼的环境中生活。当西方人的心灵为神学所缠迷而处于蒙昧黑暗之中时，中国人的思想却是开放的、兼收并蓄而好探索的。①

唐代经济文化的全面昌盛和繁荣首先应该归功于它采取的海纳百川式的开放政策。这一时期的中华民族表现出前所未有的兼收并蓄的文化精神和一切皆可为我所用的胸襟与气度，他们不仅热烈欢迎那些来自周边地区和远方国家的文化形式和文明成果，而且非常慷慨大度地将自己优秀的东西尽量向外输出。鲁迅先生曾这样热情洋溢地称赞这种开放的精神："那时我们的祖先们，对于自己的文化抱有极坚强的把握，决不轻易动摇他们的自信力；同时对于别系的文化抱有恢廓的胸襟与极精严的抉择，决不轻易地崇拜或轻易地唾弃。"② 唐代开放政策和精神主要体现在两大方面，一是大量汲取域外的文明成果，二是积极输出中华优秀文化。当时的都城长安是一个世界文化的集散地，也是一个名副其实的世界性大城市。中亚的音乐、舞蹈，西亚的宗教、建筑、医术，南亚的历法、音乐、佛学、美术和语言学等，都在这一时期涌入长安并很快被中国人吸收利用。另一方面，唐朝又凭借自身强大的经济优势和积极的文化影响力，不遗余力地把汉民族众多的优秀文化成果向外传输。当时受唐朝文化影响比较大的国家和地区主要是日本、朝鲜、西亚和南亚地区。应该说，唐朝强大的综合国力很大程度上受惠于这种双向互动的吸收和输出并重的开放国策。特别值得注意的是，无论是汲取还是传播，唐朝都始终坚持以自己的本土文化为主体和阵地，进行有选择的文化交流活动，是拿来主义和送去主义的双向并重，而不是盲目地接纳或机械地输出。今天，站在文化全球化和经济全球化的角度去看唐朝的对外开放政策，我们似乎更能明白一种世界的眼光和开阔的心胸对于一个民族的强盛意味着什么。

唐朝国力强大和文化繁荣的第二个重要原因应该是它完善的科举制。科举制萌芽于南北朝，创制于隋朝而健全于唐朝，最后一直延续到清朝末年。它是中国古代持续时间最长，影响也最为久远的选士用人制度，不仅对中国古代的政治文明和制度文化产生了直接的作用，就是经济的发展和文学艺术的进步也跟它息息相关，甚至今天中国的高考制度也与它有着千丝万缕的内在联系。在隋代科举考试基础上进一步完善的唐朝科举制度，一般分秀才、进士、俊士、明经、明法、明书和明算等科，其他医、卜、星、相、琴、棋、书、画均可登科。唐代高级官员多出于进士，所以士人都以考上进士为一生的荣耀，被人们称为"登龙门"。唐代科举分两种，一种是由官府组织和主持的常举，一种是由皇帝亲自主持的制举。后者虽然不常举行，但允许平民子弟

① ［英］威尔斯：《世界简史》，235页，合肥，安徽人民出版社，2003。

② 转引自樊树志：《国史概要》，175页，上海，复旦大学出版社，1998。

和一般官员参加，同样保持了科举考试“朝为田舍郎，暮登天子堂”的特点。无论如何，科举考试给那些出身低微人家的子弟提供了实现参与政治管理的平等的机会，大大激发了他们刻苦学习的动力和追求人生理想的欲望，这不仅打破了南北朝以来九品中正制最后实际上由门阀世族垄断权力的局面，而且在很大程度上激活了潜抑在社会中下层的创造智慧和活力。从这个意义上看，今天有些学者一味强调中国古代科举制的弊端和负面影响是有失偏颇的。特别值得一提的是，唐朝科举有着极大的开放性和透明度，它不仅看重科举考试的成绩，更注重考生平时在民间长期形成的德才方面的影响，这就汲取了汉代察举和征辟制的优点——将一个人的民间舆论场域也纳入考察的范围，具有今天政治选举意义上的进步性。这样一来，那些想跻身庙堂施展雄才大略的人不仅需要“读万卷书”，更需要“行万里路”；不仅要注意从书本上的圣人那里汲取知识和做人的道理，也要注意现实周围的社会公众的舆论力量。因此，在唐朝那样一个开放的社会文化环境中，我们看到很多士人的确不是一心只读圣贤书的迂腐的书呆子，而是锐气逼人豪情冲天的乃至具有侠肝义胆的真正儒士。也只有在这样的时代和这样的文化氛围中，我们今天才能想象出“仰天大笑出门去，我辈岂是蓬蒿人”的盛世洒脱，也才能领悟到“天生我才必有用，千金散尽还复来”的大唐精神。

毫无疑问，一个朝代的兴旺发达很大程度上应该归功于当时的统治者的杰出和英明，尤其是在中国古代中央集权制的政治模式下。唐朝被认为是我国三教并行，共同发展的历史时期，除了唐朝宽松而开放的文化整体环境之外，唐太宗李世民的开明的胸襟和超前的眼光也是重要原因。唐太宗曾说：“戡乱以武，守成以文。文武之用，各随其时。”（《资治通鉴》）唐代科举考试本身就是以儒学为本，因此，在唐太宗的支持下，儒学很快从魏晋以来式微的状态中恢复了元气。另一方面，道家思想的创始人老子因为与唐朝统治者一姓，因此道家自然在李唐很受重视，唐太宗虽然竭力抬高道教的地位，但是他也没有因此走向一元论的文化垄断，倒是对佛教也同样报以肯定和支持的态度，他和玄奘的关系就是有力的证明。除此之外，唐太宗每逢重要庆典，都要诏令全国大儒和佛道领袖在朝廷和公共场合进行大规模的公开讨论，从而采用以上带下的方式在全国形成了儒佛道三教并举的局面。在这种三教可以并行不悖的健康状态中，出现了佛教本土化、中国化的重大宗教变革。在佛教与道教和玄学的长期磨合中衍生了很多具有中国文化特色的宗教派别，其中最主要的有天台宗、法相宗、华严宗和禅宗，尤以禅宗流行最广、影响最大。

用整体的视域来观照唐宋文化的发达和进步，我们不得不承认，中国历史上没有哪个时期能够像唐宋这样有太多难以计算的文明成果让我们目不暇接，也没有哪个时期能够像唐宋这样让我们可以自豪地宣称我们是世界强国。下面我们将从艺术和科技两个方面进行一些提纲挈领的简单列举。

作为唐代文化，也是中国文化最优秀代表的唐诗，可谓气象万千，群星璀璨，其内容之广泛，艺术之精纯，数量之巨大，都无愧为我国诗歌史的最高峰。清人所编《全唐诗》共收录有 2 000 多位诗人的 48 000 余首作品。

与唐诗相比，宋代文学最大的成就是词的产生与发展。词本起源于中晚唐的民间小曲，到五代时已有专门填词的文人。因它更注重抒情，且倚声而作，适宜于歌楼酒肆演唱，故在北宋便很快成熟，出现了以柳永为代表的婉约派和以苏轼为代表的豪放派。柳词清新缠绵，苏词雄壮豪迈，都达到了很高的艺术水平。南宋以后，亡国之恨，故园之思，使词人们的作品更增一层深意。李清照的凄婉心境与辛弃疾的含蓄中富含豪情使宋词达到了它的顶峰。偏安杭州的局面稳定后，宋词走上了风雅的道路，形式美中却蕴含着衰意了。诗词之外，唐宋散文也达到了先秦之后的又一个高峰。唐代的古文运动扭转了六朝以来的形式主义文风，奠定了散文中古文的正宗地位。宋代散文沿唐的方向发展，大家迭出，取得了丰硕成果。

其他门类的艺术形式，一般说来书法成就宋不如唐，绘画成就却唐宋各有千秋。唐代书法可以称为中国书法史上与魏晋并峙的又一高峰。唐初书风在继承“二王”基础上求发展，如欧阳询、褚遂良等，尚未能脱离传统的拘束，但草书却经“一颠一狂”的大胆开拓，走向了艺术的顶峰。怀素的狂草《自叙帖》如骤雨狂风，飞动圆转，似寒猿饮水，壮士拔山，不同凡响，仿佛“时有神助”；张旭的草书兔起鹘落，满纸云烟。至于楷书，到了颜真卿和柳公权手中，一改魏晋辅锋而采用中锋行笔，讲究线条的质量和力度，讲究结构的雍容大方，可以说，到这时楷书才真正成熟。唐人绘画成就亦被苏轼誉为“登峰造极”。阎立本的人物画《步辇图》着色稳重端凝，卓然大雅。尤其是“画圣”吴道子将草书的笔法融入人物画的线条中，所画人物衣纹裙带，飘飘若起，被誉为“吴带当风”。宋人的书法除南宋末年的赵孟頫上溯“二王”外，基本上不出唐颜真卿的范围，但宋人雅趣横生，视书法为文人艺术，也出现了苏轼、黄庭坚、米芾、蔡襄等诸多大家。尤其是宋人绘画，开创了诗、书、画一体的格式，这一格式被后代的中国文人画普遍采用。

同艺术的辉煌成就相比，唐宋时期的科技发展也毫不逊色。这一时期的许多科技成果在当时的世界上都是居于领先地位的。唐代科技发展的特点是平稳而全面。天文学上，僧一行第一次发现“恒星自动”现象，并准确地测量出了子午线的长度，他所修订的《开元历》在当时世界上处于领先地位。医学上，最著名的医学家是“药王”孙思邈。他搜集唐以前的各种药方汇成《千金方》30卷，《千金翼方》30卷，其中共记载800多种药物和5 300多个药方，是中医发展史上的一块丰碑。建筑史上，唐代都城长安的建设成就辉煌，无论从规模还是从布局结构，都无愧为那个时代的宏伟杰作。它以南北走向的朱雀门大街为中轴，分长安城为东西两部分，城内大街南北共11条，东西共14条，其间设东西两市及108坊，坊下有里，里下有曲，曲里纵横间住着千户万户居民。据文献与考古证明，唐代长安大约相当于今天西安市的7倍。与唐代相比，宋代的科学技术成就更加巨大。中国古代的四大发明，仅宋代就有三项。火药本是由西汉以来炼丹术士所发现的，孙思邈《丹经》一书中就有火药配制的方剂，但直到宋代火药才开始用于军事方面，火药的使用推动了生产和经济的发展。活字印刷由布衣毕昇发明，它为宋代刊印图书奠定了基础，从此我国正式步入了印刷书籍的时代，对于文化的广泛传播，典籍的保存起到了至关重要的作用。指南针本是利用磁极确定方向的工具，宋代开始使用于航海业，大大促进了海上交通和造船业的发展，也为中外文化交流提供了更便利的条件。除此之外，宋代出现了一个大科学家沈括，其著作《梦溪笔谈》是一部涉及数学、物理、天文、地理、冶金等方面的百科全书式的科技作品。

宋代最值得大书特书的文化硕果当然是这一时期建立的中国古代最完整严密的哲

学理论系统——理学。理学可以说是儒学发展的最高形态，从思辨的角度看它也是中国传统文化最为严谨的一套学科体系。理学又被称作宋学、道学或新儒学。理学思想家们都标榜自己是在继承尧舜禹汤文武周孔以来的道学传统，由于他们将自己的学术目标定位在“明道”，所以被称作道学。显然，这个道学体系是把“理”作为世界的最高本体，“理”也是这套哲学系统中最高的形而上的范畴，故而又被叫作理学。从学术史的角度看，理学糅合了很多佛道的思想，跟先秦儒学的本来面目有一定的区别，因而又被人们称作新儒学。因为清代的乾嘉考据学风兴起，他们对汉代的今文经学和古文经学很感兴趣，而对宋代理学古板空疏的面孔十分不满，所以就将理学称为“宋学”，以与“汉学”相区别。理学大体经历了由周敦颐到程颢、程颐兄弟，最后由朱熹和陆九渊完成的过程。从形成和发展的脉络来看，理学大致可以分为开创期、发展期、集大成期三个阶段。理学祖师周敦颐援引佛道入儒学，创立由太极到阴阳五行再到化生男女与万物的宇宙发生模式，并将社会伦理道德与之挂钩以构造其伦理哲学的体系。程氏兄弟提出“天理”观念，认为“天命”、“义理”、“性”、“身心”本为一物，进而构建包括自然观、认识论、人性论在内的严密系统，为朱熹的集大成奠下基石。朱熹认为：存于事先的“理”乃是万事万物的根本本体，但这“理”却也并非玄虚，“暑往寒来，川流山峙，父子有亲，君臣有义”皆是这“理”的具体显现。这就沟通了宇宙与伦理，视人世的伦常道德为一种“理性本体”。人的认识即是从一事一物中寻求事物之理，然后从万事万物中体认其共理。陆九渊认为“理”是存在的，但并不在别处，“人皆有是心，心皆具是理，心即理也”，求理也就变成了体会自己的“心”。理学就这样把中国文化重伦理的传统与宇宙生成论、认识论相结合，形成了思辨性极强的新的儒学形态。不仅如此，理学强烈的伦理倾向进一步将中国传统文化以德为核心的特点推向极致。它不仅重新建构了先秦时期的“礼”的秩序大厦，也从根本上完成了儒学向“内圣”方向发展的趋势。站在今天的思想和道德立场上，我们不能只着眼于理学对人性的束缚和扭曲，只看到理学迂腐僵化的理论特点，还要认识到它对中国古代知识分子的人格的塑造力量，看到它对整个民族的道德责任感的提升作用。

第四节
明清：中国文化的继往与开来

○乾嘉学派 ○启蒙思潮 ○市民阶层 ○心学 ○明清小说

纵览整个中国文化发展史，我们可以把先秦时期看作中国文化茁壮成长的青春期，那是一个意气风发的轴心时代；唐宋时期显然是中国文化进入全面收获的成熟期，那是一个硕果累累的黄金时代；而到了明清时期，中国文化已开始呈现出老态龙钟的气象，这是一个中国文化需要认真反思和总结的时代。在这一时期，有两股相反相成的力量始终在碰撞中维系和拓展着中国传统文化的生命力：一股是以清代朴学和明清的古今图书编纂为代表的继往的力量，一股是以明末清初三大思想家的启蒙思潮为代表的开来的力量。

从明朝开国皇帝朱元璋开始，大一统的中央集权专制就开始变得既谨慎又疯狂，其集权自保的措施越发变本加厉。明太祖朱元璋废除相权，将丞相职权分给吏、户、礼、兵、刑、工六部，由六部长官直接对皇帝负责。除此之外，他还分割军权，大建特务机构，大兴文字狱，导致大批知识分子和士大夫惨遭杀戮。到了清代，这种文化专制手段更加肆无忌惮，仅所谓的“康雍乾盛世”三朝有据可查的文字狱就有一百多起。中国专制统治者企图以强权和高压来扫除封建社会晚期民间日益觉醒的主体意识和“异端”思想，阻止和压抑知识分子中开始显露的反思精神和启蒙思潮。

在全面高压政策的约束下，面对中国传统文化日渐式微的现状，一部分知识分子表现出强烈的继往情结。他们试图通过复古和继承，强调所谓“诗必盛唐，文必秦汉”，来重新将中国传统文化的精华进一步在当时发扬光大。于是，明清之际一场轰轰烈烈的对传统文化进行总结的运动在民间和官方同时不知不觉地展开。一方面是考据学的兴起。知识分子对先秦以来的全部文献，尤其是儒家经典开始进行全面而系统的梳理。考据学创始者是顾炎武和阎若璩，形成潮流是乾隆、嘉庆年间的“乾嘉学派”。该学派有两大支脉：以惠栋为代表的吴学和以戴震为代表的皖学。前者从古文字及音韵入手，重视音训，以求经义；后者从小学、音韵入手，判断经义。特别是以戴震为代表的清代朴学所倡导“通训诂以明义理”的学风，力辟宋代理学的空疏之弊，字里行间充满了对理学的深入批判。在考据和复古的趋向中仍表现出这一时期的文化反思势头。乾嘉学派英才辈出，治学方法各有千秋，应该肯定他们在文献典籍整理上所取得的丰硕成果。另一方面是明清两代的朝廷调动巨大的人力物力编纂类书和辞书。明永乐年间，成祖朱棣命解缙等人征集天下书籍，按经、史、子、集、天文、医方、卜筮等门类编成《永乐大典》22 877 卷。这是大型类书编纂的开始。到了清代，康熙年间陈梦雷奉敕编修《古今图书集成》共 1 万卷。乾隆年间，一部更大规模的空前巨制《四库全书》由永瑢、纪昀等人历经十年而编成，收书 3 503 种，计 79 337 卷。《四库全书》的编纂是我国文化史上的盛事，也是对此前古籍的一个总结。除类书编纂外，字书和辞书的编纂也十分活跃，其中最为著名的两部是作为封建社会字书顶峰的字典《康熙字典》和以字韵为纲目的文学辞典《佩文韵府》。

明代王守仁的“心学”因为与宋学存在理论渊源关系，因而可以被看作继往潮流中的一员；但又由于它具有许多原创的理论因素，因而也可以视作开来的文化流派。王守仁，字伯安，浙江余姚人。因其曾经隐居阳明洞，自称“阳明子”，故世人习惯称其为阳明先生。王阳明汲取了先秦思孟学派的“尽心知性知天”论、禅宗心论和宋代陆九渊的“心本”论，以心物关系、心理关系和知行关系为核心的哲学关系范畴，创立了自己独树一帜的博大的心学理论体系。在认识论上，王阳明提出了受孟子影响的“致良知”论，即经由内心去体验万物本体的认识途径。在宇宙本原的探讨上，王阳明的心学有著名的“心外无物、心外无理”的论述。他将心视作宇宙万物的本原，一切客观外在的事物不过是人的主观意识的产物。不仅如此，规定着万物本质的那个

“理”就在人的心中，正如他所言：“夫物理不外于吾心，外吾心而求物理，无物理矣。”在知行关系上，王阳明主张人内心的意念产生的同时就是人的“行”在起作用，即“我今说个知行合一，正要人晓得一念发动处便是行了”。王阳明的心学体系既是对宋代理学的纠正和补充，也是对禅宗心论的哲学定位和提升，它的出现进一步助长了中国传统文化尚内重心的特色和向内探求的思维定式。

正所谓物极必反，在明朝强大的复古狂潮和程朱理学一统天下的局面下，一些知识分子反而滋生了强烈的叛逆思想和反传统的倾向。在这一时期，出现了一位在中国思想史上占有重要地位的启蒙思想家——李贽。李贽号卓吾，福建泉州人。因为他的讲学和著述内容多与封建正统思想相抵触，被认为是离经叛道的异端邪说，当权者就以“敢倡乱道，惑世诬民”的罪名将其拘押，他 76 岁竟被折磨得自杀而亡。李贽的叛逆思想主要体现在他对封建权威的怀疑和否定上。他鲜明地提出不能“以孔子之是非为是非”的观念，认为对《论语》和《孟子》这些儒家经典要重新估计它们的价值，孔孟的许多言论根本不能成为“万世之至论”。此外，李贽还对封建礼教和等级制度进行了猛烈的抨击，以男女平等的思想去反对封建社会根深蒂固的男尊女卑观念。尤其可贵的是，李贽甚至敢于提出“庶人非下，侯王非高”的平等观念，这在几千年的封建等级森严的社会氛围中无异于惊天霹雳的声音。不仅如此，李贽还提倡个性解放思想，主张人人都应该发挥和施展自己的个性和才能。正是基于这些进步的思想观念，李贽的美学主张和文学批评才与众不同，独到而深刻，譬如他对《西厢记》和《水浒传》这样的遭到封建正统思想贬斥的作品却给予了很高的评价。李贽之外，能够代表明清启蒙思潮的还有著名的明末清初的三大思想家黄宗羲、顾炎武和王夫之。黄宗羲指出，至高无上的君主实际上不过是一“独夫”而已，是“为天下之大害者”；顾炎武则区分了“国家”与“天下”两个概念，认为“国家”指的是一家一姓的王朝，“天下”则是万民的天下；王夫之更是彻底，强烈主张“公天下”，反对“以天下私一人”。这种对君主制度的批判打破了君主的神圣性，实际上是对民主、对人自身的一种肯定。启蒙思想家们还提出了他们在经济上、学术思想上的进步观点，主张“工商皆本”，一反两千年封建社会“重农轻商”的传统，主张学问重“习性”、“实践”，痛斥“空谈性理”的玄虚学风。应该说，这些启蒙思想家所表现出的质疑精神、反思意识和平民倾向在长期沉闷的封建文化中是具有振聋发聩作用的，他们思想中所包含的民主意识、主体精神和平等观念已经接近我们今天的现代思想。用全局的眼光打量明末清初的启蒙思潮，我们似乎看到了中国传统文化在日益式微的状态下已经开始有了转向的趋势，甚至已经具备了开来的勇气和寻找新的生机的动力。因此我们完全可以将这一思潮视作近代新文化运动的必要的准备和奠基。

明清时代，伴随着商品经济的发展和市民阶层的崛起，小说创作出现了空前的繁荣。《三国演义》、《水浒传》、《西游记》、《红楼梦》、《金瓶梅》都是世界公认的经典之作。除此之外，明末冯梦龙的“三言”（《喻世明言》、《警世通言》、《醒世恒言》）堪称中国封建社会百科全书式的文学全景写实；清初小说家蒲松龄的《聊斋志异》也达到了中国文言短篇小说的最高成就。关于明清时代的文学和艺术，因为本书后面有专章讲述，此不赘言。这里需要特别介绍的是明清时期伴随着耶稣会士传教而带来的西学东渐和中西文化碰撞与融合的重要文化现象，因为它与近代中国的觉醒和新文化运动有着直接的联系。在明代耶稣会士来华之前的整个中国文化史中，中华农耕文明曾经有两次与外部文明发生交汇和碰撞：第一次是中原农耕文化跟西亚和中亚的游牧文化的冲突和融合。以匈奴、蒙古、女真、突厥和契丹为代表的游牧文化在这场旷日持久的征服和被征服的斗争中，最终被先进的农耕文化所同化。第二次较大的文化融合是东汉、魏晋和隋唐时期的中国儒道文化和南亚次大陆佛教文化的相遇和交融。不过这次文化碰撞的结果不是一方同化另一方，而是二者彼此互动共存，相互影响。与前两次文化融合完全不同的是，中国几千年的文化传承此时第一次遇到了比它更先进更有优越性的西方异质文化，这就是由传教士们带来的孕育着西方科学精神的西学。1522年即明嘉靖元年，耶稣会创办人之一的圣方济各由印度到达广东，这是西方传教士第一次直接进入中国。1583年即明万历十一年，耶稣会士利玛窦和罗明坚来到广东肇庆，并在那里建立了传教据点。从此以后，西方耶稣教士就络绎不绝地来华布道。为了能够尽快地被中国人接纳从而更好地传教，这些传教士纷纷将西方先进的自然科学知识和成果介绍给中国的知识分子，与此同时，西洋的艺术、哲学等异质文明也强烈地吸引着好奇的中国人。面对西学的传输，中国知识分子中一部分人认为应该采取全面接受的态度，主张用西方文化来改造和完善华夏文明；另一部分保守的知识分子却认为必须禁绝西学，他们以根深蒂固的中华文化优越感去抵制西学中的民主意识和科学精神。但是，也有一批头脑冷静的知识分子没有像前两者那样采取极端的方式和态度对待新鲜事物。他们一方面敏锐地意识到西学中的科学方法和分析解剖的思维方式的确是中华文化所没有的，因此他们一开始就不遗余力地介绍西方的数学、物理、医学、化学、造船、仪表和火器等先进的科学理论和成果；另一方面他们又认为传教士宣扬的神学与他们带来的科学精神是自相矛盾的，因此必须注意基督神学对中国传统文化的侵蚀和改造。但无论如何，明代著名科学家徐光启、宋应星和方以智等人都受到西方自然科学的影响，已经开始自觉地在科学研究和发明中运用一些实证的科学方法，从而取得了像《天工开物》和《农政全书》这样的科学成果。然而十分遗憾的是，明代刚刚露出苗头的主体意识的觉醒，民主思想、科学精神以及西学对中国文化的冲击和改造，很快就被清入主中原后所采取的闭关锁国政策给扼杀，直到鸦片战争时西方的坚船利炮强行将国门打开，中国才不得不开始进行一场饱含剧痛的文化革新运动。

【思考与研讨】

1. 思考一下，看能不能用其他的表达方式来总结中国文化在各个历史时期的表现特点，把它用标题的形式写出来。

2. 以小组为单位座谈，每个人说说自己最喜欢的历史时期和理由。

3. 以“假如我生活在某某时代”为题，结合史料，发挥想象，用形象的语言描述你在那个时代的所见所闻，写一篇散文。

第三章 阴阳发散 变动自如

——中国传统文化的基本精神和特征

一阴一阳之谓道，继之者善也，成之者性也。……富有之谓大业，日新之谓盛德。生生之谓易……阴阳不测之谓神。

——《周易》

君子之于物也，爱之而弗仁，于民也，仁之而弗亲，亲亲而仁民，仁民而爱物。

——《孟子》

每一种文化都在其长期的发展中，形成了独具特征的主导趋向或基本精神。这是此一文化与彼一文化的区别所在。中国传统文化在中华民族长期社会实践和中国历代伟大思想家的概括、提炼中交融、凝聚、会通、更新，形成了独立于世界文化之林的基本精神和主导趋向。作为一种优秀的文化传统，它曾在中华民族的发展中产生过积极的影响。今天，经过富于批判精神和创新精神的再发掘、再整合和再创造，中国传统文化将展现更富现代活力的崭新面貌。

第一节 中国传统文化的基本精神

◎刚健有为、自强不息　◎人本主义　◎天人合一　◎礼治精神

中国文化不仅丰富多彩，而且有着迷人的气质和丰富的内涵。这迷人的气质和丰富的内涵就是中国文化的基本精神。关于文化的基本精神，张岱年说："文化的基本精神就是文化发展过程中的精微的内在动力，也即是指导民族文化不断前进的基本思想。"由此可见，所谓文化精神，就是推动和指导人们实践的思想，亦即世界观和人生观。无疑，中国文化的基本精神就是推动和指导几千年中国文化发展的世界观和人生观。显然，世界观和人生观的内容是丰富的，中国文化的基本精神也是极为丰富的。张岱年认为，中国文化基本精神有四点：(1) 刚健有为；(2) 和与中；(3) 崇德利用；(4) 天人协调。张岂之先生在其《中华人文精神》中指出，中国文化的基本精神有七点：(1) 人文化成——文明之初的创造精神；(2) 刚柔相济——穷本探源的辩证精神；(3) 究天人之际——天人关系的艰苦探索精神；(4) 厚德载物——人格养成的道德人文精神；(5) 和而不同——博采众家之长的文化会通精神；(6) 经世致用——以天下为己任的责任精神；(7) 生生不息——中华人文精神在近代的丰富与发展。还有很多学者都对中国文化的基本精神做过精辟的概括和总结。

我们认为，中国传统文化的基本精神可以作如下归纳。

一、刚健有为、自强不息的精神

中国传统文化里一直贯穿着刚柔、动静、有为与无为等一系列相互对立又相辅相成，有着深邃辩证精神的范畴。这些范畴的斗争与统一，一方面成就了中国文化的多姿多彩、博大精深，另一方面也使人们在对传统文化进行考察时因视角的不同而产生严重分歧。"五四"前后，在有关中国传统文化的大论战中，相当一部分知识分子从中西比较出发，以西方"人和自然"尖锐冲突的"积极进取"精神作为参照，得出中

国传统文化“主静阴柔”，并进而推出其“被动无为”的结论。就当时民族危亡的历史背景而言，为汲取西方文化的精华，熔铸新的民族性格，这种归纳有一定的积极意义，但毫无疑问这种归纳也有失公允。中国传统文化不全是也不可能全是推崇柔静的文化，因为一种完全柔静无为的文化创造不出辉煌灿烂的中华文化成果来。因此张岱年在《中国文化与中国哲学》一文中指出：主静阴柔一直在中国传统文化中处于从属地位，中国文化的主流精神是刚健有为、自强不息。

刚健有为、自强不息的文化精神可以追溯到中国文化最早的代表《尚书》和《诗经》中，这两部儒家典籍里充满勤勉稳健、勇猛深沉的前进气息。如《尚书·尧典》里对先王“克明俊德，以亲九族”，“历象日月星辰，敬授人时”功业的颂扬，《尚书·无逸》中对成王尽忠尽职的谆谆告诫，《诗经·公刘》、《诗经·生民》中描写的周部落诞生之初的创业艰难等。

孔子是极力提倡有为并身体力行的思想家。他一生奔波，幻想以周礼匡扶乱世，“知其不可而为之”，结果是“发愤忘食，乐以忘忧，不知老之将至”。孔子对“饱食终日，无所用心”的人生态度投以极度的蔑视。他认为君子应当是“食无求饱，居无求安，敏于事而慎于言，就有道而正焉”。儒家学派的后继者们，对“有为”和“自强”的学说进一步发挥。孟子从人格修养，扩充人性中善的成分这一角度提出“吾善养吾浩然之气”；荀子则从天人关系角度提出“制天命而胜之”的著名论断。对于刚健有为、自强不息作出明确表述的是《易经》。《易·象传》中说：“天行健，君子以自强不息”，以天体运行无休无止、永远向上的规律，要求人们积极有为、勇于进取。此后，刚健有为、自强不息的精神便一直作为中国传统文化的主导精神激励着中华民族。

与刚健有为、自强不息的积极进取相对，中国传统文化中也早就存在着主静尚柔、涵虚无为的另一倾向。先秦时期的道家学派就是如此。老子提出“致虚极，守静笃”，“不敢为天下先”的主张，庄子更是“等生死，齐是非”。要求人们介于“有用无用之间”，忘掉自身，清静无为。道家的主张在中国传统文化中也产生了极为广泛深远的影响，并不时与儒家的积极有为交错纠缠。以至于在两千年的中国古代社会里，主刚与主柔，主动与主静，进取与无为的矛盾困扰着一代又一代知识分子。

到了两宋时期，中国儒学的最高形态——理学形成。传统文化中“主静”的因素大大加强了。理学是在儒学基础上，吸收了此前几百年在中土流播的佛学成果和早已有之的道家思想综合而成的。不管是“主静以立人极”、“穷尽天理”，还是“心即是理”，终归是知识分子反归诸心的“个人修养术”，与国计民生、现实行动的关系毕竟疏远了。也正因为如此，宋明理学一直受到后人的攻击。王夫之提出过“健动”和“珍生”，颜元力主现实的功利，但刚健有为、自强不息的古老精神却一直到鸦片战争后，中华民族处于危亡关头时才又重新被“发掘”出来。

中国传统文化中所具有的刚健有为、自强不息的精神一直是中华民族奋发向上、蓬勃发展的动力。它体现在人民生活的方方面面。就民族的进步和发展而言，在民族兴旺发达，昂扬向上的昌盛时期，士子的情怀中总洋溢着一股建功立业的壮志豪情。汉唐将士的积极戍边，在诗文中俯拾皆是。“海县清一，寰区大定”的宏伟抱负，“请君暂上凌烟阁，若个书生万户侯”的豪迈气势……在民族危亡、外族入侵的关口，刚健有为、自强不息也总是激励着人民顽强不屈地进行反侵略、反压迫的英勇斗争，中国历史上曾有过无数可歌可泣的英雄壮举。

就个人人格的独立和人生价值的实现而言。刚健有为、自强不息，或表现为志士仁人在强暴面前英勇不屈，坚持正义，誓死不与邪恶势力同流合污，或表现为在人生遭遇的挫折面前奋发图强，决不灰心，坚定不移地追求自己的理想。如号称史笔，不向皇帝低头的董狐；遭受不白之冤，仍忍辱负重，成就千古大业的司马迁……刚健有为、自强不息还有一个最重要的体现，那就是积极否定、革故鼎新的改革精神。《礼记》中称赞“苟日新，日日新，又日新”，《易传》也肯定“天地革而四时成，汤武革命，顺乎天而应乎人。革之时，大矣哉”。中国历史上每当“积弊日久”时总会有或改革或革命的运动，为清除积弊而变规变法。北宋时的王安石变法，清末的康梁维新，都是这种革新精神的体现。

二、人本主义精神

作为中国传统文化基本精神之一的人本主义，既不同于西方古典的以神为本，也不同于西方近代的追求个人的自由与民主价值。但中国传统文化的发展同样始终围绕着人，人是世间一切事物的根本，天地之间人为先。具体而言，它包括“民为贵”、“君为轻”的基本政治理想，关注百姓现世的人伦生活，追求一种道德伦理的人本关怀三个层次。

（一）以民为本

中国传统人本主义坚持“民为贵”的民本主义精神，《尚书》中就有“重我民”、“唯民之承”、“施实德于民”的记述。《左传》、《国语》等典籍中，也多处显示了以民为本的观念。《左传·桓公六年》称：“夫民，神之主也。是以圣王先成民而后致力于神。”《左传·庄公三十二年》载：“国将兴，听于民；将亡，听于神。”《国语·鲁语》中也有“民和而后神降之福”的说法。儒家学说更是集中突现了民为邦本的思想。孔子历来主张重民、富民、教民。在“民、食、丧、祭”这些世间的大事中，将“民”列为首位。孟子则提出了影响中国几千年的“民为贵，社稷次之，君为轻”的著名观点，成为历代开明统治者维护统治的座右铭。他认为得民心者得天下，失民心者失天下：“桀纣之失天下也，失其民也；失其民者，失其心也。得天下有道：得其民，斯得天下矣。”（《孟子·离娄上》）所以，“得道者多助，失道者寡助”（《孟子·公孙丑下》）。孟子从为政之道出发，强调政治统治一定要得民心、合民意，否则便可能“身危国削”。荀子亦主张民为邦本，他的君舟民水的著名比喻传之久远，是历代为政者必修的一课。“用国者，得百姓之力者富，得百姓之死者强，得百姓之誉者荣。三得者具而天下归之，三得者亡而天下去之。”（《荀子·王霸》）

不仅儒家主张民为邦本，道、墨、法诸家也都具有以民为贵的重民思想。在漫长的封建社会中，这一重民贵民的精神不断得到了丰富和强化。汉代贾谊曾指出："闻之于政也，民无不为本也。"（《新书·大政上》）唐太宗李世民更是深谙民贵君轻之道，认定"君依于国，国依于民"（《资治通鉴》卷一九二）。北宋张载宣传"民胞物与"，朱熹则认为"天下之务莫大于恤民"（《宋史·朱熹传》）。这一系列重民思想，集中反映了中国传统文化中民为邦本思想的发展和演进，也呈现了中国式的人本主义传统的根本所在。

（二）重人伦，远鬼神

中国传统文化在人与神之间，坚持以人为本位，重视现世的人伦生活，而将宗教和鬼神信仰置于其后。可以说，在中国传统文化中，神本主义始终未居主导地位。西方古典文化是一种神本文化，它有着十分强烈突出的宗教精神，抵达彼岸世界是人们精神的最高寄托。人们行为的准则，生活的目标，最高的善，都来自宗教的神谕，来自万能的主的启悟。而以儒家为主体的中国古代思想家，则总是将其目光投注于现世的人的生活、人的生命，而反对以鬼神为本。《论语》中早就有"子不语怪、力、乱、神"的记载。弟子问怎样事鬼神，孔子回答说："未能事人，焉能事鬼？"弟子又问人死后的情况，孔子说："未知生，焉知死？"孔子在总体上承认天命，但天命是指个人所无法左右的天道之常，而对鬼神则一直心存疑虑，所以他病重时，弟子请求为他祷告，他也用"丘之祷久矣"表示不必。在这里"事人"、"知生"就是关怀现实的人，关注此世的人的生命和生活。"事鬼"、"知死"是将目光投注于人所不知的鬼神世界，孔子认为这既不可能，又无必要，显示了对于宗教的敬而远之的态度。孔子以后，孟、荀以至宋儒都继承了孔子的观点，汉代仲长统则更明确地提出"人事为本，天道为末"的观点，发展了儒家的人本思想，呈现出重现世、重人伦、重人事而敬宗教、远鬼神的整体趋势。当然中国传统文化也不是完全无视宗教。《论语》中就有"祭如在，祭神如神在"的说法，《荀子·天论》说："日月食而救之，天旱而雩，卜筮然后决大事，非以为得求也，以文之也，故君子以为文，而百姓以为神。"这就是所谓的"神道设教"。宗教在这里完全是政治统治的工具。在我国各民族的民间民俗文化中，祭祀鬼神的活动隆重而热烈，比如民间庙会，傩祭傩戏。但即使是这种以祭神为旗号的民俗庆典中，也可以看到人们重现世、重生活、重人伦的基本生命态度。观傩戏逛庙会是集物质和精神交流为一体的现世的节庆，反映了中国民间的狂欢精神和乐观实际的生活态度。

（三）肯定个体的心性向善

与西方近代资产阶级人文主义追求个体民主自由、个人权利的人生价值观不同，中国传统文化的人本主义是一种具有浓重道德色彩的人本关怀，具有鲜明的道德伦理特征。这种人本主义把人放在一定的伦理人际关系中来定位。每一个人，从他诞生，便进入了一个五伦的社会关系之网中：政治上的君臣关系，家庭中的父子、夫妇、兄弟关系，社会上的朋友关系。这种人与人之间的关系各有其行为典范与道德模式。这就是君仁臣忠，父慈子孝，夫教妇从，兄友弟恭，朋亲友信。整个文化所关注和努力的，也就是“经夫妇，成孝敬，厚人伦，美教化，移风俗”，而每个人则在这样一种人伦关系中寻找自己合适的位置，履行自己的责任。它更重视个人对于群体的义务和责任，而不十分重视个体精神的自由与独立，也不大重视每一个体自身的权利。

中国传统文化对个人价值的肯定，不在于个人物质欲望的满足，也不着眼于个人精神的愉悦，而是从个人与对象（家庭、宗族、国家）的关系上来肯定个体心性的完善。易言之，传统文化所肯定的人是作为“道德主体”的人。这里的“人本”其实是“道德主体的人本”。一方面，个人必须担负对社会所应尽的责任；另一方面，个体承担责任又要追求一种主体道德心性的完善，这种完善既是社会的要求，同时也是个体的自觉。由于心性完善所指向的“理”被提到了“本体”的高度，它在未有万物之前已先存在，这“理”所衍生出来的原则，如“忠”、“孝”、“仁”、“义”等便也是自然的、天经地义的。个人的价值判断便只能定位于通向“理”的心性完善途中，一切作为“实践主体”所从事的“修身、齐家、治国、平天下”事业，都必须是具备了“完善心性”的“道德主体”才能承担。只有“内圣”才能“外王”，只有“意诚”、“心正”才能“身修”，而后才能“家齐”、“国治”、“天下平”。

注重人的修养，肯定个体的心性完善，这是中国传统文化人本主义精神迥异于西方的表现，费尔巴哈的“人”不是具体的、活生生的人，而是充满着爱的乌托邦精神的抽象的人。中国传统文化所重视的“人”，是现世中存在的人，是处于各种人际关系中的“伦理”的人，体现道德原则的人。这种对人的价值的追求和肯定具有积极的意义。道德完善作为一种人格特质，作为主体的一种优良的素养，使深受传统文化熏陶的士子们具有一种和谐与执著相统一的品格。体现于内心的真诚与尊严增强了他们的自信与宁静，使他们不受时风的左右与动摇，为“道”为“义”为“德”的要求完善着且固守着自己的心性天地。生活因有道德心性的良好自制而井然有序，社会也因这些具有良好心性的楷模而变得纯朴和谐，彬彬有礼。当然善并不能涵盖一切。把善作为人的唯一本性推崇，自然会销蚀掉人的“求真”的科学精神，也会对人追求“美”有所扼制。

三、天人合一精神

天人合一是中国传统文化发展中提出的一个重要思想。这一思想认为，自然的发展与人类的发展是互相影响互相作用的，人们应根据自然的变化来调整并规范自己的言行。纵览中国的历史可知，天人合一思想不仅影响制约着政治，同时也影响了当时的社会生活，因而它是古代文化思想的一个重要组成部分，也是中国传统文化精神的主要内容之一。从儒学思想看，天人合一具有世界观的意义。在儒家看来，天是万物的起源，《白虎通·天地》认为：“天者何也？天之为言镇也。居高理下，为人镇也。地者，易也，言养万物怀任交易变化也。始起之天，始起，先有太初，后有太始，形兆既成，名曰太素。混沌相连，视之不见，听之不闻。然后剖判，清浊既分，精出曜布，度物施生。精者，为三光；号者，为五行。行生情，情生汁中。汁中生神明，神明生道德，道德生文章。”天生出万物，更重要的是也生成了人类社会。但同时，天地万物也像人类社会一样在运转着。《白虎通·五行》认为：“五行者何谓也？谓金木水火土也。言行者，欲言为天行气之义也。地之承天，犹妻之事夫，臣之事君也。谓其位卑，卑者亲视事，故自周于一行，尊于天也。”《白虎通·天地》认为：“天道所以左旋，地道右周者何？以为天地动而不别，行而不离。所以左旋右周者，犹君臣阴阳相对之义。……君舒臣疾，卑者宜劳，天所以反常行何？以为阳不动无以行其教，阴不静无以成其化。虽终日乾乾，亦不离其处也。故易曰：终日乾乾，反覆道也。”

由此可见，天人合一，一方面强调天是万物的起源，另一方面又强调人事的作用，这实际上就陷入了二元论，即认为万物来源于天，又比照着人类。正是在此基础上，天人合一观认为，自然的发展变化体现着制约着人类社会的发展变化。日月正常运行时，说明人世间的一切都正常，君明、臣贤、百姓勤耕和睦；而当人事出了问题，君昏、臣奸、百姓反时，那么日月也会用反常予以警告。也就是说，人之善将得到天之更大的善，人之恶将得到天之更大的恶。可见，天人合一具有宗教神学的性质。

中国的文化形态中以人伦关系为中心的人和主义价值观和行为追求占据着重要的位置，是中华民族的突出特征。强烈的和谐意识使中华民族具有强大的民族凝聚力和民族向心力。1993 年第三届“中华民族精神与民族凝聚力”国际讨论会纪要称“源远流长的和谐意识是中国社会自秦以来高度统一的重要原因之一”。张岱年认为，中国传统文化中“有一个一以贯之的东西，即中国传统文化比较重视人与自然、人与人之间的和谐与统一”①。程思远把中国传统文化重视和谐与统一的特点界定为“中华和合文化”，并认为“中华民族已经形成了运用和合概念与和合文化研究自然界的生成和人的生成，研究事物发展变化的规律，研究人与自然和人与社会的关系，研究人的身心统一规律和养生之道的文化传统”，“中华和合文化，是中华优秀文化传统的精髓之一和主要组成部分”，“这是一种有中国特色的整体系统思想”②。

张立文则认为：“和合学是对于中国传统文化以中和为美的审美价值的反思，以及对于审美方式、审美结构的思考。从某种意义上说，儒家文化精神的价值取向是中和，道家文化和墨家文化精神的价值取向亦是中和。因此，和与中和是中国文化精神的精髓。”③

中国传统文化重和谐与统一的特点，首先体现为人与自然的和谐。在人与自然的关系上，中国古代的思想家提出了“天人协调”的观点。《易传》的作者就认为，太极是天地的根源，天地是万物的根源。“有天地，然后有万物；有万物，然后有男女；有男女，然后有夫妇。”（《易传·序卦》）这就肯定了人类是自然界的产物，是自然界

① 张岱年、程宜山：《中国文化与文化论争》，89 页，北京，中国人民大学出版社，1990。

② 程思远：《中华和合文化的传承与发展》，载《文汇报》，1998-02-16。

③ 张立文：《中国文化的和合精神与 21 世纪》，载《学术月刊》，1995（9）。

的一部分，把自然界和人类社会看作一个统一的整体。既然人与自然是一个统一的整体，那么人的一切活动就要自觉地与自然相协调。因此《易传》的作者在《文言》篇中提出“与天地合德”的观念：“夫大人者，与天地合其德，与日月合其明，与四时合其序，与鬼神合其吉凶。先天而天弗违，后天而奉天时，天且弗违，而况于人乎？”“先天”指在自然变化之前对自然加以引导，“后天”指遵循自然的变化。这实际是说，一方面，人在天地间具有调整、引导自然的功能；另一方面，又必须遵循自然的变化规律。这种关系协调说不失为一种全面而辩证的观点。

与《易传》天人协调说相近的观点还有《中庸》的“与天地参”的学说。《中庸》提出：“唯天下至诚，为能尽其性。能尽其性，则能尽人之性。能尽人之性，则能尽物之性。能尽物之性，则可以赞天地之化育。可以赞天地之化育，则可以与天地参矣。”圣人能够尽量了解自己的本性，也就能了解天地万物的本性，这样就可以助天地化育万物，就可以与天地并立为三，以达到天人和谐一致。

汉宋以后，天人协调的思想融入“天人合一”的观念之中，并进一步得到发展和发挥。西汉董仲舒有“人副天数”说，到宋代，张载、程颢、朱熹等人都主张“天人合一”、“天人一物”。张载认为万物同属一气之变化，人物之性本来同一，我与物，内与外，原无间隔。他在著名的《西铭》中以比喻讲人生，以天喻父，以地喻母，以同胞兄弟喻人与人，以同类喻人与物之关系，主张泛爱所有的人，兼体所有的物。人生的理想是天人的协调，肯定“天人合一”是“诚明”境界，诚是最高的道德修养，明是最高的智慧。以天人合一为诚明，也就是以天人合一为最高觉悟。

中国古代的天人协调说与天人合一说，并不否认人对自然加以改造、调节、控制、引导。如荀子就提出“明于天人之分”和“制天命而用之”。但是他们都一致认为人在自然中处于辅助的地位，人既应改造自然，亦应适应自然，人类活动的目标不是统治自然、征服自然，而是把自然调整、改造得更符合人类的需要，与此同时，必须注意不破坏自然，让自然界的万物都能生存发展。因此，中国传统文化讲究“大乐与天地同和，上下与天地同流”。郑板桥有一封家书，对这个问题作了很深刻的论述。他说：“平生最不喜笼中养鸟，我图娱悦，彼在囚牢，何情何理，而必屈物之性以适吾性乎？至于发系蜻蜓、线缚螃蟹，为小儿玩具，不过一时片刻，便折拉而死。夫天地生物，化育劬劳，一蚁一虫，皆本阴阳五行之气氤氲而出，上帝亦心心爱念，而万物之性人为贵，吾辈竟不能体天地之心以为心，万物将何所托命乎？”这段话的意思是说，人不能为了自己一时的享受和乐趣，破坏了万物的自然本性，其中隐含了古人的生态意识和环境意识。郑板桥还说：“养鸟莫如多种树”，让几百棵树成为鸟的国、鸟的家，让它们自由地生活在树林中，而人也因此得到极大的美感和快乐。这就是古人说的“大乐与天地同和”。总之，重视人与自然的和谐是中国古代思想家的共同特征。

中国传统文化重和谐与统一的特征，还体现在人与人的关系上，主张“贵和尚中”。中国文化把协调人际关系放在首位，必然强调和谐。孔子主张“礼之用，和为贵”。孟子提出“天时不如地利，地利不如人和”。“人和”是取得事业成功的必备条件。《国语·郑语》称：“商契能和合五教，以保于百姓者也。”五教是指：父义、母慈、兄友、弟恭、子孝，五教和合能使百姓安身立命。《管子》的作者甚至认为：“畜之以道，则民和；养之以德，则民合。和合故能谐，谐故能辑，谐辑以悉，莫之能伤。”把民众的和合作为民众道德的直接体现，认为学习和合，就是学习道德，民众只要能够和合，就能产生“莫之能伤”的强大力量。反之，天下不安定的原因就是“内之父子兄弟作怨仇，皆有离散之心，不能相和合”。《墨子》认为越王勾践卧薪尝胆复国成功的重要原因是教训臣民，和合之。

和谐不是等同，和谐是不同因素与矛盾的有机组合，即我们常说的“求同存异”。孔子说“君子和而不同，小人同而不和”。只有社会中不同思想正常交流，才能构成和谐；如果一味地趋同，甚至同流合污，社会就不会有正常的和谐气氛，而只能是小人的世界。和谐的最高境界就是“大同理想”和“中庸之道”。“大同理想”的实质，是一种对和合境界的追求。“中庸之道”是处理人与人、人和社会关系达到和谐境界的最高原则和最高境界。孔子把它称作最完美的道德。

天人合一思想具有方法论的意义。从儒学的实践看，天人合一思想成了人们的行为的准则，而且成为他们解释历代制度的理论依据。如“天子立辟雍何？所以行礼乐、宣德化也。辟者，璧也，象璧圆，又以法天；于雍水侧，象教化流行也。辟之为言积也，积天下之道德也。雍之为言壅也，壅天下之残贼。故谓辟雍也……明堂上圆下方，八窗四闼，布政之宫，在国之阳。上圆法天，下方法地，八窗象八风，四闼法四时，九室法九州，十二坐法十二月，三十六户法三十六两，七十二牖法七十二风”（《白虎通·辟雍》）。

天人合一思想还具有劝谏的作用。一旦出现异常的自然现象，统治者都会检讨皇帝的言行政策是否有失误。建武七年（31），发生了月晦、日食。太中大夫郑兴上书刘秀曰：“《春秋》以天反时为灾，地反物为妖，人反德为乱，乱则妖灾生。往年以来，谪咎连见，意者执事颇有阙焉……今孟夏，纯乾用事，阴气未作，其灾尤重。夫国无善政，则谪见日月，变咎之来，不可不慎。……道路流言，咸曰：朝廷欲用功臣，功臣用则人位谬矣，愿陛下上师唐虞，下览齐晋，以成屈己从众之德，以济群臣让善之功……”阳嘉三年（134），河南、三辅大旱，五谷灾伤，“天子亲自露坐德阳殿东厢请雨……以举才学优深，特下策问”。这时尚书周举上书指出皇帝为政的三点错误：一是“废文帝、光武之法，而循亡秦奢侈之欲”。二是“内积怨女，外有旷夫”。三是“皇嗣不兴，东宫未立”。可见，借助自然的变异和天灾警告皇帝成为一个当时行之有效的办法。

除了用以劝谏皇帝，天人合一也成为考核官员的一种办法。西汉“永光、建昭间，西羌反，蚀，又久青亡光，阴雾不精”。京房于是建议“考功课吏法”。《后汉书·鲁恭传》载：鲁恭任中牟令，由于推行仁化，郡国大治。当时，“郡国螟伤稼，犬牙缘界，不入中牟。河南尹袁安闻之，疑其不实，使仁恕掾肥亲往廉之。恭随行阡陌，俱坐桑下，有雉过，止其傍。傍有童儿。亲曰：‘儿何不捕之？’儿言：‘雉方将雏。’亲瞿然而起，与恭诀曰：‘所以来者，欲察君之政迹耳。今虫不犯境，此一异也；化及鸟兽，此二异也；竖子有仁心，此三异也。久留，徒扰贤者耳。’还府，具以状白安。是岁嘉禾生，恭便坐庭中。安因上书言状，帝异之。”在中国历史上，像这样的事情是非常多的。

分析天人合一思想的根源，一是在于当时是农耕社会，农业的播种、收获全仰仗于自然。如果人们顺应自然，及时播种，适时耕作，那么人们就可以解决吃饭问题，否则，就难以生存。因此，依靠自然，适时劳作的生产方式和观念，就导致了天人合一思想的产生。二是当时科学技术还没有发展到人们可以完全解决说明自然现象和社会现象的程度，自然的变化，尤其是灾害使人们产生了原始的宗教意识。三是随着社会的发展，尤其是秦统一后社会的巨变，政治权力越来越集中，越来越专制。因此，借助于天人合一的思想，借助于这种原始的宗教意识对皇帝和官吏予以监督和考核，就成了当时社会的学者和思想家唯一可行的选择。正是这些因素，促使了思想家、学者将天人合一的思想进一步理论化、系统化，形成了观念意识，进而指导人们的实践，终于孕育出一种精神文化现象，一种文化精神。

平心而论，天人合一的文化精神还是有一定的积极性的。因为，第一，它依据自然的变化推及人世，虽然自然与人是两种物质，两种运动，但毕竟有着极为密切的关系。因而，或多或少的，天人合一精神带有唯物的因素。第二，它的目的是监督督促以皇帝为首的官僚要清正廉洁，坚持礼制、实行仁政，这在当时高度的集权统治和民主意识淡薄的时代里，无疑是一个比较有效的方式。第三，天人合一思想的实施促使人们去研究自然，推动了古代自然科学的发展，仅有汉一代，对天文现象的记载就极为详细，至于张衡对天文、地质的研究成就，张仲景对病理的研究成就是举世公认的。当然，无可否认，天人合一精神也有一定的消极意义。第一，天人合一过于强调环境因素对人的影响，特别注重对环境影响人世问题的研究，因而形成了古代天人关系之学，使带有宗教迷信特色的术数学、易学非常发达。可以说，这些东西中有许多是中国传统文化的糟粕。第二，天人合一强调自然对人的影响，将风马牛不相及的自然变化归因于人世，一方面使人生产了软弱的心理，另一方面也使人产生了自责的心理。而软弱和自责无疑限制了人的创造性和主动性，滞涩了中国历史的进一步发展。第三，天人合一精神过于强调人对于自然的迎合，而忽视甚至不敢对自然开发利用，一定程度上阻碍了中国古代科学技术的进一步发展。

四、礼治精神

中国传统文化不仅贯彻实施着人本主义精神，而且也渗透着一种礼治精神。所谓礼，原本指人与人或国与国之间交往的一种仪式。所谓礼治则是将此予以加工改造，升华为一种社会理想，然后予以实施和推行，这就是礼治精神。

作为一种社会理想的礼治精神，其实质是强调社会的有序，坚持社会的秩序。这种社会的有序或秩序，在儒家看来，就应是上下有序，父子有伦。用孔子的话讲就是“君君、臣臣、父父、子子”。汉代儒家在孔子思想的基础上，又增加了“妻妻”的内容。可见，礼治的有序社会或社会秩序是一个具有严格等级制度的社会。礼治精神所主张和坚持的社会秩序是一种亲和的社会关系。在这种社会里，君仁臣忠，父慈子孝，兄爱弟敬，夫和妻柔，姑慈妇听，充溢着爱，洋溢着和，没有仇恨，没有争讼。《后汉书·卓茂传》载：西汉哀平之时，卓茂任密令，将地方治理得非常好，“道不拾遗，蝗不入境，视民如子，举善而教，口无恶言，吏民亲爱，不忍欺之”。但有一个人向卓茂告状，说有一个亭长接受了他的米肉的贿赂。卓茂就询问：“这个亭长是答应了你的什么要求呢？还是你有事要求他呢？还是平常有感情而赠送他呢？”告状人说：“是平常有感情而赠送的。”卓茂说：“你赠送他接受，为什么要告状呢？”告状的人说：“我听说贤明的君主执政，使人民不畏惧官吏，官吏也不拿取人民的财物。现在我畏惧官吏，官吏又接受我的东西，所以来告状！”卓茂听了很生气，说：“汝为敝民矣！凡人所以贵于禽兽者，以有仁爱，知相敬事也。……吏顾不当乘威力强请求耳。……亭长素善吏，岁时遗之，礼也。”这个告状的人还不服气：“既然是这样，法律为什么要禁止这些呢？”卓茂笑着说：“律设大法，礼顺人情。今我以礼教汝，汝必无怨恶，以律治汝，汝何所措其手足乎？一门之内，小者可论，大者可杀也。且归念之！”告状的人采纳了卓茂的教训，那个接受米肉的亭长也对卓茂很感谢。从这件事中我们可以看出，一方面，亲和秩序是儒家努力实现的政治理想；另一方面，在儒家看来，礼治精神是人类社会最高的目标，是人区别于动物的本质特征。

礼治涉及社会的各个阶层和每一个人，因而它是一个内容复杂的社会操作系统。仅就《礼记》所反映的内容看，就有冠礼、婚礼、丧礼、祭礼等内容，此外，还有为人君之礼、为人臣之礼、为人子之礼、男女之礼、少长之礼、主客之礼，等等。

礼制系统这么复杂，要真正地得到贯彻，当事者必须分清主次，选择主要的实施。从历史实践看，首先，礼中最重要的是孝。在儒家看来，只有行孝，人们才会行礼。所以，历史上人们特别注重孝，以孝廉选拔官吏，以孝教化民众。其次，非常重视男女之别，进而发展为注重妇道。最后，要拥有自觉精神。无论是国君也好，大臣也好，还是平民也好，都依赖于人们慎言谨行。

如此烦琐的礼仪，如此重要的制度，不仅依靠个人的实践，而且还要靠教育去推行贯彻。如前所述，卓茂曾对告状的人说：“今我以礼教汝，汝必无怨恶”，就是推行的礼教精神。《后汉书·刘昆传》载：刘昆在“王莽世，教授弟子恒五百余人。每春秋飨射，常备列典仪，以素木瓠叶为俎豆，桑弧蒿矢，以射‘菟首’。每有行礼，县宰辄率吏属而观之”。至于历代太学、辟雍所举行的礼仪就更频繁更隆重了。他们通过这些隆重的礼仪活动来宣传和贯彻礼治精神。从历史实践中看，他们在贯彻礼治精神的同时，并没有放弃法制，而且还特别崇行乐制。《后汉书·祭遵传》记载了一个很典型的例子，祭遵非常讲究礼，但他又执法从严，决不姑息。光武帝刘秀早年做大司马征战时，他任军市令，驻地中有一个侍奉刘秀的童仆犯法，祭遵按律杀了他。刘秀封他为“刺奸将军”，并对手下的人说：“你们应当防备祭遵，我家的童仆犯法还被杀，他一定不会为你们讲情的。”然而当时又非常讲乐：“对酒设乐，必雅歌投壶。”当时的范升称赞祭遵说：“虽在军旅，不忘俎豆，可谓好礼悦乐，守死善道者也。”平心而论，礼与法、乐的结合使得礼治的实施更具有了可行性。礼作为基本的目标和规范指导人们应该做什么，而法在后告诫人们不该做什么，音乐则在前诱导人们又可以做什么。一个社会的管理系统依靠礼、法、乐便可以操作和运行了。

礼治的实施和礼治精神的发扬，对当时和此后的社会产生了巨大的作用。第一，它促进了当时社会的稳定和繁荣。礼治亲和社会秩序的本质就是前述的以人民为本位的人本主义的贯彻，所以礼治虽是一种等级制度，但对当时的人民来说毕竟是有益处的，受到了人民的支持和拥护；礼治精神的贯彻又体现了以个人为本位的人本主义精神，特别是礼乐的勃兴，更有利于人的主体性的发挥和个人价值的实现，因此在历史上涌现了大批的仁人志士，建功立业，创造了丰富灿烂的文化。第二，礼治精神构成了中华文化的一个重要方面，它不仅在当时，甚至在今天都有着巨大的影响。第三，礼治精神是一套完整的社会管理理论。在社会管理中，不应是盲目的无原则的退让，也不应是不顾人类主体、没有人性的堵塞和镇压。它不仅提示人们该干什么，而且用法禁止人们不该干什么，用乐诱导人们可干什么，可以说，它是一套实事求是的社会管理理论。礼治精神所讲的亲和政策，是建立在亲情伦理之上的，由人的血缘伦理逐渐升华提高而成。人际伦理、社会秩序，来自人的自身，又返利于人的自身，最易为人接受和执行，也最易深入人的心灵。因此，它不仅切实可行，而且也深入人心，影响深远。无论在过去还是在今天，乃至今后，礼治精神作为传统文化的精华，不仅吸引着人们去研究探讨，而且也会在社会管理实践中被推行实施下去。

从崇尚伦理道德的原则出发，中国传统文化特别重视“内圣外王”之道，即在政治上要求实行“王道”和“仁政”，要以德治国。孔子认为要把道德原则贯彻到政治生活中去，用道德手段治国安民，才能真正管好国家。他说：“道之以政，齐之以刑，民免而无耻；道之以德，齐之以礼，有耻且格。”（《论语·为政》）认为单纯用行政的法律的办法管理人民，只能使他们畏祸而守法，不能使他们具有道德观念。用道德的办法来教育、感化人民，用礼来约束他们，不仅能使之守法，还能使之具有道德自觉，心悦诚服地守法遵礼，知耻从善。不仅如此，执政者个人的道德品质还能够直接影响政令的执行情况。“其身正，不令而行；其身不正，虽令不从。”“为政以德，譬如北辰，居其所而众星共之。”（《论语·为政》）与“仁政”、“德治”相联系，在个人修养上，中国传统文化特别重视个人的道德修养、人格完善，以“圣人”为最高的理想境界。“为学”的目的就是使自己成为一个道德上的“完人”。因为“治国”与“修身”二者是紧密地结合在一起的。为了“治国”就必须“修身”。只有努力进行道德修养，使自己成为一个道德高尚的人，才能把国家治好。《大学》提出修身、齐家、治国、平天下就是这个道理。

中国传统文化重视人文教养。在中国的历史上，维系社会伦理道德，调节个人心理平衡和精神生活方面，不是依靠外在的“神”的力量，而是强调通过主体内在的道德自觉来约束自我、提升自我、完善自我，并通过自我的完善来维系社会关系。因而，中国传统文化特别重视以礼乐精神为核心的人文教养。通过道德教育、礼乐的熏陶，从道德和艺术入手进行人格理想和人生境界的培养，从而使人不断地得到升华，进入一种高尚的精神境界。因而从孔子开始就非常重视诗教和乐教，认为“兴于诗，立于礼，成于乐”。（《论语·泰伯》）在孔子心目中，应立志而后学诗，学诗而后知礼，知礼以后才能从音乐的启迪中去自觉地陶冶性情。孔子本人就善于欣赏乐曲：“子在齐闻《韶》，三月不知肉味，曰：‘不图为乐之至于斯也。’”（《论语·述而》）在孔子看来，诗有助于振奋精神、陶冶性情，礼有助于立身处世，乐有助于完善情操。正是在这个意义上，他整理《诗经》，并把诗列为六艺之一。正是从孔子的倡导开始，中国的诗词，从先秦的《诗经》到唐诗、宋词，达到了很高的成就。

第二节
中国传统文化的思维方式

○辩证思维 ○直觉思维 ○中和思维

中国传统文化是中华民族历史的、能动的、创造的产物，也是中华民族思维方式的外在显现。一方面，思维方式影响着一个民族的思想意识和实践行为，因而必然影响着文化的创造；另一方面，文化作为人们自觉创造的产物，又具有相对的独立性，在获得了自身生命的同时，又必然反过来影响一个民族的存在与发展，也影响一个民族的文化再创造。因此，从辩证的观点来看，中华民族的思维方式与中国传统文化相辅相成，相互促进，又相互制约。中国传统文化的博大精深，它的精华与糟粕，都与中华民族的思维方式有关。

中国传统文化的思维方式也就是中华民族传统的思维方式。由于观察的角度不同，学者们对传统思维的认识也不尽相同，但我们认为，它主要包括辩证思维、直觉思维、中和思维三种思维方式。

一、辩证思维

从思维发展史的角度来看，无论是中国，还是希腊，辩证思维都有着悠久的历史。在古希腊，毕达哥拉斯、赫拉克利特、德谟克利特、苏格拉底、柏拉图和亚里士多德，他们都已经自觉不自觉地用朴素的辩证思维来认识世界；在中国古代，《易经》、老子、孔子、庄子和荀子，也都表现出较深刻的辩证思维。

（一）中国古代的辩证思维对事物生成、发展和变化规律的探究

从历史哲学的角度来看，求真、向善是人类永恒的主题，体现了人类认识世界和改造世界的价值取向。人类为了改造世界，就必须正确认识世界。为此，中华民族同古希腊人一样，早在两千多年以前，就开始探讨世界的本原、生成及其发展变化的规律，在思维发展史上，孕育着朴素的辩证思维。

在古希腊，泰勒斯把万物的本原归结为水，赫拉克利特把万物的本原归结为火，德谟克利特则把万物的本原归结为原子。他们都试图用发展变化的观点来阐释世界万物的产生与发展过程。在中国，春秋战国时期，思想家们就开始探究世界万物的产生与发展过程。他们一般都把气看作万物生成的始基物质。根据《国语·周语》的记载，早在西周末年伯阳父就认为“天地之气，不失其序”。到了战国时，老子把“气”纳入他的哲学体系，强调万物负阴而抱阳，冲气以为和，提出了“天

下万物生于有，有生于无”（《老子》四十章）的观点。《管子·内业》篇则认为，气“下生五谷，上为列星；流于天地之间，谓之鬼神；藏于胸中，谓之圣人”，主张气为万物本原。荀子也认为气是构成万物的总根源，他在《王制》篇中指出：“水火有气而无生；草木有生而无知；禽兽有知而无义；人有气有生有知亦且有义，故最为天下贵也。”荀子在肯定气是人类和自然万物的本原的同时，还注意到了生和气的区别。也就是说，“气”不是指生命力，而是指物质性的存在。按照张岱年的说法，“气”表示质量和能量的统一，“中国哲学讲气，是有内在的动力，自己就会运动，不需要外在的推动，这个思想是很深刻的”①。尽管中国古代的“气”具有内涵的模糊性，但它毕竟是物质性的存在，不是静止的，而是运动的，是存在与运动的统一。

中国古代思想家除了把“气”看作事物的本原以外，还把五行即水、火、木、金、土五种物质看作构成万物的基因，以五行来说明客观物质世界的起源及其多样性的统一。《国语·郑语》载：“先王以土与金木水火杂，以成百物。”战国时期的思想家甚至认为五行之间相生相胜，彼此相互促进，又相互排斥。总之，古人能从“气”或“五行”这些物质性的存在出发，探究世界万物的生成，这不仅体现了朴素的辩证思维，而且也蕴含了唯物主义的思想萌芽。

中国古代思想家在研究万物生成的同时，还探讨了事物的运动、发展与变化规律。《易·系辞上》就认为“生生之谓易”，其意思就是事物发展变化生生不息。老子不仅肯定了万物从道演化而来，而且也看到了万物永恒的变动。宋代周敦颐在《太极图说》中则指出：“二气交感，化生万物，万物生生，而变化无穷焉。”周敦颐的“变化无穷”可谓言简意丰，深刻地揭示了事物发展变化的永恒性。北宋张载还提出了事物发展变化中的“渐化”观点，认为事物的发展中有渐变过程，渐变到一定程度，就会引起事物显著的变化，比较深刻地揭示了事物发展变化的辩证过程。古希腊的赫拉克利特说，太阳每天都是新的，人不能两次踏入同一条河流。明清之际的王夫之则认为，天地之化日新，“静”也是“动之静”，揭示了事物运动的绝对性和静止的相对性，体现出比较深刻的辩证思维。

（二）中国古代辩证思维揭示了对立面的相互转化及其对立统一

中国的辩证思维从整体观点出发，从事物发展变化的角度，提出“相反相成”、“物极必反”的观点，揭示了事物对立面的相互转化及其对立统一，这在辩证思维的发展史上，具有重要意义。

从《易经》所蕴含的辩证思维来看，其内容已经从不同的角度揭示了事物的对立面，强调事物的对立统一，也肯定了矛盾的普遍性，如阴阳、刚柔、大小、远近、出入、进退、往来、上下、吉凶、祸福、泰否、生死、存亡、损益等，确立这些范畴，无疑说明了古人已能从辩证的观点来分析把握事物。其中，《易经》强调阴阳对立面的交互作用，深刻影响了后世辩证思维的发展。老子作为古代朴素辩证法的大师，比

① 张岱年：《文化与哲学》，101页，北京，教育科学出版社，1988。

较深刻地揭示了事物对立面的转化及其统一。他在《老子·二章》中提出："有无相生，难易相成。"在《老子·五十八章》中又说："祸兮，福之所倚；福兮，祸之所伏。"这意味着老子充分注意到一切事物都包含着相互对立的两个方面，同时又指出了对立面之间的相互依存和相互转化关系。其中，老子关于祸福相互转化的思想很可能影响到《淮南子·人间训》中"塞翁失马"的故事。当然，老子未能洞察事物转化的条件、原因，这也反映了当时辩证思维的局限性。

班固在《汉书·艺文志》中还提出了"相反相成"的概念。他在评价先秦诸子时说："其言虽殊，辟犹水火，相灭亦相生也。仁之与义，敬之与和，相反而皆相成也。"程颐则认为："消长相因，有上则有下，有此则有彼，有质则有文。"在揭示事物对立面的同时，他还提出了极而必反的观点。可以说，从辩证思维的角度来看，前人提出"相反相成"的观点，揭示了事物之间的相互对立及其相互作用，不仅反映了矛盾的普遍性，而且也反映了矛盾的对立统一性，这对于辩证思维的发展是有重要贡献的。

对立面的相互转化及其对立统一，还深刻地表现在中国传统思维对"物极必反"的认识上。其思想萌芽可追溯到《易经》和《老子》。《易·丰卦》认为："日中则昃，月盈则食。"《老子·五十五章》认为"物壮则老"。其后，《战国策·秦策》也指出："物盛则衰，天之常数也；进退盈缩，与时变化，圣人之常道也。"韩非则认为万物必为盛衰，万事必有弛张。到了明清之际，王夫之考察了传统的动与静的关系之后，还指出了动极而静，静极而动的辩证关系。中国古代对"物极必反"的认识虽然具有一定的循环论思想，但它毕竟蕴含着辩证法的合理内核。时至今日，"物极必反"对于我们促进事物向着积极的方面转化，把握对立面的统一，仍具有启迪作用。从历史的观点来看，每当社会处于危机需要变革时，进步的思想家总是用"穷则思变"的口号来号召人们投入改革大潮，这既是《易传》中"穷则变"的发扬光大，又是"物极必反"的一种特殊表现。新中国成立后，毛泽东就曾经运用"穷则思变"的原理，来鼓励全国人民投入到社会主义建设大潮中去。

（三）对主客体相互作用的认识也体现了辩证思维

中国传统的辩证思维对主客体相互作用的认识，除了表现为物质与精神的辩证关系以外，主要表现为人与自然的关系，尤其是天人关系。

从人与自然的关系来看，中国古代思想家在承认、肯定自然规律的基础上，既看到了人类对自然的能动反作用，又注意到了人类与自然的相互影响和相互作用。由于古人不能正确认识自然现象及其规律，也不能正确认识自己的命运，特别相信天命，因此，人与天命关系的转化也意味着主体与客体相互作用的转化。从人与天命的关系来看，最初主要表现为人们消极地受制于自然，表现了人类在大自然面前的软弱无能。在殷商时代，比较流行天命观念。到了周代，虽然仍流行天命思想，但少数进步的思想家已对天命开始有怀疑，《诗·大雅·文王》篇就说过"天命靡常"。春秋以来，一些进步的思想家已开始否定天命的存在，《左传·僖公十六年》叔兴说："吉凶由人。"同时期的子产还提出了"天道远，人道迩，非所及也"（《左传·昭公十八年》）的主张，反对当时的灾变迷信活动。在人与天命的关系上，孔子把自己纳入一个二律背反之中，一方面，他承认天是自然界的最高主宰者，也是个人的生死祸福的主宰者；另一方面，他又知其不可为而为之，倡导积极进取的人生精神。墨子在宗教外衣下，主张“非命”，反对听天由命的天命论思想。他认为，人与其他动物的区别就在于人能通过劳动，创造自己的生存条件，因此只有在上勤于政事，在下勤于生产，才能实现政治清明和衣食财用的富足。墨子这种以人力对抗“天命”的思想，表现出人类作为主体对“天命”这一客体积极的反作用。荀子在继承借鉴孔子、孟子和墨子积极进取精神的基础上，又超越了他们的天命论，在人与自然的关系上，进一步弘扬了人类的主体性，在《天论》篇中提出了“天人之分”和“制天命而用之”这一人定胜天的光辉思想，强调正确认识和利用自然规律，使之为人类服务。刘禹锡继承了荀子“人定胜天”的唯物主义思想，进一步提出了“天人交相胜”的主张。他认为，人类和自然界各有自己的特殊规律，天的职能在于生育万物，而人的职能在于治理万物，两者既相互区别、相互联系，又相互作用，从而揭示了主体与客体相互依存、相互影响的辩证关系。

从辩证思维的角度来分析主体与客体的相互作用，还应该正确认识“天人合一”和“天人感应”这一哲学思想。“天人合一”是指天道与人道、自然与人为相通、相类和统一，其实质是揭示了人类与自然在相互依存、相互联系、相互作用中实现有机统一，这是古人运用辩证思维对于人类与自然关系的一种把握。对此，学术界一般都予以充分的肯定。相对来说，多数学者对“天人感应”则给予了否定。其实，“天人感应”固然有些唯心色彩，甚至有些迷信，但它却从另一个层面说明了天与人的相互作用。“天人感应”的渊源可以追溯到“天人合一”，但直接提出这一命题的却是汉代的大儒董仲舒。他认为，天和人相类相通，天能干预人事，人的行为也能感应上天。“国家将有失道之败，而天乃出灾害以谴告之；不知自省，又出怪异以警惧之；尚不知变，而伤败乃至。”（《汉书·董仲舒传》）也就是说，董仲舒把天看作有思想感情的人格神，“一方面它具有帮助君主威吓百姓，鼓吹君权神授的意思；另一方面也有用它来规范人君之政的作用”①。董仲舒甚至还认为人的身体、情感与天相通，认为人的喜怒哀乐四种情感与春夏秋冬四季相应，这实际上是对天人互动关系的一种大胆猜测。如果撇开神秘乃至迷信的外衣，从现代格式塔心理学的角度来看，天与人在某种程度上存在着一定的异质同构、互相沟通的关系。孔子在《论语·雍也》篇中讲“智者乐水，仁者乐山。智者动，仁者静”。这实际上也是看到了人与自然的同构关系。从审美的角度来看，人们对春夏秋冬等天象的变化是非常敏感的，艺术家们常常自觉不自觉地以审美的眼光对自然现象给予移情。陆机在《文赋》中就说：“遵四时以叹逝，瞻万物而思纷，悲落叶于劲秋，喜柔条于芳春。”从医学角度来看，天气的变化对人体的生理和心理都有显著影响。如一般来说，阴雨天气对关节炎、腰椎病等疾病有一定的影响，秋季对呼吸系统疾病有影响等。从天气对人的心理影响来看，范仲淹在《岳阳楼记》中说得很好：“若夫霪雨霏霏，连月不开；阴风怒号，浊浪排空；日星隐耀，山岳潜形。”在这种情况下，登上岳阳楼，是“满目萧然，感极而悲者矣”。

① 袁济喜：《两汉精神世界》，22页，北京，中国人民大学出版社，1994。

相反，“至若春和景明，波澜不惊，上下天光，一碧万顷；沙鸥翔集，锦鳞游泳；岸芷汀兰，郁郁青青。而或长烟一空，皓月千里，浮光跃金，静影沉璧；渔歌互答，此乐何极！登斯楼也，则有心旷神怡，宠辱偕忘，把酒临风，其喜洋洋者矣”。可以说，范仲淹从自己切身的审美体验中，已经感悟出不同的自然现象对个人心理的不同影响。另外，再从现代人类与自然的关系来看，由于人类乱砍滥伐、污染环境等行为在很大程度上破坏了生态，影响了天人关系的平衡，已经导致了不良的后果。如果进行换位思考，这也是“天人感应”的一种特殊表现。实践证明，人类如果不尊重自然的客观规律，就必然受到大自然的惩罚；只有因势利导，建构新型的天人关系，才能有利于人类的存在和发展。

（四）辩证思维对中国传统文化的影响

辩证思维是中国传统文化的重要内核，深深地渗透到传统文化的各个领域，对传统文化的建构产生了重要影响。

从社会发展进步的角度来看，每当社会处于重大的历史变革时，进步的思想家总是自觉不自觉地运用辩证思维，进行思想启蒙，宣传社会改革，运用发展变化的观点，抨击陈旧的文化观念，为新文化的建构引航开路。近代康有为、梁启超、谭嗣同倡导变法，都曾经用发展的观点来作为舆论导向。

从传统文化的发展走向来看，儒道两家无疑是中国传统文化最有影响的两派。从对立统一的观点来看，儒道既对立又统一，共处于传统文化的统一体之中。因此，儒道互补成为传统文化的重要内容，也成为统治阶级对文化进行宏观管理的有效手段，甚至成为传统知识分子重要的价值取向。中国传统的知识分子在内在精神方面，大多表现出外儒内道的特点，即“达则兼济天下，穷则独善其身”。这种外儒内道、儒道互补，既体现了儒道二者的对立统一，又在一定程度上有利于维持人的身心平衡。

从军事科学的角度来看，辩证思维对古代军事理论及战争的决策也产生了重要影响。孙子认为，对立双方治与乱、勇与怯、强与弱等，在一定条件下可以向对立面转化。在我国古代战争史上，不少战争是以少胜多，以弱胜强，这也是辩证思维在军事上的应用。

从传统的中医理论来看，辩证思维也显示了它重要的价值。中医理论认为，人体器官是相互区别又相互联系的统一整体，人体局部的疾病可以影响全身，全身的状况又可影响局部的病变。《内经》还讲究人体与自然环境的平衡关系，把人体与外部环境相互联系起来，要求按照自然界的变化规律，调控人的饮食起居和精神活动。这种辩证思维揭示了人体与自然的对立统一，也注意了人体内部器官的相互联系及其相互作用，并且注重对人体疾病进行辩证治疗，闪烁着传统医学的光辉，即使对现代医学的发展也具有新的启迪。

从历史的观点来看，中国传统文化注重事物双方的相反相成、相互依存和相互转化，揭示了事物间的对立统一。这种辩证思维体现了中华民族的高度智慧，也促进了中国文化的健康发展，应当予以发扬光大。

二、直觉思维

直觉思维是中国传统思维的重要形式。它是指思维主体通过对思维对象的直观认识，以非逻辑、非理性的形式，试图认识事物本质的一种思维形式。

(一) 直觉思维是直观与体悟的统一

从思维发展史来看，中国传统的直觉思维是在直观与体悟的基础上把握事物的一种思维方式。直观即对事物进行整体的观照所产生的感觉；体悟则是以心观物，以过去的经验为积淀，对事物进行感悟和体验。因此，直觉思维既有直观性，又有体悟性，是直观与体悟的统一。

1. 中国传统直觉思维的直观和体悟首先表现在对宇宙人生的把握上

由于古代科学技术水平较低，对宇宙人生的认识不可能进行定量分析研究，而更多地表现为对宇宙人生的整体与直观的猜测和把握，“正是由于强调整体观念，于是特别推崇直觉”[①]。《周易》虽然包含着古人的辩证思维，但它首先是一种直觉思维。《周易》中的“易”字，《系辞》解为：“易者，象也。象也者，像也”，“在天成象，在地成形”，“悬象著明，莫大乎日月”，“仰则观象于天”。研究《周易》的专家刘大钧认为：“所谓《周易》者，即日月之道普照周天。”[②] 这正说明了《周易》的作者是以直觉的方式，通过对“日月之道普照周天”这一自然景观的直观，进而演化、猜测出“一阴一阳之谓道”(《系辞上》)，把事物的发展变化的根本规律概括为阴阳对立面的相互作用。在老子的辩证法中，显而易见，其中也蕴含着直觉思维。《老子》辩证法的深刻之处就在于，它既是对宇宙发生学的素朴猜测，是对小国寡民式的自然经济条件下所谓混沌未分的原始自然状态的直观，又是对社会、人生经验的提炼与感悟，是直观与感悟的统一。从汉代的宇宙论学说来看，“盖天”说认为，天是半圆的，像个斗笠；地是拱形的，像覆着的盘；天地各中高外下；日月星辰随天盖而运动，但不是没入地下。这基本上是人们对天地形象的一种直观把握，西汉扬雄等人持此论。东汉张衡则主张“浑天”说，他在《浑天仪图注》中说：“浑天如鸡子，天体圆如弹丸，地如鸡子中黄，孤居于天内，天大而地小，天表里有水。天之包地，犹壳之裹黄。天地各乘气而立，载水而浮。”因为天地无边无际，其形浑浑，所以叫作“浑天”。很显然，“浑天”说比“盖天”说又前进了一步，是在对天地素朴直观的基础上，又展开了丰富的联想和想象，但实际上更注重了天地的整体性。就连《淮南子》的作者，也自称此书是“观天地之象，通古今之事”。这也可以看作由对“天地之象”的直观，进而与对社会、人生经验的体悟相互渗透。

---

① 张岱年：《文化与哲学》，208页，北京，教育科学出版社，1998。

② 刘大钧：《周易概论》，3页，济南，齐鲁书社，1986。

当然，从程朱理学的格物致知，到王守仁的“心外无理”、“心外无物”，都已不再是传统意义上的直觉思维，而是重“心”、轻“物”的客观唯心主义和主观唯心主义。与程朱和王守仁不同，叶适则从主观与客观的关系上，探究了由对事物的直观，进入人内心的思考。王夫之则通过论述与客体的辩证关系，揭示了物质第一性、精神第二性的唯物主义原理。同时，他还认为，形、神、物三者相遇，知觉才能发生，也就是说，人的感觉器官、精神思维和客观对象合在一起，才能产生知觉和认识，这实际上也含有直觉思维的意义。

需要注意的是，中国传统直觉思维对宇宙人生的思考，更多地表现为在直观基础上的对宇宙人生的一种猜测、感悟和体验，因而必然表现出模糊性和非逻辑性的特点。“它们都是从整体上认识事物、分析现象，从日常的生活经验出发，凭直观感觉方法思考问题。”① 实际上，中国传统的阴阳五行学说、天人合一、天人感应，以及儒道两家注重做人而不太重视求知，都可以体现出直观与体悟结合。

2. 中国传统直觉思维还表现在它是一种审美的艺术思维

在中国传统文化的诸子百家中，对艺术影响最大的无疑是儒道两家。从儒道两家的思维方式来看，儒家主要体现其辩证思维与中和思维；道家则在具有一定程度的辩证思维的同时，主要表现为直觉思维。显然，道家对艺术的影响要大于儒家对艺术的影响，因为中国传统直觉思维还是一种审美的艺术思维。

事实上，以老庄为代表的道家文化，特别是庄子，其思维方式主要表现为直观、体验和领悟。他善于通过多种形象的类比和寓意，对宇宙人生采取超脱的审美态度，“由于重视直观、感受、亲身体悟，它又常常使艺术大放光彩，使艺术家创作出许多或奇拙或优美或气势磅礴或意韵深永而名垂千古的作品来”②。甚至有的学者还把老庄看作“是美学的摇篮，是艺术的保姆”③。这虽然多少有些夸张，但庄子的怪诞、旷达，他的“目击道存”，他对宇宙人生进行审美的直观、体验与感悟，大多通过丰富的幻想、飘逸潇洒的作品表现出来，并且对中国美学产生了重大影响，却是毫无疑义的。

至于受老庄及禅文化的影响，中国传统美学还特别讲究“妙悟”，这也可以说是直觉思维在审美和艺术中的表现。

妙悟本是佛教用语。佛教把妙悟看作对真理的透彻理解，对事物本质的最真实的认识，也是认识的最高境界。用于审美和艺术创造中，妙悟是指主体对客体审美观照后所产生的感悟。“妙”，实际上就是只可意会，不可言传，物我皆忘，物我化一的审美境界；“悟”，是主体的感触、感受，即悟出了某种意味。正如程颢所说：“万物静观皆自得，四时佳兴与人同。道通天地有形外，思入风云变态中。”④ 通过对万物的静观，四时的感悟和风云的“思入”，能使“道”超越有形的天地之外。这种妙悟是一种不假思考、具有直觉性质的体悟，是直观后的触发，颇有些对宇宙、人生大

① 徐义明等主编：《中国文化论纲》，174～175页，开封，河南大学出版社，1992。

② 《李泽厚哲学美学文选》，108页，长沙，湖南人民出版社，1985。

③ 李哲良：《禅的人生与艺术》，14页，成都，四川美术出版社，1992。

④ 北京大学哲学系美学教研室编：《中国美学史资料选编》下册，29页，北京，中华书局，1981。

彻大悟之感。关于妙悟，严羽在《沧浪诗话·诗辨》中曾经谈道："大抵禅道惟在妙悟，诗道亦在妙悟。"以禅喻诗，以妙悟来揭示诗歌创作的心理机制，这说明妙悟具有直观的性质，是在直观后的领悟，因而也是一种直觉思维。它表现在审美与艺术创造上，往往体现出直觉感悟与创造性灵感的融合，是情景交融与物我化一的互渗。唐代书法家张旭观看公孙大娘舞剑，因而领悟到运笔的奥妙，这也是直观后的领悟。

（二）直觉思维是一种特殊的"顿悟"

"顿悟"本是佛教用语，是指"顿了"，与"渐悟"相对。从佛教含义来看，"顿悟"是指无须经过繁琐仪式和长期修习，即可豁然觉悟，把握佛教"真理"；"渐悟"亦称"渐了"，是指必须经过长期修习，才能达到对佛教"真理"的觉悟。从"顿悟"和"渐悟"的思维来看，显然，直觉思维是一种特殊的顿悟而不是渐悟。

禅宗特别主张"顿悟"。这种"顿悟"不仅在很大程度上影响了宋明理学，而且也对中国古代艺术产生了较大影响。有的学者认为，"悟""既是中国哲学的精髓，也是中国美学的核心"①，可谓一语中的。换言之，从直觉思维的角度来看，中国哲学和美学都离不开顿悟。正是由于"顿悟"，中国古代哲学与美学不同于西方哲学和美学，一般不注重严密的逻辑，不去寻根问底，而更多地表现为体验与感悟。传统文化中的格言警句，以及文学艺术中的"文眼"、"诗眼"，今天仍备受青睐。这些格言警句、"文眼"、"诗眼"，大多是古人对人生、艺术创造的豁然开朗与大彻大悟，也是古人一种创造性的发现，或者说是灵感思维的结晶。

在分析中国传统的直觉思维时，还需注意两个问题：第一，传统的直觉思维有自己的历史特点，不同于现代所说的直觉思维。中国传统的直觉思维虽然是主体与客体、主观与客观的统一，虽然是融天地于胸中，观古今于须臾，但这种统一与融合不是主观符合客观，不在于客观的求真，而是统一于主观，即融客观于主观，着重在于主观的体验与感悟。这种思维本质上缺乏对事物认识的实证精神，缺乏分析方法，在一定程度上阻碍了科学的发展。第二，直觉思维的现代嬗变。如果说传统的直觉思维是古人试图对事物本质的直观，是一种素朴的认识论，那么从现代思维科学的角度来看，直觉思维实际上是思维主体以非理性的形式、非明显的逻辑推理的方式，对本质的一种直接、快速的整体洞察。乍看起来，直觉思维呈现出非理性的特点，表面上也似乎没有经过逻辑推理，实质上却是非理性中蕴含、积淀着理性，是闪电般的、快速的逻辑推理。因此，斯宾诺莎把直觉看作高于推理并完成推理知识的理智能力，通过这种能力，人们能认识到无限的实体或自然界的本质。但是，在西方现代哲学中，直觉主义者柏格森、克罗齐和胡塞尔等人一方面非常推崇直觉的认识作用；另一方面又把直觉同理性思维对立起来，并且贬低了理性思维的重要性，这也显示出其对直觉思维认识的片面性。

① 马奇主编：《中西美学思想比较研究》，277页，北京，中国人民大学出版社，1994。

三、中和思维

中国传统文化深受儒家思想的影响，也表现在思维方式上，中和思维既反映了人类思维方式的共性，又集中表现了中华民族思维方式的特殊性。所谓中和思维，是指传统文化中认识和解决问题所采取的不偏不倚、执中适度的思维方法。

（一）中和思维的理论来源

从中外思维发展史来看，一般来说，中和思维的产生要略晚于朴素的辩证思维。在古希腊，辩证思维较早地表现在泰勒斯和赫拉克利特的思维方式中，中和思维则表现在德谟克利特、柏拉图、亚里士多德的思维方式中。在中国传统文化中，辩证思维较早地表现在《周易》和《老子》之中；中和思维虽然可追溯到《周易》，但主要形成于孔子及其儒家学派。

从我国传统中和思维的来源来看，它最早起源于人们对于“执中”、“尚中”的认识，也在一定程度上反映了古代思维开始走向成熟。早在《易传》中，就已具有对“中”的认识，有“中正”、“正中”、“得中”、“中行”、“在中”、“大中”、“中心”、“行中”、“中节”、“位中”等近30种说法。研究结果还表明，带“中”的卦爻，都是吉卦、吉爻，“凡吉占都是因为能‘正中’、‘得中’、‘中正’、‘黄中通理’等”①。这说明当时人们已经对“执中”和“尚中”有了初步的认识和实践。

这种“执中”、“尚中”的思想在儒家学派中得到了发展和深化，并逐渐演化成汉民族的一种中和思维方式。除了受到“天人合一”、“太和”、“合和”思想影响以外，中和思维方式集中体现在儒家的“中庸之道”中。过去受“左”的影响，人们对于“中庸之道”作了片面的分析，实际上，“中庸之道”固然是儒家的伦理思想和方法论，但它更是汉民族的一种思维方式。“中庸”即“中道”、“中行”，意为无“过”与“不及”，注重适度、恰当、不偏不倚，以此实现中和，达到和谐的境界。从佛教哲学的角度来看，中和思维也就是佛教中的“中道”。佛教哲学认为，“断见”和“常见”都只偏重一方，因此必须离开两边而执中道。② 这实际上也体现了“执两用中”的中和思维。

从思维科学和哲学的角度来看，中和思维是古代朴素辩证思维的一种特殊体现，也是古人对哲学中介的思考。辩证思维强调事物的对立统一，强调事物的发展变化。从对立统一来看，对立面的转化有个关节点的问题；从事物的发展变化来看，事物的发展变化还有个度的问题。中和思维正是对事物关节点和度的把握，是一种特殊的辩证思维。从后者来看，中和思维凝聚了古人对哲学中介的思考。中介是事物之间互为联系和转化的凭借条件和彼此沟通的桥梁，也是一切事物相互联系和转化的关节点。

① 刘大钧：《周易概论》，31页，济南，齐鲁书社，1986。

② 参见马德邻等：《宗教，一种文化现象》，154页，上海，上海人民出版社，1987。

中和思维的实质恰恰在于它把握了事物转化的关节点，强调了度的重要性，因而它有助于克服“非此即彼”的片面思维。

（二）中庸是最高的善

用中和思维来指导人生的认识活动和实践活动，把中庸看作最高的善，这是中国传统文化的重要特点。

孔子明确提出了“中庸之德”的观点，把中庸看作最高的道德标准。《论语·雍也》说：“中庸之为德也，其至矣乎！民鲜久矣。”在孔子影响下，荀子也主张要根据“礼”或“中道”来使人修身养性。《荀子·修身》认为：“治气养心之术：血气刚强，则柔之以调和；知虑渐深，则一之以易良；勇毅猛戾，则辅之以道顺；齐给便利，则节之以动止；狭隘褊小，则廓之以广大；卑湿、重迟、贪利，则抗之以高志；庸众驽散，则劫之以师友；怠慢僄弃，则照之以祸灾；愚款端悫，则合之以礼乐，通之以思索。”荀子在注意个性差异的同时，注重从对立统一的角度，针对个性的不足或过分，尝试用其对立面给予补偏就中。《礼记·中庸》则注意到人的喜怒哀乐各种情感的中和之美，认为“喜怒哀乐之未发，谓之中；发而皆中节，谓之和。中也者，天下之大本也；和也者，天下之达道也。致中和，天地位焉，万物育焉”。董仲舒在解释《礼记》的“中”时，认为“中”不是指各种情感未发之时，而是指已发之情应保持无过无不及的状态。程颐《近思录》的解释比较符合《中庸》的原意，他认为“喜怒哀乐未发谓之中，中也者，言寂然不动者也，故曰天下之大本。发而皆中节谓之和，和也者，言感而遂通者也，故曰天下之达道”。邵雍认为“人得中和之气则刚柔均，阳多则偏刚，阴多则偏柔”①。总之，传统的中和思维用于个性塑造上，尽管理论家对中和、中庸的解释不尽相同，但有一点却是值得肯定的，就是要求个性的适中、恰当，达到中和之美、中庸之美。在传统文化看来，个人的修身养性、立德如果通过“执两用中”达到了中庸，就是实现了道德的最高标准。

与中国传统的中和思维相比，西方古代也讲究中和之美，只不过时间稍晚于中国。德谟克利特、苏格拉底和柏拉图虽然也偶尔谈及节制和适度的问题，但并未展开研究。在古希腊，对中和、中庸进行深入研究的当属亚里士多德。亚氏认为，在一切连续而又可分的东西中，都存在着过度、不及和中庸，“过度和不及都属于恶，中庸才是德性”，“中庸是最高的善和极端的美”②。纵观亚氏的哲学观、社会观、伦理观和美学观，他已自觉把中庸当作一把重要的钥匙，当作一种思维方式，用来开启他思想宝库的大门。亚氏的中庸观与中国传统的中和思维尽管表述略有不同，但在本质上有惊人的相同、相似之处，反映了人类思维发展的共同性。

（三）艺术创造的中和之美

中国传统的中和思维不仅用于人际关系、个人修养、道德及政治诸方面，而且也

---

① 北京大学哲学系美学教研室编：《中国美学史资料选编》下册，18页，北京，中华书局，1981。

② 《亚里士多德全集》，第八卷，36页，北京，中国人民大学出版社，1991。

广泛地用于艺术创造中。中和思维用于艺术创造之中，表现为对中和之美的追求。

孔子主张“执两用中”，注重对中庸的追求，用于艺术上，就是提倡“中和”之美。孔子以“中和”为审美标准，在做人方面，认为“质胜文则野，文胜质则史。文质彬彬，然后君子”（《论语·雍也》）。其实质就是要求做人“允执其中”，文质兼备，实现中和之美。在艺术创造上，孔子评价《关雎》是“乐而不淫，哀而不伤”（《论语·八佾》），并且主张“温柔敦厚”。《乐记》受孔子中庸思想的影响，把“中和”作为音乐的审美标准，认为“和”是音乐的本质，以“和”为美，倡导“礼以导其志，乐以和其声”，追求“安以乐”的治世之音。在儒家思想影响下，中国传统美学的“中和”之美成为中国古代艺术重要的价值取向和思维方式。翻开中国文学发展史，传统的诗、词、文、赋等抒情作品比较发达，但即使抒情，大多也是符合人之常情、常理的，是有所节制的，也是合乎礼义的。在传统的戏剧艺术中，中国的悲剧不是悲到极限，也绝没有俄狄浦斯杀父娶母后肝胆欲裂的痛苦，而大多要留一点光明的希望；喜剧的诙谐也绝不过分，一般也是适可而止。传统艺术的这种“中和”之美，无疑是儒家中庸思想在艺术中的显现，也是中和思维在艺术创造中的不自觉运用。

纵观中国传统文化的辩证思维、直觉思维和中和思维，它们自觉不自觉地已经广泛渗透到中国传统文化的各个方面，对文化的发展起了积极或消极的作用。传统辩证思维对于我们正确认识事物的发展变化，认识事物的对立统一，都有积极的指导作用，但也存在着缺乏对事物对立面的转化机制研究的缺憾。另外，传统的辩证思维还缺乏科学的实证精神。与西方相比，中国古代的辩证思维要比西方古代的辩证思维略为发达些，但随着黑格尔哲学和马克思主义的诞生，近代西方的辩证思维又超过了我们。从传统的直觉思维来看，它在一定程度上揭示了人类直观认识中对真理的体验或感悟性，客观上也建构了一种审美的思维方式，但它容易引导人们陷入虚幻的体验，导致以主观的体验、感觉代替对真理的探究。西方现代的直觉主义，包括克罗齐的“艺术即直觉”，都是把直觉推到思维的极端，陷入一种所谓片面的深刻之中。中和思维由于较好地把握了事物之间的中介，注重不偏不倚，追求人与人、人与自然的和谐，因而，它有利于塑造和谐的精神个性，能积极促进人际关系的和谐，甚至能维护社会秩序的稳定。但是，中和思维本身亦非孤立的存在，前提是要有事物的两端，也就是说，只有在矛盾的统一中才能实现中和。中国古代受儒家中庸思想影响很深，更多的是自觉不自觉地运用中和思维来认识和解决问题，其结果是注重事物发展的平衡，从而阻碍了事物之间的相互转化，也显示出了其保守性，在一定程度上又阻碍了社会变革。

在中国传统的三种思维方式中，辩证思维是中国传统文化最基本的一种思维方式，是中华民族在认识世界和改造世界的过程中建构起来的；直觉思维主要受道家文化的影响；中和思维则主要受儒家文化的影响。如果把辩证思维看作中国传统思维方式的主干，那么，就可以把直觉思维与中和思维比作双翼。这三种思维方式既相互联系，又相互区别，在彼此互渗整合中建构了中国传统文化的思维系统。在思维方式的变革中，我们应该吸取传统思维方式的精华，克服偏于直觉体悟、不太注重科学实证和逻辑分析的弱点，注重培养中华民族的创造性思维。

第三节
中国传统文化的价值取向

〇修身、齐家、治国、平天下 〇伦理纽带 〇重义轻利

中国传统文化的价值取向，表现为中国传统文化系统中的价值系统，主要体现为价值判断，它对传统文化的发展具有指导作用。要正确认识传统文化的价值取向，一方面，要从文化史的角度出发，把中国传统文化看作发展变化的文化之流，构成中国现代文化的主要来源，因而，如何评价中华民族今天的文化，在一定程度上直接影响着对传统文化的评价；另一方面，传统文化毕竟属于昨天，既有它的必然性、合理性与进步性，又有它的历史局限性，甚至包括封建糟粕。对此，我们应采取历史的、辩证的观点，科学地扬弃传统文化。

一、以修身、齐家、治国、平天下为积极进取的价值取向

人类自进入文明社会以来，从个人的角度来看，总是要自觉不自觉地确定人生的价值目标；从社会的角度来看，也总是从社会客观需要出发，倡导或肯定一定的价值目标，从而使该价值目标成为该社会比较普遍的价值取向。由此观之，中国的传统文化，无论是个人还是社会，从总体上看，都非常推崇修身、齐家、治国、平天下的价值取向。从中国历史来看，中国历代知识分子大多忧国忧民，以天下为己任，以修身、齐家、治国、平天下来自我约束、自我激励和自我塑造。也可以说，这种价值取向是促进中国传统文化发展的重要动力。

修身、齐家、治国、平天下作为一种价值取向，它体现了中国传统知识分子对人生的积极进取精神，是一种积极有为的人生哲学。早在《左传·襄公二十四年》中，就记载了范宣子和叔孙豹讨论不朽问题的对话。对话中，范宣子把家族的兴旺看作不朽，而叔孙豹则把立德、立功、立言看作三不朽，认为“太上有立德，其次有立功，其次有立言”。这成为修身、齐家、治国、平天下的重要理论来源。孔子把“仁”看作最高的道德标准和价值标准，把立德和立功都统一到“仁”上来，倡导“志士仁人，无求生以害仁，有杀身以成仁”（《论语·卫灵公》）。直接提出修身、齐家、治国、平天下的是《礼记·大学》：“古之欲明明德于天下者，先治其国；欲治其国者，先齐其家；欲齐其家者，先修其身；欲修其身者，先正其心；欲正其心者，先诚其意；欲诚其意者，先致其知；致知在格物。”这就是说，以格物为起点，层层递进，把“格物”、“致知”、“诚意”、“正心”作为修身、齐家、治国、平天下的基础，加强个人的自律，即道德完善，然后由己及人，从格物到修身都是为了实现治国、平天下的人生理想。

在修身、齐家、治国、平天下的价值取向中，修身是做人的关键。修身即修养身心，主要指道德的自我约束、自我完善。在中国传统文化中，修身可以包括三个层面，即要有志向、人格和道德。中国传统文化特别注重人要有远大的志向，要有鸿鹄之志，要有伟大的胸襟。翻开中国文化史，仁人志士的豪情壮志无不跃然纸上："三军可夺帅也，匹夫不可夺志也"（《论语·子罕》）；"路漫漫其修远兮，吾将上下而求索"（屈原：《离骚》）；"有志者事竟成"（《后汉书·耿隧传》）；"老骥伏枥，志在千里；烈士暮年，壮心不已"（曹操：《龟虽寿》）；"生当作人杰，死亦为鬼雄"（李清照：《夏日绝句》）；"先天下之忧而忧"（范仲淹：《岳阳楼记》）；"位卑未敢忘忧国"（陆游：《病起书怀》）；"人生自古谁无死，留取丹心照汗青"（文天祥：《过零丁洋》）；"拼得十万头颅血，须把乾坤力挽回"（秋瑾：《黄海舟中日人索句并见日俄战争地图》）……正是因为有了这些远大的志向，中华民族不屈不挠，富于开拓，才拥有了持久发展的内在动力。

远大的志向需要高尚的人格和道德作保障。在这方面，中国传统文化也显示了丰厚的内涵。孔子把道德和人格完善看作实现人生理想的需要，他认为，要实现人生价值，就必须保持自己的人格，具有高尚的道德修养，以实现弘道行仁的志向。孟子则倡导"养吾浩然之气"（《孟子·公孙丑上》），要有高尚的气节和人格尊严，做到"富贵不能淫，贫贱不能移，威武不能屈"（《孟子·滕文公下》），当生命与道义不可得兼时，宁可"舍生而取义"（《孟子·告子上》）。在中国文化史上，孔子、孟子、屈原、司马迁、李白、杜甫、白居易、柳宗元、苏轼、王安石、文天祥、于谦、秋瑾、鲁迅等都非常注重人格和道德的完善，在文化史上写下了光辉的篇章。

在人格和道德的修养中，中国传统文化由于受儒道两家影响，形成了知识分子"达则兼济天下，穷则独善其身"的精神内核或价值取向，这就决定了中国知识分子一方面以天下为己任、忧国忧民，有着很强的社会责任感，体现出人的主体性；另一方面必然注重内在修养，即人格和道德的自我完善。中国传统知识分子的外儒内道既是传统文化的一种创造模式，又是一种实践方式或人生哲学。"达则兼济天下"也就是治国平天下，这是中国古代人生的最高追求，也是个体生命的最大拓展，但它必须以修身为前提和出发点。如果"兼济天下"受到挫折，那么，则可以"独善其身"，仍回归到自我的道德与人格的完善，这与道家追求个人精神自由有较大关联。这种儒道互补，进可以攻、退可以守的人生哲学，在一定程度上有利于维持人们的身心平衡，体现了人生进展的有张有弛、张弛相融的生命哲学。

从历史的观点和实践的观点来看，修身、齐家、治国、平天下作为中国传统文化重要的价值取向，在推动文化的发展上，起到过积极的促进作用。从人生哲学的角度来讲，中国传统文化推崇修身、齐家、治国、平天下的价值观，有利于弘扬人生的积极进取，这在一定程度上也反映了刚健有为、自强不息的民族精神，培养了克己奉公、吃苦耐劳、坚韧不拔的优良品质；从人才开发的角度来看，远大的志向不仅可以直接化作成才者的前进动力，而且可以激发内在的多种潜能和创造活力；从情商理论来看，传统文化注重个人的修身养性，这也利于塑造和谐完美的精神个性，正确的自我认知，以及维持人际间的和谐关系，而这恰恰是个人成才或事业成功的重要因素；从社会宏观的角度来看，倡导修身、齐家、治国、平天下，这有利于发挥全国人民的积极性，激发竞争中的进取精神，有利于形成社会发展的整体合力，并且产生积极的共生效应。

但是，从传统社会来看，由于受孔子“学而优则仕”及官本位思想的影响，个人要实现治国平天下的人生价值，仿佛就只有走从政当官这条路。商朝的乡举里选，周朝的取士制度，战国时期的选贤任能，汉文帝和汉武帝的求贤诏，曹操的求贤令，魏晋南北朝的九品中正制，隋朝以降的科举制度，基本都是为政府选拔官员，而不是选拔专业技术人才。这种用人制度必然影响着中国古代很多优秀人才去争着从政，把从政看作人生的最重要的价值取向，并出现了三种趋向：第一，培养了一大批具有官僚特色的政府官员；第二，造就了一批从政与专业技术兼得的人才，如屈原、苏轼、王安石、韩愈、柳宗元等既从政又具有文化艺术才能；第三，先从政，从政失败后再搞学术或文艺创作。时至今日，传统文化的官本位思想仍在一定范围内具有较大影响，比如，一提尊重知识、尊重人才，就马上让专业技术人员担任一官半职，以此来抬高知识分子的地位，这不仅造成不少的人才浪费现象，而且也扭曲了知识分子的心灵。这种错误的价值导向是不符合时代精神的。

此外，由于受官本位思想影响，在中国历史上，还出现了卖官鬻爵的现象。秦始皇、汉文帝、汉武帝都曾经公开卖官鬻爵，清朝的卖官甚至到了非常严重的程度，康熙卖官三年收入 200 多万两白银。这种买官卖官不仅反映了用人制度的黑暗，也反映了封建社会的腐败。

二、以伦理道德为人际关系和社会秩序的纽带

如果说，修身、齐家、治国、平天下主要表现为传统知识分子的价值取向，那么，以伦理道德促进人际关系的和谐，维护社会秩序，则成为传统中国人的共识，成为中华民族普遍的、自觉的价值取向和行为准则。

在中国封建社会中，除了封建律条以外，统治阶级特别重视道德教化，并且以伦理道德作为人际关系和社会秩序的纽带。就是说，中国传统文化特别注重人际关系中的伦理道德。孔子主张“志于道，据于德”（《论语·述而》），这里的“道”是指理想的人格或社会图景，“德”是指个人的立身根据和行为准则。由己推人，由个人推及社会，孔子认为，就连整个社会的治理也要依靠道德，即“为政以德”。孟子继承了孔子的思想，首创“五伦”之说。他认为：“人之有道也。饱食、暖衣、逸居而无教，则近于禽兽，圣人有忧之，使契为司徒，教以人伦：父子有亲，君臣有义，夫妇有别，长幼有序，朋友有信。”（《孟子·滕文公上》）意思是说，人的生存需要满足之后，如果没有道德教化，仍然与野兽差不多，所以圣人才让契来做司徒，用五伦来教化人民。孟子还提出了仁、义、礼、智四德。在孟子的基础上，董仲舒为了与五行相配，又加上一个“信”，构成了仁、义、礼、智、信“五常之道”。战国时韩非曾提出“三纲”的思想，即“臣事君，子事父，妻事夫”，认为“此天下之道也”（《韩非子·忠孝》）。到了汉代，“三纲五常”已成为统治阶级调整和维护封建人际关系和社会秩序的伦理道德，并且逐渐渗透到社会心理的层面。随着历史的积淀，“三纲五常”作

为维系人际关系和社会秩序的伦理规范，由最初的他律，逐渐转化为自觉不自觉的自律，这也正说明了"统治阶级的思想在每一时代都是占统治地位的思想"①，也在一定意义上蕴含了伦理道德的阶级性、民族性和社会性。

中国传统伦理道德是建立在血缘与宗法关系基础上的，这就决定了中国传统社会非常注重家庭伦理道德，并由此推及整个国家。"三纲"就是君为臣纲，父为子纲，夫为妻纲；"五常"就是仁、义、礼、智、信。在"三纲"中，两"纲"是维系家庭伦理的。家庭是社会的缩影，社会是家庭的扩展，国家实际上就是个大"家"。因此，在封建社会，老百姓称政府官吏为"父母官"或"官老爷"；反之，官吏称自己关心百姓为"爱民如子"。"父为子纲"、"夫为妻纲"，直接决定了家长制是传统家庭的组织原则和伦理原则，扩大到社会，就是"君为臣纲"。皇帝扮演着整个国家主宰的角色，拥有不受任何节制的权力，是凌驾于整个国家之上的绝对权威。在皇帝心目中，"朕即国家"，君叫臣死，臣不得不死。因此，"君为臣纲"直接反映了传统的封建社会"家天下"的专制本质。

以"三纲五常"为核心建构起来的传统的伦理道德，其本质特征是在符合统治阶级需要的基础上，以伦理道德来调节和规范封建社会的等级秩序，确定人与人之间的上下贵贱、尊卑长幼，在伦理自律的同时，以特定的礼来约束和指导自己的行为方式，以此促进社会秩序的稳定和人际关系的和谐。在中国传统社会中，人们习惯上以伦理道德为价值取向，去分析和评判他人的思想和行为，要求忠君爱国，孝敬父母，悌兄友弟，舍生取义，讲究信誉，如果忠孝不能两全，则舍孝取忠。这也反映了传统伦理道德是以忠君爱国为最终、最高价值取向的。实际上，中国传统伦理道德经过历代统治阶级的倡导和教化，重伦理的价值取向对中华民族的民族心理、风情习俗、审美意识、价值观念等各方面，都产生了极为广泛深远的影响。"千百年来，中国人已习惯于用道德的眼光评判衡量一切，它不是外在强迫，而是内心的自觉。伦理道德至上的观念已内化为人们的思维模式和行为准则，人们只须循此而为，而无须究其根由。"② 这种道德自律对于个人来说，是人格的自我完善，也是道德自律后精神的愉悦与满足，是塑造至人、圣人、真人和完人的必由之路；对于社会来说，也是促进人际关系和谐和维系社会秩序的纽带。

传统文化注重伦理道德的价值取向在历史与现实的实践中产生了复杂的影响。从积极意义来看，传统文化注重伦理道德，强化了个人的道德品行修养，追求"文质彬彬"的君子风采，在一定程度上有助于和谐的人际关系，维系社会的既定秩序，中国历来被誉为"礼仪之邦"与此不无关系。从消极方面来看，传统伦理道德不是从平等的角度去维系人际关系和社会秩序，而是体现出上下贵贱、尊卑长幼的严格等级差别，甚至于性别歧视。这种差别虽有一定的合理性，但也有阶级性、专制性和非人性的特点，它扭曲了正常的人际交往和各种社会关系，使人的本质在一定程度上受到异化，随着封建社会的没落腐朽，传统的伦理道德甚至成为精神自由和个性解放的桎梏。由此就可以理解鲁迅为什么要用"狂人"之口，揭示中国传统社会"仁义道德"

① 《马克思恩格斯选集》，2版，第1卷，98页，北京，人民出版社，1995。
② 张立文等主编：《传统文化与现代化》，93页，北京，中国人民大学出版社，1987。

中的“吃人”本质了。同时，传统伦理道德比较重家庭，轻个人；重共性，轻个性；重人际关系的和谐，重折衷与调和，甚至是失去个性、不讲原则的愚忠愚孝也被人赏识，对此稍有反抗就会出现“枪打出头鸟”，“木秀于林，风必摧之”的结果。由此可见，对传统伦理道德的消极作用也不容低估，我们应该审视传统伦理道德中的负面因素在现代社会中的嬗变，把“预防接种”与因势利导统一起来。

三、物质与精神关系中的重义轻利

义与利是中国哲学史上的一对范畴，二者的关系也是中国哲学史上争辩的重要问题之一。义，指道义，要求品德行为符合一定的道德准则；利，指物质利益、功利。义与利本身既是哲学范畴，同时又是物质与精神关系的特殊体现。总的来看，在义与利的关系上，中国传统文化的价值取向主要表现为重义轻利。

义与利按二者的辩证关系来看，本来应该有机统一起来，即二者兼顾。《易·乾卦·文言》指出：“利者，义之和也。”认为义与利是统一的，一定的道德行为必然会给人带来利益。孔子实际上也是主张义与利的统一，认为“邦有道，贫且贱焉，耻也；邦无道，富且贵焉，耻也”（《论语·泰伯》）。这就是说，孔子并不轻视物质利益或功利，关键是看所在的“邦”是“有道”还是“无道”。在“邦有道”的前提下，贫贱是羞耻的，应该追求义与利的统一；相反，“邦无道”，富贵也是可耻的，即无义而利是不符合道德要求的。从理论上讲，义与利应该有机统一，但实际上二者往往存在着一定的矛盾，不可得兼。因此，怎样认识和处理义与利的关系，是重义轻利，还是重利轻义，就必然摆在了人生选择的天平上。

早在春秋时期，人们就已开始探讨义与利的关系，晋国大臣里克曾说：“义者，利之足也……废义则利不立。”（《国语·晋语》）在义与利的关系上，孔子虽然主张义利统一，但同时又认为，在义利不可得兼的情况下，还是应该重义轻利。他说：“不义而富且贵，于我如浮云。”（《论语·述而》）其意思是说，宁可不要富贵，也不能损害“义”，要求“见利思义”，“义然后取”（《论语·宪问》），要求用义来节制人的行为。孔子关于义与利最基本、最主要、最核心的观点是“君子喻于义，小人喻于利”（《论语·里仁》）。墨子则主张道义高于俸禄，把“为义”即“国家百姓人民之利”看作自己的人生目的，认为“有义则生，无义则死；有义则富，无义则贫”（《墨子·天志上》），即只有合乎义的行为才能为人带来利益，不义也就不利。孟子受孔子影响，并且把孔子的重义轻利加以绝对化，认为“何必曰利？亦有仁义而已矣”（《孟子·梁惠王上》）。他甚至还把“孳孳为善者”看作“舜之徒”，把“孳孳为利者”看作“跖之徒”（《孟子·尽心上》）。这样，从孔子的“罕言利”，再到孟子的“何必曰利”，意味着孟子对利的蔑视比孔子更进了一步，并且对后世产生了重要的影响。

到了汉代，董仲舒继续探讨义与利的关系。首先，在他看来，人生需要义，也需要利。没有道义，不能使人精神快乐；没有物质利益，不能使人的身体舒适。其次，他还强调义重于利。他从心身关系的角度出发，认为心比身重要，既然义可以养心，利可以养体，那么，很显然，义重于利。在肯定义重于利的前提下，他还认为人有义，虽贫而能自乐；人无义，虽富而不能自存。“正其谊（义）不谋其利，明其道不计其功。”（《汉书·董仲舒传》）董仲舒这一观点后来直接成为朱熹白鹿洞书院的学规。这一观点虽然看到了“义”作为精神力量对人生的能动作用，但在封建社会，却有一定的欺骗性，即迷惑人们在重义的前提下，可以安于贫贱。在宋代，义利之辩成为哲学探讨的热点。程颐主张重义轻利，要根除不合义的私利。朱熹认为“仁义根于人心之固有，天理之公也；利心生于物我之相形，人欲之私也。循天理，则不求利而自无不利；殉人欲，则求利未得而害已随之”（《四书章句集注》）。其“存天理，灭人欲”主要表现为行仁义而利自见，因而应节制欲望。叶适反对程朱之说，倡导义利并重、统一，认为“既无功利，则道义无用之虚语耳”（《习学记言》卷二十三）。明清之际的王夫之也非常重视义与利的研究，主张重义轻利，甚至认为用义利可以区别君子和小人、人和禽兽。颜元则针对董仲舒和朱熹倡导的“正其谊不谋其利，明其道不计其功”，反其意而用之，主张“正其谊以谋其利，明其道而计其功”（《四书正误》），直接把义与利、道与功统一起来。

扬榷古今，中国传统文化中的“义利之辩”主要表现为占统治地位的儒家内部的论争，其基本特征是义利统一兼顾，但主要表现为“重义轻利”。义利关系中的“义”，表面上是指精神层面的道义，而实际上是指社会或国家的公利；义利关系中的“利”则主要体现为个体物质利益或个人功利。由此可见，“义利”统一实际上是注重社会利益与个人利益的统一；“重义轻利”实际上是先公利，后私利。因此，每当历史处于危急关头，当义利不能兼顾时，中华民族许多仁人志士都能够从国家整体、大局出发，公而忘私，重义轻利，不畏艰难险阻，不惜个人生命，谱写出可歌可泣的爱国主义动人篇章。但是，“重义轻利”在历史上也曾产生过一定的消极作用，因为“义”本身有其历史的局限性，同时如果把“重义轻利”推到极端，这在一定程度上又必然会损害个人正当的利益，甚至全社会的物质利益。中国历史上“重农抑商”就与“重义轻利”有一定关系，客观上影响了社会经济的发展，也制约了科学技术的发展和科技人才的培养。

在市场经济条件下，受传统文化“义利之辩”的影响，我们一方面应该坚持按劳分配，多劳多得，把义与利统一起来；另一方面，也要注意到义与利并非绝对的平衡统一，当二者发生矛盾时不能见利忘义，而是应该重义轻利，以国家和人民的利益为最高价值取向，去实现人生的价值。

总之，对待中国传统文化的价值取向，我们应该从历史哲学的高度和以创造新文化的积极态度，去疏导、分析、辨别，吸取精华，剔除糟粕。既不全盘否定，也不崇古复古：批判地继承，合理地改造，大胆地创新，是一个成熟的民族对待自己传统文化应有的正确态度。

【思考与研讨】

1. 关于中国传统文化的基本精神和基本特征，除了本章列举的几点外，你认为还有哪些也可以归纳进去？

2. 每个人选出一个能够体现中国传统文化精神的当代事件，并进行适当分析。

3. 从周围人的生活中总结出中国传统文化特征对他们行为方式和思维方式的影响，并将总结形成文字。

4. 中国传统直觉思维在中国艺术中有充分的体现，班里应该有许多同学懂音乐和国画等艺术，请他们发言谈谈切身的体会。

5. 中国传统的重义轻利的价值取向与当代市场经济条件下的拜金主义形成了鲜明对比，写一篇小论文分析价值观的变化与社会文化间的关系。

6. 以组为单位，讨论贵和尚中的传统文化对我国当代外交政策的影响及其具体表现。

中篇

中国传统文化分论

第四章 明德新民 止于至善

——儒家文化精神与理想人格

古之欲明明德于天下者，先治其国。欲治其国者，先齐其家。欲齐其家者，先修其身。欲修其身者，先正其心。欲正其心者，先诚其意。欲诚其意者，先致其知。致知在格物。

——《大学》

子曰："人而不仁，如礼何？人而不仁，如乐何？"

——《论语》

中国传统文化的主干是儒、道、佛三家思想，其中儒家思想是核心。因此，要了解中国传统文化首先应该了解儒学。

儒家思想是随着时代的变迁而不断演进的。孔子于春秋末期创立儒家学派，提出“克己复礼”、“仁者爱人”等一整套对后世产生巨大影响的政治伦理思想体系。战国时期儒家分成八派，主张性善论的孟子学派和主张性恶论的荀子学派是最主要的两派。至汉代，儒家思想经过董仲舒的改造而神学化，并由民间的一种学说变为官方的统治意识，取得了独尊的地位。儒家思想在魏晋时受到玄学和佛教的挑战，一度衰落，但它的纲常伦理观念有利于封建统治，影响仍然很大。唐代孔颖达等人作五经正义，儒学再度被罩上耀眼的光环。到宋代，儒学吸收佛、道思想，更加完善和哲理化，称为理学。后来理学发展为心学，成为明代的显学。清代又出现提倡经世致用的实学。儒家思想的理论形态虽然不断改变，但有其共同的基本特征。我们应从儒家的演变、发展中，进一步认识儒家的理想人格和人生哲学模式，实事求是地分析其历史地位和作用。

第一节 先秦儒家人伦

○先秦儒家 ○孔子的天命观与仁、礼思想 ○孟子的仁政说与性善论 ○荀子的重法与性恶论

一、孔子与先秦儒家学派的初创

在向封建社会过渡的春秋战国（即先秦）时期，产生了强烈的人文意识，一些学者通过对自然、社会和人生的观察体验，形成各具特色的学说。一时，百家争鸣，蔚为壮观，从而奠定了中国文化基本格局的基础。

儒家思想是中国文化的主干之一，产生于春秋战国之际，以孔孟之学为其学术代表，主要有《周易》、《尚书》、《诗经》、《礼记》、《春秋》、《论语》、《孟子》等儒家经典。

孔子（公元前551—前479），名丘，字仲尼，春秋末期鲁国（今山东曲阜）人。他幼年丧父，过着贫贱的生活，青年时做过会计和牛羊管理人。他非常好学，曾学习过音乐，对古代的典章制度产生了浓厚兴趣。大约30岁时，开始私人讲学，这是他一生的主要事业。51岁出任鲁国中都宰，后来升任司空、司寇。因不能实现政治思想，在54岁时离开鲁国，带着弟子游说列国，14年间，到过宋、卫、陈、蔡、齐、

曹、郑、薛、叶、楚等国，自称“如有用我者，吾其为东周乎”（《论语·阳货》）。各诸侯国君主都不采纳他的主张，等其再回鲁国时，已68岁了。

孔子晚年致力于教育，并系统整理了《诗》、《书》等古代文献。依据《史记·孔子世家》记载，他把记叙鲁国史的《春秋》加以删修，使之成为我国第一部编年体历史著作。《论语》是他的弟子和再传弟子整理的孔子言行录，载有孔子与弟子间的谈话，是后人研究孔子的基本资料。

孔子是儒家学派的创始人。“儒”的名称，早在商代就有了，是对一种宗教职业人员的称呼。这种人员的主要职责是主持祭祀和接待宾客，与这两项职责相适应，需要掌握那些与迷信掺杂在一起的古代天文知识和礼仪规则。在宗教与政治合一的时代，儒的宗教职责与政治职责是分不开的。但春秋时代的儒，已经不再是与政治结合的神职人员，而成为以传授礼仪知识谋生的自由职业者。他们出仕于朝堂，能够为公卿尽其忠顺；入居于家中，可对父兄尽其孝悌。遇事尽量按“礼”的规定约束自己，不饮酒乱其本性。孔子具备春秋时代儒的修养，也做过儒的事情，但他不是普通的儒，是一个有政治思想且学识渊博的儒。

孔子是中国历史上第一个创办私学的教育家。教育是孔子一生的主要事业。他依照“有教无类”（《论语·卫灵公》）的主张办学，把社会上不同阶层的人吸收到自己门下来，在几十年中形成了一个很有影响的学派——儒家学派。孔子从事教育近半世纪，先后有弟子三千，兼通“六艺”者七十二人。不少弟子经学习之后，从事政治或教育活动，成为有政绩、有名望的人。孔子的教育事业，对于打破贵族垄断文化教育和贵族世袭官职的局面起了重要作用。孔子死后，儒家分成八个派别，称为儒家八派。子思、孟子两派有承继关系，思想倾向基本一致，自宋代后被尊为儒家正宗。荀子为代表的一派，与子思、孟子的思想有差别，当时也有很大影响。在后来的封建社会里，统治者常常兼用荀子儒学和孟子儒学以统治人们的思想。

二、孔子的天命观和仁、礼思想

在西周宗教思想体系中，天的观念是西周全部历史观念、伦理观念、政治观念以及自然观念的基础。人们崇拜的天是活灵活现的人格神。在他们的观念中，天的命令是准确无误的。孔子没有完全摆脱传统的天命思想，他说：“获罪于天，无所祷也。”（《论语·八佾》）他认为自己担负着承继古代文化的使命，而这使命是天赋予的。但是，孔子对“天命”的态度模棱两可。一方面，他一生孜孜不倦，“知其不可而为之”，似乎很不以“天命”为然；另一方面，当他的理想不能实现，处处碰壁，追求落空时，特别是到了晚年，他又相信起天命来了。他自称“五十而知天命”，又称“生死有命，富贵在天”，君子“畏天命”，“小人不知天命而不畏也”（《论语·季氏》），显然在逻辑上互相矛盾。

“天命”是虚的，而礼乐则是现实的。礼起源于宗教仪式，用以表示对神灵和祖先的敬意。在宗教政治时代，作为祭祖的礼必然具有国家政治制度的意义。“礼”就其实质而言，是肯定和维护宗法主义等级森严的秩序的。因此，礼首先指社会政治制度，其次才是伦理道德规范。《礼记·曲礼》说："夫礼者，所以定亲疏、决嫌疑、别同异、明是非也。"很明显，孔子鼓吹的"礼"，是用以维系"君君、臣臣、父父、子子"的人伦关系的。

孔子关于礼的言论相当多，他是拥护周礼的，但他所说的礼，在范围和含义上与西周有所不同，表现出对古代思想的改造。其一，补充了周礼。西周"礼不下庶人"，孔子打破了这一传统，主张"齐之以礼"（《论语·为政》）。其二，孔子所说的礼的基本意思是礼仪、礼制，突出了现实政治的含义，崇敬鬼神的色彩被淡化了。

孔子重视礼，规定"非礼勿视，非礼勿听，非礼勿言，非礼勿动"（《论语·颜渊》），不仅要求学生们知道礼乐条例，更要求学生们理解礼乐精神的实质和现实作用。他认为礼乐的作用是调和社会各阶层之间的关系，这正是前代圣王之道的精神实质所在。统治者依礼办事，才能更容易"使民"，并使统治阶级内部各安其分，避免冲突。而士阶层依礼"事君"，以礼约束自己的行为，恭敬地执行自己的职责，才能在社会上立足。这些必定会束缚人们的思想，扼杀人们生动活泼的创造精神。

礼是宗法社会的产物，它自然反映了宗法主义的社会关系，然而这并不是儒家礼乐观念的全部内容，宗法观念没有完全限制儒家礼乐理论的发展，儒家也没有停留于礼的狭隘的社会意义的层面。他们将礼与乐相结合，不只是把礼作为外在的、固定的行为规范，而是力图进入精神的层面，用礼乐激发和表达人类的感情，引导人们形成和谐友爱的人际关系。孔子说过："礼云礼云，玉帛云乎哉？乐云乐云，钟鼓云乎哉？"（《论语·阳货》）意思是说，礼并不只是摆玉器、丝帛这类礼器之事，乐也并非只是击钟鼓这类乐器之事，人们不要注意礼乐外在的、形式的、次要的方面，应努力达到它们深层次的内涵，即由礼乐培养内在的、纯真美好的感情，进入一种崇高的精神境界。

孔子言必称礼乐，从社会、政治、伦理诸方面规定了礼乐的意义和作用。他把"礼乐"同"征伐"相提并论，列为天子应当关心并直接掌握其决定权的国家头等大事。其弟子颜渊问他治国大事，孔子只字不讲政治方略、政策方针，而大讲特讲实行古代的礼乐。礼乐不仅是国家政治的根本，而且也是个人精神修养、人格完善的基本手段。由于孔子提倡，礼乐同仁义一样，成为儒家最为重视的根本观念，对中华民族的精神、中华文化的发展产生了深远的影响。中国人自古以来就希望国家成为礼仪之邦，讲究精神的高尚、人格的完善、言行的文雅，并且做到待人彬彬有礼、相互谦让，这些都有助于古人摆脱远古遗留下来的野蛮习性。

孔子思想的核心是仁。仁是春秋时代的新观念，指一种美好的品德。孔子之前的《尚书》，只在《金縢》篇一处出现"仁"字，即周公祈祷代武王而死时自称"予仁若考"，而《论语》中的"仁"字则出现一百次以上。孔子竭力用"仁"这一范畴解决广泛的问题，以仁释礼，仁礼结合。他这么做，从政治作用看，仁是礼的精神支柱；从修养主体看，恭、宽、信、敏、惠是实现仁的具体要求；从血缘关系看，孝悌是为仁之本；从人我关系看，忠恕是为仁之道。

孔子的仁是包罗从德的最高观念到一般的道德规范的范畴，仁几乎包含了一切优秀的道德品质。仁与传统的孝和德也有关系，孝和德包括在仁之中，每一种美德都是仁的必要条件，全部美德的总和构成仁。如他所说："好仁者，无以尚之。"（《论语·

里仁》）如果一个人能称得上“仁”，那就是完善无缺的了。所以，一个人违背了任何一项道德要求，都可以被指责为“不仁”。仁的最终目的是治国安民。他强调了孝对于治国的意义，把孝纳入仁的思想体系。孔子同样突出了另一个道德范畴——德的政治含义，崇德尚文，反对武力征伐，是孔子针对霸道盛行的春秋社会提出的政治方案，从理论上来说，德自然包括于仁的思想体系之中。

孔子仁学思想的特点，一是服务于国家政治，二是植根于血缘基础，三是强调伦理本位，四是重视主体能力，五是抑制个性欲望。总之，他把“仁”作为儒学的基础范畴，探讨人的价值。做一个完善的人，是孔子自始至终的理想，早期儒学也因此被称为“人学”。

三、孟子的仁政说和性善论

继承孔子儒学的两大主要派别——孟子之儒和荀子之儒，分别从人性“性善”和“性恶”的角度，探讨了“人”的本性，成为先秦儒学人情化的代表。

孟子（公元前372—前289），名轲，字子舆，战国邹（今山东邹城）人，是孔子的第四代弟子。他曾游说齐、梁、鲁、邹、滕、薛、宋等国，做过齐宣王的客卿。但是，他的学说却被认为“迂远而阔于事情”，得不到当政者采纳。晚年，他与弟子万章等人埋头著述，有《孟子》七篇传世。孟子被尊为封建社会的“亚圣”，是儒家学派中地位仅次于孔子的思想家。

孟子受业于孔门，以孔子的继承人自居。其仁政主张、性善学说、“万物皆备于我”（《孟子·尽心上》）的观点，都与孔子思想有渊源关系，并对孔子思想有新的发挥。

从孔子主张“德治”到孟子提出“仁政”，是儒家政治学说的重大发展。孔子主张的“德治”和“仁”，基本内容属于道德伦理范畴，还不是政治学说。曾子主张以哀怜之心执行刑罚，开始将“仁”扩展到政治领域。孟子进而将“仁”的思想发展为系统的“仁政”学说，提出“仁政”说和“性善”论，反映出伦理本位的人本主义思想，从而为后来中国封建社会儒家的政治思想奠定了理论基础。

孟子的“仁政”学说，在经济关系方面主张“制民之产”，反对横征暴敛，使百姓能够生活下去，以保持小生产的相对稳定性。在政治关系方面则是一种道德政治的理想，也叫作“王道”，与之对立的暴力政治则被称为“霸道”。他不但认识到“诸侯之宝三：土地、人民、政事”，而且反对“以力服人”的霸道，倡导“以德服人”的王道，劝诸侯君主“以德王天下”，着眼于争取民心，“保民而王”（《孟子·梁惠王上》）。

孟子的道德政治思想发展了古代的“民本”思想。根据《尚书》中的“民惟邦本，本固邦宁”，他进一步提出“民为贵，社稷次之，君为轻”（《孟子·尽心下》）。并举例说：一个地方百里的小国，只要施仁政于民，教之以忠信，便可以用棍棒打败秦楚的坚甲利兵。在孟子看来，依靠道德使人民服从，人民就会心悦诚服，像七十子归服孔子一样。他还说，商汤统一天下时，先向东方进军，西方的百姓就不高兴；先向南方进军，北方的百姓也不高兴，都希望商汤先来到自己的地方，人们盼望商汤的心情，就像久旱盼望大雨一样。

孟子继承孔子的伦理思想，其主要贡献是把伦理范畴与性善说联系起来，作了比较深刻的探讨。仁政学说的基础是性善论，孟子想着重说明人们的道德修养不仅必要，而且可能。他说："恻隐之心，人皆有之；羞恶之心，人皆有之；恭敬之心，人皆有之；是非之心，人皆有之。恻隐之心，仁也；羞恶之心，义也；恭敬之心，礼也；是非之心，智也。仁、义、礼、智，非由外铄我也，我固有之也，弗思耳矣。"（《孟子·告子上》）

孟子认为，人们的恻隐、羞恶、恭敬、是非"四心"生来俱有，已包含着仁、义、礼、智"四端"的萌芽。人们经过后天的努力，将"四端"发扬光大，仁义礼智的品德就会像火一样燃烧起来。"四端"是孟子伦理思想的主要范畴，是处理"五伦"关系的规范。"五伦"是君臣、父子、兄弟、夫妇、朋友五种主要的社会关系。"五伦"不是平列的，主要指君臣、父子关系；"四端"也不是平列的，主要是仁义。追求礼义仁智，必须以义为荣，以利为耻。孟子特别强调仁、义，原因是他认为"未有仁而遗其亲者也，未有义而后其君者也"（《孟子·梁惠王上》）。可见，其着眼点主要还是政治关系。与孔子的伦理思想相比，孟子将仁、义并称，明显地提高了义的重要性。他又明确地把礼作为"节文"，即仁义的形式，而不再像孔子那样讲"克己复礼为仁"。孟子的这些论述，反映了时代进步的潮流。

孟子还建构了一个"天人合一"的思维模式，以及与之相应的尽心、知性、知天的认识路线。他把心、性与天联系起来，沿着孔子的思路，发展改造殷周传统的天命思想，形成一套伦理化的世界观。他说："尽其心者，知其性也。知其性者，则知天矣。存其心，养其性，所以事天也。夭寿不贰，修身以俟之，所以立命也。"（《孟子·尽心上》）这段话已包括孟子在世界观方面的基本环节、修养方法和修养目标。

孟子讲的心和性，指善心和善性，心与性实际是一回事。尽心、知性就是保持和发展善心、善性。他认为仁、义、礼、智等道德观念是人心固有的，不虑而知，不学而能，叫良知、良能。例如，两三岁的小孩知道爱戴父母，长大后知道恭敬兄长，就是这种"良知"、"良能"。人有良知、良能，说明人性生来是善的。但先天的善并不牢固，也不完满，只能说是善的萌芽，所以叫"善端"。如不努力保持和发展先天之善，便可能受积习和不良环境的影响而失去它，变得与禽兽无异。

尽心、知性、知天作为孟子世界观的几个要素，其出发点和归宿都在于强调人的主观精神的作用，肯定人的作为，实际内容就是"四端"、"五伦"的道德意识。孟子把尽心、知性与知天、知命相联系，说明他多少吸收了传统的天命论。他的世界观在许多地方是矛盾的，如既讲君权天授，又讲君权民授，而天授是虚的，民授才起实际作用。他还认为，圣王贤相是尽心、知性、知命的先知先觉者，"五百年必有王者兴，其间必有名世者（指贤臣）"（《孟子·公孙丑下》）。把人的主观能动性提高到道德境界，主张人的积极有为的活动，这是孟子思想的特色，对中国古代文化有着深远的影响。但是他把这一点过分地夸大，以为只要反求诸己，专心致志地向内心追求，就会得到一切，而从精神上获得极大的幸福和快乐，"万物皆备于我，反身而诚，乐莫大焉"（《孟子·尽心上》），这就夸大了道德意识的作用。

四、荀子的隆礼重法和性恶论

荀子（约公元前 298—前 238），名况，字卿，战国末年赵国人。早年游学于齐，三度为稷下学宫祭酒。公元前 255 年，他被楚相春申君用为兰陵令，春申君死后免官，居兰陵授徒著书终生，其著作由后人辑为《荀子》32 篇。荀子尊崇孔子，又广泛吸取各家学说的精华，成为先秦百家之学的总结者，但他没有能够完成统一思想的历史重任。

荀子属于儒家的重要代表，但是较为激进，既主张“隆礼”，又要求“重法”，与孟子为代表的儒家派别有着明显区别。

在战国时期生产力和科技都有较大发展的历史条件下，荀子的学术主张适应于建立中央集权的统一封建国家的要求，也适合取得政权的地主阶级的需要。他提出“天人相分”、“人定胜天”的理论，比较彻底地否定了传统天命思想。这是对先秦天人关系争论所作的一个很有科学价值的总结，在古代思想史上具有划时代的意义。这一理论在他的《天论》篇有系统的论述，《礼运》、《王制》、《富国》等篇也从不同侧面作了发挥。

他明确提出，天是无意志、无目的的自然界。“列星随旋，日月递照，四时代御，阴阳大化，风雨博施，万物各得其和以生，各得其养以成，不见其事而见其功，夫是之谓神。皆知其所以成，莫知其无形，夫是之谓天。”（《荀子·天论》）他认为，人有认识客观事物的能力，客观事物有可被认识的性质。“凡以知，人之性也；可以知，物之理也。”（《荀子·解蔽》）以上说明，他在承认客观事物独立于人的意识之外的前提下，承认了世界的可知性；他不仅承认事物发展有客观规律，而且强调主体能动作用。

与孟子的思想主张不同，荀子主张“性恶”论，提出了“人之性恶，其善者伪也”（《荀子·性恶》）的著名观点。其“性恶”论包括三个环节：一是把人性恶规定为先天的自然性；二是认为人性与社会道德规范不相协调；三是主张“化性起伪”，即通过人为努力转化所谓“恶”的人性，获得所谓“善”的品质，使之符合封建道德规范。从“性本恶”出发，他认为经过学习和教化，人皆可以为尧舜，从而实现矛盾的转化。

荀子的“性恶”论和孟子的“性善”论是战国时代的两种人性学说，其差异在于：“性恶”论强调“性伪之分”，是以“天人相分”思想为基础的；“性善”论强调天赋“四端”，是以“天人合一”思想为基础的。“性恶”论否认天赋道德观点的存在；“性善”论承认天赋道德观点的存在。“性恶”论以人类物质生活作为研究人性的出发点，认为社会纷争动乱是人们追求物质利益的必然结果；“性善”论以先天道德观念作为研究人性的出发点，把社会纷争动乱的原因归结于道德观点的丧失。由此可见，“性恶”论较之“性善”论，包含了更深刻的内容。当然这两种人性学说也有共同点：两者所说的人性都是先天具有的人类本性，而不是现实社会关系中的具体的人性，因而都是抽象的人性。两者都在探讨人的本性，虽然其对人性问题的研究局限在

"善"、"恶"评价上，但都把"善"、"恶"看成超历史的范畴。

与"性恶"论密切相关，荀子在社会思想方面提出"明分使群"的社会起源说。"(人类)离居不相待则贫，群而无分则争。穷者患也，争者祸也。救患除祸，则莫若明分使群矣。""礼者，贵贱有等，长幼有差，贫富轻重皆有称者也。"(《荀子·富国》)他还具体地讲到礼对不同社会地位的人的要求：君要"以礼分施，均遍而不偏"，臣要"以礼待君，忠顺而不懈"，父要"宽惠而有礼"，子要"敬爱而致恭"，兄要"慈爱而见友"，弟要"敬诎而不苟"，夫要"致功而不流，致临而有辨"，妻要"夫有礼则柔从听侍，夫无礼则恐而自竦也"(《荀子·君道》)。

与"性恶"论密切相关，荀子还提出了"礼法"并重的政治思想。从孔子提倡以周礼治国以来，礼治成为儒家的重要政治主张。荀子继承了儒家的传统，对道德和法律的互补关系也有一定的认识，主张"隆礼重法"，强调礼在为人、做事、治国方面的作用，认为礼是法的根据、法的总纲，而法是礼的体现、礼的确认。如果只讲礼义、不讲法度，只重教化、不重刑罚，就不足以维护统治。他说："人无礼则不生，事无礼则不成，国家无礼则不宁。"(《荀子·修身》)他还把"建国诸侯分土而守"作为礼的主要内容，表明他仍然主张分封制，其政治思想没有脱离儒家礼治的基本立场。

荀子的礼法思想既继承了儒家传统的礼治思想，又具有法家法治思想的因素，这使荀子成为政治思想上从儒家到法家的过渡人物。他的弟子韩非、李斯发展了他的政治思想，成为法家的代表人物。

第二节 汉代儒家观念

◎汉代儒家 ◎罢黜百家，独尊儒术 ◎天人感应，奉天法古 ◎三纲五常

一、汉代儒学对儒家思想的第一次改造

中华民族思想文化的统一是在秦汉时期，带有制度化、模式化和程序化的特征。儒学经过了董仲舒的改造，由先秦时期百家争鸣的一家变为"独尊"，由民间学说变为官方意识形态。董仲舒在政治上主张德刑并用，礼乐教化，德政为主，刑罚为辅，在思想文化上主张罢黜百家，独尊儒术，完成了统一秦汉思想的最后一道工序，也导致了经学思维方式的产生和唯上唯书心理的蔓延。

董仲舒(公元前179—前104)，广川(今河北枣强)人，曾任博士、江都相和胶

西王相，是西汉时期的名儒，中国思想史上影响重大的第一位经学大师。他刻苦好学，专治儒家经典《春秋公羊传》，曾“三年不窥园”，完成了经学巨著《春秋繁露》，并应诏进献著名的“天人三策”。晚年，他以病老辞归，专门从事著述，著作有《举贤良对策》三篇、《春秋决事比》十卷（已佚）。

董仲舒对儒学的最大贡献，是提出了“罢黜百家，独尊儒术”的主张。他在第三次应诏对汉武帝的策问中，建议“诸不在六艺之科、孔子之术者，皆绝其道，勿使并进”（《汉书·董仲舒传》）。汉初，道家的“黄老之学”曾被统治者确定为安定社会的统治思想，充当了先秦哲学经法家过渡到经学的中间环节。汉武帝为了进一步强化中央集权，果断地改换统治思想，采纳了他的建议“罢黜百家，独尊儒术”。这个建议的目的是统一思想，而非消灭百家争鸣，是百家争鸣的必然结果，更主要的是顺应了封建专制主义和地主经济进一步发展的历史要求。为维护大一统的局面，董仲舒建立了一整套神学化的儒学体系。

董仲舒学说的特点是以儒家思想为中心，以奉天法古为旗号，以先王之道为楷模，吸收阴阳五行说，吸纳韩非思想，“推天道以明人事”，极力宣扬王权神授，论证儒家的纲常名教，为儒家的伦理道德披上神学外衣，建构了一个以天人感应为核心、以阴阳五行为骨架的神学观念体系。在“神形”之辩中，他主张“神”是“形”的本原，“形”是由“神”派生出来的。他还按“天人感应”、“奉天法古”的原理，推演出一套“三统”说的历史循环论及三纲五常的社会伦理观念。这套思想非常适应封建统治者的需要，因而得到汉武帝的赞赏。

此外，在义利问题上，他主张道义高于功利，“正其谊不谋其利，明其道不计其功”，鼓吹“杀身成仁”和安贫乐道，以此规范人心和维护统治阶级的整体利益。为维系人心和强化统治，他反复强调“仁政”和“德治”，提出以教化为主、以刑罚为辅的“阳德阴刑”理论。

经董仲舒的改造，汉代儒学在吸收先秦儒学思想的基础上，杂以燕齐方士和黄老刑名思想，形成了一个新体系。这在儒学演变历史上是一次大的变化，使儒家思想发展到了新的高度，但也严重地禁锢了人们的思想的进步与发展。

二、天人感应的神学思想和三纲五常的伦理观

在“天人合一”的思想体系里，“天”的本质决定人的本质，“天”的意志主宰人类社会。董仲舒在解答宇宙的起源、演变、结构时，把先秦的天命观与阴阳五行结合，创造出一个高踞宇宙本原之上，具有意志和道德的人格神——天，称“天者，百神之君也，王者之所尊也”。天运动阴阳二气，产生各种自然现象。他认为宇宙由天、地、阴、阳、木、火、土、金、水、人等“十端”构成。十端通过五行“相生相胜”，演变出和谐完整的宇宙——人事有序同构。这种阐释更加明确了自孟子以来就存在的“天人合一”论。如果说，先秦孔孟儒学是以人情化的伦理亲情为其主要特征，那么，董仲舒则是以神学化的天人观念为显著标志。他还依此推导出另一个著名命题：“天人感应”，认为大自然的灾异是天对人事的“谴告”，如果社会太平则天降各种“符

瑞”表示赞许。“天人感应”论直接成为两汉“谶纬”迷信的理论根据。

恢复宗教化的神灵之天是董仲舒“天人感应”思想的主旨。他在《春秋繁露》中对商周以来传统的天命论作了发挥：“唯天子受命于天，天下受命于天子”；“受命之君，天命之所予也”；在对策三中又说“道之大原出于天，天不变，道亦不变”，以此论证了王权神授。在天人关系上，他以荀子提出的自然界的功能“不见其形而见其功”，“皆知其所以成，莫知其无形”作为出发点，企图解决如何“知天”的问题。但他未能正确地回答这一问题，而是恢复了宗教神学的“天人合一”思想，并歪曲利用某些自然科学成果，提出了更加系统的宗教神学世界观。

使阴阳五行伦理化是“天人感应”说的重要内容。自然界的五种物质元素之间的关系，被歪曲附会成为父子、君民关系，养生送死的孝道和竭力事君的忠道。他还以天有阴阳气论证人具有善恶的两重人性，并把人性分为天生能善的“圣人之性”、贪欲难改的“斗筲之性”和可善可恶的“中民之性”。需知，孟子的性善论、荀子的性恶论，说的都是中等人的人性，而董仲舒的“性三品”，则包括了人的三种等级，在理论形态上更加完备。

董仲舒把伦理准则归于“天意”。他通过神秘化的阴阳五行学说来说明三纲五常是“出于天”，并断定阴阳之间的关系是“阳尊阴卑”、“阳贵阴贱”，由此进行推论：“天为君而覆露之，地为臣而持载之；阳为夫而生之，阴为妇而助之；春为父而生之，夏为子而养之，秋为死而棺之，冬为痛而丧之。王道之三纲，可求于天。”（《春秋繁露·基义》）这里讲君臣是天地关系，夫妇是阴阳关系，父子是四季关系，而天地关系和四季关系也是阴阳关系，所以他又说：“君臣、父子、夫妇之义，皆取诸阴阳之道。君为阳，臣为阴；父为阳，子为阴；夫为阳，妻为阴。”阴只能对阳起配合作用，不能与阳分享成功，阳居主导地位，阴居辅助地位，这是永恒不变的“天意”，因而君为臣纲、父为子纲、夫为妻纲也是永恒不变的“天意”，即“王道之三纲，可求于天”。

作为封建时代社会道德伦理的“三纲”，以父子夫妻的家庭关系为依据，以封建宗法制为基础，以君亲、忠孝为纽带，以移孝作忠为目的，实现家庭政治化和国家家族化，其中心要求是把孝和忠绝对化，其实质是强化家庭的宗法统治和封建君权。“三纲”出自《韩非子》，“三纲五常”连用则在东汉《白虎通》中。董仲舒是三纲五常理论化的始作俑者。他以三纲五常等道德规范作为建立法度、化民成俗的根本，为封建专制统治提供了理论根据，为以儒为宗的文化模式提供了蓝本。

第三节
宋明理学：儒家文化新形态

○儒道释三教合流　○周敦颐　○二程　○朱熹　○陆九渊　○王守仁

一、宋明理学的起源

两宋兴起了理学，理学主要讨论“性与天道”，也涉及政治、教育、道德、史学、宗教等问题。北宋是理学的形成和初步发展时期，著名理学家周敦颐、程颢、程颐生活在这个年代；南宋是理学进一步发展，以及朱学（朱熹思想）统治地位确立的阶段。朱学在元朝向北传播，到明代有新的发挥，清代前期渐趋衰落。理学的兴起，与北宋时期州县学校兴起、书院林立有密切关系。由于学术思想的发展，许多学者要求用新观点注解经书。佛学和道家思想对理学的兴起也有很大作用，尤以华严宗和禅宗的影响最为显著。

宋明理学是儒道释三教合流的产物，它以儒家思想的内容为主，也吸收了佛学和道教思想。它以“穷理尽性”为口号，带有不同于以往的哲理性和思辨性，以及为封建政治服务的自觉性等特点。宋代理学家着重研究的儒家经典，首先是《易经》，通过对《易经》的注疏，阐述对宇宙和人生的见解，他们又借用《春秋》的微言大义，说明“尊王攘夷”的理论，这些都是当时社会所需要的。

理学的开山祖师、濂溪学派的奠基者周敦颐（1017—1073），字茂叔，原名敦实，人称濂溪先生，道州（今湖南道县）人，其家世代以儒术为业。他做过地方官，最高为知州军，为时不到半年，30多年的仕宦生涯始终未曾显达。晚年，他在庐山下筑“濂溪书堂”，潜心学问，苦读经书，钻研并领悟《周易》，提出不少有特色的见解。他把《老子》的“无极”、《周易》的“太极”、《中庸》的“诚”，以及阴阳五行学说融为一体，对宇宙万物的生成和变化，以及封建人伦道德等，均作了系统说明，创立了理学思想体系。周敦颐的著作流传至今的有：《太极图说》、《易通》（又名《通书》），此外还有一些诗文如《爱莲说》、《拙赋》等。

《太极图说》描绘了一个庞大而精密的宇宙生成模式。大千世界，芸芸众生根源于无形无象、寂寞不动的“无极”。它在天地产生前就已存在，且包含着丰富的内蕴。无极产生出宇宙的原始实体——“太极”，并处于不停顿地动静交替的状态，动时生阳，静时生阴。无极与太极的这种关系，反映了周敦颐对宇宙本原问题的探索具有一定的理论深度，无极虽名之为无，但无中包含着有，因而不是虚空；太极根源于无极，虽然不像无极那样飘忽渺茫，但也并非可形可状的具体之物。把宇宙统一的原始实体看作实有而非具体的东西，说明他在宇宙起源问题上吸取了佛教“非有非无”的观点，将有和无统一起来了。总之，周敦颐学说中的“太极”，已具备了宋明理学的最高范畴——“理”的基本特征。

《易通》全书共40章，它与其他易学著述不同，不是对《周易》逐词逐句地解说，而是旨在用《周易》若干经文进行阐发性议论，借以表达自己的思想。《易通》用大量篇幅，从哲学的高度论述了礼乐的产生及社会作用。

周敦颐的《爱莲说》不仅是一篇文字优美的古文范文，也是一篇蕴藏着深刻思想内容的佳作。《爱莲说》作于“濂溪书堂”。濂溪发源于庐山莲花峰，水中长着许多莲花。他触景生情，赞美莲花的清香、洁净、亭立和修整，称颂莲花“出淤泥而不染，濯清涟而不妖”的高雅淡泊气质，但这并不只是从审美的角度赏花，而是展露他思想深层的佛学因缘。莲花是佛教之花，他用莲花比喻人性的至善、清净和不染，作为理想的圣人之性的象征，而淤泥则好比污染人性的欲望。在他看来，追求人性的至善至美，必须去污存净，去欲存诚，使人性达到莲花般的洁净无瑕。

《太极图说》的许多思想源于道家，《爱莲说》则渗透了佛教思想，二者与《易通》的合璧，构成了周敦颐理学思想的整体，其学说可以说是佛、道二教革新理论与传统儒学的有机结合。濂学对以后700余年的中国思想史产生了深刻影响，而《太极图说》、《易通》成为理学家的必读书籍，甚至被比作《论语》、《孟子》；其著作中所使用的范畴，如无极、太极、阴阳、五行、动静、性命、善恶、无思、无为、无欲等，构成了理学范畴体系的重要内容。

关中学派是理学开创阶段的重要派别之一。其创始人张载（1020—1077），字子厚，生于仕宦家庭，因隐居陕西眉县横渠镇，人称横渠先生。他“终日危坐一室，左右简编，俯而读，仰而思，有得则识之，或中夜起坐，取烛以书”（吕大临：《横渠先生行状》）。经过这样的苦心探索，张载逐渐创立了自己的思想体系。他一面潜心学问，著书立说，一面广招门徒，传授其学。关学学者的著作很多，遍涉哲学、政治、经济、军事、文学、考古等领域，今大多已佚失。张载的著作，仅存《正蒙》、《易说》、《经学理窟》、《语录》和《文集》（片断）等。

关学作为理学思潮中涌现出的独立学派，主张学以致用，把学术思想与现实社会的政治、经济、军事等问题联系起来，力图为现实服务。张载热心于了解当时的社会矛盾，提出了许多主张。在政治上，他崇尚三代之治，主张恢复西周的分封制；在经济上，他针对北宋时期土地兼并剧烈的状况，提出“均平”的主张，而“均平”的办法就是井田制。他少年时学过兵法，从政后十分关心边境御敌之事。关学还特别重视恢复古代的礼仪制度，尤其注重恢复祭丧婚冠的仪式，对当时流行的不合古制的礼仪极力予以纠正。关学惯于从儒家经典中寻找现成答案，把古代儒学的政治、经济主张搬用于现实社会，所以他们并不能解决现实社会问题，也得不到统治者的重用，这正是关学很快衰亡的原因。

二、程朱理学对儒家思想的第二次改造

程颢（1032—1085），字伯淳，河南洛阳人，学者称明道先生。程颐（1033—1107），字正叔，程颢之胞弟，学者称为伊川先生。他们兄弟同受业于周敦颐，被称为“二程”，后一度为官，因反对王安石推行新法被贬，居住在洛阳龙门的伊皋书院讲学，世称洛阳学派。洛阳学派弟子众多，是北宋影响最大的理学派别。

洛学提倡“存天理，去人欲”，认为三纲五常是大理，是至善的天地之性，与之对立的七情（喜、怒、哀、惧、爱、恶、欲）六欲，在扫除之列。他们还将封建纲常由道德论上升到本体论，形成“形而上学”的唯心主义，并以“下顺乎上，阴顺乎阳”作为封建专制主义新的理论根据。

洛学的著作，二程有《河南程氏遗书》25卷，《外书》和《文集》各12卷及

《伊川易传》、《经说》、《粹言》等，后人把以上六书合刊为《二程全书》。其中，《文集》前四卷是程颢诗文集，后八卷是程颐诗文集；《经说》中《系辞》、《书》、《诗》、《春秋》、《论语》为程颐所作，《改正大学》为程颢、程颐合著；《伊川易传》是程颐对《易经》的注解（不包括《周易程氏传》），这部著作是洛学的代表作；《粹言》是其学生择录编定的。

二程的理学思想体系，是北宋时期理学初创阶段比较典型的形态，它勾勒出了程朱理学的基本轮廓，为朱熹思想的产生提供了理论基础。

南宋时期以朱熹为代表的福建学派（又称闽学、朱学或考亭学派），以伦理观为核心，融儒道释为一体，给传统儒学赋予了哲理性和思辨性，从形式到内容都比较精致，形成以"理"为本的天人合一宇宙观，实现了对儒家"有功于圣门，有补于后学"的第二次改造。

朱熹（1130—1200），字元晦，号晦庵，徽州婺源（今属江西）人，后迁居建阳考亭（今属福建）。他 19 岁登进士第，曾任"知南康军"（今江西星子县）。在南康时，他训诫士民修孝悌忠信之行，敦厚宗族，和睦乡邻，并办赈济，减赋税，筑江堤，办学校，还在庐山建白鹿洞书院讲习经书，宣传理学思想。此后，朱熹历任提举两浙东路常平茶盐公事、江西提刑、漳州知府、潭州荆湖南路安抚使，并在长沙岳麓书院讲学授徒。庆元四年（1198），宁宗下诏命"伪学之徒改视回听"，订立《伪学逆党籍》，致使朱门无人往来，许多人甚至不敢以儒者自命。他处于空前孤立境地，仍坚持讲学，死时还在修改《大学·诚意章》。朱熹死后九年，宋廷解理学之禁，为朱熹恢复名誉，其学说也受到重视。宋理宗宝庆三年（1227）下诏：要学者习读朱熹著作，将他所注四书五经作为科举教材，朱学遂成中国的正宗思想体系。

朱熹一生著作甚丰，并大多保存下来。主要有：《四书集注》、《大学章句》、《中庸或问》、《论语精义》、《孟子要略》、《太极图说解》、《伊洛渊源录》、《周易本义》、《孝经刊误》、《仪礼经传通解》、《楚辞辩证》等，合称《朱子大全》；他的语录则被黎靖德编为《朱子语类》140 卷。

在朱熹那里，"理"作为道德总原则的意义最为重要，他对天理至上性与绝对性的论证，正是为了给人间的道德秩序寻找形而上学的根源。"理"作为最高哲学范畴的地位，虽在二程的学说中已确立，但他们对理的内涵及功能所作的论述却显得单薄。在朱熹的学说中，理得到了充分的论证，它不仅是宇宙的本原、万物的主宰，也是社会道德规范的源泉，一切封建道德的原则、规定及仪节，都是理在人间社会的展现。"夫天下之事莫不有理，为君臣者有君臣之理，为父子者有父子之理，为夫妇、为兄弟、为朋友，以至于出入起居，应事接物之际，亦莫不各有理焉。"（《朱子大全》）不仅人类社会有道德原则，禽兽之间也受这些原则的制约。他把理作为存在于自然和社会之先的精神本体，万事万物由此派生；同样，作为道德规范与原则的理也先于各种社会道德关系而存在，"未有君臣，已先有君臣之理，未有父子，已先有父子之理"（《朱子大全》）。

在朱熹思想体系中，"理"与"道"、"理"与"太极"均属于相同意义的范畴。朱熹用太极论述理生万物的过程，太极即理的最初也是终极的状态。朱熹关于理生万物的学说，吸收并发展了周敦颐《太极图说》的理论，他说："太极只是一个理，迤逦分作两个气，里面动底是阳，静底是阴，又分作五行，又散为万物。”（《太极图说解》）他承认周敦颐提出的宇宙生化的基本秩序：太极（理）——气（阴阳）——五行（水火木金土）——万物，但却把论证重点放在“理”生“气”及二者的相互关系上。

朱熹关于“气”的理论也很有特色，他继承并改造了张载的气本论，将“气”的学说纳入天理论的体系中，认为：“天地之间，有理有气。理也者，形而上之道也，生物之本也。气也者，形而下之器也，生物之具也。”“气”属于形而下之物，但又不是具体的万物，是从“理”到万物的中间状态。在朱熹看来，“理”不再是“气”的属性，而是“气”的本原。他还提出“动静无端”的思想，认为太极“一动一静，循环无端”，动极复静，静极复动，动而生阳气，静而生阴气，但很难说太极最早的状态是动还是静。如果从动开始，那么动之先是静，静之先又是动，谁是开头？因此，动与静都不是太极的最初状态，太极既没有开始，也没有结束。这一思想否认了宇宙运动变化的最初推动力，也否定了宇宙有开端，并猜到了宇宙时空的无限性。

关于“性”，朱熹的说法沿用二程之说，把“性”（人性）看作天理在人心物体中的显现。“性”的内涵即“仁、义、礼、智”等道德品性，“性者人之所受乎天者，其体则不过仁、义、礼、智之理而已”。人的本质是至善的，但在现实世界中，性善的人并不很多，性纯至善者仅限于圣人，大多数人的人性中有恶的成分。那么，性中恶的成分从何而来？他总结了古往今来关于性之善恶的种种争论，认为只有张载关于“天地之性”与“气质之性”的学说才能说明这个问题。他在张载理论的基础上，对此作了进一步阐述。

穷理灭欲的途径也是“格物致知”与“克己复礼”的过程，朱熹关于格物致知的理论比二程更加细密。他解释格物致知时说：“格，至也。物，犹事也。穷至事物之理，欲其极处无不到也。”（《大学章句》）格物即接近、接触和直接了解社会事务和自然万物，穷尽事物中的天理。他又说：“致，推极也。知，犹识也。推极吾之知识，欲其所知无不尽也。”致知即充分运用自我的认识能力，达到认知天理奥秘的最终目的。如果他说的格物致知具有哲学认识论的意义，那么克己复礼则完全是道德修养论。

朱熹用“理欲之辨”解说历史发展变化的过程及现象，提出了“王霸之辨”的历史观。“王”指“王道”政治，它是夏商周三代圣人之治的代称。在王道时期，天理流行于社会之中，人心至善至美，社会也充满光明，呈现昌盛的局面。“霸”指“霸道”政治，即三代以后以功利为目的的政治，这一时期从秦汉到唐宋，社会上人欲横流，人心不古，充满黑暗和混乱。朱熹的历史观可归纳为两点：第一，社会的盛衰取决于当权者——帝王心术的好坏。帝王心术纯正，充满仁义，没有私欲，则国泰民安，天下太平；反之，则社会混乱，人欲横流。显然，在朱熹眼里，历史发展的动力主要是个人，也就是政治决策者的素质，这些身居最高统治地位的人的思想言行促进或制约着社会的发展。第二，历史是逐渐退化的。王道政治随着时间的推移越来越衰落，而霸道政治则越来越兴盛。历史的演进一代不如一代，社会的变化使天理逐渐被人欲侵蚀，人们的道德品性也越来越低下。但他又用董仲舒的“三统”说解释：退化不是永恒不变的，而是循环往复的，到一定时期，三代那样的王道政治又会重新出现。

总之，朱熹对周敦颐、张载、程颢、程颐等的学说作了总结和改造，从他们的体系中吸吮了大量的思想养料，又用佛教与道教的思辨哲学充实自己的体系，成为宋明理学的集大成者。其理论和观点代表了理学的典型和成熟形态，在当时和后世都产生了巨大影响，成为知识界判断是非正误的标准；其著作《四书集注》成为封建社会知识启蒙和开科取士的必读书籍，具有与五经同等重要的地位；其社会地位也随着封建统治者的提倡而步步上升，达到了仅次于孔孟的高度。

三、陆王心学对程朱理学的发展

南宋陆九渊及其在明代的继承者王守仁提出“心外无物”（也无事、无理、无学），将程朱理学的心物（知行）观发展为体系完备的主观唯心主义——心学。

陆九渊（1139—1193），字子静，学者称为象山先生，抚州金溪（今江西临川）人。从淳熙元年（1174）起，他任过隆兴府靖安县和建宁府崇安县主簿，后被荐在国子监讲授《春秋》，并形成了自己的心学体系，与理学代表人物朱熹在思想观点上产生了严重分歧。淳熙十三年（1186），他回江西故里讲学，次年到贵溪应天山建立“精舍”作为讲习场所，集四方学徒于此。

陆九渊一生述而不作，著述很少，这也是心学不同于程朱理学的特点。他主张“六经注我，我注六经”，阐发学术思想不受经学形式的局限，不借助注解经书来阐发思想学说。《象山先生全集》包括了他的所有著述，也都是其书信、杂著、讲义、语录和诗作，没有一部注经的书。

作为心学体系创始人的陆九渊，没有停留在程朱理学上，而是经过自身的探索，提出了以“心”为本的思想。他解释“往古来今谓之宙，四方上下谓之宇”时，提出了“宇宙便是吾心，吾心即是宇宙”的命题。他一生致力于构造以“心”为本的思想体系，对孟子“万物皆备于我”的说法格外感兴趣，并通过解说孟子的有关言论来阐发“心”的学说。

陆九渊的“心”也具备理学天理的基本特征。他在承认理的至高无上的同时，提出“心即理”来协调二者的关系，从而使心学体系不仅保持心本论的基本原则，也容纳了理学的客观天理。他说：“人皆有是心，心皆具是理，心即理也。”二者是绝对等同的，天理的所有内涵都在“心”中具备。这样，主体与客体、主观自我与客观世界，都消失了相互之间的界限，不可分割地融为一体，世界只是一个“心”的世界，而“心”就是包容大千世界的“理”。

陆九渊“心本”论的创立，使理学思想体系发生了重大分化。陆学与朱学的对立，代表理学内部两种不同的理论思维方式。陆九渊与朱熹生于一个时代，两人的学说都在知识阶层中产生了很大影响，因而不可避免地发生冲突。朱陆分歧的总根源是对“理”的认识有所区别。朱熹思想中的理是客观存在的、精神性的绝对实体，它在人心中的显现为“性”，其观点可用“性即理”来概括，性是心中之理，不等于“心”。陆九渊则把心与理绝对等同起来，认为“心即理”，使主观的自我本心与客观的天理达到不可分离的等同。本体论上的不同观点必然导致方法论的分歧。朱陆之间的第一次论争是淳熙二年（1175），理学家吕祖谦为调和朱陆的分歧，约请陆九渊与其兄陆九龄，会朱熹于信州铅山鹅湖寺，双方就治学方法问题进行了激烈的辩论。此后，他们又围绕“无极”与“太极”问题进行辩论，其分歧上升到本体论上。

朱陆之争的结果是“仁者见仁，智者见智”，但陆九渊处于主动进攻的一方，其辩诘是有力量的。这表明，心学正是在程朱理学的理论思维模式出现疏漏的条件下产生的，它一出现就对程朱理学有一种取而代之的潜在力量。朱陆的争端是理学内部两种不同思维方式的首次冲突，从而加速了理学体系的分化。从此，理学学者分为两大派别，各自按照自己的思维方式构建理论体系。心学与程朱理学的并存、交锋，一方面深化了各自的思辨程度，另一方面也使双方在对立中相互吸融、合流，促进了理论思维的发展。

王守仁（1472—1528），字伯安，余姚（今属浙江）人，因筑室绍兴阳明洞，世称“阳明先生”。他受过严格而系统的封建教育，27岁中进士，先后任吉安府庐陵县知县、刑部主事、鸿胪寺卿、都御史、兵部尚书等职，曾参加镇压农民起义，平定宗室贵族宁王的叛乱。后来他讲学于绍兴稽山学院和龙泉寺中天阁等处，并从事著述，其言论、文章辑为《王文成公全集》，共38卷。

王守仁的一生经历了明代成化、弘治、正德、嘉靖四个时期。统治阶级内部的“宗室称兵”以及宦官专权的严重问题，再加上西北“边患”日益加深，使明朝统治出现了严重的危机。王守仁本人也卷进了斗争的漩涡，他企图为明朝寻找一种药方，用他的话说，是要使天下事势“起死回生”。王学的产生，就是为了从理论上回答这样的社会问题。

一种学说的产生，除了社会原因之外，还必须有前人所提供的思想资料，王守仁的心学也是如此。明代中期以前的学术思想，由于统治者提倡，朱学占统治地位。代表朱学的《四书大全》、《五经大全》、《性理大全》三部大书，共260卷，由明成祖作序颁行于天下。王守仁在这样的思想学术环境中成长，早年主要学习朱学。他读得多了，便开始怀疑。因朱学不论在理与气、理与心，还是在知与行方面，都存在逻辑上的矛盾或缺漏。就拿“格物致知”的命题来说，朱熹虽在《大学章句》中补加了“格物致知”传，但何谓“今日格一物，明日格一物”，仍是含混不清的。朱熹教人“半日读书，半日静坐”，难道这就是格物吗？由此引起王守仁学术思想的转变，使之提出了“致良知”、“知行合一”等新概念。把握住“致良和”与“知行合一”，就抓住了王学的关键。

“致良知”的命题，是对朱熹“致知”命题的修正。王守仁通过对孟子“良知”说及陆九渊“心即理”说的吸收和改造，显示了两个特点：第一，作为“天理”的“良知”就在人的心中，不需要向外探求；第二，“良知”人人皆有，圣愚皆同，如他所说：“良知之在人心，不但圣贤，虽常人亦无不如此。”王守仁既然强调人的活动是有意识有目的的活动，那么，这种活动如何将人的主体与被认识的客体联系起来？对这个非常有意义的哲学问题，朱熹着力探讨过，提出了“格物致知”说。王守仁不同意此说，认为不能“外心以求理”，必须“求理于吾心”，甚至认为“心外无物”、“心外无事”、“心外无理”、“心外无学”，并把这种统一叫作“知行合一”。既然知与行是合一的，作为认识主体的人和被认识的客体自然也是合一的了。王守仁“知行合一”的命题，仍是从“心”与“理”的关系出发的。在这个问题上，他继承了陆九渊“心即理”之说，用主体吞并了客体，或者说用主体取消了客体。

从上可以看到，王守仁的学说具有明显的二重性：一方面，他要竭力维护封建主义的天理，抨击违反理的行为和思想（即“破山中贼”和“破心中贼”）。另一方面，他又反对“此亦一述朱，彼亦一述朱”的思想僵化，认为“破心中贼”比“破山中贼”更为重要，大力倡导“致良知”说。王守仁学说的这种二重性，正好适合当时社会的两种需要。一方面，封建社会的最高统治阶层要用“天理”作为维护封建社会的思想工具，因而他们赞赏王守仁学说，称之为“有用道学”；另一方面，封建士大夫不满于朱学的思想禁锢和学术上的呆滞局面，加上明中期以后封建社会的衰落和资本主义萌芽的兴起，个体意识开始抬头，需要寻找新的理论根据，因而王学的出现受到欢迎。

第四节
儒家文化的理想人格

〇伦理政治型人格　〇天人相应　〇入世　〇大同　〇忧患　〇修身　〇儒家文化与现代化

一、儒家文化的基本特征

儒家学说经历代学者加工改造，并与其他学说相斥相吸，丰富了自己的内容，经过社会的选择，完善了自己的形象。最后，其终于凝聚为民族精神的主体内容，成为中国传统文化的主干之一，对我们民族的理想人格、思维方式、价值倾向以及社会心理等产生了深远影响。

中国传统儒家文化属于以“求善”为目标的伦理型文化，其政治原则是从道德原则中推导出来的。伦理学说与政治学说融为一体，它又可归属于以“求治”为目标的政治型文化。其核心是古代哲学，它的产生和发展、思维内容和方式，无不与趋善求治的总目标相联系。换言之，中国文化属于“政治—伦理型”，古代哲学受制于政治制度和伦理观念等的基本特征。古代哲学的特点可作以下概括：关心现实政治，重视人际关系；具有博大体系，流于经学态度；高扬主体意识，着眼伦理本位；偏重直觉方法，富于辩证思维。

将天人相应的世界观、君民相维的政治观、上下相依的伦理观融为一体，以伦理道德为核心、以儒家思想为中心，是整个中国文化系统的共同特征。中国文化具有早熟性、独立性和内向封闭性，强调群体观念、向心观念和中庸观念。其基本精神是以人伦关系为出发点，以入世进取心理为基础，以礼教名分道统为中心，以人文主义为内核，极少宗教色彩。其主导思想是民族精神，代表了民族文化的本质特征。这种精神可以概括为：一是担负历史责任、注重整体利益；二是崇尚气节、正道直行；三是求是务实、自强不息；四是讲求道义、关心他人；五是贵和持中、宽忍平和；六是豁达乐观、以道制欲。中国儒家文化长期以来所形成的思想观念，作为一种强大的习惯势力，曾对社会发展起过积极作用。但也存在许多糟粕，如官本位、轻科技等，给历史的中国和现实的中国都带来了负面影响。儒家学说与其他学说相斥、相吸，即有联系也有区别；儒道两家的外在特征，分属阳刚和阴柔；人生态度则分属进取与退守、入世与出世，前者倾心于庙堂参政，后者钟情于山林隐居。知识分子大多热衷参政，失意时才肯退居山林，他们在台上是儒家，在台下是道家。儒家重群体，肯定现实，以立德、立功、立言为“三不朽”事业；道家重个体，抨击君主、鄙弃物欲、诋毁文明。儒家思想是封建社会的正统，释、道只起辅助作用，必然向儒学靠拢。道教思想也对宋明理学的建立作出了贡献，周敦颐的《太极图说》就受其影响。

二、儒家的理想人格

儒、道、墨、法四家各为民族文化的一部分，儒法人道显赫，道墨天道昭著，儒道重义轻利，墨法强调功利。先秦四家在争辩中互相吸收，经过糅合，添以新质，凝聚成炎黄族类的理想人格。具体地说，道家引导人们离开名利场，作精神上的逍遥游；墨家的视野绝不出小生产的范围；法家要维护中央集权，钟情于法、术、势的运用，不会鼓励人们开拓思维空间；世俗化、人情化、伦理化的儒家，以维护既存秩序为己任，在汉以后成为正统。佛教是舶来品，原主张“沙门不敬王者”，为在中国立足，被迫向以儒家思想为核心的本土文化靠拢，在高于一切的皇权面前低下了“不敬”的头；道教吸收了道家神秘主义的内容，以道术迎合统治者。封建王朝利用儒学治世、佛学治心、道教养身的不同功能，使其在维护统治方面相互补充，发挥整体合力作用。

儒家追求的“天下大同”是理想的世界，“大同”出自《礼记·礼运》篇。儒家的理想人格是圣贤，能圣必然贤，贤则可通圣。对统治者而言，以圣王为追求目标和行为典范，其榜样是尧、舜、禹、汤、文、武、周公；对士大夫和庶民而言，则以贤君子为追求目标和行为典范，其榜样是孔、孟、萧何、诸葛亮、曾国藩。“内圣外王”出自《庄子·天下》篇，内圣指内在修养，对善的领悟，对道德的把握；外王指修养所得推广于社会，使天下道一风同。

三纲八目是儒家实现内圣外王的修养功夫。三纲即“明明德”、“亲民”、“止于至善”，明德是根本，亲民是手段，知止是界线；八目即“格物、致知、正心、诚意、修身、齐家、治国、平天下”，这是一种由近及远、由己及人、由小到大、由个体到群体的修养方法，构成一套完整的封建政治哲学体系。儒家提倡“温、良、恭、俭、让”与“和为贵”，修养途径是穷独达兼、正己正人，既要积极进取，又要洁身自好。它要求人们做到：

一是遵循伦理本位。在封建社会，父慈、子孝、妇从的家庭伦理观念，是君仁、臣忠、民顺的社会伦理观念的缩影。君为臣纲、父为子纲、夫为妻纲，以及仁、义、礼、智、信，这种由国到家再到身的训导，其层次由高到低，由宏观到微观，强调治国必先修身，着眼点在于教化百姓，从整体效应看待个体修养。而修身、齐家、治国、平天下，这种由身到家再到国的训导，其层次由低到高、由微观到宏观，强调修身才能治国，着眼点在于加强个人修养，从个体修养求得整体效应。

二是怀抱经世之志。以重政务为特征的经世思想，经过历史积淀，转化为一种普遍的社会心理。知识分子怀抱经世之志，以天下、国家为己任，有深沉的爱国激情和浓厚的社会忧患意识。他们“先天下之忧而忧，后天下之乐而乐”，注重立德、立功和立言，客观上促进了历史的发展。

三是注意道德修养。无论是儒家的诚意正心、格物致和、明德亲民、止于至善，还是道家的少私寡欲、修道积德，佛家的超尘绝俗、去恶从善，无不以道德实践为第一要义。至于宋明理学讲的“存天理，去人欲”，更以修身养性为实现道德的理想途径。就是古代文论、画论中的主张，也无不寓物论道。这种道德人本主义，把道德实践提到至高地位，极大地促进了人们重情操、讲修养的自觉性。

三、儒家文化的历史地位和作用

儒家以伦理道德为核心，在封建社会中以道德教育代替宗教信仰，从而避免了整个社会陷入宗教迷狂。儒学提倡用世进取、兼济天下，讲究修齐治平，即使是在佛教、道教极盛的南北朝和隋唐，依然起着支撑整个社会的主导作用，并表现出一定的无神论倾向，对社会的稳定和发展起着积极的影响。儒学具有重视气节、操守的传统，在特定的历史条件下，成为鼓舞人们自觉维护正义、忠于民族国家的精神力量。

但是，自汉儒家成为正统以后，便以维护既存秩序为己任，以约束个体思想为着眼点，其思维模式两千多年没有根本变化，必然阻碍社会历史的发展。近代以来，传统文化受到严重挑战。多种思潮相互激荡，在传统思想与现代文明、本土文化与西方文化的关系上，许多人作出了截然不同的价值判断。“五四”时期有一些知识分子采取反传统的态度，为后人留下了极其深刻的历史教训：一是功利主义，排斥一切与富国强兵无直接关系的人文精神及价值；二是全盘西化，简单否定传统文化。

代表时代前进的潮流，并对儒家文化进行扬弃的力量主要来自两个方面：一是以孙中山为代表的资产阶级民主派，他们从西方学来了自由、平等、博爱的思想；二是以毛泽东为代表的共产党人，他们接受了马克思主义。他们都在继承的基础上对儒家传统文化进行了批判。毛泽东思想在某种意义上说，是马列主义与中国传统文化冲突和融合的产物，而且给传统文化注入了生机和活力，使其获得了空前的发展。目前我国开展的社会主义精神文明建设，正是对传统文化吸收其精华，清除其糟粕，进行改造更新，建立适应社会主义需要的新文化。社会主义新文化将吸收容纳几千年来传统文化的精华，并以之作为自己的起点，成为中华民族特色之所在。

儒家传统文化与现代化既有相冲突的一面，又有相契合的一面。对它的历史地位的承认，必将使它起到现实作用，这就是：中华民族自强不息、求是务实的精神，在建设现代化的今天，将鼓舞人们不畏艰难曲折，朝着理想境界迈进；中华民族贵和持中、正道直行的精神，对于社会秩序的和谐安定有着积极的意义；传统文化中民为邦本的思想，会启发领导干部全心全意为人民服务；传统文化中平均平等的思想，将强调维护劳动人民的物质利益。总之，科学地扬弃儒家文化，有助于振奋民族精神，有助于弘扬爱国主义，有助于繁荣社会主义文化，有助于实现祖国统一。

【思考与研讨】

1. 以历代儒家的代表人物为线索，列出他们的主要观点，绘制一个简明的草图，便于熟记儒家的发展脉络。

2. 以儒家的“民本”思想和西方的“人本”理念为话题，以小组为单位展开讨论。

3. 针对市场经济条件下出现的各种道德沉沦的现象，思考儒家理想人格的传承对当代人的道德修养的意义和作用。

第五章

道法自然　守静致虚

——道家文化精神与道家理想人格

其为术也，因阴阳之大顺，采儒墨之善，撮名法之要，与时迁移，应物变化，立俗施事，无所不宜，指约而易操，事少而功多。

——司马谈

德充于内，应物于外，外内玄合，信若符命，而遗其形骸也。

——郭象

道家是以“道”为最高哲学范畴和终极关怀的一个文化流派，它以“道”来统摄自然、社会和人生三大层面，追求三者的自然平衡，其主要代表人物是老子和庄子。道家文化全面而深入地渗透到我国人民的思维方式、民族心理、风俗民情、文学艺术及社会生活的诸多方面，是中国传统文化的重要组成部分，对世界文化也产生了广泛的影响。

第一节 先秦道家的文化精神

○先秦道学 ○老子 ○庄子

一、老子

老子姓李，名耳，字聃，楚苦县厉乡曲仁里（今属河南鹿邑）人，道家学派的创始人。他曾在周王朝藏书室任职，掌管史册典籍，50岁后离周赴秦，在函谷著成《道德经》(即《老子》)，后隐居秦国。道是老子宇宙观的核心。他说：

道可道，非常道。名可名，非常名。无名，天地之始；有名，万物之母。故常无欲以观其妙；常有欲以观其徼。此两者，同出而异名，同谓之玄。玄之又玄，众妙之门。

道冲而用之或弗盈。渊兮！似万物之宗。锉其锐，解其纷，和其光，同其尘。湛兮似或存。吾不知谁之子，象帝之先。

有物混成，先天地生。寂兮寥兮，独立而不改，周行而不殆，可以为天下母。吾不知其名，字之曰道。强为之名曰大。大曰逝，逝曰远，远曰反。故道大，天大，地大，人亦大。域中有四大，而王居其一焉。人法地，地法天，天法道，道法自然。

道生一，一生二，二生三，三生万物。万物负阴而抱阳，冲气以为和。

道生之，德畜之，物形之，势成之。是以万物莫不尊道而贵德。道之尊，德之贵，夫莫之命而常自然。故道生之，德畜之，长之，育之，亭之，毒之，养之，覆之。生而不有，为而不恃，长而不宰，是谓玄德。（以上均引自《道德经》）

综合上列论述，老子的道，具有下面三大内涵。

第一，“无”与“有”的统一。道是形而上的，是“无状之状，无物之象”。它既是万物之所出，又是万物之所归。“无”是无名，而不是什么都没有。作为万物的本原，它是抽象的，正如“三十辐共一毂，当其无，有车之用。埏埴以为器，当其无，有器之用。凿户牖以为室，当其无，有室之用”（《道德经·第十一章》）。道还是实存的，正如同树种一样，具备长成大树的潜能。“道常无名，朴虽小，而天下弗敢臣。”（《道德经·第三十二章》）

道是万物之始，万物之母，是先于天地而存在的世界万物形成、变化、运动的总规律。

第二，“恒”与“变”的统一。道作为万物的本原和总规律，指的是万物之间固有的本质的联系，而不是指具体事物的特殊性质，更不是造物之神，也不是有意识地创造万物。万物的形成完全是自然流变的结果。“道生一”的“一”，是指从混沌中分化出来的朝不同方向发展的无数个基因胚胎，“天得一以清，地得一以宁，神得一以灵，谷得一以盈，万物得一以生，侯王得一以为天下贞”（《道德经·第三十九章》）。“一生二”的“二”，则是指天地阴阳两个方面。“二生三”的“三”是阴阳天地互相作用而形成的冲气，不同的冲气形成不同的具体事物。而万物又是运动变化的，循环往复又互相转化，即“反者道之动，弱者道之用”（《道德经·第四十章》）。“有无相生，难易相成，长短相形，高下相倾，音声相和，前后相随。”（《道德经·第二章》）

第三，“无为”与“自化”的统一。自然、无为是道的本性，也是天、地、人的本性。自然不是人的主宰者，人也不是自然的掠夺者；人对自然不能任意改变，人对人也不应强制专政，而应“处无为之事，行不言之教”（《道德经·第二章》）；人法地，地法天，天法自然，天、地、人都应自觉恪守自然之道。“侯王若能守之，万物将自化”，“不欲以静，天下将自定”（《道德经·第三十七章》）。

老子把道作为宇宙观的最高范畴，能自觉而严格地区分可道之道与恒道的本质区别，并以道来贯通天、地、人三个层面，表现出对宇宙本质的终极性探寻，开辟了中国思辨哲学的全新道路，具有合理的唯物内核。它打破了人们对天的敬畏，推倒了天的人格神地位，在中国文化史上具有划时代的价值。

老子是入世的，又是无为的；是民本的，又是天真的。他这样来表述自己的社会观：

> 治大国若烹小鲜。以道莅天下，其鬼不神。非其鬼不神，其神不伤人。非其神不伤人，圣人亦不伤人。夫两不相伤，故德交归焉。
>
> 大道废，有仁义。慧智出，有大伪。六亲不和，有孝慈。国家昏乱，有忠臣。
>
> 民之饥，以其上食税之多，是以饥。民之难治，以其上之有为，是以难治。民之轻死，以其上求生之厚，是以轻死。
>
> 绝圣弃知，民利百倍。绝仁弃义，民复孝慈。绝巧弃利，盗贼无有。此三者，以为文不足，故令有所属。见素抱朴，少私寡欲。
>
> 小国寡民。使有什伯之器而不用，使民重死而不远徙。虽有舟舆，无所乘之。虽有甲兵，无所陈之。使民复结绳而用之。甘其食，美其服，安其居，乐其俗。邻国相望，鸡犬之声相闻，民至老死不相往来。（以上均引自《道德经》）

入世并进而治世是老子社会观的目标，达到这一目标的根本途径是“法自然”，

“以道立天下”，就像烹小鱼一样，不能用大火，更不能多翻动。只有统治者真正做到清静无为，国家才能长治久安。“以正治国，以奇用兵，以无事取天下……我无为而民自化；我好静而民自正；我无事而民自富；我无欲而民自朴。”（《道德经·第五十七章》）老子始终把统治者看成社会动乱的真正制造者。因此，只要统治者真正做到无为、好静、无事、不欲，老百姓自然会自化、自正、自富、自朴。

然而，统治者一向把老百姓看成不稳定的因素，并制定种种防范措施来规范其行为。对此，老子针锋相对地指出：“失道而后德，失德而后仁，失仁而后义，失义而后礼。夫礼者忠信之薄，而乱之首。”（《道德经·第三十八章》）统治者用来管制百姓的德、仁、义、礼等种种法令条例道德规范，其实正是他们自己丧失道德仁义的直接结果。老子从根本上指出，人道对天道的违犯，在于“天之道损有余而补不足；人之道则不然，损不足以奉有余”（《道德经·第七十七章》）。当沉重的赋税压力超过老百姓的最大承受力时，老百姓必然会“轻死”而铤而走险。统治者对此往往采取更加严厉的高压政策，老子警告说“民不畏死，奈何以死惧之”（《道德经·第七十四章》）。老百姓到了不惧威压的时候，就是一个王朝覆灭的前兆，千万不可逼得老百姓无处安居、无法生存。可以肯定地说，老子对压迫与反压迫的矛盾认识非常深刻、非常透彻，在他的社会观中，有比儒家更彻底的民本思想，而且也是他最早提出了“损有余而补不足”的平均思想。

建立在这样的思想基础上，老子为统治者开出的治世良方是“绝圣弃智”、“绝仁弃义”、“绝巧弃利”，统治者不应该把自己看成伟大的万物主宰，“万物归焉，而不为主，可名为大。以其终不自为大，故能成其大”（《道德经·第三十四章》）。必须懂得柔能克刚的道理，“天下之至柔，驰骋于天下至坚”，水式的管理要比山式的管理好得多，有时曲线比直线更短些。

不过老子“小国寡民”的理想社会却犯了一个幼稚而天真的错误，那就是因为厌恶人欲横流的社会给百姓造成的苦难，因为感慨物质文明的提高给人心带来的创伤，就让社会倒退并永远维持在结绳记事的原始状态，而忘记了大国只需一个指头就可以从地图上抹去无为的小国，使它的寡民沦为奴仆。这是老子社会观的严重缺陷。

二、庄子

庄子（公元前360？—前280？），名周，蒙（今河南省商丘市东北，一说在今安徽蒙城）人，与孟子同时，家境贫穷，曾居住陋巷，以织屦为生，任过漆园吏，是道家学派的主要代表。现存《庄子》33篇，其中内篇7篇，乃庄周自作，外篇15篇及杂篇11篇，或以为庄周后学所作。

司马迁曾说，庄子“学无所不窥，然其要本归于老子之言”（《史记·老子韩非列传》）。庄子全面继承了老子的宇宙观，并且在本体论和道与物的关系方面有进一步的发展。他说：

> 夫道，有情有信，无为无形；可传而不可受，可得而不可见；自本自根，未有天地，自古以固存；神鬼神帝，生天生地；在太极之先而不为高，在六极之下

而不为深，先天地生而不为久，长于上古而不为老。（《庄子·大宗师》）

这就是说道是宇宙万物的总规律，是永恒不变的，从混沌之前到无限的永远。“道者，万物之所由也，庶物失之者死，得之者生，为事逆之则败，顺之则成。”（《庄子·渔父》）

庄子在老子的基础上进一步向本体论的方向迈进，明确地指出：“天地者，形之大者也；阴阳者，气之大者也，道者为之公。”（《庄子·则阳》）天大地大，没有道大，阴阳之气中也同样贯通着道。道不是外在的，而是内在于宇宙万物，“覆载万物”，“万物皆往资焉而不匮”。

同时，庄子还在道之下创造性地提出了“理”的范畴。理不但是宇宙万物固有的自然的天理，而且是具体事物本身特有的物性，这显然具有泛道论的色彩，解释了宇宙万物的多样性。而人就可以通过实践和悟性，“判天地之美，析万物之性”。庖丁解牛之所以能达到出神入化的境地，就在于他完全掌握了牛的内在结构，这就为人体悟规律、运用规律提供了范例。

庄子的社会观同老子基本相同，从根本上主张治国以道。他说：

> 夫虚静恬淡寂漠无为者，天地之平而道德之至，故帝王圣人休焉。休则虚，虚则实，实则伦矣。虚则静，静则动，动则得矣。静则无为，无为也则任事者责矣。无为则俞俞，俞俞者忧患不能处，年寿长矣。夫虚静恬淡寂漠无为者，万物之本也。（《庄子·天道》）

古代的帝王圣人之所以入定在虚静恬淡寂漠无为的境界，是因为只有帝王做到这一点，社会才能充实安定，人民才能各司其职，各种事物才能按照自然的规律运转，帝王也才会从忧患中解放出来，颐养天年。“知道者必达于理，达于理者必明于权，明于权者不以物害己。”（《庄子·秋水》）道作为贯穿天、地、人三个层面的根本原则，“有天道，有人道。无为而尊者，天道也；有为而累者，人道也。主者，天道也；臣者，人道也。天道之与人道也，相去远矣，不可不察也”（《庄子·天地》）。只有“游心于淡，合气于漠，顺物自然而无容私焉，而天下治矣”（《庄子·应帝王》）。相反，如果“上诚好知而无道，则天下大乱矣”（《庄子·胠箧》）。

与此相联系，庄子认为一切人为的法律伦理就其本质而言都是同道背驰的。他曾猛烈地抨击儒家的仁、义、礼、乐，认为孝悌仁义、忠信贞廉，都是自勉以役其德者的，这些都是限制人的自然天性而役使人的真性的行为，只有对财位名誉一概置之脑后的人，才能达到至贵，使“道不渝”。“德荡乎名，知出乎争。名也者，相轧也；知也者，争之器也。二者凶器，非所以尽行也。”（《庄子·人间世》）名是相互倾轧的根源，智是相互斗争的工具，都是最可恶的凶器，绝不应该将它们推行于世。帝王圣人垂拱而治，就是顺应了自然之道，符合了人民的意愿。“民有常性：织而衣，耕而食，是谓同德。”（《庄子·马蹄》）在至德的上古之世，人民可以保持朴素原始的生活状态，素朴而民性得。

庄子社会观的重要贡献是，他毫不留情地剥离了上层统治者的神圣光环，撕下了他们灵光可鉴的冠冕，还其大盗积贼的本来面目，揭穿了他们评判是非所采用的双重标准。在《胠箧》中，庄子揭露了田成子弑君窃国却自比尧舜的罪行，指出“窃钩者诛，窃国者诸侯；诸侯之门，而仁义存焉”。小偷小摸被治以严刑峻法，窃国大盗却被人歌颂。诸侯并不是广行仁义才成为诸侯，而是以最不道德的手段才坐上了诸侯的宝座，于是成了是非的评判者，成了永远有理的仁德之人。

庄子处在一个“礼崩乐坏”的宗法制社会之中，诸侯们为了实现自己的野心，不断进行着兼并与反兼并的战争。西周以来沿袭下来的伦理道德又规定着人们的政治和宗法义务。于是，伦理标准成为统治阶级驱使百姓充当战争炮灰的重要工具，这就是传统伦理的虚伪性和反动性。从这个角度来理解庄子为什么排斥否定当时的伦理道德，大力倡导“绝圣弃智”，也就顺理成章了。

当然，在理想社会的构想上，庄子和老子犯了类似的错误，他没有看到社会向前发展的必然趋势，而是希望回归到上古的至德之世，让人们再去过古朴原始的生活，与禽兽同居，这是不可能的。

第二节 道家思想在封建社会的演变

○道学与原始宗教　○《淮南子》　○张陵与天师道　○张鲁与五斗米道　○张角与太平道

老子的道学同原始宗教有渊源关系。《汉书·艺文志》云：“道家者流，盖出于史官。历记成败存亡祸福古今之道，然后知秉要执本，清虚以自守，卑弱以自持，此君人南面之术也。”博大精深的《道德经》五千言，便是老子继承原始的道家思想，总结发挥而成。老子生于陈而为周之守藏室史官，必然熟悉周室典籍。《道德经》中提到古之圣人、善为道者的地方多达20余处，更是不可置疑的内证。《尚书》和《易经》中就有不少原道思想。《道德经》中有与无、虚与实、弱与强、贵与贱、得与失、生与死、正与奇等一系列相反相成的概念，都同易象有相通之处，足见老子的思想中吸收了《易经》的不少成分。《汉书·艺文志》在道家《老子》（即《道德经》）之前还列有《伊尹》、《辛甲》、《太公》、《谋》、《言》、《管子》、《鬻子》等多种著作，像《太公》竟有237篇。可见道家的确是一个阵营强大的学派。

在《老子》之后，除《庄子》外，还有《列子》、《老莱子》等数种，计约千篇。其中最负盛名的是稷下黄老学派。

战国时，齐国陈氏家族在齐都临淄的稷下开创了一个高等学府，集中儒、墨、名、法、阴阳和道德六家共“百千人”，研究学术，互相争鸣，有76人位列上大夫，史称稷下先生，其中处于主导地位的就是道德家。

杨朱在孟子之前，主要发挥老子贵身防患的思想，形成极端的为我倾向，被孟子斥为“拔一毛而利天下，不为也”的利己主义。

田骈、慎到及彭蒙都是稷下先生，他们的共同特点是发挥老子的“无私”、“勿矜”思想，以不齐来齐万物，主张“公而不党，易而无私”，臣事事而君无事，因性任物，任法重势，是一个较多吸收法家思想的流派。

宋钘、尹文与孟子同时，着重发挥老子知足反战的思想，提倡“禁攻寝兵”、“情欲寡浅”的救世精神，可以说是一个利他主义的流派。

关尹、列子的主导倾向是虚己接物，独立清静。

这一时期的道家人物对老子的思想没有什么推进和发展，往往强调老子思想的某一个侧面，在思想上无所建树。

战国末期的黄老之学虽杂取儒法阴阳，其主体是尊黄帝本老庄的，主张天道自然无为，物极必反，极盛而衰，逆顺同道而异理。因此，为政要把德治与法治结合起来。汉初崇尚道家的大有人在，在朝廷大臣和社会文人中势力很大，可以说是汉初政治的主导思想。汉文帝、汉景帝、窦太后、曹参、陈平、盖公、郑当时、司马谈、杨王孙、安丘生等都是崇尚道家的重要人物。

长沙马王堆出土的《老子》乙本卷前的《经法》、《十六经》、《称》、《道原》，世称《黄老帛书》，其成书年代虽然难下定论，但大致定位在战国末期到汉代初年是不会有大问题的，因为汉初它已成为贵族子弟的必读书籍了。它以老子的思想为指导，结合现实问题，提出了一系列治世方略，成为汉初政治的指导思想。

例如它把国家和百姓的长远利益抽象为“道”，以之作为君王治国的原则。《十六经·前道》说：“正道不台（殆），可后可始，乃可小夫，乃可国家，小夫得之以成，国家得之以宁，小国得之以守其野，大国并兼天下。”“君子卑身以从道，知以辩之，强以行之，责道以并世，柔身以夺之时。”也就是说，国君应是道的忠实执行者，而不可随心所欲，以个人的意志，颐指气使。要“毋乱民功，毋逆天时”；要“节民力以使”，“赋敛有度”。这同老子要求国君以万民之心为心的思想是一致的。不过，它不主张一味地完全地任从自然，也不能优柔寡断，因为“当断不断，反受其乱”。“法度者，正之至也，而以法度治者，不可乱也。”这就是说国君应在清静无为、富民保国的前提下，德刑并用，方可天下大治。它对老子的思想有所发挥。

《淮南子》杂采儒家、法家、墨家、阴阳家、五行家的学说，但其基本倾向是道家，是黄老之学的集大成之作，代表了汉代道学的最高成就。

《淮南子》对老庄的“道”范畴作了明确而深刻的阐发，把“道”规定为其理论体系的最高范畴，具有时空的无限性，对“道”在宇宙中的演化显现进行了论证，把“道”说成既是被体验的客体，又是进行体验的主体，既是人的意识活动，又是活动所指的对象。

> 夫道者，覆天载地，廓四方，柝八极，高不可际，深不可测，包裹天地，禀授无形……故植之而塞于天地，横之而弥于四海，施之无穷，而无所朝夕。舒之幎于六合，卷之不盈于一握，约而能张，幽而能明，弱而能强，柔而能刚，横四维而含阴阳，纮宇宙而章三光。（《淮南子·原道训》）

“道”在时空上都是无限的，说不上任何具体的性质，既是万物变化的原因，又是万物生存的根据：“山以之高，渊以之深，兽以之走，鸟以之飞，日月以之明，星辰以之行。"（《淮南子·原道训》）它是宇宙万物生成和变化的总规律。"道曰规，始于一，一而不生，故分而为阴阳，阴阳合和而万物生，故曰：一生二，二生三，三生万物。"（《淮南子·天文训》）这就对老庄道生万物的理论进行了明确的阐释。它还将宇宙演化的第一个过程称为"有始者"，它之前是"未始有有始者"，再之前是"未始有夫未始有有始者"的混沌未分状态。"道"与宇宙的整个演化过程相始终，但"道"不是一种物质的气，也不是一种绝对精神，因为这种观点不仅把"道"看成外在于人的客体，也肯定了它的主体性和主体的意识活动。很显然，《淮南子》在运用逻辑思维、形象思维的同时，运用了直觉思维，"道"成了人的主体意识对宇宙万物及其运动规律的体验与把握，即"神与化物游"。

《淮南子》还对老庄的养生理论进行了发展，把养气与养神统一起来。它把人看成形、神、气的统一体。"形"是形体五脏；"气"是不可视、不可听、可内储也可外放的能感觉到的存在，类似于现代科学所证明的气功师的气；"神"是物质的"精"和意识的"神"的统一，可以充，可以耗，可以聚，可以散。养生首先是要保养精神，控制意念，使不外驰。其中最根本的是养神。"治身，太上养神，其次养形；治国，太上养化，其次正法。神清志平，百节皆宁，养生之本也。肥肌肤，充肠腹，供嗜欲，养生之末也。"（《淮南子·泰族训》）最高层次的养生是真人境界，书中有非常详尽的说明，那时人能齐生死，等荣辱，一穷达，超然物外，形同槁木，心若死灰，精神与外物相融，有一种把握宇宙整体的感受。

后期黄老中严遵的《老子指归》对"道"有比较深刻的逻辑形上推理，可视为魏晋玄学的先河。而河上公的《老子章句》，不但是现存较早的《老子》注本，而且在养生方面透露出神仙思想，应该说对道教有所启发。

魏晋玄学是三国曹魏正始年间由何晏、王弼开创并盛极一时的哲学思潮，名称来自《老子》的"玄"，尊孔丘为圣人，对纲常名教态度不一，但就其实质而言，是以道家为本、杂糅儒家思想的哲学流派，其经典理论支柱是三玄，即《周易》、《老子》和《庄子》。

前期玄学家并不否定名教，但对儒家名教授自天意的观念大打折扣。他们以自然为本，以名教为末，让万物自生自然的自然统领制约人为的名教，显然是以道统儒。何晏著《道论》、集解《论语》，王弼注《老子》、解说《周易》，共倡贵无论，要求以直觉思维的形式，让主体直接渗入客体，与大道融合为一。王弼说："夫物之所以生，功所以成，必生乎无形，由乎无名。无形无名者，万物之宗也。"（王弼：《老子指略》）

中期的阮籍、嵇康是玄学中的激进派，他们所说的自然主要是指人性的自由发展，借自然来否定名教，着重发挥庄子哲学中批判现实的精神，对帝王"宰割天下以其私"的行为表示愤慨，以为"君立而虐兴，臣设而贼生，坐制礼法，束缚下民"（阮籍：《大人先生传》）是封建社会的本质，所以主张"越名教而任自然"，"审贵贱而通物情"（阮籍：《释私论》）。

后期向秀、郭象注《庄子》，把玄学推进到一个新阶段。他们力主独化论，以为宇宙万物都是自生而独化的，既不靠造物主，也不靠虚无，更不互相依赖，秋毫不独小其小而大山不独大其大。因此，万物只要性足自得，便没有什么差别了。由此推之，君臣上下，手足内外，乃是天理，人人都应安于命乐于性，任之而不互羡，以便在俗世之中求得逍遥。这种观点显然是为了维护封建纲常，有明显的儒家色彩。

唐以后道学思想没有新的建树，道教的势力却得到了充分的发展。

道教是中国本土最重要的宗教。道家的学说为道教提供了理论武器，道教又以特有的宗教形式，演绎、实践、发展着道家的思想和精神，应该说道教是道家学说的一种存在形态，但它又不是道家本身。道教内部的派系复杂纷纭，教义、教规也有区别，同道家的距离也有远有近。要之，养性者最近，炼气者次之，服丹者又次，符箓者稍远。道教是以道家学说为基本理论，吸收民间信仰和各类方术，以成道升仙为目的的宗教。早期道教的代表人物是张陵、张角、张鲁等人。张陵于汉顺帝汉安元年（142）在鹤鸣山声称受太上老君之命被封天师，首创了天师道。陵死，其子衡继之，衡死，张修继之，呼应黄巾起义，被刘焉收编，最后被张陵之孙张鲁杀死并夺了教权，又与四川鬼道联合，立五斗米道。张角在汉灵帝建宁年间（168—171）创建太平道，以黄老之学为号召，以治病为手段，为后来的黄巾起义进行思想和组织准备。

魏晋时，道教在北方继续发展，并流传到江南，形成许多教派分支，主要代表人物是葛洪、葛玄等。

南北朝是道教发展的成熟时期，北魏的寇谦之和南朝的陆修静、陶弘景改革道教，参照佛教的戒律、科仪和形式，形成足以同佛教抗衡的宫观式道教。寇谦之的新天师道，以“佐国扶命”为己任，是典型的上层士族教派。陆修静的灵宝派在整理道书、建立道经体系、制定科戒和斋醮仪式方面有重要贡献。陶弘景的上清派在养生、炼丹、医药和建立道教神仙体系方面成就突出，对后世科技和医学有重要贡献。

唐宋时，由于统治阶级的大力扶持，道教得到更大的发展，建立宫观二千余处，在炼养服食和符咒科教方面得到长足发展，特别是内丹理论极其丰富。主要的代表人物有孙思邈、成玄英、王玄览、马承祯、吴筠、钟离权、陈抟、张君房、张伯端等。

金元时，由于民族矛盾的加剧，道教也相当活跃。肖抱珍的太一教，刘德仁的大道教，王重阳、马钰、刘处玄、丘处机的全真教，周真公的净明道都是影响较大的教派。特别是全真教势力最大，强调三教合一，性命双修，注重内丹修炼，逐渐成为官方宗教。

明清时道教停止发展，教义也没有什么拓展，教团的腐化也日益严重，失去信任，逐渐显示出衰微的趋势。其间比较出名的是张正常、张三丰、王常月等人。

第三节
道家的理想人格

◎内倾思维　◎长生久视　◎心斋坐忘

随着时代的变迁，道家的理想人格也在调整变化，但总的倾向是顺任自然、长生久视、修性养生、超迈逍遥。老子说：

> 治人事天莫若啬。夫唯啬，是谓早服。早服谓之重积德。重积德则无不克。无不克则莫知其极。莫知其极可以有国，有国之母，可以长久。是谓深根固柢，长生久视之道。
>
> 含德之厚，比于赤子……知和曰常，知常曰明。益生曰祥，心使气曰强。物壮则老，谓之不道，不道早已。
>
> 五色令人目盲，五音令人耳聋，五味令人口爽，驰骋田猎令人心发狂，难得之货令人行妨。是以圣人为腹不为目，故去彼取此。
>
> 祸莫大于不知足，咎莫大于欲得。故知足之足，常足矣。（以上均引自《道德经》）

就思维方式而言，老子的人生观是内倾式的。它通过对人的欲望的克制、心灵的净化，来达到人与自然、人与社会的和谐统一，以此来完成合道的一生。正所谓不识道，不足以成智者；不用道，不足以驰骋人生。

老子崇尚的人生理想是“长生久视”。他相信人生只是一个有限的时间过程，要尽量设法让自己长寿。长生，就是高寿，年龄大视力却好，才是健康的长寿者。而真正的长寿是对道的高度体认，“不失其所者久，死而不亡者寿”（《道德经·第三十三章》）。得道才是真正有价值的人生。

得道之人，不是权势显赫的人物，而是“赤子”、“婴儿”类的真人。他们无知、无欲、无为，真正达到“精之至”、“和之至”，处于纯真、朴实、自然的状态，却不被外物所伤害。相反，贪生使气，纵欲使强，看似很壮，却很快会由盛而灭。只有“常德不离，复归于婴儿”，才能“常德不忒，复归于无极”（《道德经·第二十八章》）。

要想达到这样的标准，首先，必须采用自足的生活态度，因为五色、五味、五音等令人心跳的人间享受，其实都是对人的挑逗和蛊惑，应该拒绝物质和精神的诱惑，满足于清淡简朴的生活。不知足是起祸之端，知足者才能常乐。知足才不会招致屈辱，适可而止才不会遇到危险，从而达到长生久视的境界。其次，要学会守气，学会关闭自身的感觉通道，学会心斋坐忘，真正达到忘我、忘他和忘忘的境界。“载营魄抱一，能无离乎？专气致柔，能如婴儿乎？涤除玄览，能无疵乎？爱民治国，能无为乎？天门开阖，能无雌乎？明白四达，能无知乎？”（《道德经·第十章》）这一段话就是让人的精气专守一窍，吐纳运气像婴儿一样平和，清除杂念净化心灵，达到一尘不染，无为而治，宁静柔弱，明白事理，淡泊自然。还要进一步“塞其兑，闭其门”，封闭切断同外界的联系，甚至“用其光，复归其明”（《道德经·第五十二章》），运用内视返照的办法来修炼。老子在《道德经》第十五章中曾形象描绘了悟道者的举止风貌和定心自养转入清明的境界。

老子内倾式的人生观追求一种艺术化、浪漫化的人生，可以让人们在紧张纷争的生活中平抑内心的躁动，寻找灵魂的港湾，也可以让人们在逆境挫败中得到精神抚慰和生活的勇气。不过，老子人生哲学中那种不求上进、明哲保身的成分是应该批判和警惕的。

庄子的人生观基本上与老子相同，以道为坐标追求清净自然无为。所不同的是庄子更强调人的精神超越和绝对自由，以达到与天地精神合而为一的境界，强调养生之道，形成了逍遥人生的独立体系。

庄子认为，要想达到逍遥人生的境界，必须从外内两个方面进行克制和修养。对外的克制就是人对外在于自身的各种欲望的自觉克制，包括物质享受、名誉地位、知识能力和是非观点等不同的内容和层次。

在《天地》中，庄子把“五色乱目”、“五声乱耳”、“五臭薰鼻”、“五味浊口”、“趣舍滑心”看作“生之害”，谁如果追求这些享受，就等于斑鸠关在鸟笼之中，虎豹关在兽舍之中，失去自在和自由，成为物欲的奴隶。庄子借老聃的口说：“其动止也，其死生也，其废起也，此又非其所以也。有治在人，忘乎物，忘乎天，其名为忘己。忘己之人，是之谓入于天。”运动、静止、死亡、生存、衰废、兴盛，都出于自然。只有忘掉外物，忘掉自身，才能与自然融为一体。人们应该“藏金于山、藏珠于渊、不利货财、不近贵富、不乐寿、不哀夭、不荣通、不丑穷、不拘一世之利以为己私分、不以王天下为己处显”。

在《骈拇》中，庄子尖锐地批评追求名利，把名声地位看作骈拇赘瘤一样的负担。“自三代以下者，天下莫不以物易其性矣。小人则以身殉利，士则以身殉名，大夫则以身殉家，圣人则以身殉天下。故此数子者，事业不同，名声异号，其于伤性以身为殉，一也。”为了蝇头微利、蜗角虚名，为了所谓的地位和事业，扭曲了美好的人性，耗损了宝贵的精力，甚至赔上了生命的代价，是不值得的。

庄子认为，人之所以追名逐利，劳心伤神，同知识智慧能力有直接的关系，有知便会区分优劣美丑并求优逐美，这就打破了心的宁静，最终导致国无宁日，人无静时。《应帝王》中倏忽为混浊开窍，结果导致七日而亡，其寓意就是要人们保持古朴、原始和混沌，放弃对“知”的学习和探讨，因为人生有限，知识无涯，人根本不可能穷尽知识，更不要说知识本身就是天下大乱的深层动因。“弓弩、毕弋、机变之知多，则鸟乱于上矣；钩饵、罔罟、罾笱之知多，则鱼乱于水矣；削格、罗络、罝罘之知多，则兽乱于泽矣；知诈、渐毒、颉滑、坚白、解垢、同异之变多，则俗惑于辩矣。故天下每每大乱，罪在于好知。”（《庄子·胠箧》）

从更深的层次上看，庄子认为，人根本就不应该以是非为念、以生死为忧。“忘足，履之适也；忘腰，带之适也；知忘是非，心之适也。”（《庄子·达生》）“死生，命也，其有夜旦之常，天也。”（《庄子·大宗师》）因此对生命“得者，时也，失者，顺也，安时而处顺，哀乐不能入也。此古之所谓县解也”（《庄子·大宗师》）。不考虑脚的大小，什么样的鞋子都是合适的，不顾及腰的粗细，什么样的腰带都是恰当的，不以是非为念，心灵便可以得到安适。生与死，就如同白天过了是黑夜，都是极正常的现象。获得是因为适时，丧失也是顺应。能安心适时顺应变化，哀乐也就不会侵入内心，不以生喜，不以死悲，淡然而生，坦然而死，不忧死而乐生，这就是古人所说的解脱束缚。

内修是庄子人生哲学的另一个方面。要想真正达到与天地精神合而为一，除了摒弃人生的种种诱惑，排除纷纭世事的干扰，还必须修炼内功，做到坐忘、心斋，达到死而不亡，这是人生近于道的更高档次。

在《大宗师》中，庄子借颜回经历的三个阶段来回答什么是“坐忘”的问题。第一个阶段是“忘仁义”，第二个阶段是“忘礼乐”，第三个阶段是“坐忘”，也就是“堕肢体，黜聪明，离形去知，同于大道”。这里庄子并不是要求人们真的废掉自己的身体器官，而是要让器官形同虚设，对外界的一切引诱无动于衷，心灵空虚到没有纤芥之尘，同道融合为一。

在《人间世》中，庄子借孔子回答颜回的提问说明了什么是“心斋”。“若一志，无听之以耳而听之以心，无听之以心而听之以气。听止于耳、心止于符。气也者，虚而待物者也。唯道集虚。虚者，心斋也。”这就是说，人不应只停留在用感官感知世界的初级阶段，而应用自己的心来理解外部世界，进而用空明的心境容纳世上的一切，真正达到道的自然境界，不以物为念，不以人为念，不以己为念，不以念为念，把人变成道的外化物。

“死而不亡”是庄子人生观的最高目标。“吾犹守而告之，参日而后能外天下；已外天下矣，吾又守之，七日而后能外物；已外物矣，吾又守之，九日而后能外生；已外生矣，而后能朝彻；朝彻，而后能见独；见独，而后能无古今；无古今，而后能入于不死不生。”（《庄子·大宗师》）庄子的死而不亡，并非如后世道教所说的得道成仙、长生不死，而是指一种置红尘生死于度外的生活境界。他认为生死是自然的变化，有生则有死，无生则无死。因此，要想做到死而不亡，首先要做到无生。对于不回避生死问题的人来说，不可能做到无生，而只能做到“外生”，即不以生为念，不以世俗的活法指引人生的行为，从而达到无古无今、不死不生的逍遥境界，达到“至人无己，神人无功，圣人无名”的绝对自由。

第四节 道家与儒家的互补

○儒道互补　○魏晋儒道合流　○程朱理学

道家文化和儒家文化都是中国的本土文化，都是中国传统文化的重要组成部分。

作为两个不同的文化流派，道家与儒家有一致、互相借重、互相补充的一面，也有互相区别、互相排斥、互相对立的一面。在漫长的历史进程中，道儒两种文化精神一直都从不同的侧面深刻地影响着中国社会和中华民族，同时，它们自身也在互相影响。这里所讲的互补，不仅是指它们对共同构筑民族文化所起的作用，而且是指它们相互之间的影响。这种互补不仅是一种理论发展的必然趋势，而且是一个社会实践的复杂过程和内在人格的复杂表现。

儒道互补是理论发展的必然趋势。无论是先秦道家的理论，还是先秦儒家的理论，就其本身的理论体系而言，都存在一定的缺陷。在哲学的重大问题上，儒道互相矛盾对立的地方，都无法彻底驳倒对方，这种情况实质上为儒道互补留下了天然的契机。

儒家的文化是一种伦理性的文化和道德性的文化。儒家要让人们成为道德的践履者，自觉地把自己的思想和行为规范在仁义礼智信的轨道上，最终成为仁人、圣人。用性善说认定这些道德规范就是人的天性。这样，人们践履道德实际上也就是遵循自然之道。

儒家理论为自己留下的难题是，如何证明仁义礼智信是人的天性？倘若果真是天性，为什么人们在对仁义礼智信的价值认同上会发生极大的偏差，甚至是相反的看法？如果不是强有力的灌输熏陶，人们在践履道德时为何觉得如此为难？面对道家“人法地、地法天、天法道、道法自然”和“圣人以人为刍狗”的说法，儒家理论的底气显得不足。

老子和庄子则以道为本原，以道为总则，对天、地、人三个层面作了理智而清醒的探讨。道家的道是“象帝之先”的身份，又是无所不在的法则。这并没有降低人的地位，而是把人看成宇宙自然中与其他事物平等的一员。正因为如此，人并不需要一种特殊的道德来规范自己的行为，更何况现实的仁义礼智信都染上了浓烈的压迫倾向的人为痕迹呢？天道自然，人道亦自然，以天道支配人道，人道就应指向自然。

然而，老庄的观点也并非无懈可击。首先，人毕竟会说话会写字会制造工具，把人完全等同于万物，作为人怎能甘心？其次，所有的人都与“道”合一，逍遥无为，还要不要社会，要不要秩序，要不要语言、文字、工具？再说，谁能保证每个社会成员、社会集团都如此虔诚地皈依大道？如果一个国家突然遭到别国的武力侵犯，以自然无为能维持自己的生存和发展吗？这种没有任何杀伤力的“道”能否成为治国的根本方略？

由此看来，儒家和道家在如何认识天、地、人及其相互关系这个哲学的根本问题上，都存在难以克服的理论缺陷，留下了进行互补的期待。

董仲舒正是看到了儒道之间的这种互补关系，看到了儒学难以克服的自身缺陷，才把阴阳五行学说大胆地引进到儒学之中，吸收了道家的自然说内核，提出了天人感应论，开始了儒、道互补的尝试。

汉武帝看到了儒学特别是董仲舒的新儒学对封建统治巨大的维护作用，实行“罢黜百家，独尊儒术”，儒学上升为官方思想，并对道学及其他学说进行排斥打击。为了维护独尊的地位，又大倡经学来张扬名教，最终走向自己的反面，使士子言行脱节，心灵扭曲。魏晋玄学乘势而起，以名教与自然的关系作为研讨的核心，实际上就是把儒学和道学融合起来。

王弼以哲学论证的方式，冲破了汉儒天人合一、君权神授的思想禁锢，大胆地提出了“名教出于自然”的观点。名教是末，自然是本，试图以此挽名教于既倒，为名教寻找可信之本，以便张本强末，挽救名教。汉儒把名教说成是天意，借天的权威，强制人们恪守名教规范，结果导致奉名教者不以名教立身只以名教格人的普遍虚伪，使名教出现信仰的危机。王弼说：“夫事有归，理有会。故得其归，事虽殷大，可以一名举；总其会，理虽博，可以至约穷也。譬犹以君御民，执一统众之道也。”（王弼：《论语释疑·里仁》）又说：“何以得德？由乎道也。何以尽德，以无为用。”（王弼：《老子道德经注·第三十八章》）这样就把万事万物之理，置于“道”的统领之下，把儒家的德同道家的道统一了起来，并以此来指导社会政治，完成了以道释儒，引儒入道的理论建构，再次进行了儒道互补的理论尝试，要求人们把名教看成人性的自然，从而自觉地恪守名教规范。

如果说王弼是扬道抑儒的话，阮籍、嵇康则为是道非儒。他们主张“越名教而任自然”，以道家的玄远否定儒家的务俗。这是因为他们痛恨现实生活中司马氏借名教篡夺曹魏政权的卑鄙行径，因而走上了“薄汤武而非周礼”的道路，并采用放诞旷达、饮酒服药的竹林归隐方式对黑暗的现实进行反抗和回避。

玄学后期的代表人物郭象，看到了阮籍、嵇康理想色彩过浓、放诞难为世范的弊病，提出“名教即自然”，把道家的“神人”与儒家的“圣人”统一起来，指出“夫神人者，即今所谓圣人也”。立足于“独化”，而指向“玄冥”，是郭象指给人们的人生大道。在他看来，俗务同样可以体现玄远，齐家治国平天下并不妨碍追求自然的精神境界，照名教行事而自然即得。这种以儒解道、引道归儒的方法，不免使道学变味，却使儒家的思想得到了补充，走的还是儒道互补的路子。

到了宋明理学，不仅杂糅儒道，而且连佛学也被拉入其中。他们把传统的伦理或儒学引向思辨和哲理化。而所运用的思想方法很大一部分便来自道学。周敦颐仿照道士陈抟的《无极图》绘制《太极图》，撰成《太极图说》，论述宇宙本体和万物的生成变化问题，确立了理学形上思维的基本框架。他认为无极派生太极，太极动而生阳，静而生阴，然后有五行万物，“圣人定之以中正仁义，而主静，立人极焉”。

程颢、程颐兄弟沿着其师的道路，提出天理这一核心范畴，以为“万物皆只是一个天理”，理“元无少欠，百理具备”，“天下物皆可以理照。有物必有则，一物须有一理”（《河南程氏遗书》）。虽然二程自诩“天理”是“自家体贴出来”，但它受老庄道的思想启发是不言而喻的。只不过他们把理看成自足的最高存在并且先物而有，每一种物又都有自己的理在，而不是老庄所说的“道”。

朱熹继承周程学脉，把周敦颐的“太极”与二程的“天理”结合起来，以“太极”为理的总和，并引入气的观念，把气看成宇宙形成所需的质料和动力。他认为，天地之间有理有气。理是形而上之道，生物之本。气是形而下之器，生物之具。所以人物之生必禀此理然后有性，必禀此气然后有形。这同老子万物“负阴而抱阳”、庄子“通天下一气耳”的观点也是相通的，说朱子借用了老庄的思想实非妄言。由此可见，就其理论形态而言，儒道互补的确是一个不争的事实。

儒道互补又是一个不断实践的历史过程。任何一种理论都想作为社会实践的指导思想，儒学和道学也不例外。先秦时，孔子奔走呼号，留下的是不为世用的沉重叹息，只好退而授徒，删《诗》定《礼》，成一家之言。道学作为百家之一，也只是一种智慧，一种纯粹的学术思想。老庄虽然自得逍遥，而其学术未为世用毕竟也是一种遗憾。儒道以社会大治为终极关怀的目的都被暂时搁置。

汉初，刘邦接受陆贾“文武并用”的长久之术，以教化劝善，用法令诛恶，行“无为”之治。陆贾虽为儒生，其《新语》12篇中，无为而治的思想却非常明显。惠帝时，曹参首倡无为政治，进一步巩固了西汉政权。文帝和景帝也都信奉黄老之学，实行无为而治，战乱的创伤得以医治，百姓得以休养生息，国家元气大增，积蓄了坚实强大的经济力量，成为道学治世的一个辉煌时代——文景之治。当然，文景也并非毫无所为，在实际运作中，景帝“削藩”，平定吴楚七国之乱，将其行政权收归中央，又大力发展农业，提倡积贮。以此看来，文景之治的出现实际上是儒道互补的结果。

汉武帝实行“罢黜百家，独尊儒术”，加强中央集权，开疆拓土，雄视天下。然而他本人又非常信奉道术，迷恋金石，而且晚年下“罪己诏”，要改弦更张，与民休息，并非没有道家成分。

唐王朝是中国封建社会的极盛时期。唐立国之初，就奉老子李耳为远祖，大上封号，把道教提升到首位，提倡道学，把《老子》定为科举加试内容。唐太宗也是一个儒道兼用的皇帝，一方面立孔庙，尊先圣，下令为五经作注，大量提拔通经的儒生；一方面又实行宽政，与民生息，以贵静为要。他曾说：“夫治国犹如栽树，木根不摇，则枝叶茂荣，君能清静，百姓得不安乎？”他的重要谋臣魏征就是道士出身，其《十思疏》中就有明显的道家无为思想。武则天也曾明令王公以降皆习《老子》，唐玄宗则亲撰《御注道德真经》和《御制道德真经疏》。可见，唐代的许多皇帝都是儒道并用的。

宋代帝王对道学和道教也采用了友好温和的政策，立道观、谒道祠、度道士、设道场、上道号、修道经之类的事情不绝于史。宋徽宗竟然自命神霄帝君下凡，自封教主皇帝，在政治危机加重时，也常常倚重道教。宋太宗命人访求道经，让徐铉和、王禹偁整理成 3 337 卷的《混元圣纪》。

在民族矛盾异常尖锐的历史条件下，金元道教进入了一个新的发展时期，太一、真大、全真、净明等教派应运而起，十分活跃，道教在给予苦难中的汉族人民以心灵慰藉、寄托哀思、超度亲人和寻求安身立命之所等方面都发挥了积极作用，而净明派更是儒道互补的代表。先后以周真公和刘玉为代表的净明派，都把道家的无形大道净明与儒家的忠孝结合起来，并改造儒家传统的忠君孝父，成为具有泛爱色彩的道义，宣扬只要有了孝，日月可明，万物可生，人道可成。与此同时，其又对一般人难以履行的传统炼丹成仙之术进行大手术，宣扬成仙的根本问题不在于参禅问道，入山炼形，而在于以忠孝立本，方才净明。只要能不断地净化自己，不必修炼，也可成道。这样就糅合了儒道两家的思想，并且大踏步地向世俗民众挺进，使之成为当时最有号召力的教派之一。

儒道互补还表现为人格精神的高度熔铸。这种熔铸主要表现在三个方面。首先是积极进取与自然无为的熔铸。儒家在人生问题上主张立德立功立言，要求仁人志士“无求生以害仁，有杀身以成仁”，通过自我心灵的征服和净化，达到人生与社会的和谐，并以此作为人生的终极使命。正因为人心有追求“富与贵”，远离“贫与贱”的本性恶念，所以必须不断向这个人心的阴暗堡垒发动进攻，才能达到提纯心灵、提升道德的目的。人生在世，就应轰轰烈烈，先立德、次立功、再其次立言，只有做出了惊天动地的事业，才算不枉此生。从古到今，许多仁人志士就是在这种人生价值的指导下来立身行事的。但是，这种观点把人的生命价值完全归结为人的社会价值，张扬人的社会义务和责任，这样人的个体价值被严重挤压甚至取消，导致个体幸福的破产，而且极可能被统治者利用为驯服的工具。

道家从自然无为出发，否定儒家的人生理论，倡导古朴、守柔、不先、无为的道遥人生，以求达到无名、无功、无己的人生境界，实现长生久视的人生目标。因为追求外部世界的精彩，会使人邪念膨胀，搅乱内心的平静，为此，必须彻底否定“心”、“知”的外在作用，进行内在的心性修养，使之顺应自然。

然而道家在现实世界中安顿个体生命时，同儒家一样泯灭了个体生命的那种冲动，使人向着精神超越的方向发展，让人向自然复归，赋予自然以精神价值，不因生而喜，亦不因死而悲，把生死置之度外，独与道相合一。这种观点对立志进取的志士仁人未免太过寂寞。而且，在现实生活中，社会并不会向每位仁人志士都提供一展宏图、杀身成仁的机会。所以，在他们的人生态度中，便很自然地把儒道两家合二为一，进则立功扬名，退则清静无为，使自己立于进退自如的自足境地。“内圣外王”的本质就是内道外儒，儒道双修。

其次是道德践履与精神超越的熔铸。儒家极力倡导仁义礼智，维护三纲五常的道德规范。这种人生态度高度张扬人的道德价值，强调人的道德认同，把个体的生命价值完全归结为人的道德价值。这种人生价值观非常符合统治阶级的需要，有利于维护社会的稳定。然而，并非所有的君王都是明君，也并非所有的家长都是楷模，更并非所有的丈夫都行为端正，能力高超，严格按道德的要求行事，值得妻子尊重，这就使得臣子、儿子和妻子们无法真正践履儒家的道德人生。

这样，道家的超越意识就给人们指出了另一条人生的坦途。道家猛烈地抨击现实道德的反动和虚伪，教导人们如何挣脱世俗社会种种道德的束缚，使人生从有限进入无限，从有涯进入无涯，从必然进入自由，以实现精神的超越。它让人们身处道德的俗世，却超越于俗世之外，面对无法真正践履道德的尴尬，以退避的态度从容地进入淡泊的境界，从而消解物我的对立和人我的矛盾，实现人生的逍遥。许多被贬谪、被误解、怀才不遇和不得志的人，往往进则践履道德，退则精神超越，这成为他们深层人格中两个互补的侧面。

儒道互补还表现为尚刚主动与贵柔主静的熔铸。儒家在总的倾向上是崇尚阳刚之性。宇宙万物基本上可以归属于阴阳两个类型，就一个事物而言，也往往包含阴阳两个方面。人格也是这样。儒家在人格修养上主张以刚制柔，所谓“三军可以夺帅，匹夫不可夺其志”。然而一味地阳刚，往往会激化矛盾，使事物朝着相反的方向转化，自己也在斗争中尝到苦果。

道家主柔静，以为柔弱胜刚强是自然界乃至人类社会的普遍法则，教导人们守柔处弱，谦下不争，反对争强好胜，自我膨胀。这种以柔克刚、以退为进、以守为攻的思想，作为一种智慧和策略为许多人所接受。人们往往放弃道家把柔静绝对化的倾向，在实际生活中恰当地把刚与柔、动与静、攻与守、进与退结合起来。刚柔相济，当刚则刚，当柔则柔，已经成为绝大多数人人格修养的标准，深深地渗透在中国人的人格底层。

【思考与研讨】

1.《老子》和《庄子》皆为中国文化的元典，建议开展熟读并背诵元典的活动。

2. 列出历代名家对“道”的不同阐释，说说你的意见并就此写出一篇小论文。

3. 思考道家的理想人格在当代消费社会的积极和消极作用。

第六章

雄赡浩博　赫奕天下

——墨、法、兵家文化及其理想人格

诸侯不相爱，则必野战；家主不相爱，则必相篡；人与人不相爱，则必相贼；君臣不相爱，则不惠忠；父子不相爱，则不慈孝；兄弟不相爱，则不和调。

——《墨子·兼爱》

圣人之所以为治道者三：一曰利，二曰威，三曰名。夫利者，所以得民也；威者，所以行令也；名者，上下之所同道也。

——《韩非子·诡使》

春秋战国时期，诸侯政歧，各家异说，贤哲蜂起，处士横议，以图干预政治。他们或游说列国，显达于故里；或著书立说，留名于青史；或聚徒讲学，开一代私学之风。影响较大的派别除儒、道两家之外，尚有墨、法、兵、农、阴阳等百家九流。其中墨家以兼爱为本，念及中小阶层利益，专以救世为其志；法家寄寓明主以变法，令行禁止，法治天下，一展鸿鹄之愿；兵家专论用兵之理，重兵略于谋划，讲天时、地利、人和，论尽古今至变之术。可谓雄赡浩博，风神韵骨，高山仰止，赫奕天下。其文化精神与理想人格追求之影响润泽后人，非汉、魏、唐、宋之效颦者弥缝补苴所能追及。

第一节 墨家文化及其理想人格

〇墨子　〇尚贤尚同　〇兼爱非攻

墨家展现于人们面前的人格理想追求是殚心当务之急，汲汲奔走呼号于儒道之间，守城救弱，兼爱非攻，故其能风靡于战国时期。其声势可与孔子开创的儒家相抗礼。按照孟子和荀子的说法，可能墨家的影响曾一度超过了儒家。《荀子·成相》曾说："礼乐息灭，圣人隐伏，墨术行。"《孟子·滕文公下》也喟叹："杨朱、墨翟之言盈天下，天下之言，不归杨，则归墨"，"杨墨之道不息，孔子之道不著"。然杨朱之学，"为我，是无君也"，"取为我，拔一毛而利天下，不为也"。丑恶极端的利己主义很快地便为人们所不齿，其领地也由崇尚"仁"、"礼"的儒家所取代了。《韩非子·显学》篇录有儒、墨轩轾伯仲的情形："世之显学，儒、墨也。儒之所至，孔丘也。墨子所至，墨翟也。"《吕氏春秋·有度》也说："孔、墨之弟子徒属充满天下。"

一般认为，墨家要比儒家产生的时代晚一些：墨子约生于周敬王四十年（公元前480），与孔门的曾子、子夏等人的出生年月差不多，主要活动年代约在孔子死后和孟子生前这段时间内。据《淮南子·要略》载，墨翟曾"学儒者之业，受孔子之术，以为其礼烦扰而不说，厚葬靡材而贫民，服伤生而害事，故背周道而用夏政"。因此儒、墨有许多相同的文化精神及理想人格，如墨学对儒家所景仰的尧、舜、禹、汤、文、武等圣贤同样崇拜："昔者三代圣王尧、舜、禹、汤、文、武者是也。"（《墨子·尚贤中》）"爱人、利人、顺天之意、得天之赏者，谁也？曰：若昔三代圣王尧、舜、禹、汤、文、武者是也。"（《墨子·天志中》）墨子也讲儒家的忠、孝："君臣相爱则惠忠；父子相爱则慈孝；兄弟相爱则和调。"（《墨子·兼爱中》）文中的"相爱"，与孟子的"仁者爱人"及《礼记·乐记》的"仁以爱之"极为相似。墨子的"非攻"与孟子反对争城、争地之战，"率土地而食人肉，罪不容于死"的思想似同出一辙。甚至墨子自己在诘难孔子的同时，也由衷地推许孔子："仁义者，皆大以治人，小以任官，远施周偏，近以修身，不义不处，非理不行，务兴天下之利，曲直周旋，利则止，此君子之道也。以所闻孔某之行，则本与此相反谬也。”（《墨子·非儒下》）诋毁恶，然赞之也盛：“程子曰：‘非儒，何故称于孔子也?’子墨子曰：‘是亦当而不可易者也。……禹汤犹云因焉，今翟曾无称于孔子乎?’”（《墨子·公孟》）故而《淮南子·主术训》将孔、墨铢两悉称：“孔丘、墨翟，修先圣之术，通六艺之论。口道其言，身行其志。……使居天子之位，则天下遍为儒、墨矣。”唐代儒学领袖韩愈也尖锐地指出：“儒、墨同是尧、舜，同非桀、纣，同修身正心以治理国家，奚不相悦如是哉?”“孔子必用墨子，墨子必用孔子，不相用不足为孔墨。”（《韩昌黎全集·读墨子》）后来尊韩者，曾为韩愈的这番不分良莠的话大为伤感，苏轼《经进东坡文集事略》卷八《韩愈论》就遗憾地说：“自叛其说而不知。”今天看来，这也许正是韩愈对待儒、墨关系的高明之处。

尽管儒、墨两家有着千丝万缕的血缘关联，但毫无疑问墨学有着与儒学不同的文化内涵和人格理想风貌，未容混同。《韩非子·显学》以旁观者的身份，断定二者之区别：“孔子、墨子俱道尧、舜，而取舍不同。”《吕氏春秋·不二》篇也称：“孔子贵仁，墨翟贵廉。”荀子则以儒家传承者的眼光，审视儒、墨阵营的不同：“为之者，役夫之道也，墨子之说也。论德使能而官施之者，圣王之道也，儒之所谨守也。”（《荀子·王霸》）墨子自己也从四方面彻底否定了儒家：“繁饰礼乐以淫人，久丧伪哀以谩亲，立命缓贫而高浩居，倍本弃事而安怠傲”（《墨子·非儒下》），同时宣扬自己的政治主张是治理各类不同国情诸侯国的根本法则：“凡入国，必择务而从事焉。国家昏乱，则语之尚贤尚同。国家贫，则语之节用节葬。国家熹音湛湎，则语之非乐非命。国家淫僻无礼，则语之尊天事鬼。国家务夺侵凌，则语之兼爱非攻。故曰择务而从事焉。”（《墨子·鲁问》）尚贤、尚同、兼爱、非攻、节用、节葬、天志、名鬼、非乐、非命等十项内容的提出，使得儒、墨彻底分道扬镳，墨家标帜于天下。

墨子的“尚贤”，即打破贵贱的界限，从各个阶层中选拔德才兼备的贤人，委予重用。这在“人道，亲亲也。……故重社稷”（《礼记·大传》）的现实社会中，显然带有强烈的理想色彩。为了能使自己的观点成立，他以古圣王擢用身微卑贱者的超拔脱俗的举措来喻古讽今：“尧举舜于服泽之阳，授之政，天下平。禹举益于阴方之中，授之政，九州成。汤举伊尹于庖厨之中，授之政，其谋得。文王举闳夭、泰颠于罔之中，授之政，西土服。”（《墨子·尚贤上》）今之诸侯王公任命官吏恰与其相反：“皆王公大人骨肉之亲，无故富贵，面目美好者也。”这进而导致一系列贻患：国家不仅不富裕，反日渐贫穷；治下人口本希望繁衍，却愈加减少；吏治本想得到治理，反而遭其乱。墨子以为上述的一切弊端的根由是：“王公大人为政于国家者，不能以尚贤事能为政也。”“亲戚则使之，无故富贵、面目佼好则使之……岂必智且有慧哉？若使之治国家，则此使不智慧者治国家也。国家之乱，即可得而知已。”（《墨子·尚贤中》）古、今帝王治理国家的天壤云泥之差，使得墨子自然推出结论：为政必须像古代圣王那样，“列德而尚贤。虽在农与工肆之人，有能则举之。高予之爵，重予之禄，任之以事，断予之令”，同时对“亲而不善以得其罚者”（《墨子·尚贤下》）。由此“尚贤之为政之本也”（《墨子·尚贤中》），便成为墨子鼓动诸侯变革政治最为引人瞩望的内容。

儒家经典亦多有尊贤的言论。如《孟子·公孙丑上》曰：“尊贤使能。”《大学》谓：“尊贤之等，礼所生也。”不过这种尊贤，是建立在不废除“亲亲”基础上的。孔子就说：“君子笃于亲。”（《论语·泰伯》）《大学》也云：“君子贤其贤而亲其亲。”显然墨子“官无常贵，民无终贱。有能则举之，无能则下之”（《墨子·尚贤上》）的尚贤理想，较之儒家的尊贤口号更为激进。

荀子尊贤之说，似乎同墨子的不论贵贱以尚贤的理想不分伯仲。《荀子·王制》云：“虽王公士大夫之子孙也，不能属于礼仪，则归之庶人。虽庶人之子孙也，积文学，正身行，能属于礼仪，则归之卿相士大夫。”然《荀子》书中到处散发着王者尊的味道。故而梁启超在其《饮冰室文集》中，将“尊君权”列入荀子思想特征的第一项。有此制约，墨子的激进便远远地超越了荀子。墨子在《尚同》中，反复说明了天子也可由“国之仁人”推选的愿望：“选天下之贤可者，立以为天子。……国君者，国之仁人也。”“选择天下贤良、圣知、辨慧之人，立为天子”，“选择贤者，立为天子”（《墨子·尚同下》）。这种从天下智者仁人中推选出理想天子以治国的观念，将墨子的“不避贫贱”、能者施政的政治理想表现得淋漓尽致，同时也反映了墨子在当时狼烟升燃、诸侯纷争天下的形势下，要求大一统的美好心愿。墨子所言“尚同”，即希望人们的意愿应当逐级统一于推举出来的首领。按照墨子的要求，不但天子应“选天下之贤可者”为之，其下属的三公、诸侯、乡长直至最小的里长，统统全为各级选拔出来的“仁人”，各级仁人逐层统一所辖之地的各种思想，然后做到“天下之百姓，皆尚同于天子”（《墨子·尚同上》）。墨子以为，用这样的方法，“尚用之天子，可以治天下矣；中用之诸侯，可而治其国矣；小用之家君，可而治其家矣。是故大用之治天下不窕，小用之治一国一家而不横者，若道之谓也”（《墨子·尚同下》）。

思想高度的统一，并不代表天子可以恣行无忌：墨子为天子的头上设置了至高无上的“天”，为人世间所有的人树植了罚恶扬善的鬼神。“天”与“鬼神”皆喜怒欲恶如常人。《墨子·尚同中》说：“夫既尚同乎天子，而未上同乎天者，则天灾将犹未止也。”天降罚人间“寒热不节，雪霜雨露不时，五谷不孰，六畜不遂，疾灾戾疫，飘风苦雨，荐臻而至”。《墨子·天志中》说：“天子为善，天能赏之；天子为暴，天能罚之。”人世间所有的人若行不义，还会受到冥冥之中、无处不在的鬼神的惩罚。《墨子·明鬼下》述说了周宣王、燕简公、齐国臣子中里徼等人作恶，结果遭受鬼神惩罚之事。在墨子的笔下，鬼神的惩罚非人力所能抵御：“鬼神之罚，不可为富贵众强，勇力强武，坚甲利兵，鬼神之罚必胜之。”诸如夏桀、商纣，其贵为天子，富有天下，然而在鬼神面前也只能束手待毙。墨子告诫世人：“夫天，不可为林谷幽门无人，明必见之”（《墨子·天志上》），“虽有深溪博林，幽涧无人之所，施行不可以不董，见有鬼神视之”。且“鬼神之诛至，若此其憯速也”（《墨子·明鬼下》）。故而天子的意旨，必须服从天之意志：“天子又总天下之义，以尚同于天。”（《墨子·尚同下》）而天之意为检验天子及属下臣民行为的最高准绳：“天之意，上将以度天下之王公大人为刑政也，下将以量天下之万民为文学、出言谈也。”

天意为何物呢?《墨子·天志中》说：“义，果自天出矣。”《墨子·天志上》也谓：“天欲义而恶不义。”可知“义”，即是天意。所谓“顺天之意者，义之法也”（《墨子·天志中》）。“天之志者，义之经也。”（《墨子·天志下》）义为天之根本法则。

墨子认为："天下有义则生，无义则死；有义则富，无义则贫；有义则治，无义则乱。"基于此，《墨子·贵义》将义摆在了统摄他物的地位："万事莫贵于义。"不过墨家之"义"与儒家之"义"是不同的。孔子云："君子喻于义，小人喻于利。"（《论语·里仁》）孟子也说："何必曰利，亦有仁义而已矣。"可见孔、孟之义与利的关系是重义轻利的。墨家则反其道而行之，将义与利紧密地联系起来，《墨子·大取》对义的解释是："义，利；不义，害。"《墨经》也说："仁，爱也。义，利也。"因而墨子认为"今天下之士君子欲为义者，则不可不顺天之意矣"（《墨子·天志下》）。

如何顺从天意呢？墨子提出了"义可以利人"与"天之爱百姓厚矣"的观点，这样检验"顺天意何若"的标志，便只能是"兼爱天下之人"了。至于兼爱施行得如何，上天赏罚自然会泾渭分明："爱人利人，顺天之意，得天之赏者有之；憎人贼人，反天之意，得天之罚者亦有矣。"（《墨子·天志中》）《墨子·天志上》也说："顺天意者，兼相爱，交相利，必得赏；反天意者，别相恶交相贼，必得罚。"这种似乎是无原则的爱，受到了孟子猛烈的抨击："墨氏兼爱，是无父也"（《孟子·滕文公下》），落人口实。这实际也从侧面表明，墨家所主张的兼爱文化精神是无亲疏差别的。

兼爱，反映在战争频仍的战国年月里，便是"非攻"了："天之将何欲何憎？子墨子曰：'天之意，不欲大国之攻小国也，大家之乱小家也，强之暴寡，诈之谋愚，贵之傲贱，此天之所不欲也。不止此而已，欲人之有力相营，有道相教，有财相分也。'"（《墨子·天志中》）人人爱人如同爱己，交互得利，反对战争，便可步入《墨子·非攻下》所向往的"兴天下之利，除天下之害"的理想社会。

墨家认为，天下大患有三："饥者不得食，寒者不得衣，劳者不得息。"（《墨子·非乐上》）故而，除天下之害，还应包括节用、节葬和非乐。只有如此做，方可兴天下之利。如《墨子·节用上》即说："去无用之费，（乃）圣王之道，天下之大利也。"一般地来讲，古代圣王治理政务时，其所用宫室、衣服、饮食、舟车等物品，只要适用即可。故而墨家代言古代圣王定下了各种节用的法则，诸如日用品："凡天下群百工，轮车鞼匏，陶冶梓匠，使各从事其所能，曰：'凡足以奉给民用，则止。'诸加费不加于民利者，圣王弗为。"（《墨子·节用中》）次如古圣王饮食的法则为："足以充虚继气，强股肱，耳目聪明，则止。不极五味之调、芬香之和，不致远国珍怪异物。"再如圣王定做衣服的法则："冬服绀之衣，轻且暖；夏服絺之衣，轻且清，则止。诸加费不加于民利者，圣王弗为。"另外言圣王节葬的法则为："棺三寸，足以朽骨；衣三领，足以朽肉；掘地之深，下无菹漏，气无发泄于上，垄足以期其所，则止矣。"（《墨子·节葬下》）墨子对统治者令乐工演奏音乐也极其不满："使丈夫为之，废丈夫耕稼树艺之时；使妇人为之，废妇人纺绩织纴之事。今王公大人，唯毋为乐，亏夺民衣食之财，以拊乐如此多也。是故子墨子曰：'为乐，非也！'"（《墨子·非乐上》）对玩赏音乐的反对，并非墨子不识音乐之美，《墨子·非乐上》篇即说："子墨子之所以非乐者，非以大钟、鸣鼓、琴瑟、竽笙之声，以为不乐也。"而是由于其"上考之不中圣王之事，下度之不中万民之利"。墨家危言耸听地告诫执政者：做不到节俭，其危害是非常严重的："国家必贫，人民必寡，刑政必乱。"故而厚葬久丧，"其非圣王之道也"。由于统治者奢侈浪费之财，只能来源于"厚措敛乎万民"、"夺民衣食之财"（《墨子·非乐上》），故而墨家的节用、节葬、非乐文化思想，显然是从维护百姓利益出发的。

墨家的“非命”说，是鼓吹人之“命运”非先天所能决定的杰出篇章。这种无神论的思想，与“天志”、“名鬼”的认识相悖谬，而又有机地糅合在一起，去其一，不成其为墨子。但这也使其文化内涵与其人格精神蒙上了一层斑驳不纯的面纱。墨子以为，命定论的危害是使人放纵自己，不再积极地去治理国家、从事生产，被动地等待命运的安排，故以《非命》驳之。在此篇中，墨子提出检验言论需靠“三表”法则的逻辑思想：“有本之者，有原之者，有用之者。于何本之？上本之于古者圣王之事；于何原之？下原察百姓耳目之实；于何用之？废以为刑政，观其中国家百姓人民之利。此所谓言有三表也。”即通过考察历史、结合社会实际情况，在实践中检验言论正确与否。墨家以三表法推究：禹、汤、文、武时“安危治乱，存乎上之为政也，则夫岂可谓之有命矣哉”。今之卿大夫“之所以竭股肱之力，殚其思虑之知，内治官府，外敛关市、山林、泽梁之利，以实官府而不敢怠倦者”，是由于他们知道“彼以为强必贵，不强必贱；强必荣，不强必辱。故不敢怠倦”。至于山野农夫“之所以蚤出暮入，强乎耕稼树艺，多聚叔粟而不敢怠倦者”，是因为他们懂得“彼以为强必富，不强必贫；强必饱，不强必饥。故不敢怠倦”（《墨子·非命下》）。故而导出宣扬天命论者为天下之害的断语：“执有命者，此天下之厚害也。”墨子的三表法在古代思想认识史上无疑有着重大的意义。至于其以三表法证明鬼神存在，并相信鬼神可使天下大治，显然便是糟粕了。

墨子卒后，其派分三：“有相里氏之墨，有相夫氏之墨，有邓陵氏之墨。”（《韩非子·显学》）其取舍不同，而皆自诩为真正的墨子嫡传。后又分二，其一注重名辩研究，其二注重游侠助人。然哲人长逝，再无巨子振其志。故而至汉武帝罢黜百家时，它已经阒然无闻了。唯墨学的“天志”、“名鬼”等思想，为新儒学的开创者董仲舒所吸收，形成体大物周的“天人合一”思想体系，影响了以后的封建王朝。墨家所传之书，以清孙诒让著《墨子闲诂》最为著名。

第二节 法家文化及其理想人格

○李悝《法经》 ○商鞅《商君书》 ○韩非子 ○司马谈《论六家要指》

“法家”名称最早出现于《孟子·告子下》：“入则无法家拂士，出则无敌国外患者，国恒亡。”然孟子所说的“法家”，仅指遵守法令的士大夫而已，与后来的古代思想流派之“法家”无干。直至汉代司马谈的《论六家要指》才第一次为法家流派命名，并将其与儒、墨、道①、名、阴阳五家同日而语：“法家不别亲疏，不殊贵贱，

① 原文又称道家为“道德”，见《史记·太史公自序》所引《论六家要指》。

一断于法，则亲亲尊尊之恩绝矣。”一般认为，法家起源于春秋时的管仲、子产，发展于战国时的李悝、商鞅、申不害、慎到，集大成于战国末期的韩非。[①]

然究管仲之功，无非其任齐相时，曾“劝之以赏赐，纠之以刑法”（《国语·齐语》）而已；子产也只曾于郑国铸刑鼎。两人举措的相似之处，均在于以刑罚来管理国家。我们可从中国远古夏、商、周三代制定繁杂的刑罚以维护其统治的做法，找到二人施行刑罚的踪影。例如夏朝重要刑罚名称即有：墨、劓、膑、宫、大辟、流、罚、燔、诛、戮等；商代刑罚种类有：大辟、炮烙、宫刑、挖心、醢、剖、金瓜击顶、虿盆、脯、囚、断手、流放、桎梏、诛、活埋、族、焚炙、刖等；西周有墨、劓、刖、宫、大辟等五种大刑，其中仅死刑的方法即有焚、烹、醢、膊、绞、杀、斩、磔（车裂）、踣、戮尸等。[②] 章太炎《检论·原法》为法家下定义曰：“著书定律为法家。”[③] 故而管仲、子产之流，实为夏、商、西周以刑罚治国的历史衍续，并未构成法家系统的学说，还算不上是真正著书定律之法家。[④] 从这个角度来看，法家学说里的文化内涵及理想人格之形成，较儒、墨、道等诸派都要晚一些。

尽管如此，刑罚思想对韩非、对法家文化精神的最终集大成还是有贡献的。《韩非子·饬令》力言加重刑罚对治民的重要性：“重刑少赏，上爱民，民死赏。”但刑罚一定要牢牢根植于民众的心里，所谓“刑罚必于民心”（《韩非子·定法》）。此看法与管仲、子产的刑罚思想虽有差距但也有相似之处。

那么，真正的法家何时方有的呢？据现有资料来看，当滥觞于战国时期魏相李悝。李悝于魏国变法革新，以法治国，“行之魏国，国以富强”（《汉书·食货志》）。《唐律疏议》载其曾“造《法经》六篇，即一《盗法》、二《贼法》、三《囚法》、四《捕法》、五《杂法》、六《具法》”。李悝之《法经》为中国古代第一部成文法，虽已失传，然“秦汉旧律，其文起自魏文侯师李悝”（《晋书·刑法志》）。后其弟子商鞅发展了李悝的法治思想，明确地表示：“法令者，民之命也，为治之本也。”（《商君书·定分》）韩非曾言“法”的特点为：“法者，宪令著于官府”，法是公开的。商鞅最大的贡献是将《法经》传至秦国，付诸实践：“商鞅传授，改法为律。”（《商君书·定分》）今有旧题商鞅著的《商君书》，其要旨重在以法用民，使民“勇于公战，怯于私斗”（《史记·商君列传》），并且强化君权。吕思勉先生《经子解题·商君书》评述云：“《商君书》精义虽不逮《管》、《韩》之多，然要为古书，非伪撰”[⑤]，言中商鞅之法的弱点，故而《韩非子·定法》篇批评商鞅之法是“商君未尽于法也”。

与商鞅同时的韩相申不害以劝君主行“术”而闻达于诸侯，并“著书二篇，号曰《申子》”（《史记·申不害列传》）。所谓“术”，实为君主之权术，并用其驾驭群臣，巩固君主的统治地位。“术”的特点是隐蔽，不能令臣子察觉。申不害描绘善于术的君主形象是：“藏于无事，窜端匿迹，示天下无为。”（《申子·大体》）只有这样，方能够辨别臣子的忠奸。

---

① 参见《汉语大词典》五，1043页，上海，汉语大词典出版社，1990。

② 参见周密：《中国刑法史》书末附表《中国刑法史一览表》，北京，群众出版社，1985。

③ 《章太炎全集》三《检论·原法》，437页，上海，上海人民出版社，1984。

④ 《管子》一书为秦汉时人假托之作，见《辞源·竹部》“管子”条。

⑤ 吕思勉：《经子解题·商君书》，168页，上海，华东师范大学出版社，1995。

以术之道，申不害同样像李悝、商鞅那样在执政国取得了显著的成就。司马迁载录申不害事迹道："学'术'以干韩昭侯，昭侯用为相。内修政教，外应诸侯，十五年。终申子之身，国治兵强，无侵韩者。"

韩非对李悝、商鞅之法及申不害所重之术深得要领。《史记·老子韩非列传》即谓韩非"喜刑名法术之学"。同时韩非意识到了李悝、商鞅与申不害片面强调法、术的弊端：只讲法，不讲术，则朝令夕改，民不知所从，"先君之令未收，而后君之令又下"且"主无术以知奸也"（《韩非子·定法》）。若只重术而不讲法，则会"虽十使昭侯用术，而奸臣犹有所谲其辞矣"（《韩非子·定法》）。故而韩非认为，只有法、术皆重，方能够长治久安："君无术，则弊于上；臣无法，则乱于下。此不可一无，皆帝王之具也。"韩非提出的以法治为主的法、术相结合的政治思想体系，标志着法家的文化内涵与人格理想的成熟。从此，提倡严刑峻法的法家以其独立理想人格之追求，屹立于诸子百家之林。

法家后来居上，可见其所受文化精神影响并不仅如此。诸如韩非无疑当受其师儒家大师荀子的影响，受名家的影响等等。[①] 思想渊源的复杂性，构成了法家百川归海的文化精神。其中与道家的某种密不可分的渊源关系最令人瞩目。司马迁就曾有意识地将老、庄与韩非同传，并尖锐地指出：韩非之法家当归于黄老。语虽刻薄，但也从侧面说明法家与道家的关系是极为密切的。《韩非子》有《解老》篇专门阐述《老子》之言。尽管不一定是老子本意，也足以见韩非对黄老思想的喜好。从《扬权》篇中，我们可以得出韩非子亦讲"道"的结论，并将道家之"道德"与法家的思想紧密地捆绑在一起，以证明君权至上的主张："道不同于万物，德不同于阴阳，衡不同于轻重，绳不同于出入，和不同于燥湿，君不同于群臣。凡此六者，道之出也。"《主道》篇则批判地继承了黄老思想，将"虚静无为"视为君主治国用人的根本原则："人君之道，静退以为宝"，"明君无为于上"。《扬权》篇也反复告诫君主："故圣人执一以静，使名自命，令事自定。"最先领悟道家之"道"的是比商鞅稍晚一些的法家另一代表人物慎到。《史记·孟荀列传》言其曾"学黄老道德之术"。故而《庄子·天下》篇干脆誉其为"弃知去已"的道家信奉者。《汉书·艺文志·法家类》慧眼识珠："名到，先申、韩，申韩称之。"正是这位由道家向法家过渡的人物，提出了法家思想最主要的组成部分之一的"势"。按照《慎子》的说法，"势"也就是权势："尧为匹夫不能治三人，而桀为天子能乱天下。吾以此知势位之足恃而贤智之不足慕也。"（《韩非子·难势》引《慎子》）集法家之大成的韩非，将"势"提高到与"法"同样的高度："抱法处势则治，背法去势则乱。"（《韩非子·难势》）故而法、术、势的相互结合，构成了韩非法家文化精神的骨干即专制统治的官僚思想体系。

司马谈《论六家要指》论述法家说："严而少恩，然其正君臣上下之分，不可改矣。"此可谓法家思想中的理想人格。在韩非的笔下，君主有着至高无上的权威："明君贵独道之容。"（《韩非子·扬权》）故而"所导制其臣者，二柄而已矣。二柄者，刑德也"（《韩非子·二柄》）。臣子在君主面前，应"群臣惧乎下"（《韩非子·主道》）。这样便可"有功则君有其贤，有过则臣任其罪"。人主施政时赏罚分明，"刑过不避大

① 参见司马迁《史记·太史公自序》所引《论六家要指》。

臣，赏善不遗匹夫”（《韩非子·有度》）。封建君臣关系的重新确立，适应了战国末期时事政治的要求。而韩非集法家之大成，为建立中央集权的专制帝国提供了最适用的理论工具。

第三节
兵家文化及其理想人格

○《孙子兵法》 ○兵者，国之大事 ○智慧人生 ○道德人生 ○求之于己 ○积极进取

在聚散分合的历史变迁中，中华民族孕育生成了极为丰富的兵家文化。纵观遗存至今的古代兵书，有“兵学圣典”《孙子兵法》，有与《孙子兵法》齐名的《吴子兵法》，有“宏廓深远”的《司马法》、《孙膑兵法》、《尉缭子》，有“规模阔大，本末兼该”的《六韬》，有“旨远意深”的《唐李对问》，有专论诡术的《三十六计》……在这浩繁的兵书典籍之中，若论其内容的博大精深及其对中外古今的影响之深远，应首推《孙子兵法》。唐太宗李世民曾说：“朕观诸兵书，无出孙武。”所以，在概述中国兵家文化及其理想人格时，我们仅选取《孙子兵法》作为阐释的文本。

《孙子兵法》成书于春秋末期，作者孙武的生卒年已无法详考，大概与孔子同时。他生于武学世家，从小就受兵学文化的熏陶，长大后潜心研究兵法。后因避祸，从齐国逃至吴国。在楚亡臣伍子胥的引荐下，携兵法13篇拜见吴王阖闾，深得吴王赏识，被拜为将军。在孙武的辅佐下，吴国经过九年的兴利除弊，励精图治，五战入郢，击破强楚。此后，史册上便不再有关于孙武的记述。据传，他因看不惯吴王入郢后的言行，知道大志难图，便归隐山林，以得善终。

《孙子兵法》对战争的本质和对战略、战术原则的阐释都是深邃而精当的。孙子认为“兵者，国之大事”，“兵者，诡道也”。也就是说，国防是综合国力的重要组成部分，是国家生存和发展的根本保证。战争是实现和平的重要手段。即使在和平和发展的年代，国防建设也是不可等闲视之的大事。战争是人类活动的一种，其特征就是真真假假、虚虚实实，充满了诡诈和机变。所以，战争的运动规律是：“以诈立，以利动，以分合为变。”孙子还从战略角度探讨了政治、经济、外交、谋略、心理与战争的密切关系，具体提出了一系列战术原则，如速胜原则，“知己知彼”原则，“立于不败之地”的先胜原则，“致人而不致于人”的主动原则，“以正合，以奇胜”的出奇制胜原则，“避实而击虚”的击虚原则，“择人而任势”的任势原则等等。这些战略、战术的思想和原则，直到今天，对于军事战争、政治角逐、商业竞争以及其他人生的诸种活动都有极高的指导价值。这正是《孙子兵法》得以流传至今并得到这么多人重视的根本理由。

每一种文化都蕴含着对特定理想人格的追求。军事活动以其责任重大、竞争激烈、变化迅速和充满诡诈等特征，对人提出了怎样的要求呢？我们将通过《孙子兵法》加以总结和归纳。

一、智慧人生

军事活动不仅是实力的角逐，而且也是智力的较量。“智慧”是兵家文化理想人格的核心内容。何谓智慧？智慧是人们对问题能迅速地、灵活地、正确地理解和解决的能力。这种能力是人们所学知识、所拥有的人生经历和感悟能力相结合而形成的一种综合素质和能力。知识不能等同于智慧，知识只有与人生阅历相结合，通过人们的思考才能内化为智慧。中国兵学文化就是以“智慧”为理想人格的虚拟条件而建构起来的，我们不妨引用《孙子兵法》中的几个观点作为佐证。

（一）把“智”置于首位

孙子认为：“将者，智、信、仁、勇、严也。”作为对将帅的五点要求，“智”被置于首位，其寓意是十分深刻的。它表明在军事活动中，临阵指挥的将帅首要的条件就是具备聪明才智，否则是难以胜任的。

（二）推崇“谋攻”

孙子认为：“上兵伐谋，其次伐交，其次伐兵，其下攻城。”在智谋、外交、野战、攻城这几种攻击方式中，孙子极力推崇谋攻。我们常说智谋，这里智是谋的前提，谋是智的运用和结果，无“智”则无以为谋。只有运用谋攻，才能达到孙子所倡导的“不战而屈人之兵”的目的。

（三）主张“先知”

孙子认为战争之前，应对双方的条件进行比较，从“道、天、地、将、法”几方面分析双方的实力，做到“知己知彼”、“知天知地”、“无所不知”。做到“先知”实属不易，更何况“兵无常势”，“兵者，诡道”。也就是说战场情况千变万化，而真假、虚实相杂难辨。所以，若非智者，就无法从纷繁复杂的境况中理出头绪，作出合乎实际的判断和决策。

（四）反对死搬教条

孙子认为：“此兵家之胜，不可先传也。”兵法只能提供一般性的指导原则，而无法预料到战场上的一切变化。所以学习兵法力戒教条主义。纸上谈兵是不可靠的，真正可靠的是人的智慧。只有聪慧的将帅才能超越理论的局限性，把战争引向胜利。

（五）判断利害

孙子认为“不尽知用兵之害者，则不能尽知用兵之利”，“智者之虑，必杂于利害”，“军争为利，军争为危”。在军事活动中，利与害、安与危、成与败相伴而生，而其间的决策就是一种选择。人们常常要在利害难明的情况下进行抉择。何去何从，没有一定胆识的人怕只能是举棋不定。

（六）巧能成事

孙子认为：“为兵之事，在于顺详敌之意，并力一向，千里杀将，此谓巧能成事。”其大意是用兵作战，在于假装顺从敌人的意图，一有机会，就集中兵力指向敌人一处，长驱千里，擒杀敌将，这就是所谓巧妙用兵能成大事。如何才能做到巧妙用兵呢？其实还是离不开一个“智”字。没有“智”就无法识破敌人的诡计，将计就计；没有智就谈不到把握战机，集中优势兵力攻击敌人；没有智也就没有巧，何谈成就大事呢？

可见，由于军事活动的特殊性要求，智慧成为兵学文化理想人格的核心内容。作为参与军事活动的决策者、执行者的人首先必须是智者。智者是不是可以永葆其智呢？其实不然。孙子认为智者也必须注意两点：第一，在利面前要有审慎的态度。孙子多次提到“利而诱之”、“以利动之”，如果从相反的角度考虑，参与军事活动的人总是会面对形形色色的利，如金钱、财货、美色、功名等，若有不慎，就会利令智昏，轻则身败名裂，重则祸国殃民。第二，要有自我克制的能力，切忌感情用事。孙子认为：“主不可以怒而兴师，将不可愠而致战。合于利而动，不合于利而止。怒可以复喜，愠可以复悦，亡国不可以复存，死者不可以复生。”人在盛怒之下，最易丧失理智而感情用事，犯平时不会犯的错误。所以参与军事活动，必须有自我克制能力，始终保持清醒的头脑，不能因自己的错误而致败。可见，保持“智”比拥有“智”更重要。

二、道德人生

道德是调整人们之间以及个人与社会之间关系的行为规范的总和。从规范的范围来看，有普适性道德和群体性道德。兵家所讲的规范是对参与军事活动的君主、将帅、士兵的行为所作的规范。战争的当事人只有遵循这些规范，才能建立起一支强而有力的队伍，无往而不胜。

（一）君主

君主是国家大政方针的决策者，所负责任十分重大。所以他应始终以百姓苍生为怀，以国家安危为念，具有极强的社会责任感和使命感。

1. 重战

孙子认为："兵者，国之大事，死生之地，存亡之道，不可不察。"用现在的话说就是君主不能忽视国防建设。在历史上，有多少君王都因废弃兵事，而导致了国家衰败和灭亡。历史以无可争辩的事实告诉人们，只有重战，搞好国防，才是国家长治久安、百姓乐享太平的重要保证。

2. 慎战

孙子认为："其用战也贵胜，久则钝兵挫锐，攻城则力屈，久暴师则国用不足。夫钝兵挫锐，屈力殚货，则诸侯乘其弊而起，虽有智者，不能善其后矣。"用兵打仗耗费甚大，君主必须慎重用战，切不可穷兵黩武。否则，国家也会遭到灭顶之灾。

3. 以民为本

孙子认为："道者，令民与上同意也，故可以与之死，可以与之生，而不畏危。"君主应有好生之德，在制定国策方针时，不能以自己的好恶为出发点，而要心系国家安危、百姓祸福。只有这样，才能得到百姓的爱戴和拥护。

4. 切忌乱军

孙子认为："军之所以患于君者三：不知三军之不可以进而谓之进，不知三军之不可以退而谓之退，是谓縻军；不知三军之事，而同三军之政，则军士惑矣；不知三军之权，而同三军之任，则军士疑矣。三军既惑且疑，则诸侯之难至矣，是谓乱军引胜。"君主应择人善任，不能事必躬亲、越俎代庖，在不知的情况下瞎指挥。否则，是自乱军心、自取灭亡。

（二）将帅

将帅是军队的直接指挥者，他们所担负的社会责任也是十分重大的。正如孙子所言："知兵之将，生民之司命，国家安危之主。""夫将者，国之辅也。辅周则国必强，辅隙则国必弱。"所以将帅应有胆有识，有忠心，有极强的社会责任感和使命感。

1. 具备综合素质

孙子认为："将者，智、信、仁、勇、严也。"智即智慧。前文所谈的智慧人生，主要是针对将帅而言的。此外，将帅还应有仁爱之心，有勇往直前的魄力，做到严于律己和严于治军，取信于百姓和士卒。只有这样，才能有效地指挥士卒进行殊死的搏斗，获得胜利。

2. 君命有所不受

孙子认为将帅应做到："故战道必胜，主曰无战，必战可也；战道不胜，主曰必战，无战可也。故进不求名，退不避罪，唯民是保，而利于主，国之宝也。”这里对将帅提出了更高的要求，即将帅要有公心，要超越自我的私心，才能与国、与民有利。

3. 爱而能用

孙子认为：“卒未亲附而罚之，则不服，不服则难用。卒已亲附而罚不行，则不可用”，“视卒如婴儿，故可以与之赴深溪。视卒如爱子，故可与之俱死。厚而不能使，爱而不能令，乱而不能治，譬如骄子，不可用也”。将帅要做到亲而罚，爱而能用，才能有效地指挥，无往不胜。

4. 切勿偏执

孙子认为：“将有五危：必死，可杀；必生，可虏；忿速，可侮；廉洁，可辱；爱民，可烦。凡此五危，将之过也，用兵之灾也。”将帅的性格、志趣、品性等都不可太偏执。过分地走极端，会被敌方利用，使军队遭到失败。

（三）士卒

士卒是战场上军事计划的执行者，必须具备“勇”、“练”和服从命令的素质。正如孙子所说，“登高而去梯”、“焚舟破釜”，可使士卒的“勇”发挥到极致。“士卒孰练”，就是常说的平时多练功，战时少流血。士卒不仅要勇，还应有熟练的作战本领。“人既专一，则勇者不得独进，怯者不得独退。”士卒应服从命令，步调一致，才能赢得战争的胜利。

《孙子兵法》所追求的目标，初看似乎就是一个“利”字，但细细品味，就会发现这个“利”字，其实就是“安国全军”，就是天下太平，就是黎民百姓安享盛世。难怪孔子读过《孙子兵法》也惊叹不已，认为其与自己的主张有异曲同工之妙。

三、求之于己的生活理念

人们常把《孙子兵法》与《三十六计》混为一谈，其实两者相去甚远。《三十六计》教人的是计谋，人们可以用其应付人生中大大小小的危难。《孙子兵法》不仅有计谋，而且蕴含着深刻的求之于己的生活理念。“求之于己”就是把成功奠基于不断完善的自我基础上，这是兵家文化理想人格的灵魂。

（一）不可侥幸取胜

孙子认为：“故校之以计而索其情，曰：主孰有道？将孰有能？天地孰得？法令孰行？兵众孰强？士卒孰练？赏罚孰明？吾以此知胜负矣。”作为一个国家、军队或团体，必须在这些方面有所作为，只有不断地优化这些因素和其间的结构，才是制胜的根本。也就是说我们不能寄希望于对方弱，而是要努力使自己越来越强。只有这样，我们才能掌握成与败的命脉。

（二）立于不败之地

孙子认为："昔之善战者，先为不可胜，以待敌之可胜。"常言说：最大的敌人是自我，堡垒最易从内部攻破。如何克服自身的弱点，如何使自身的因素和结构不断优化，避免自己常犯错误或犯大错误，这是任何一个团体或个人必须努力做到的。只有战胜自我，又不失时机地打击敌人，才能使自己立于不败之地。

（三）求之于势，不责于人

孙子倡导求之于己的生活理念，但也不排斥"求之于势"，即对各种事物和条件的运用，如对天时、地利、人情、外交、向导、间谍和人们心理等的运用。当然，其落脚点还是在将帅对"势"的把握和对适当之人的选择上。孙子认为："善战者，求之于势，不责于人。故能择人任势。"将帅承担着成败的责任，他不能也不应把失败的责任推给下属。所以，将帅必须头脑冷静，做事谨慎，知人而善任。

四、积极进取的心态

我们常讲："兵来将挡，水来土掩。"这种说法看似积极，实则是被动。而在《孙子兵法》之中，我们看到的是未雨绸缪，先人一着，处处主动。

（一）先知

孙子认为："兵者，国之大事，死生之地，存亡之道，不可不察"，"九地之变，屈伸之利，人情之理，不可不察"。这里的"不可不察"与上文的"先知"相呼应，构成掌握先机的前提。只有先知，才能先算，才能立于不败之地。

（二）造势与完善自我

孙子认为："计利以听，乃为之势，以佐其外。"这里的"乃为之势"就是创造有利于自己的态势，这与前文的"先为不可胜"前后照应，反映了一种积极进取的心态。

（三）争取主动

孙子认为："善战者，致人而不致于人。"要主动去调动敌人，而不为敌人所调动，做到“形人而我无形”，争取先人一着，牢牢把握战争的主动权。

我们正处于和平与发展的时代，重新挖掘中国古代兵家文化的宝藏，不仅有利于国防建设，对于企业决策，积极参与商战，也具有重要的启迪作用。

【思考与研讨】

1. 把墨子的兼爱非攻思想与西方的人道主义进行对比，并说明为什么墨家的思想没有能够在后代大行于世。

2. 把法家的思想与今天的法治观念进行对比，并说明“法”、“术”、“势”这三个概念的含义及其古今意义的流变。

3. 不少人将兵家的智慧用于今天激烈的商战，你认为是否合适，说说理由。

第七章 诸法无我 诸行无常

——佛家文化及其理想人格

菩提本无树，明镜亦非台。佛性常清净，何处有尘埃。

——《坛经》

无在万化之先，空为众形之始，故称本无，非谓虚豁之中，能生万有也。夫人之所滞，滞在未有。苟宅心本无，则斯累豁矣。夫崇本可以息末者，盖此之谓也。

——《名僧传抄》

中国佛教文化是中华文化的重要组成部分，它不仅是中国哲学文化的一部分，在漫长的中国封建社会产生过重大影响，同时也在中国艺术文化如诗歌、绘画、书法、雕塑、建筑等领域镌刻下深深的印迹。另外，佛教作为一种宗教，对我国各民族文化以及民俗民风，均产生了巨大而深刻的影响。

第一节 佛教文化的基本概念

◎释迦牟尼　◎佛法　◎四圣谛：苦、因、灭、道　◎缘起论　◎四法印：诸行无常，诸法无我，有漏皆苦，涅槃寂静　◎十二缘起与生死轮回　◎八苦：生、老、病、死、爱、怨、求、取　◎戒、定、慧三学　◎十大声闻弟子

佛教起源于南亚次大陆北部的古迦毗罗卫国，其位置在今印度与尼泊尔之间，时间大约在公元前11到前5世纪间，相当于我国西周、春秋时代。学术界和佛教界对佛教创始人释迦牟尼的生卒年代等问题一直存有争议。

佛教的创始人释迦牟尼实有其人。释迦，是种族名；牟尼，是尊称；合起来意思是“释迦族的圣人”，有时就简称其为“释尊”。本姓乔达摩，意译是“最好的牛”，名字叫悉达多，意译是“达到了目的的人”。关于乔达摩·悉达多的生平及其创立佛教的情况，并无信史，而是依靠佛经中记载的几百个有关他的故事推测出来的。这些故事描述了释迦牟尼在其降生为悉达多之前的若干世中，就已经经历了若干次“轮回”，以各种动物和人物的身份积善修行，并终于在人世间成佛，从此吸引信徒，讲述佛法，创立了佛教，并在80岁时“涅槃”。佛教在两千多年的发展中，已经成为当今世界三大宗教之一。它不仅形成了一套成系统的宗教崇拜偶像，而且具有创造了深邃的富含哲理和学术意味的教义、教规和与之相联系的大批佛教典籍，同时还具有了众多不同层次、不同系统、遵守繁琐严格清规戒律的信徒。以上这些内容，一般可以用佛、法、僧三个字概括。下面我们就按这一线索简要介绍佛教的有关概念和知识。

一、佛

佛是“佛陀”（梵语Buddha）的简称，意思是“觉者”、“智者”。因他是“乘真如之道而来者”，故又简称“如来”。其实，“如来”也就是“佛”的别名。

原始佛教有小乘、大乘两派。小乘认为只有一人能成佛，其他信徒都达不到释尊这种成就，而只能成为最终脱离轮回之苦、超生天界的“阿罗汉”，简称“罗汉”。可

见，小乘佛教是以证阿罗汉果为最终目标。大乘佛教则以罗汉为佛灭度后承担住世弘护佛法任务的使者，并进而认为，“一切众生，皆有佛性，有佛性者，皆得成佛”。主张除了释迦牟尼之外，过去、现在、未来三世，东南西北、四维上下、十方无量无边世界当中，还有许多别的佛。当然，释迦牟尼是众佛之首，其佛中之佛的地位是无法替代的。汉化佛教以及藏传佛教属于大乘佛教，因此对佛教的认识也都属于这一系统。而傣族的佛教则属于小乘佛教系统。

佛传中关于悉达多“八相成道”的故事，介绍了他成佛并建立佛教的经过，可以帮助我们进一步了解佛与佛教。大致内容如下：

当释尊经历了本生故事中的“无量数劫”（无数次轮回转生）后，与诸天神在兜率天讨论，决定再次降生人间。于是，乘白象进入迦毗罗卫国王后摩诃摩耶夫人右胁，投胎在她腹中。在胎中，他依旧为诸天说法。分娩前，摩诃摩耶夫人按当时风俗回娘家生产。结果，才走到蓝毗尼花园，悉达多便从母亲的右胁降生了。他落地便走了七步，七步生出七朵美丽的莲花，并且一手指天、一手指地说：“天上天下，唯吾独尊。”这时天上出现两条龙，口中分别吐出温凉香水为他沐浴。关于这一天，汉化佛教认定是四月初八日；藏传佛教认定是四月十五日；南传的傣族佛教则认定是清明后第十天。后来，这天就成了傣族节日“泼水节”。

悉达多出生后七天，母亲就去世了。他是由他的姨母兼庶母摩诃波赞波提夫人抚养长大的。他的父亲净饭王一心想让儿子成为接班人。在他 19 岁时给他娶了美丽贤惠的表妹耶输陀罗公主为妻。两人生下一个儿子，取名罗怙罗。但悉达多王子眼见当时人民的痛苦生活，暗自立志寻求彻底解脱世界苦痛的真理，而无心继承王位，并终于不顾父王的阻止而偷偷离家出走。净饭王无可奈何，只好派五名亲族随从追随侍奉他。他按当时婆罗门教修道者的方式虔诚苦修六年，几乎饿死，却一无所获。于是他明白了苦修无益，决心洗心革面，重辟他径。他挣扎着在尼连禅河中洗去苦修留下的积垢，接受了一位牧女给他的乳糜，渐渐恢复了气力，走到一棵毕钵罗树下（这种树后来被称为“菩提树”，“菩提”意为“觉”），在一团吉祥草上盘腿东面而坐，并发出誓言：不证“无上大觉”（意即成佛），不起此座。经过七天七夜，他战胜了各种魔障，终于觉悟佛法而成佛陀。然后，佛陀站起，绕树十八步，步步生莲花，其情境犹如降生之时。这一天，汉化佛教定为农历腊月初八，而南方各国则定为农历四月十五。据说，这一年悉达多 30 岁或 35 岁。悉达多成佛后，立即想到把自己悟出的佛法传给他人。他首先找到五名亲族随从，向他们说法。五人听后，欣然皈依，这就是著名的“初转法轮”。从此“法轮常转”。至此，佛、法、僧具足，标志着佛教的正式诞生。之后，释尊说法不止。包括他的姨母、妻子、儿子在内的众多人都随他出家，皈依了佛教。过了 45 年或 50 年，释尊 80 岁时，他告知弟子们自己将要涅槃。他来到一条河边洗过澡后，躺在两棵娑罗树之间的绳床上，面朝西枕着右手侧身而卧，给守候在身边的弟子留下遗言，叮嘱他们今后应当以佛法为师，努力信奉和传布佛教。半夜时分，释尊安然去世，进入了“大般涅”（又称“大入灭”、“大解脱”、“大圆寂”等）。佛教又把此称为“双林入灭”。

二、法

释尊涅槃之后，他的弟子们分成了小乘、大乘两个派别。他们分别结集（集会），将释尊生前所说佛法记诵并编辑成经、律、论“三藏”。所谓“藏”，就是当时用来存放东西的竹箧。小乘派的三藏结集包括阿难陀诵出的释尊所说的佛法理论，优婆离诵出的释尊制定的佛教戒律，摩诃迦叶诵出的对佛法的解释和研究论述。大乘派的三藏结集则是由文殊师利、弥勒菩萨等和阿难陀诵出的。据记载，从释尊涅槃到20世纪50年代中的2 500年间仅小乘佛教就发起过六次结集，每次都对用较通俗的巴利语写成的小乘“三藏”进行补充修订。而我国的汉化佛教和藏传佛教的“三藏”，则基本上都是根据古代典雅的梵文翻译而成的。不管哪种“三藏”，后来都汇编成书，全都被称为《大藏经》。其中，尤以汉文大藏经对佛教以至世界文化影响最大，因为它是一部十分庞大的佛教大丛书。以清代雍正、乾隆年间所刻的“乾隆版大藏经”（通称“龙藏”）为例，其中就收入1 669部，7 168卷各种佛教典籍，全书多达724函之巨。再以近年出版的《中华大藏经（汉文部分）》为例，正续两编所收经律论总计更是多达4 200余种、23 000余卷。

总之，释尊入灭之前所说佛法，都是后来弟子们记诵下来的。这些记诵以及弟子们阐发的与佛法有关的全部内容，都集中保存在《大藏经》中。因此，若要详细了解佛法内容，非得研究《大藏经》不可。

简言之，佛教最基本的教义就是以下几项。

（一）四圣谛——苦、因（或集）、灭（或尽）、道

所谓“苦”，是指佛法认为人类社会生活的一切，包括人生的全过程，都是无量之苦。所谓“因”（或集），是指佛法揭示了人们由于贪、嗔、痴、慢、疑、恶见这“六根本烦恼”，还有行为（身）、言语（口）、思想（意）“三业”所造成的因果报应，使自己陷入了无休止的生死轮回的痛苦中。所谓“灭”，是佛法指出的只有信奉佛法最后达到涅槃，才是彻底实现苦的消灭的唯一出路。所谓“道”，是教给信奉佛法者达到涅槃、实现灭苦的一系列理论和具体方法。

（二）“缘起”论与“四法印”

所谓“缘起”，是指“诸法因缘生”，或“诸法因缘而起”。“缘起”论在佛经中有许多具体内容，但概括起来主要有四个论点：无造物主、无我、无常、因果相续。其中，“无造物主”是说世界万事万物都无主宰，都不是神仙创造的，而只是“果从因生”的。而“因又有因，缘又有缘”。换句话说，就是一切事物的生成，都是由相互依存的关系和条件决定的，是受因果规律支配的，而不是靠造物主。“因果相续”则是进一步说明，由因缘而产生的一切事和物，譬如流水一般，是永不间断的。而且又

像“种瓜得瓜，种豆得豆”一样，总是因果相符相顺的。

“无造物主”和“因果相续”又被“无我”、“无常”两个论点所涵盖。因为“无我”就是指万物没有主宰。“万物”指包括自身之“我”在内的宇宙世界。“无常”是指任何事物都不存在永恒的固定的状态，而仅只是“因果相续”的“刹那生灭”。因此可以说，“无我”、“无常”是佛法的真谛和总法则。懂得了这两条总法则，其他佛法便一通百通。它们就如同一张印有佛佗印鉴的通行证一般，所以被称为“法印”。在佛法的宣传中，通常又把“诸行无常，诸法无我，有漏皆苦，涅槃寂静”四句话，称作概括佛法的“四法印”。

“诸行无常，诸法无我”之义已如上述，剩下的二法印还需稍作解释。“有漏皆苦，涅槃寂静”与“四圣谛”有密切联系。所谓“有漏皆苦”，是说人们不明白世界和人生是“无常无我”和“因果相续”、“刹那生灭”的道理，却总是被贪、嗔、痴这“三毒”，再加上慢、疑、恶见形成的“六根本烦恼”所扰。这些烦恼就叫作“漏”。由于染有这些烦恼，人们又通过自己的行为、言语、思想而造种种“业”，这样，人们无可救药地在天人、人、阿修罗（一种好斗的神）、地狱、鬼、畜生这些生命类别中生死轮回。每一次轮回，若不能信奉佛法，就又有烦恼，又造业。如此循环，毫无休止。总之，这些不信佛法、在生死轮回中无法脱离烦恼的生命都是极痛苦的。这些痛苦就人类而言有八种：生苦、老苦、病苦、死苦、爱别离苦、怨憎会苦（与所怨憎者会聚）、所求不得苦、五取蕴苦[①]。所以说人生有无量之苦，这就叫作“有漏皆苦”。对人生这些无量之苦，佛法又进行了深入的哲理性思考，提出了“十二缘起”说。

“十二缘起”说明了人们在生死痛苦中无休止地轮回，是“有漏皆苦”的。而“有漏皆苦”的本源就在于不相信佛法，即“无明”。所以，“有漏皆苦”实际上包含了苦、因二谛的内容。灭谛的内容，包含在“涅槃寂静”之中。涅槃是佛教修行的最高境界和最终目的，其意思是“智慧福德圆满成就的、永恒寂静的、最安乐的境界”。不信佛法者，逝世后还要生死轮回，所以不是涅槃。而释尊成佛之日就已证得涅槃，但因那时他还有肉体存在，故称“有余涅槃”，至其 80 岁去世时，则是进入了“无余涅槃”。

至于如何达到涅槃，其理论与方法都包括在道谛之中。具体说来，要研修佛法佛理，就必须研究三藏中所有的佛教经典。而日常具体的修行方法，则有所谓“戒、定、慧”三学。

1. 戒学

戒，指遵守佛教僧团组织所规定的许多清规戒律，以保僧众在共同的准则下笃信佛法，防止造身、口、意三业。戒律在释尊逝世前就已开始制定，并已达到二百余条。此后，不同时代、不同地区甚至不同派别又各有新的增改。所以，时、地、

① 按：“五取蕴即五蕴，取就是烦恼。人的色、爱、想、行、识以烦恼为因而生，又能生烦恼，所以叫取蕴。五蕴刹那迁流变坏，为生老病死等所集，所以是苦。”参见赵朴初：《佛教常识答问》，27 页，北京，中国佛教协会，1983。

派别不同，戒律的内容、数量都会有差别。比如：我国汉化佛教的比丘戒为250条，比丘尼戒348条（详见《四分律》），藏传佛教的比丘戒则为253条（详见《律经》），而南传佛教则为227条。此外，不同级别不同层次甚至不同性别的信徒，所应遵守的戒律多寡也不同，因此，就有了四戒（包括不杀生、不偷盗、不邪淫、不妄语四根本戒。这是一切信徒必须严加遵守的起码戒律）、五戒（四戒再加不饮酒，也是一切教徒均应遵守的最基本戒律）、十戒（沙弥戒）、六法戒、具足戒（大戒）、菩萨戒等各种戒法。此外还有专为俗人准备的八关斋戒。应当指出的是，戒学既包括许多戒法、戒条，也包括许多研究戒律的佛经著作和传戒、受戒的仪规等内容。所以戒学不仅是约束佛教徒的纪律之学，同时也是一套系统化的律学仪规和律学理论之学。

2. 定学

定，即入禅坐定，指在修行时静坐息虑，专心不贰，不瞌睡，思想集中不开小差地参悟佛理佛法。通过定，就可远离并进而断除爱、欲、乐、触等苦恼，获得无漏的智慧。所以，定必须以离欲守戒为前提和基础，又以离欲生慧为目的。佛教中定又有多种修习等次，如四禅定、四无色定、九次第定、三昧正定等等，不一而足。

3. 慧学

慧，指按照闻、思、修的程序，努力领悟佛法以洞彻四谛的道理，达到无漏和正常的解脱。

以上只是对戒、定、慧三学的简介，在佛教中它们还有许多具体繁琐的修行法门。这就是四念住、四正勤、四神足、五根、五力、七觉支、八正道等三十七道品。

三、僧

僧是僧伽（梵语 Sangha）的简称，意为“和合众”，即信奉佛法的出家僧人集团。四人以上就可称僧伽。

释尊成道后，为了使佛法久住，立刻开始“初转法轮”，使他原来的五名亲侍及摩诃男拘利皈依了佛法，从而建立了第一个僧伽集团。后来又有了所谓十大“声闻弟子”（亲自聆听过佛的言教的弟子），他们是：舍利佛、目犍连、摩诃迦叶、须菩提、富楼那、摩诃迦旃延、阿那律、优婆离、罗怙罗、阿难陀。之后，“法轮常转”，僧伽不断壮大。涅槃前，释尊又郑重将弘扬佛的责任嘱托给弟子阿难陀等僧伽成员。可见，僧伽对佛教的弘扬住持有着至关重要的作用。这也就是为什么佛教要将佛、法、僧并列为三宝的原因。

后来佛教在发展过程中，僧伽制度逐渐完备，佛教成了具有出家、在家两种类型，三个半层次，共计七种男女信徒的大宗教。

第二节 佛教文化的演变和发展

〇孔雀王朝 〇笈多王朝 〇密宗 〇汉代传入中国 〇魏晋南北朝佛教的繁荣 〇唐代顶峰——玄奘西天取经 〇汉化佛教 〇反佛灭佛

佛教创建时，南亚次大陆尚处在奴隶制后期到封建社会萌芽的阶段。长期占统治地位的婆罗门文明已发生了许多变化。生产有了新的发展，社会矛盾加剧，人民生活痛苦，思想苦闷，无所寄托。严格的种姓制度受到反婆罗门教的各种新思想的怀疑冲击。社会各阶级普遍渴望征服四方、战无不胜的"转轮王"的出现，以拯救社会。在此背景下，释尊吸收了许多宗教的教义创立了"佛法广大"的佛教，主张不分男女、不分种姓皆可成佛。这显然符合当时社会各阶层的思想需要。所以，佛教一创立，很快就受到广泛欢迎，不仅释尊的亲人、近侍纷纷皈依，就连众多婆罗门教僧侣也都心悦诚服地改换门庭，弃旧图新。通过释尊几十年的努力，到他涅槃前，佛教已得到极大发展，信奉佛教在南亚次大陆已蔚然成风。正是在此基础上，佛教才逐渐发展为世界三大宗教之一。然而，后来的发展却变得复杂起来。下面，就对释尊涅槃后佛教在南亚次大陆的演变情况和在中国的传播发展情况，分别作些简要介绍。

一、佛教在南亚次大陆的发展、衰亡与重建

从佛灭之后到 12 世纪末，佛教在南亚次大陆，特别是在印度本土，经历了戏剧性的变化。首先，在这期间有众多佛教派别曾轮番兴起，相互促进。这不仅使佛教得到了进一步的发展，同时也加剧了内部的分化。在佛灭百年时，又分化成了具有众多比丘的大众部与上座长老们组成的上座部的对立。前者博学多闻，致力于宣传佛法。而后者则严守戒律，注重自身的修持。此后几百年，分裂愈演愈烈，以致两派在对佛法的认识上和实际修行方法上都产生了很多差异。公元前 3 世纪上半叶，摩揭陀国孔雀王朝的阿育王统一了全印度，并且以佛教为国教大弘佛法。佛教得到佛灭后的第一次极大的发展和传播，得以先后传入亚洲、欧洲、北非许多地区，并且深深扎根于中亚许多国家。从此，佛教一跃而成为世界性大宗教。特别值得一提的是，得力于阿育王的大弘佛法，佛教后来向东经过丝绸之路进入中国。后来中国更变成了佛教的东方根据地和大本营，并使它大大发扬光大起来。但是不幸的是，在阿育王之后，佛教在印度本土却渐渐遭到了冷遇。孔雀王朝被崇信婆罗门教者篡得王位，印度进入了南北分裂时期。直到公元二三世纪，北印度的迦腻色迦王又重新振兴佛教，南印度龙树大师也使大乘学说重新兴盛发展起来。这样，到公元四五世纪的笈多王朝时，大乘佛教得到了进一步发展，并具有了中观、瑜伽两大派系。后来，由于白匈奴的入侵，笈多

王朝被消灭，印度又一次陷入分裂。公元六七世纪之间，戒日王朝重新统一印度，佛教再度大盛。可惜印度很快又陷入了混乱和分裂，婆罗门教重新抬头，佛教渐趋衰微。从7世纪到11世纪数百年间，只有东印度一直是信奉佛教的，并且逐渐产生了大乘佛教的另一个重要宗派——密宗。同时从7世纪中叶开始直到11世纪，印度从西到东逐渐受到外来的突厥族的入侵。入侵者所到之处，佛教便受到毁灭性打击。因此，到12世纪末，佛教在印度全境基本上已被彻底消灭。直到1891年，斯里兰卡的达摩波罗到印度瞻仰佛教圣地菩提伽耶，了解了印度佛教的破败情况，发起成立了振兴印度佛教的摩诃菩提会。从此，印度才又开始重新有了佛教的传播。特别是近几十年来，印度佛教又有了飞速的发展，佛教徒据说已达数千万人。

二、佛教在中国的传播与发展

(一) 佛教的传入

佛教到底是什么时候开始传入中国的，已经很难确考。有的佛教文献说三皇五帝时已经听说了佛教；有的说“孔子以佛为圣”、“孔子深知佛为大圣”（《广弘明集》）；还有的说在秦代或秦代之前，中土已有了阿育王寺或阿育王塔，等等。这些说法都是不可信的。

南朝梁刘义庆《世说新语·文学》载：“殷中军见佛经云：‘理亦应在阿堵上。’”南朝梁刘孝标注曰：“佛经之行中国尚矣，莫详其始。《牟子》曰：‘汉明帝夜梦神人，身有日光。’博问群臣，通人傅毅对曰：‘臣闻天竺有道者号曰佛，轻举能飞，身有日光，殆将其神也。’于是遣羽林将军秦景、博士弟子王遵等十二人之大月氏国。写取佛经四十二部，在兰台石室。刘子政《列仙传》曰：‘历观百家之中。以相检验，得仙者百四十六人，其七十四人已在佛经，故选得七十。可以多闻博识者遐观焉。’如此，即汉成、哀之间已有经矣。与牟子传记便为不同……《汉武故事》曰：‘昆邪王杀休屠王，以其众来降，得其金人之神，置之甘泉宫。金人皆长丈余，其祭不用牛羊，唯烧香礼拜。上便依其国俗祀之。’此神全类于佛，岂当汉武之时，其经未行于中土，而但神明事之邪。……盖明帝遣使广求异闻，非是时无经也。”

由此可见，汉代人就已经认为佛教是汉初传入中国的。至西汉末成、哀之间，刘向已经见到过佛经。但官方正式引进佛教，则是东汉明帝时的事情。对此，出于东汉人之手的《四十二章经·序》也有类似记载。《后汉书·西域传》对此也基本予以肯定，说：“世传明帝梦见金人，长大，顶有光明，以问群臣。或曰：‘西方有神，名曰佛，其形长丈六尺而黄金色。’帝于是遣使天竺问佛道法，遂于中国图画形像焉。楚王英始信其术，中国因此颇有奉其道者。后桓帝好神，数祀浮图、老子，百姓稍有奉者，后遂转盛。”

此后，汉明帝时佛教正式传入中国的说法，就长期得到了学术界，包括佛学界较一致的认同。汉明帝派出访求佛法的使者，大约于公元67年带领两位僧人迦叶摩腾和竺法兰回到都城洛阳。二人带来了佛经和佛像，受到汉明帝的接待。汉明帝还专门给他们建立了中土第一座寺院，这就是后来的洛阳白马寺。他们便在那里译出了《四十二章经》等中国佛教史上第一批佛经。就这样，佛教开始在中国正式大规模传播开来。

根据最近几十年的研究发现，佛教除了从陆路的丝绸之路这条主要途径传入中土之外，还曾通过古身毒国和我国西南川滇等边远地区传入。此外，广东—江苏—山东一线沿海地区的早期佛教，还存在通过海路传进内地的迹象。

至于藏传系统的佛教，是从公元7世纪中叶松赞干布受到他的两个妻子——唐代文成公主和尼泊尔尺尊公主的影响，终于皈依佛教后开始的。西南地区傣族、布朗族的佛教则是更晚的时代（北宋时期）由缅甸巴利语上座部佛教的传入而传播下来的。

（二）佛教在中国历代的发展概况

佛教在我国发展之初，适逢东汉至魏晋时期，政治腐败和连年战乱、饥荒，使得民不聊生。早就曾经向往神仙方术的中土民众，渴望能有神人仙术救自己于水火之中。而主张神仙方术的道教此时还处在萌芽状态，形态尚不完备。相反，佛教这时在南亚次大陆经过了数百年到近千年的发展已十分成熟，并且它已经通过各种途径和几个世纪的传播，对中土有所渗透。所以，到汉明帝遣使西迎佛法，在最高统治者的倡导下，佛教在中国的迅速传播就是自然而然的了。

当然，佛教在中国的迅速传播还有一个重要原因。这就是大批中外高级知识分子的介入。他们积极参与了翻译和注释佛典的工作，使中国人有了直接了解佛教教义的教科书。特别是中国本土的翻译家翻译的作品，更为消除语言文字障碍，加速佛教的传播创造了条件。这一阶段中，著名翻译家除首先来华的迦叶摩腾、竺法兰二人外，还有东汉时的安息国太子安世高（名清）、大月氏国支娄迦谶、中土沙门严佛调、三国时中天竺的昙柯迦罗、中土第一出家受戒沙门朱士行、月支血统的支谦、康居血统的康僧会。西晋有月支僧人竺法护，东晋则有中土僧人释道安和天竺的鸠摩罗什等等。这期间，前后三百余年，著名翻译家不下数十人。可以说，西晋之前佛教的主要成就是佛经的翻译。正是由于译经的发展，才促使了佛教信仰在朝野的普及。东晋时代的鸠摩罗什更使佛教经典的翻译跻身于文学殿堂。同时，东晋时代随着佛教的深入人心，佛像绘画艺术、佛寺及佛寺建筑、石窟艺术、佛教音乐等，也都得到了长足的发展。

南北朝时期，佛教在汉地得到更大的发展，主要表现在以下几方面。

1. 译经事业相继不绝

南朝宋前后共有22名中外著名僧人共译出各种经典465部。萧齐一朝佛经翻译虽稍为逊色，但却有些有意义的收获。梁代的译经也取得了令人瞩目的成就，编辑了三次《众经目录》，并且有著名的真谛大师译出49部142卷重要经律论著作，对佛教义学产生了重要影响。陈代也依靠外族译师，译出各类佛典40部。

北朝时北魏、东魏两朝，合计共有著名僧俗译家12人，译出经论等83部。仅著名的翻译家菩提流支一人就译出30余部经典。加上北周、北齐译出的23部，北朝译经总数也逾百部。

2. 以皇帝为首的最高统治者大多笃信佛教

南朝历代帝王几乎无不崇信佛教，他们不仅大造佛寺、翻译佛经，有的甚至还亲自讲论佛法。特别是梁武帝，更是崇佛达到极点。他不仅重视译经，亲自著作佛法，大造佛寺、佛像，大设水陆道场，更有甚者，其在位40余年，竟四次舍身佛寺为僧，众臣下不得不一次次花重金将他赎回。这大大刺激了佛教的发展，同时也引发了许多弊端。其后，陈代也深受其影响，不仅诸帝皆好佛法，而且陈武帝也曾如梁武帝一样舍身佛门，后来由群臣上表才还俗回宫。在各朝各代帝王的倡导下，南朝佛教空前兴盛。汉化佛教的许多仪规戒律，如出家人的受戒持斋，即由南朝始。至于佛教徒禁食酒肉的戒条，则是梁武帝所亲制。

北朝时，除了北魏太武帝和北周武帝，由于种种原因曾两次“灭佛”近20年，其余各朝帝王在位总计约150年间，则全部崇信佛教，而且情况与南朝大同小异。

3. 大建佛寺，大凿佛窟，僧人数量空前增加

唐人杜牧绝句云：“南朝四百八十寺，多少楼台烟雨中。”乍听似可想象南朝佛教繁盛的情景，殊不知，杜牧所言南朝佛寺的数目，还远不及当时实际数量的几十分之一。僧人数这一时期也多到了前所未有的程度。

除此之外，佛教兴盛的另一个标志就是大量开凿石窟，镌刻佛像、佛经。著名的敦煌莫高窟、山西云冈石窟、河南龙门石窟、山东泰山经石峪石经、四川成都万佛寺石雕造像、南京栖霞山窟，等等，都是这个时代的产物。

4. 佛教向民间普及的趋势

魏晋南北朝时期，佛教由原来在统治者和高级知识分子层中的译经讲经为主，迅速变为在民间的普及性的宗教信仰活动。由此而产生的，主要是汉化佛教所特有的菩萨信仰和对阿弥陀佛的信仰日益扩大。在菩萨信仰中，又有观音、文殊、普贤、地藏、弥勒、大势至等多名菩萨，其中尤以前四名最为有名。

隋代祚命短促，立国仅37年，但由于南北朝长期分裂的局面得以结束，政治上得到了统一。这样，原来相对隔绝的南北两朝的佛教也得到了相互补充借鉴，进而进一步融合。加之文帝、炀帝都笃好佛教，所以佛教在隋代总体来说还是进一步向前发展的。首先，北方原来受到北周武帝灭佛影响的佛教得到恢复。其次，官私两家都大力缮写和收藏佛经，其数量竟然比经世治国的儒家经典还要多出若干倍。又据记载，整个隋代三十几年中，请译师新译经论59部，同时编辑整理了佛经目录，撰成《众经目录》等书。再次，大规模的造像活动更加炽盛。几十年间新建和修缮佛像共计达近200万尊。南北朝开凿的许多石窟，此时也都继续开凿。著名的北京房山石经就是从隋代大业年间开始动工凿镌的。另外，汉化佛教的各宗派，此时也已开始陆续形成。较早的当推浙江天台山智顗和尚创立的天台宗、吉藏和尚创立的三论宗。由于汉化佛教的发展至隋代已颇有时日，对海外特别是对东亚地区的影响日渐显现，所以在北朝与隋代之交，日本、高丽、百济、新罗等国就已陆续派僧人来华学习佛法。从此开始了与这些国家的佛教文化的交流历史。

唐代是我国封建社会发展的高峰时期，各种文化形态往往在唐代达到鼎盛或达到阶段性高峰。但就佛教文化而言，情况却有些复杂。因为它在接近中晚唐时渐遭排斥，以致衰落。

自唐初至唐中叶的200年中，佛教的发展尽管也有些波折，但总的说来，多方面的成就蔚为大观。唐初，玄奘西行求法17年，终于成功归来。文成公主入藏带去佛教。这两件事不仅是中国佛教史，也是世界佛教史和整个中国文化史上值得一提的事情。由此为契机，促进了初唐汉地佛教的发展和藏传佛教的建立。玄奘回国后，在近20年中共译出佛典75部，并以他住过的慈恩寺为名建立了新的宗派慈恩宗。在统治者的支持下，仅唐一代共有著名译师26人，共译出佛经372部，这在汉化佛教译经史上仅次于南北朝时期。而这些翻译家几乎全都是初、中唐时期的人。佛教宗派也在隋代有天台、三论两宗的基础上，继玄奘成立慈恩宗之后，又有律宗、贤首宗、密宗、净土宗、禅宗等适应社会各阶层需要的宗派最终成形。随着这些宗派的建立和日臻成熟，佛教与标榜和李唐王朝同姓的道教展开了生存角逐。为了适应与道教的激烈竞争，唐代佛教采取和利用了许多面向广大群众的布教活动，如各种俗讲、斋会、诵经、水陆道场、庙会、游览等形式，以扩大佛教的影响，加速佛教的传播。这些方式也确实促进了佛教的发展，前代已逐渐形成的汉化佛教四大菩萨崇拜和对四大名山（祖庭）的向往膜拜就得力于群众的广泛参与，这到唐代进一步普及且更加受欢迎。佛教的寺庙建筑、雕塑、绘画、音乐等水平也因此大大提高。在中土佛教进一步发展影响下，东亚各国入唐求法之风也盛极一时，汉化佛教全面传入日本、新罗等国。这不仅进一步奠定了汉化佛教在国际宗教界的地位，同时也大大加强了中国与这些国家政治经济文化各方面的交流。总之，唐代的佛教在中唐之前，特别是“安史之乱”前，一直都是处于发展之中的。“安史之乱”爆发后，佛教也遭到了破坏，特别是北方地区，破坏更加严重。战乱还使下层群众背上了沉重的徭役负担。出家为僧或入寺为奴成了人们逃避徭役的办法，加之僧人与权贵加紧勾结，对抗征收赋税，使得佛教与统治者的矛盾日益加深，反佛灭佛的舆论日益高涨。于是在唐武宗会昌二年到五年（842—845），终于爆发了中国佛教史上最严重的一次“灭佛”运动。据记载，这次“法难”，共拆毁大小寺院近5万所，勒令僧尼还俗者达26万余人。同时，还没收了大量寺产，解放了十几万寺中的奴婢。更严重的是，这次灭佛还使佛教典籍遭受了极大损失。经过这次“法难”，唐朝的佛教便从兴旺走向了衰落，并严重影响了佛教以后的发展。

五代时期，佛教在北方继续受到限制，特别是后周世宗于显德二年（955）又一次发动灭佛，则使北方佛教雪上加霜，愈趋凋敝。而在南方，由于社会相对较安定，佛教也得以继续发展。主要表现是某些宗派，如天台宗、禅宗等均有新的分化和进展。

宋代之后，虽没有再发生“三武一宗”那样的“法难”，但佛教也没有如南北朝、隋、唐时期那样炽盛。各代对佛教大都采取保护和促使其发展的政策，所以也就分别表现出一些不同的特点。由于雕版技术的日益发展，宋代官私两家刻印佛经都很踊跃。截至南宋末，300年间共有五种版本的藏经问世。这是以往各代所没有过的现象。另外，禅宗在唐已很兴盛，并且分裂为北宗神秀、南宗慧能两支。其中，南宗由于提倡顿悟，尤其讲究机锋，不尚仪规，而深受士大夫阶层的欢迎。发展到宋代，禅宗更给理学家和许多著名文人以极大影响。反过来，由于众多著名文人的参与，禅宗本身也愈加发展壮大，成了汉化佛教中历久不衰的最有影响力的宗派。净土宗在宋代也有新的发展。净土宗始于东晋竺法旷、慧远等人。它倡言信徒只要随时念诵阿弥陀佛，临终便可被接引往西方极乐净土。因其简单易行，号为简易成佛法门，而深受广大普通群众欢迎。自晋至唐，已颇有市场。到宋代，这种修习方法更进一步被许多宗派如禅宗、天台宗、律宗等共同接受，成了汉化佛教最具特色的号召信众的旗帜。汉地的民风、民俗，甚至语言、文学都深受此宗的影响。于是，净土宗自宋代之后也得以绵延不绝。由于佛教的发展，唐五代以来流行的禅宗语录、俗讲变文等佛教文学也进一步发展。同时的俗文学如唱词、话本、小说等也发展起来。

辽、金、元时代少数民族入主中原，各代对佛教基本上都采取保护信奉的政策，所以佛教在这几代得到了较大的发展。辽、金对《大藏经》都进行了编刻，辽代刻有《契丹藏》（已佚），金代刻有《赵城藏》。同时，两代都坚持了房山石经的增刻工作，使所刻石经不断增加。元代对各种宗教一视同仁，忽必烈即位后即奉西藏名僧八思巴为帝师，掌管全国佛教，以后诸帝皆效仿此例，以藏僧为帝师。由此，佛教特别是藏传佛教在元代得到较大发展，汉化佛教与藏传佛教在许多方面（如佛像艺术等）得到相互交流和借鉴。历史上第一次刊印藏文《大藏经》便是元代初年的事情。

明代建立之后，改正了元代崇奉藏传佛教的做法，恢复以汉化佛教为正统。明初曾对佛教进行过大力整顿，僧尼必须经过考试才可领得度牒。到明中叶，控制渐弛，僧尼数量渐增；寺庙也相应递增，数量甚至超过了前代。明代知识分子喜好佛教，往往以居士身份研修净土法门和禅宗，并有许多研究佛学的著作传世。明代除了净土宗、禅宗之外，天台宗、律宗、华严宗等一些宗派都不发达，有的甚至已渐渐沉寂，以至最后消失。佛教的对外交流活动在明代得到加强，与南亚、东亚、西域许多国家都有友好往来。刻印《大藏经》的工作也取得较大进展，200 多年间共有五种版本的汉、藏文《大藏经》刊行。

清代的佛教政策一仍明制，少有建树。特别是道光之后，佛教更是日渐衰微。宗派仍以净土宗、禅宗为主，天台宗、华严宗、律宗、慈恩宗等也有传承者。清代雍正、乾隆年间刻印成汉文六大藏经，称《龙藏》，凡 724 函，1 669 部，7 168 卷，是一部流传至今的佛教三藏宝典。同时，清初还刻印过《西藏大藏经》和蒙古文、满文《大藏经》，不过后者经版已在八国联军入侵时被焚毁。

第三节
中国的佛教——禅宗

○从印度佛教到中国佛教 ○慧能 ○佛道合流 ○见自性 ○顿悟 ○无念 ○证实相 ○自由

一、禅宗在中国的形成和发展

佛教在中土的传播，一直在两个层面上开展。其一是对佛教经义的探究，这是一种作为宇宙人生最终目的追寻的哲学。其二是作为一种求得解脱现实痛苦、抵达某种生活妙境的“修行”手段。这是佛教的“制度”层面。两者之间并无截然分明的界线，可以分别比作佛教的“意识形态”与“经济基础”，离开了前者，对于生活妙境的追求便失去了深刻的依据；而离开后者，佛教的发展便失去了在中土流布的现实土壤。正是在佛经翻译、佛理的深究中，中国佛教才渐渐地走出一条迥异于印度的路子来，才渐渐地与本民族先秦时代就萌芽发展的老庄哲学相互融通，才渐渐地适应了中国文化的要求而融会成中国的佛教。禅宗的形成便是印度佛教变为中国佛教的一个显著标志。从某种意义上说，这一中国化佛教的出现使佛学的中心从印度移到了中国。

禅宗的形成大体可以“六祖”慧能的成名作为分界。尽管禅宗祖师的谱系多被后代禅师为了弘扬本宗派的势力而融入了编造的内容，但大体还可相信，从菩提达摩到慧能的一脉相传大致反映出禅宗已成为佛教的“显派”。慧能的佛学思想体现在他的门徒所编撰的《坛经》中，这部书记叙了慧能师从弘忍求法，得五祖衣钵真传，而后弘扬禅法的诸多事情，因慧能在当时声名显赫，门徒颇多，故记叙大体可信。《坛经》所宣扬的思想是禅宗的精髓，也是慧能之后禅学之所以迅速发扬光大的原因。

《坛经》中所述的慧能经历有许多传奇成分，但这些成分并不都是编造。慧能本不识字，却具有极高的天赋，尤其是对空无的悟性。他借助不识字便不陷入繁琐名相的优势，倒把成佛的道路极大地缩短了，举手投足之间，若能认识自己的本性，便能成佛。这理所当然地成了大多数人都愿意走的解脱之路。比起其他的佛学流派陷入理论之中不能脱身，简直是一声惊雷，顿觉清明。人皆有过，上智之人并不多见，佛的信徒中绝大多数又都是一般人，若无禅宗提供的成佛的保证，而要去花费巨大的心血深研佛经，肯定会有许多信徒对佛的兴趣大打折扣。六祖的简便易行的修行方法，并不是不讲究“修行之法”，而是将这法放在自己对“内心”的悟上。最重要的是认识本性，即自性，自性清净，不识是过，能识自悟，悟了即是解脱，就是佛。佛不在其他地方，正在心中，心即是佛。禅宗的佛理就是如此简捷明快，因而对于修行者具有较大的吸引力。

这种明快简捷、直指心性的修行方法带有明显的中国化特征。其实，禅宗的发展是印度佛教与中国传统的道教以及魏晋、隋唐社会发展相结合的产物，与印度佛教并无直接渊源。但出于弘扬宗派势力的考虑，讲求名正言顺的中国人在这一点上也毫不含糊。禅宗在诞生之后也为自己追溯过一个漫长的形成过程：以心传心，直指心性的修行方法最早可以追溯到释迦牟尼的“灵山”一会。《五灯会元》中这样记录：“世尊在灵山会上，拈花示众。是时众皆默然，惟迦叶尊者破颜微笑。世尊曰：吾有正法眼藏，涅槃妙心，实相无相，微妙法门，不立文字，教外别传，付嘱摩诃迦叶。”禅宗为自己的宗派找到这样一个源头，自然是名正言顺了，而后以摩诃迦叶为西方禅宗初祖又详列了一个清清楚楚的谱系。一直传到28祖菩提达摩。菩提达摩是佛教东传历史中的著名人物，可以说是禅宗在中土的真正开启者，此前的27祖谱系，不可深究，把大乘佛教教理的许多弘扬佛法者都拉入队伍，说成是不立文字、以心传心的先哲，显然是为了壮大自己。但菩提达摩到达中土，并于中岳嵩山面壁九年，确是禅宗的开源。至今在嵩山的少林寺中，还有二祖慧可断臂立雪的“映雪堂”。随着禅宗祖师的代代相传，至慧能时，禅宗可以说已是大成了，但慧能在年轻时期尚未成为禅学的正宗，禅宗的话语权力还掌握在同是五祖弘忍弟子的北宗宗师神秀的手中。慧能与神秀的分别在于顿和渐，慧能的“一闻言下大悟，顿见真如本性”显然是更彻底地发现本心，也是更迅速快捷地成佛的途径，比神秀的“时时勤拂拭”要高明得多。

慧能之后，南宗的顿悟取得了绝对优势，宋元明清以降，中国的佛教大抵沿着这一路子下来，举凡文学艺术、哲学思想、伦理道德都被禅宗深深地影响了。

二、禅宗形成的原因

禅宗的形成是印度佛教中国化的完成，也体现了佛教由繁琐到简捷的变化，其形成的原因大体有以下两点。

(一) 佛教发展的自身规律

在汉时传入中国的佛教，到南北朝时得到了迅速发展，这一方面是由于朝代更迭迅速，人们的信仰出现严重危机，追求遁世、脱离现实的需要加强。另一方面也是中国传统的老庄哲学中有着与佛教相通的因素，因老庄哲学在魏晋时被高门望族知识分子垄断，谈玄论道所需的知识修养为一般中、下层人士所不具备，一般人只能在稍稍大众化的佛教中寻求寄托。随着佛教在组织层面上的发展，寺院的经济也日益发展起来，再加上统治者的提倡，佛教日渐成为影响人们社会生活的重要力量，以至形成了“南朝四百八十寺”的普及局面。统治阶级对待日渐普及、强大的佛教也采取了分化、利用政策，佛教上层人士开始走出寺院，直接参与统治集团内部的斗争，变成身披佛衣的显贵。在初唐时期，一般知识分子甚至“先隐后仕”，借重道、佛势力进入宦途。这种有悖于佛经教义的行为，使统治者对寺院及佛教也产生了某种戒备心理，地主阶级不时地利用政权力量，对佛教进行打击，佛教因自身发展而陷入严重的危机之中。

另外，经卷的翻译到隋唐有了前所未有的规模，各个佛教学派的理论日益丰富，细枝末节，卷帙浩繁，宗派的斗争也日趋尖锐。对于佛经的这种发展趋向，佛教中的下层群众日渐产生厌倦心理，佛教在制度层面上也产生了严重的危机。

正是在佛教严重的危机之中，禅宗以其独特的“即心即佛”、“见性成佛”、“言下顿悟”迎合了下层民众的趣味，所得的仍是佛教的精神，但修行的方法却变得明快简捷。

（二）中国文化的土壤

禅宗是在中国文化的背景下一步步发展、逐渐形成的，作为佛教中影响最大、流布最广的宗派，禅宗必须也只能吸收中国文化的成果而发展。离开了中国传统文化的土壤，禅宗不可能形成。

早期的佛教在印度时所宣扬的是“一切皆空”，是从反对神教中发展起来的，但一入中土，却在相当长的时间内以“神不灭”为根本教义。到东汉末年大乘佛教传入，通过悟解诸法空无自性去求得解脱才成为佛教的根本，这就是探究“智慧”——缘起性空的般若学。到了魏晋时期，玄学与般若学合流，佛教开始在中土出现不同派别，形成六家七宗，其根本宗旨是谈空说无。主要可分为三个派别：心无、即色、本灭。到了南北朝时期，慧远和梁武帝提出佛性学说，都是建立在中国传统的“灵魂不灭”或“神不灭”的思想基础之上，慧远以法性谈佛性，把印度佛性理论与中国传统的神不灭思想融合在一起；梁武帝则以“真神”说佛性，以“神性不断”说“成佛之理皎然”，带有浓厚的“灵魂不死”色彩。只有竺道生以“理”说佛性颇接近印度佛教。但竺道生大力弘扬一切众生悉有佛性和“顿悟成佛”，则深受中国“人人皆可为尧舜”思想的影响。隋唐时期，把佛性心性化，把佛性与心联结起来，直探心海，抛弃了印度佛教的源头，佛教的中国化方告完成。

三、禅宗的基本观点

（一）见自性

禅宗讲究“禅悟”，所求由远而近，由外而内，“即心是佛，见性成佛”。一切修行的目的与路途只是认识本心，认识自性，慧能宣称“心生，种种法生；心灭，种种法灭”。弘忍说：“不识本心，学法无益；若识自本心，见自来性，即名丈夫、天人师、佛。”本心或叫自性，在佛家的心目中，它清净无污，超离生灭，能认识清净的自性，自然脱离了苦海，这种识自本心即可成佛的理论，把成佛定位到主体对自我的认识上。既客观上向人们说明人人皆可成佛，主观上又为人们提供了成佛之道，把佛性、佛从遥远的彼岸世界拉到了众生的心里。转瞬之间，一念之变，既可入佛界。

（二）顿悟

禅宗是把人心佛性化，认为一切的修行不过是明自性，也即认识本心。这种对于自心的禅悟显然不是累世修行，而应当是一种直指本心的“顿悟成佛”，顿渐之争是以慧能为代表的南禅与以神秀为代表的北禅的矛盾，显然，依靠自己的灵性“一闻言下便悟，顿见真如本性”的豁然开朗更符合大多数人成佛的愿望。顿悟不需要苦苦修行，而是受某种机缘的启示，凭主体的心灵感悟，所见意境瞬间升华，佛也就成了。

这种简便快捷的修行方法既成全了禅宗，也使禅宗有时变得不可理喻。

（三）无念

无念即排除自己心中的欲念，它是明白心性和顿悟的必然延伸。既然每个人的心中都有佛性，都可能成佛，那为什么又不是每个人都成佛了呢？这是因为自性虽清净如日月，但时有妄念的浮云遮盖，于是清净的佛性不能显示出来，所以还需要下一番工夫，赶走妄念的浮云。“无念”是禅宗的最高法旨，这里显然与老子的“不争故天下莫能与之争”有着相同的意思。由“无念”出发，禅宗提出“无相”、“无住”，即居住尘世之中，心中却不能有尘世的牵挂，不执著于世间的万物。

（四）证实相

禅宗的实相指的是空幻的万千事物背后那个实在的本体，那个没有污染的清净的东西，这东西真实而又清净，但它隐于现象之后不生不灭，值得追求。这种看不见摸不着的东西是禅宗的真正的真实，但一般愚钝者却不可见，要用般若的慧目，瞬间的灵动方能洞见，这瞬间的洞见就是顿悟。

（五）自由

在后期的禅师那里，自由成了一种境界，悟，只需明自性识本心；顿，只是对虚幻的真实的瞬间照见，而后便是成佛之后的自由，照见自性即可成佛，自然不再需要颂佛祖。因此禅宗不仅在照见自性前不要求苦苦修行，而在照见自性后更不需要执著。心性还需进一步的解放，顿悟之后的自由是禅宗的最大特点，于是便有了随缘，有了只要心不离禅的行无碍。

禅宗的末流难保没有混世讹人者介入，堕入不可理喻的迷津或假悟或根本未悟，其根源也正在于禅宗的修行方式上出了问题。

第四节 佛家文化的理想人格

○佛教人格　○心如古井　○处逆如顺

最初创立佛教的释迦牟尼曾发过度一切世人出苦海的宏愿，可见佛教最初的宗旨即是劝喻众人在佛法的指导下，走向灵魂的超脱与自由。传到东土以后，佛教的思想在渐进中发生了巨大的变化，尤其是禅宗的形成，更是融合了中国文化与中国国情的特殊需要，形成了完备的中国佛教。其基本的精神与印度佛教有相通之处，但也有明显的不同，这里所说的佛家文化的理想形态与人生模式是指中国佛教，尤其是禅宗形成之后的东西。因为在中国，儒、佛、道三者一直处在对立互补的位置，所以论及佛家文化的人生模式不可能完全脱离儒道的影响，只能把传统中国人生活中佛家文化影响的部分拣选出来加以描述，换句话说，我们所论的传统中国人精神性格中的佛家因素，只是偏重了由佛家理论所决定的一种价值的取向，它同时也许受儒、道的某些影响。

再者，尽管佛教流派纷纭，理论繁琐，但仍可把握其最基本的精神实质：一种向内的主观唯心主义的宗教，鼓吹苦海茫茫一切皆空，倡扬明心见性，涅槃寂静，追求挣脱尘世束缚，精神自由……在佛教的这一基本精神之下，形成了佛教人生的若干特点。

一、面对大千世界，心如古井

“苦”和“空”是佛教的两个基本核心，印度佛教早期注重人生的诸种痛苦解脱，而中国佛教，则更注重宣扬一个“空”字。大千世界，纷纷万象，荣辱兴亡，酒气财色……一切的一切，在佛教徒们看来，只不过是一场梦幻，根本不存在，即使人自身，依然是幻景中的假象，这种一切皆空的思想是解脱人生诸种烦恼与痛苦的基点。般若学所要证明的，也正是现实的虚空不值得眷恋。

一切无，就成为一切空，也就证明了一切不实，因而不值得执著，这空无的认识，是佛教对待客观世界和现实社会的基本态度。由此佛教进而把人生目的的追寻放在了真如佛性上。在对真如佛性的追求中，不以生死牵累其精神，不以爱憎之情牵累其生命，只要精神上能够解脱，生命可以抛弃。要做超凡绝俗、泯灭七情六欲的“超人”，必须把人生的一切扰乱“性心”的欲望消融于对佛性追求的精神努力之中。世上的一切喜怒哀乐，都要消失于古井似的心中，不能激起任何的波澜。

二、面对生活中的挫折，处逆如顺

佛教视万物为空无，对顺逆有自己的理解，尤其讲究自性的清静。什么是清净？说到底不过是清除一切人生的欲念。一般人平常所说的率性而为，所追求的无他，也不过是欲的合情合理的满足。当这欲不能满足时，便会产生平常人所称为“逆”的情状。在佛家看来，这种逆并不是“逆”，倒是真正的“顺”。人生所求的极致目标是无欲的人生，这无欲是对“逆”的最好破解。人生无常，诸法唯识，五蕴皆空，唯有真如佛性。既然一切都只不过是因缘的凑合，人们便无从向未来进取。这种处逆如顺，或者说是视逆为顺的人生态度，对于饱受生活磨难的人讲，不失为一种对待逆境的超脱手段。佛教所要解决的正是生活中的矛盾痛苦，使人脱离各种各样的困扰，从而获得一种心灵的清静平和，并且把这种欲在心中的被“扼杀”视为发现佛性，了然佛心。

处逆如顺对于生活在社会最下层身受种种压迫的人民而言，毫无疑问是一种心灵的慰藉。人的欲望是无穷的，这是人作为人的劣根性。佛教要求人们根绝欲念，用一种清静的恬淡自然的心态忘却今世，求得解脱，在纷纷扰扰物欲横流的世界中，这也不失为一种风度。禅宗的大师们留恋山林，崇尚清静，这是佛与道共同塑造的中华民族知识分子精神品格的因素之一。视荣辱如浮云，脱略世事，“达则兼济天下，穷则独善其身”，中华民族传统知识分子脆弱的心灵在受到伤害时，往往是遁入追求内心清净、精神自由的这种“佛境”中。

五蕴皆空导致随缘而安，进一步导致了知识分子与世无争，归隐山林。这一方面深刻地影响了中国古代尤其是唐代以来的知识分子性格，形成了一种独特的审美性的文化。这种超脱、潇洒的精神自由，心境的恬淡和谐给中国古代艺术注入了深邃的内容。以禅论诗，画写禅意，都是人们津津乐道的话题，甚至把文学艺术因禅的介入而形成的特色当作中国文艺的独特品质看。另一方面，作为中国佛教的禅宗在唐代的形成，使佛学本身成为隋唐学术的中心，并且“见性即佛”、“直指心性”与后来的宋明理学和心学有着直接的渊源承继关系。后代的学者无不从佛教中吸取思辨的精华。

但是，人生在世，不管以什么样的理论去追求积极的永恒，归根到底还是不能脱离现世。把目的放到自己的内心深处，放在与外界现象隔绝的思想中，安慰挫折人生的同时也销蚀着追求的动力，想出世的佛家毕竟还住在人世间，因而也就不可避免地有许许多多让人遗憾的情事。走入禅境，视生死如云烟，断绝情感，设内心如深井，恐怕并非易事，尤其是人的情感，随人生而来又如何便能凭一悟而消释？所以佛教所宣扬的空与无，所倡导的追求真如佛性，带有浓郁的理想的虚幻性。

【思考与研讨】

1. 对比禅宗与印度佛教的异同，并从中国传统文化的角度阐释禅宗形成的原因。

2. 召开一次班级讨论会，主题是“当代消费社会人的物化与宗教信仰的精神救赎之间的关系”。

3. 阅读一篇重要的佛教经典，反复诵读，将心得体会形成文字。

第八章 东方意境 流丽万有

——中国古代文学、艺术

小子何莫学夫《诗》?《诗》可以兴，可以观，可以群，可以怨。迩之事父，远之事君，多识于鸟兽草木之名。

——孔子

诗者，志之所之也，在心为志，发言为诗。情动于中而形于言，言之不足故嗟叹之，嗟叹之不足故永歌之，永歌之不足，不知手之舞之，足之蹈之也。

——《毛诗序》

中国古代文学是中国古代文化辉煌时代产生的无法企及也不可再造的世界文化宝库中的瑰宝。它经历了长达三千余年的发展历程，并在中国传统文化中居于相当重要的地位。它是中国文化典籍中最丰富、影响最深远也最具生命力的成果，集中体现着中国文化的基本精神与历史走向。

第一节
以意境为核心的中国诗文化

◯中国诗歌历程 ◯《诗经》 ◯楚辞 ◯诗的自觉 ◯汉魏风骨 ◯魏晋空灵 ◯盛唐气象 ◯妙悟 ◯意境 ◯虚实隐显 ◯体味 ◯空白与未定性

一、中国诗歌发展的历程

中国是诗的国度，中国诗歌源远流长，如浩瀚长江九曲多姿。

早在西周至春秋时代，中国诗歌就已产生了大批辉煌篇章，其标志就是《诗经》。先秦时代，诗歌、音乐、舞蹈三位一体，《诗经》的全部篇章都是配乐歌词，依照音乐体式和文化功效，分为“风”、“雅”、“颂”三部分。《诗经》善用赋、比、兴手法，句式以四言为主、灵活增减，常以重章叠句、复沓回环的民间歌舞技法增强艺术效果，为后世文学创作奠定了深厚的人文基础和艺术底蕴。

到了战国，在南方的楚地产生了一种新诗体——楚辞。它的特点是：句式参差，句尾多用“兮”字，以六、七言句为主。楚辞的主要作者屈原写下了一系列不朽诗作，成为中国文学史上第一位伟大诗人。《离骚》是我国两千年来最为宏伟瑰丽、感人肺腑的长篇抒情诗之一。《诗经》和楚辞是中国诗文化的两枝奇葩，也是后世诗歌发展的两大源头。中国诗歌以“风骚”二字标榜于世，说明《诗经》、楚辞的现实精神和浪漫传统，如日月高悬，光耀千秋，垂范后世。

汉末魏晋之世进入了“诗的自觉”的时代，所谓自觉，即诗人认识到诗歌具有自身之价值，不必依附政治与伦理的说教，这是对儒家正统“诗言志”论的突破。出现于东汉末年的“古诗十九首”是文人抒情短诗成熟的标志，风格委婉含蓄，质朴精练，长于抒情，被誉为“五言之冠冕”。当时，“世积乱离，风衰俗怨”，文人诗歌却呈现了“五言腾踊”的大发展局面，由“三曹”（曹操、曹丕、曹植父子三人）和“建安七子”组成的邺下文人集团，创作出了大批“骨气奇高，词采华茂”的五言、七言诗歌。如果说中国有诗自《诗经》始，有诗人自屈原始，那么，有众多诗人形成诗坛、流派和争相创作的传统，则始于东汉末年的建安时期。

随着曹丕以魏代汉，诗坛上“慷慨以任气”、“志深而笔长”的“建安风骨”渐次消歇。到了正始时期，文风复又振作，这时最有代表性的诗人群体是“竹林七贤”。“七贤”的共同特点是任情放达、发言玄远、藐视礼法、一腔孤愤，他们常用曲折的方式表达对现实的不满。“七贤”中最为著名的阮籍、嵇康皆工于诗。今存阮籍的五言“咏怀诗”82首，是第一部内容丰富、规模较大的个人抒情五言组诗。嵇康则继承《诗经》注重四言的传统，开拓了四言诗的新境界。

西晋太康年间，诗坛上有“三张二陆两潘一左”之称，“三张”指张华、张载、张协，“二陆”指陆机、陆云兄弟，“两潘”是潘岳、潘尼，“一左”便是左思。这批诗人在艺术上追求辞藻的华美，开了中国诗歌雕琢堆砌之风。不过太康诗人中，左思骨力苍劲，张协词采华净，与流风时尚有所不同。

晋宋之际陶渊明的出现，使诗坛骤添异彩。陶渊明向往静谧安宁、真诚无欺的古朴社会，追求淡泊高远、身无外求的人生，不肯浮沉应世，选择了辞官归隐、躬耕自励之路。他最能体味恬静乡村生活的深沉意趣，真正感悟大自然的真谛，其诗具有旷浩悠远、自然醇美、平淡而有思致的风貌，这便是古人盛赞为“静穆”的美学境界。陶渊明在人格上，成为历代士大夫无比仰慕的“隐逸高士”的楷模；在诗歌成就上，达到了“质而实绮，癯而实腴”的佳境。他毫不着力地把五言抒情诗推到了充分个性化的成熟境界，并开创了“田园诗”这一诗歌体式。因此朱自清认为陶渊明是中国古代影响最为深远的三大诗人之一。

南北朝时期，南方的代表性诗人有鲍照、谢灵运、谢朓等。鲍照用俊逸之笔，抒慷慨之志，写下了大量奇瑰遒丽的“古乐府”诗。这在诗歌体制日渐卑弱的南朝，尤见可贵。在诗歌的句式体制上，鲍照既创制了七言歌行，又广开边塞诗歌内容。由南入北的诗人庾信，在稍嫌荒寂的北国文苑中独标清新，在艺术形式上可称为六朝诗歌的集大成者。他调动独特的人生体验，运用南朝诗歌技法描绘北国的阔大背景，进而开创了绮艳、清新、老成的诗风。那一时期的诗歌，南朝清丽婉转，北朝粗犷刚健，各呈风貌。

短暂的隋朝过后，迎来了中国诗歌波澜壮阔、气象万千的黄金时代。有唐一代近三百年中，诗体争奇斗艳，流派异彩纷呈，名家灿若星斗，成就前无古人。

初唐时期，王勃、杨炯、卢照邻、骆宾王号称“四杰”，其诗承“汉魏风骨”，力扫“宫体”颓靡诗风，以健康的歌唱成为盛唐诗歌的先声。

开元、天宝年间，史称盛唐，首先出现了两大诗歌流派：一是王维、孟浩然所代表的山水田园诗派，其诗摹山范水，描写闲适、虚静的隐居生活，风格清新自然；二是高适、岑参、王昌龄所代表的边塞诗派，题材多写边塞风光与军旅生活，格调雄浑豪放、慷慨悲凉。

嗣后诗坛巨擘李白、杜甫横空出世，占尽天下春色。人称“诗仙”的李白继承和发扬中国诗歌浪漫主义传统，以自己天马行空、遗世独立的人格特征和感情炽烈、豪气干云的创作热情，写下了大量清新、飘逸、豪迈、高华的杰作，诚可谓“笔落惊风雨，诗成泣鬼神”（杜甫评语），成了后人追摹难及的典范。人称“诗圣”的杜甫承接和光大传统的现实主义精神，结合自己一生颠沛流离的体验，以沉郁顿挫的独特诗风，唱出了离乱时代的深沉悲歌。他的诗歌在艺术上集前代之大成，又开启了后世无数法门。杜诗乃公认的一代“诗史”，古今绝唱。杜甫其人也无愧为诗歌史上的万世楷模，千载诗宗。李杜两位伟大诗人，作为盛唐转折时代的歌手、辉映河山的“双子星座”，无可争议地赢得了世界性美誉。

安史之乱结束后，唐诗的发展面临转折，即总体上由盛唐的浪漫主义热情转向中唐的现实主义冷静思考，经过短期的过渡，唐诗呈现第二次繁荣。中唐后期崛起两大诗派，一是“韩孟诗派”，一是“元白诗派”。前者以韩愈为代表，李贺、刘禹锡、柳宗元、孟郊、贾岛、姚合、卢仝等为辅翼；后者以白居易为代表，元稹、张籍、王建、李绅等为辅翼。

韩愈是中国文学史上的全才和大手笔。诗到韩愈，风格又为之一变，其特点一是险怪、奇诡、幽僻，二是以散文手法作诗，喜用奇字、造拗句、押险韵，有时不惜损害诗的韵律。由于韩愈诗才气盛、思力雄、格调高，开北宋诗歌的先河，故被认作宋诗的鼻祖之一。韩孟诗派的刘禹锡、柳宗元诗抑郁深沉，孟郊、贾岛诗寒瘦、清奇、僻苦，尤其值得一提的是“诗鬼”李贺，其诗奇幽冷艳、恢奇诡谲、想象瑰丽、着色璀璨、用语奇峭，虽然有时显得雕琢和晦涩，但其浪漫主义色彩十分夺目。元白诗派中，元稹、白居易是新乐府运动的倡导者。他们主张“文章合为时而著，歌诗合为事而作”，主张诗歌创作“补察时政，泄导人情”，收到“救济人病、裨补时阙”、“惟歌生民病”的社会效果。白居易诗风的基本特征是风格平易、通俗、浅近，他既善于长歌悲吟，又喜以短调寄怀。其长诗以脱俗的抒情格调发展了古代叙事诗艺术，《长恨歌》、《琵琶行》诸篇优美和谐、动人心弦，传诵至今；“新乐府”、“秦中吟”和大量闲适诗则寄托了或讽喻、或感伤的情怀。

晚唐之世，诗歌气格趋于卑弱，衰败色彩变浓，唯杜牧与李商隐成就最高，世有“小李杜”之誉。“小李杜”的诗歌哀怨深沉，与盛唐自然的、脱口而出的诗风明显不同，也与中唐诗奇崛、说理的况味迥然有别。杜牧其诗，题材广阔，议论纵横，笔力拗峭劲健，形式驾驭自如，达到了俊爽清丽、风姿绝代的化境。李商隐作为唐代诗坛的殿军，作诗善熔百家、自成一体，风格深情绵邈、绮丽精工、婉曲缱绻，词旨隐约而意象丰美，尤其是表达爱情体验和喟叹社会政治人生的“无题”诗，更是意蕴隽永、寄慨遥深、沉博绝丽、独擅胜场。

诗到宋代开出了另一重天地。唐诗的总体成就大于宋诗，但宋诗绕开烂熟的唐诗套路另辟蹊径，故不说二者旗鼓相当，但至少是各有招数。对比而言，唐诗主情，开朗俊健，以境胜；宋诗主理，深幽曲折，以意胜。唐诗美在情辞，故丰腴；宋诗美在气骨，故瘦劲；读唐诗如食荔枝，一时酣畅，口角生香；读宋诗如食橄榄，仔细品味，韵致无穷；唐诗如二八少女，情窦初开，人见人爱；宋诗如中年嫠妇，饱经沧桑，要欣赏除非知音。因此，有识者多主张唐宋互补，清人提出“宋骨唐面”的境界，追求“宋意唐格”，是颇有见地的。

北宋初始的诗坛着意仿效唐诗的“白居易体”、“西昆体”和“晚唐体”。到“梅苏”（梅尧臣和苏舜钦），开始了宋诗的健康走向。梅诗风格闲淡、用思深远，苏诗笔力豪俊、超迈横绝。到欧阳修手里，开始矫正“西昆体”只讲声律辞藻，缺少社会内容的流弊，宋诗的基调已见端倪。欧阳修作诗注重气骨，长于思理，诗歌题材广泛，这对于拓宽宋诗的内容影响深远。自此宋诗进入成就丰硕的繁荣期。

对北宋诗坛影响最大的是“苏黄”（苏轼和黄庭坚）。苏诗形式多样，众体兼长，感情真切动人，写来挥洒自如，特别富于个性，其早期诗的特征以超迈豪横、清雄旷放为主，后期诗则追求淡雅高远、冲淡平和之境。苏轼自号“东坡居士”，身后被推崇为“诗神”与“坡仙”。作为中国文化史上罕见的“十项全能”式巨人，他受到士林和民间永久崇敬的原因，应归结到他既现实又超拔的文化人格定位，及以毕生之力完善自己“审美人生”的理想追求。黄庭坚倡言“夺胎换骨”、“点铁成金”、“无一字无来处”，极为注重诗歌语言的借鉴和创造。他作诗宗尚杜甫，瘦硬生新，标新立异，出奇制胜，成为“江西诗派”的宗主。王安石诗颇具思想色彩，他以诗笔批判社会现实，抒写人生志趣，反映出士人希望改革的政治要求。他的古体诗痛快淋漓，直抒胸臆；晚年所作抒情小诗，构思新颖、妖娆多姿、千锤百炼、炉火纯青。北宋重要诗人中，还有属于江西诗派的陈师道与陈与义。

南宋诗人的杰出代表是陆游、杨万里和范成大，他们都吸取了“江西诗派”的营养，而终能自成一家。陆游多方面继承前人的艺术经验，作诗热情似火、气势如虹，唱出了民族灾难深重时代爱国主义的最强音。他是高产诗人，存诗约万首，除沉郁悲壮的爱国诗外，还有意趣横生的多种佳作，诗歌语言简洁平易、圆转流畅，命意清新刻露、托兴深微，其整体诗风才气豪健、议论风发，既华藻、又雅洁，既奔放、又严谨，成为诗歌的一代宗师。南宋后期，诗坛上有“永嘉四灵”和“江湖诗派”，诗格比较浮弱。至宋末，随着抗元的战鼓，诗歌创作犹自振奋，文天祥、汪元量等长歌当哭，浩气长存，为宋代诗坛添了最后一抹光彩。

宋诗虽略逊于唐诗，但宋词却不让盛唐。苏轼、辛弃疾的豪放词慷慨激昂、豪放雄壮，具有阳刚之气；柳永、李清照的婉约词缠绵委婉，含蓄动人，蕴含阴柔之美。宋代诗词争奇斗艳、繁花芬芳，共同构筑了中国诗歌史上的第二座高峰。

在宋金对峙、山河破碎、生灵涂炭的混乱年代，金代出了杰出的诗人元好问。“国家不幸诗家幸，赋到沧桑句便工”，是后人对他的“丧乱诗”的好评。元明清的诗坛虽有大量作品和流派出现，但成就远不能望诗骚和唐宋诗的项背。然清代中后叶的诗人龚自珍脱颖而出，开近代文学风气之先，他既是封建时代诗坛最后一颗明星，又是近代诗歌史的第一位大诗人。

当代有学者把中国诗歌分为唐以前、唐代、宋代和宋以后四段落，认为唐以前的诗是自然“长出来”的，自然本色；唐诗是“嚷嚷”出来的，直抒胸臆、未假雕饰；宋诗是“想出来”的，偏重知性；宋以后的诗是“仿出来”的，一味模仿。这是颇有见地的。

二、东方意境深邃高远

以意境为主形态的中国诗歌意义的生成与运作机制，是中国诗文化的内在精蕴，具有东方艺术精神的某种全息性，也是中国古代文学理论和文学批评关注的核心论题。

什么是意境？通常认为“情与景统一，意与象统一，形成意境”。有人简单地概括道，意境这个概念并不玄秘，最简单的理解就是情景交融、形神结合。另外一些人则不满意这种简单的解释，进行了进一步的探索。有的用作家的思想感情与他所创造的艺术形象来界定意境，还有的从典型化角度进一步将意境概括为艺术作品中的形象化和典型化的社会环境或自然环境和深情或深意的完美统一。

实际上，中国古代的文学理论家对中国文学的意境有过十分深刻的探索与总结。钟嵘在《诗品·序》中认为："故诗有三义焉：一曰兴，二曰比，三曰赋。文已尽而意有余，兴也；因物喻志，比也；直书其事，寓言写物，赋也。弘斯三义，酌而用之，干之以风力，润之以丹采，使味之者无极，闻之者动心，是诗之至也。"无极之所已非字面所在，有余之意常蕴空白之中，诗的最高境界在于无极之味。刘勰认为："隐也者，文外之重旨者也"，"夫隐之为体，义生文外，秘响旁通，伏采潜发，譬爻象之变互体，川渎之韫珠玉也。"（刘勰：《文心雕龙·隐秀》）他强调了深文隐蔚、余味曲包的含蓄深刻的美。司空图《与极浦书》引戴叙伦语："诗家之景，如蓝田日暖，良玉生烟，可望而不可置于眉睫之前也。"又称"近而不俗，远而不尽，然后可以言韵外之致耳"。司空图上承庄子，提出"超以象外，得其环中"的诗歌理论，推崇"不著一字，尽得风流"，以"味外之旨"为"全美"：

> 古今之喻多矣，而愚以为辨于味而后可以言诗也。江岭之南，凡足资于适口者，若醯，非不酸也，止于酸而已；若鹾，非不咸也，止于咸而已。华之人以充饥而遽辍者，知其咸酸之外，醇美者有所乏耳。……噫！近而不浮，远而不尽，然后可以言韵外之致耳。（司空图：《与李生论诗书》）

司空图从审美角度深研细琢"韵外之致"，见解超拔，后世学者多步其后尘。严羽《沧浪诗话》说得最妙："盛唐诸人惟在兴趣，羚羊挂角，无迹可求，故其妙处透彻玲珑，不可凑泊，如空中之音，相中之色，水中之月，镜中之像，言有尽而意无穷。"中国古代文论家虽然具体说法各有差异，但却毫无例外地都看到了中国文学中韵外之致、味外之旨这一重要特征，对之赋予了极大注意，留下了一系列十分深刻的见解。朱光潜早年就曾对此作过深刻的概括："无穷之意达之以有尽之言，所以有许多意，尽在不言中。文学之所以美，不仅在有尽之言，而尤在无穷之意。推广地说，美术作品之所以美，不是只美在已表现的一小部分，尤其是美在未表现而含蓄无穷的一大部分，这就是本文所谓无言之美。"① 朱光潜用"无言之美"深刻总结了意境的这一东方艺术的本质特征。

从古代文论的发展来看，意境首先表现为文本层次上言与意、实与虚、显与隐、形与神的矛盾对立运动，是感兴的启端、虚实的转换、含蓄的寓意、曲致的妙着。其次，相对于接受者的审美感觉，它呈现为对兴会的引导，对体味的召唤，对顿悟的期待和对兴象的营造。它作为一种调节运作的中介机制，使文本的空白未定因素在读者参与中得到填补或具体化。在此二者相互作用的基础上，中国古代文论形成了以意境为主形态的古典审美意味世界，展现了艺术的审美本质，体现了中国诗文化独特的艺术把握方式。

---

① 《朱光潜美学文集》，第2卷，480页，上海，上海文艺出版社，1982。

（一）虚实隐显之间

在作品层次上，中国古代意境的第一重意义充分表现为言与意、形与神、虚与实、隐与显、情与景、含蓄与明朗等一系列的矛盾对立运动。清代布颜图曾论及中国艺术的这一“至道”：

> 吾所谓隐显者非独为山水而言也，大凡天下之物，莫不各有隐显，显者阳也，隐者阴也，显者外案也，隐者内象也。一阴一阳之谓道也。（《学画心法问答》）

这是中国艺术的一条根本精神。中国古代文论中的“比兴”说、意象说、形神论、风骨论、神韵说、气韵论、兴趣说、滋味说、象外说、性灵说无不包含有这种虚实隐显的矛盾对立运动。正是这些对立因素双方间的矛盾运动大大拓宽了艺术的表现领域，逐步展开了艺术形式的独特发展史。而未定性与意义空白就是中国传统艺术形式最本质的构素之一，它在这种矛盾对立统一中臻达更复杂、更充分、更丰富的表现力。它是具象的，又是写意的；它是绘形的，又是入神的；它是确定的，又是未定的；它是直感的，又是默会的；它是直接的，又是间接的；它是征实的，又是空灵的。这一切对立矛盾的运动都是要通过表达与非表达、表达与无表达、表达与反表达臻达更高更巧妙的表达。因而，它既具有特定形象的直接性、确定性、可感性，又具有想象的流动性、开放性和可生产性。它的写实部分在文本中呈现为“景”、“境”、“象”，这些部分在文本中是一种笔触实相、自然妙会的直观性存在。这些直观性存在在文本中设定了一种婉转的曲径或者蕴蓄了一种势能，导引读者自己去抵达实境之外蕴含的那个尚且虚在并处于模糊状态的、蕴量很大、经过感性抽象再造的艺术虚境。入“神”临“意”，以实求虚，韵味涵泳，通幽默会。这就是作品中不确定的，作为空白、空无需要读者去现实化、具体化的部分，是所谓“言所不追、笔固知止”的部分。

含有空白与未定性的艺术虚境在阅读复现中产生了这样几个特点：

一是象外之象、景外之景具有间接的不确定的具象性。因为要唤起这种境界的艺术美，必须俟诸读者的审美想象，而审美想象又是通过意象运动来进行的。因而这种象外之象便包含着各种与作品中的实境之象相关的复现性意象和创造性意象（象外之象）。这种虚境中的创造性意象由于没有可以验证的标准或唯一模本，也无读者意图的当下参与和调节，呈现为一定程度的任意性、散漫性和可生产性的特征；而复现性意象则更着重于文章信息的接纳、转换与复现，具有受动性、指向性和组织性。艺术虚境中的象外之象和景外之景就是复现性意象和创造性意象的和谐质。文本中所表现的只有象中的第一个象，因而象外之象的具象性就必然地显现出间接和模糊的特征。正由于其意象的创造性，因而充分地挖掘了接受者审美感受中的直觉和潜意识。同时，由于意象的复现性，又表现为理性对感性的渗透和沉积。所以，这种象外之象、景外之景便“至虚而实，至渺而近”，具有了更为丰富的内涵。

二是由于艺术虚境的模糊性、泛指性、流动性和不确定性，“韵外之致”、“言外之旨”表现出诉诸想象的巨大容量和可塑性。想象这种意象运动极其灵活，具有极大的自由性，它在创造性意象中呈现为无穷的广阔性，在复现性意象中又呈现为相当的准确性。所以，此中的情趣、气氛与联想往往是流动变化的，貌似确定而又不确定。特别是文本中的实境导向，往往为了保证韵外之致的容量而采用十分隐蔽、含蓄、曲折的形式来表现，不即不离、不皎不昧、不粘不脱，因而呈现于想象之中的言外之旨便必然表现出模糊性、泛指性与多义性。这时的“味外之旨”、“弦外之响”无法用概念简单地穷尽与说明，以至出现“秘响旁通、伏采潜发”，“含蓄无垠，思致微妙”，“会于心而难以名言”的特征，而且由于其直觉的瞬间体悟和情感的流动无羁，使作品呈现“其寄托在可言不可言之间，其指归在可解不可解之会”的复杂情形。

（二）体味的具体化方式

东方意境的第二重含义指向接受者的审美感觉。它充分地体现了中国文学的东方感悟方式和对读者的极端重视。中国古代艺术在其自身形式的长期发展中形成了以含蓄、寓意、双关、寄托、讽喻、比兴、曲喻、暗示乃至象征等手法构成的一整套意义生成和表达体系。与之相应，也形成了知音、体味、顿悟、兴会、兴象等一整套艺术感知方式。这是一种既不同于西方，也不同于当代认识论的反映论的审美感知方式，类似于西方当代现象学所探寻的那种直觉感悟方式。这种感觉方式对艺术中空白与未定性的感知能力有极高的要求。《乐记》中就有“知声而不知音者，禽兽是也”；“是故不知声者，不可与言音，不知音者，不可与言乐。知乐则几于礼矣”的论述。强调“审声以知音”，否则就没资格欣赏艺术。这一层次的空白与未定性充满着这种积极的读者意识和召唤性。音为知者赏，伯牙鼓琴，知音善赏的钟子期听琴音而知雅意，领会到伯牙“巍巍乎志在高山，洋洋乎思在流水”的音情诗意，所以创作者在“情往似赠、兴来如答”中，先在地暗含着一种“读者”在文本之中。

当代机械唯物论与庸俗社会学将作品当作客观物体来认识，将阅读文学当成学习数学或物理公式，探囊取物，开门攫宝，根本忽略了文学本体充满着空白与未定性这一本质特征，忽略了由此产生的相应的对空白的艺术感知能力。中国东方式的文学感知追求交相呼应，追求对作品的参与与感应、共鸣与交流。刘勰在《文心雕龙·知音》中指出：

> 夫唯深识鉴奥，必欢然内怿；譬春台之熙众人，乐饵之止过客。盖闻兰为国香，服媚弥芬；书亦国华，玩绎方美。知音君子，其垂意焉。

显然，如果文本中留下了众多的不全，则它本身就留下了指向全的一种心理势能，如果作者在文本中设计了九曲幽径，本身就是对读者的探幽发微做出的诱导。艺术中选择未到顶点的含蓄蕴藉的描绘，正欲获得达到顶点的阅读效应。但能否实现只能取决于接受主体在何种程度上“激活”文本中的审美构素，在何种程度上填补文本召唤结构中的空白与未定性。马克思指出：“从主体方面来看：只有音乐才能激起人的音乐感；对于没有音乐感的耳朵说来，最美的音乐也毫无意义，不是对象，因为我的对象只能是我的一种本质力量的确证，也就是说，它只能象我的本质力量作为一种主体能力自为地存在着那样对我存在，因为任何一个对象对我的意义（它只是对那个与它相适应的感觉说来才有意义）都以我的感觉所及的程度为限。”[①] 这也就是说，正是艺术形式中未定性与意义空白的存在和召唤，激起了也生成了主体相应的艺术感觉。没有感觉形式与文学形式的同构对应，最有韵味的艺术空白也只能是真实的空白，永远得不到填充的空白。

由空白与未定性引起的中国文学的审美感知方式是独特的，这就是体味与顿悟的所谓“东方方式”。它是与文本创作的“写意”方式互为表里、互为体用的审美经验的中国式的接受阅读欣赏作品的方式。司空图在《与李生论诗书》中云：“愚以为辨于味而后可以言诗也。”所谓“辨于味”，就是“韵外之致”、“味外之旨”的实现所要求的接受者的品尝、把握、玩味、感悟的能力。“象外之象”、“景外之景”的世界是如此广阔、博大、深邃，每一个深得中国文学空白精髓、曲尽其妙者都拥有了精骛八极、纵横联想的特权，“抚玄节以希声，畅微言于象外”。及至严羽，更在《沧浪诗话》中大倡“妙悟”。他说：

> 大抵禅道惟在妙悟，诗道亦在妙悟。且孟襄阳学力下韩退之远甚，而其诗独出退之之上者，一味妙悟而已。唯悟乃为当行，乃为本色。

严羽借禅宗的宗门“极则事”，来说明在诗歌的创作与鉴赏中，应有别具慧心的体验和颖悟，认为唯有这样，才是“本色”、“当行”。什么是“本色”、“当行”？就是指这种妙悟方式具有文学的本体特征，是中国文学之为中国文学的根本之处。严羽认为，诗有“别材”、“别趣”，不同于学术与理论。它“不涉理路，不落言筌”，“羚羊挂角，无迹可求”，因此，阅读与接受就只能“朝夕讽咏”，“熟参之”，“酝酿胸中，久之自然悟入”（严羽：《沧浪诗话》）。西方现象学家费尽心机要将自然世界“加括号”、“悬搁”，达到所谓现象学还原。加括号本身使事物丧失自然观点上的真与假的区别，想象的虚幻对象与事实对象的区别，但终落西方逻各斯中心主义之筌。只有中国式的体悟方式力图真正达到某种“还原”。难怪海德格尔说，他如果早一点读到东方的“禅悟”，他的很多著作就不用写了。

体悟方式的进一步发展是扩大读者对空白与未定性的玩绎、品味、填充的主动权。写意式的充满空白的文本，在不同的接受者对其意义的具体化中出现了多种差异，这正体现了艺术效果的丰富性。因为接受者各自的气质不同，情感不同，心理功能也不同，接受者“各以其情”与作品相“遇”，所形成的契合点必然不尽相同，所产生共鸣的点与面也必然各有殊异。在王夫之看来，读者的接受是一种主动、能动的审美活动，是以自己心灵的频率到作品中去寻求共振。谭献的主张相对来说更直率一些：“作者之用心未必然，而读者之用心何必不然。”（《复堂词话》）这种“何必不然”，比起王夫之的“以情自得”更注重接受、感悟的创造性、能动性和自主性。

与西方批评将主体客体截然分开，将创作过程与接受过程截然分立不同，中国式的空白与未定性艺术思维将主体与客体，创作过程与欣赏过程浑然无界地融为一体。素处以默，妙机其微，文学成为一种完整的审美体验过程，是一种人生或生命形态的

① 《马克思恩格斯全集》，中文1版，第42卷，125～126页，北京，人民出版社，1979。

有机活动。西方人由于逻各斯中心主义的认知方式以及科学主义霸权时代科学范式对人文学科的侵越，其文学鉴赏无法达到东方艺术中审美的圆融境界。这种东方方式是在人类生存状态的一定时期一定语言中形成的，但却是后世人类永远不可企及的艺术典范。

（三）审美的浑融境界

东方意境的第三重意义建立在文本与读者建构活动的基础之上，它反映了艺术的审美本质。它是文学文本通过读者的阅读实践获得的整体的韵外之致、文外之旨，是审美意象所系、审美情感所在的最高审美境界，是审美的浑融境界。

王国维在《人间词话》中论词曰："古今词人格调之高无如白石。惜不于意境上用力，故觉无言外之味、弦外之响，终不能与于第一流作者也。"在这里，王国维也是以有无言外之味、弦外之响来衡量是否能达到第一流的创作的，强调的也是未定性与空白的第三重意义。

毋庸赘言，中国古代文学将其最高境界概括为"超以象外，得其环中"，追求无穷之味，不尽之意，这种"味外之味"、"韵外之致"正是空白与未定性在最高审美本质上显现的意义，其最终的整体构成就是意境。

历来意境研究的首要失误在于将意与境分离开来。其实，意境是审美意趣构造之境。林纾早就讲过："文章唯能立意，方能造境。境者，意中之境也。……意者，心之所造；境者，又意之所造也。"（《春觉斋论文·意境》）当我们把它区分为主体客体时，已然割裂了浑然一体的意境本身。同时，历来对意境问题看法的另一根本失误之处在于，忽视了意境不仅仅是创作活动的产物，而且是创作活动与接受活动的共同产物。意境是过程，它只有在文本与读者相互作用的共同建构中，在审美对象浮现出来的基础之上才能最终形成。意境不仅是创作论，更是阅读体验论，是建立于中国式的东方体味方式的阅读经验论。情与景的妙合并非意境本身而仅仅是构成意境的充分必要条件。唐代刘禹锡谈到"境生象外"，宋人梅尧臣说它是"作者得于心，览者会以意，殆难指陈以言"（欧阳修：《六一诗话》）的某种境界，王国维则认为意境乃"须臾之物"，"惟诗人能以此须臾之物，镌诸不朽之文字，使读者自得之，遂觉诗人之言，字字为我心中所欲言，而又非我之所能自言……"（王国维：《人间词话》附录）他们都非常模糊地注意到了文本与读者间的某种关系。因此，中国古代文学的意境，是创作理论与接受理论的视野融合；是艺术形式自身的历史发展与审美感觉的历史发展的视野融合；是文艺美学与人类学美学的视野融合；是人类艺术活动的一个本体论命题。所以，离开了作为过程的建构活动，离开了接受者的积极参与和创造，就失去了意境构成的一个根本基础。

实象→意象→象外之象，并未完成中国意境的生成之路。只有在无象之象中，意境才体现了中国诗文化、诗哲学的终极关怀。华裔法国知名汉学家弗朗索瓦·陈在其论述中国绘画的《神游》一书中论及意境的哲学本质时，名之曰"第五度空间"。他指出："虚外另有虚，此虚将人类不断地靠近世界的本原。除时空之外，中国绘画还表现了第五度空间，中国画家的最高追求也就在于此。……我们切莫忘记，绘画旨在创造一种生命得以存在的灵性空间。”[1] 这个虚外之虚体现着空白与未定性的最哲学化的蕴涵。作为终极关怀，其根本在于与世界本原—人的存在的亲和无间。意境的深渺遥远正系于“宇宙—人生”范畴的超逸高迈，却同时又是最世俗无羁的日常生活；而艺术的情感特质因而具有了本体论的意义。审美境界因生命境界而更放其辉光异彩，艺术终于在诗化的人生中找到了存在的意义和栖居的归所。

这一层次上的意境是一种超形态、无差别的空蒙境界，正是伽达默尔所言的“审美的混沌”，是中国哲学中的老庄之“道”。它超越了文本层次的形式构素，超越了一般感觉的生理与心理感受，超越了情欲与伦理的冲突体验，而进入对于生命本体和灵性世界的顿悟与冥思。

中国哲学的庄禅一系正是把这种“审美的混沌”看作文学艺术的最高境界——最高的空白：无。老子说：“大方无隅，大器晚成，大音希声，大象无形，道隐无名。”（《道德经·第三十五章》）这里的“大音”、“大象”，指的就是一种整合而非割裂、融融而一的混沌境界。它不是直接看到和听到的，而是通过内视内听体悟到的一种道之所在的境界。所以庄子说：

> 视而不见者，形与色也；听而不闻者，名与声也。悲夫！世人以形色声名为足以得彼之情。夫形色名声，果不足以得彼之情，则知者不言，言者不知，而世岂识之哉！（《庄子·天地》）

现实的形色名声都是见之于表的东西，而本质的“道”则隐匿未显，世人不得道之真谛而大言不惭，味得一二者则欲言不能。

通过对现实的形色名声的视与听，在一种审美性的瞬间的直觉感悟中体味人生，获得一种人生境界的平衡、协调的和谐境界，这是一条直达“道”的捷径。它不依靠逻辑的推理、概念的分析、理性的抽象，而取一种高举远慕浑融为一的情感心态，一种心灵的审美性的完整和谐，是对现实人生情感直觉的扬弃，是另一种抽象——情感抽象。这是意境的最高层次，因而呈现为一种“无形态的形态”。正是在这个层次上，艺术才用多表现一，用无形态表达形态，而最高的空白——无，在这里获得了超形式、超差别的存在。也正是在这一层次上，意境建立了从有限通达无限的道路，在相对有限的时间和空间里，在相对有限的语音、文字、音响、色彩中，在相对的独特性和偶然性中追求一种无限深远的超越时空的境界。“无味而和五味”，“无名而名万物”，是为意境之极致。

但意境又绝不应归于冥冥的虚无。它既有超逸高迈的形而上层次，同时又直接禀有生气盎然的内在活力。苏珊·朗格称艺术为“栩栩如生的”“生命形式”。因为艺术具有真正的生命形式所具有的能动性、不可侵犯性、统一性、有机性、节奏性和不断成长性。特别是具有高级复杂的生命结构——人类的情感和人性，因而是“情感的表现”，是“情感的特殊符号形式”[2]。这是两种生命形式的同构对应。也就是说，韵味隽深的意境与生生不息的人生境界互为表里，与宇宙普遍性的情感形式互为表里，因

① 《外国学者论中国画》，78页，长沙，湖南美术出版社，1986。

② ［美］苏珊·朗格：《艺术问题》，41～55页，北京，中国社会科学出版社，1983。

而使艺术意境展开了广阔无垠、深邃无比的硕大背景，又表现了蓬勃旺盛、弹跃鲜活的生命力。在这里，情感内在地暗含着本体论意义。这种情感性，既属于审美对象，又属于接受主体；既属于艺术自身，又属于人生境遇。“视乎冥冥，听乎无声。冥冥之中，独见晓焉；无声之中，独闻和焉。”（《庄子·天地》）所以正是在这种形上与情感直接同一的意境中，我们才既得到了冥冥的宇宙感、神秘感、超越感，又体验到了绵长的命运感、生命感和人生境界感。“无”在这里展示了无限的丰富性，意境在这里展示了无限的意味。

第二节
以泛文学为特征的中国古代散文

◯诸子散文 ◯《史记》 ◯古文运动 ◯唐宋八大家 ◯明清散文 ◯忧患主题 ◯批判精神 ◯艺术特色

中国文学不同于西方的一个重要特点是它的非纯文学的杂文化特征。从先秦启端的中国散文，本身就很难划清文学与非文学的界限，而以广泛的文化关怀和模糊的文体区别为特点。即使是像刘勰这样的文学理论家和萧统这样的文章选家，也将大量非文学文体如奏、议、疏、证、铭、诔放在论述的范围或包括在选文的对象之内。相对于西方的纯文学性散文，中国散文呈现出“杂”的特征；相对于西方文学的独立性，中国散文更多呈现出泛文学的文化特征。因此，从杂文化特征的视角来探索中国古代散文的历史踪迹，无疑是一个饶有兴味的话题。

一、中国古代散文史迹的回眸

散文是文字产生后出现的最适于实用的文学形式。与中国古典诗歌一样，中国古代散文也历史悠久，成就斐然。

中国古代散文的雏形可以追溯到殷商时期的甲骨卜辞，《易经》中的卦、爻辞已经有了文学意味，《尚书》中出现的生动的叙事说理和比喻笔法，可看作中国散文的开端。春秋战国时期，伴随着社会的巨大变革，散文出现了勃兴的局面，《左传》、《国语》、《战国策》等优秀历史散文和《论语》、《墨子》、《孟子》、《庄子》、《荀子》、《韩非子》等优秀的诸子散文，构成了中国散文史上的第一个黄金时代。这一时期的散文，内容上融文史哲于一体，作者不是专门的散文家，但却结构严整，文句精粹，光彩焕发，风致优美，对后代散文发展产生了极为深远的影响。

两汉时期，在封建大一统的广阔社会背景下，不仅散文的品种在前世基础上更加繁多，而且文质相生，异彩纷呈。优秀的作家们将直接的实用性与审美的艺术性有机地统一在一起，创作出了大批反映现实、抒发理想的优秀作品。贾谊、晁错等作家针砭时弊、笔锋犀利的政论散文，司马迁、班固的秉笔直书、爱憎分明的史传散文，形成了中国古代散文的又一个黄金时代。尤其是司马迁的伟大巨著《史记》，不仅以无与伦比的史学成就被公认为“史家之绝唱”，而且在文学领域里开创了我国传记文学的先河，并一举登上无人企及的高峰，令汉代散文愈加发出璀璨的光辉。

两汉之后，散文走向骈化，骈体文成为官方文章正体，散文受到压抑变得无足轻重。但骈文片面追求形式，文风轻浮奢华，虽有妙文奇句，但终难取得令人叹服的成就。在骈文显露出种种弊端之后，文坛出现了两次大的反骈、复古的革新运动，这就是中唐韩愈、柳宗元领导的古文运动和北宋欧阳修主盟的古文运动。

韩柳古文运动上承先秦两汉质朴优美的散文，高举复古旗帜，向六朝骈体文发起猛烈的攻击。他们以自己杰出的文学理论和丰硕的创作实绩，在文坛建立了“摧陷廓清”之功，造成了蔚为大观的古文大潮。韩愈的《送孟东野序》、《答李翊书》、《师说》、《进学解》和柳宗元的《封建论》、《捕蛇者说》、《段太尉逸事状》、《三戒》，以及由他首创的游记散文，都可称为千古佳作。

北宋前期，作为文坛盟主的欧阳修，继承中唐古文运动的复古革新精神，以更为成熟、更具科学性和前瞻性的散文革新理论以及令人瞩目的散文创作成就，掀起了北宋的“古文运动”。加上王安石、曾巩和“三苏”的积极应和，“古文”创作达到了更高的水平，古文运动取得了全面胜利并泽及元明清各代。欧阳修的《五代史伶官传序》、《醉翁亭记》，王安石的《答司马谏议书》、《游褒禅山记》，苏洵的《六国论》，苏轼的《教战守策》、《石钟山记》等都成为脍炙人口的传世之作。欧、王、曾、“三苏”及其先驱韩、柳被尊称为“唐宋八大家”。

值得一提的是，在韩愈身后，韩门弟子背离先生的初衷，逐渐步入形式主义泥潭，文学的政治锋芒和反映现实的功能顿见衰弱之时，皮日休、陆龟蒙、杜荀鹤等唐末作家，从理论和创作实践上继承中唐古文运动的精神，创作了大量即情言志的小品文，成为连接中唐和北宋散文之间的一座桥梁，使古文运动的精神在唐末再度显示了辉煌，并为北宋古文运动的散文风格奠定了坚实的基础。

元明清三代，新兴的戏曲、小说呈现出勃勃生机，散文处于江河日下局面，但仍然出现了像刘基的《卖柑者说》、归有光的《项脊轩志》、黄宗羲的《原君》、方苞的《狱中杂记》等经世致用、文风朴实的好文章。晚清时期，一些启蒙思想家、改良主义者都写过不少揭露黑暗现实，鼓吹进步政治主张的散文。龚自珍的《病梅馆记》表达了作者对人格自由和精神解放的渴求。梁启超的《少年中国说》洋溢着改革现实的热情，他所开创的“平易畅达，杂以俚语”的新文体，有力地冲击了传统散文，解放了明清文体，为“五四”的白话文铺平了道路，使散文的发展进入了一个新的历史阶段。

二、忧国思患的济世精神

自觉的忧患意识和强烈的历史使命感与社会责任感，是中国文学的优秀传统，这种传统在古代散文中表现得尤为突出而充分。漫步中国古代散文的长廊，无论是散文勃兴局面的形成，还是散文革新运动的兴起，无不与社会变革、政治兴衰息息相关；无论历史散文、政论散文，抑或杂记、游记、小品文，无不透露着作者与国家民族同呼吸共命运的忧患意识和济世精神。关心现实、揭露时弊、忧国伤时、为民请命、奋起振兴，始终是贯穿中国古代散文的重大主题。

标志着散文形成初始的《尚书》，尽管内容古奥、简约，但却表现出对国计民生的关注。《周书·无逸》中，周公就告诫成王"君子所其无逸"，即君子做官不可贪图安逸，告诫人们必须重视耕种收获的艰辛和百姓疾苦。春秋战国时代，争战不休，兵戈时举，传统道德思想被打得粉碎，政治上社会上的纷争达到了极点，大批有志之士以强烈的参政意识投身社会变革，他们"各著书言治乱之事"，诸子散文中都表现了对社会弊端的忧虑，阐发了拯救民生疾苦、统辖纷乱局面的主张。汉代贾谊、晁错的政论散文，不仅总结古代圣君治世的历史经验和秦朝的覆灭教训，而且以敏锐的卓见和匡正时弊的满腔热情，将视角投向事关国计民生、政治安危等一系列重大问题，并提出切实可行的主张和措施，产生了纠正时弊、指导现实的积极作用。司马迁也自言《史记》"网罗天下放失旧闻，考之行事，稽其成败兴坏之理……欲以究天人之际，通古今之变，成一家之言"，他寓激情于历史的叙述之中，虽然以"述往事"为主，却以"知来者"为旨。唐宋的两次古文运动都主张"文以载道"、"文道合一"、"不平则鸣"，其意义都远远超过了文学的范畴。韩柳领导的中唐古文运动，就是在唐王朝经过安史之乱，元气大伤，整个国家充满了复杂矛盾之时，期望通过文风的革新，推动世风转变，最终实现国家中兴的政治文化。北宋的文学复古运动，更是在外感国耻、内怀国忧之际，以复古为旗帜来配合北宋政治变法形势的文风革新运动。元明清三代有影响的散文流派及作家，大都以改变世风为己任，写出了大批补偏纠弊、激浊扬清，为时代变革鼓与呼的优秀文章。不少山水游记也从国家命运、个人遭际出发，寓深沉于平淡，寄热情于悠闲，赞扬古人的高风亮节，吐露自己的赤胆忠魂。孟子的"生于忧患，死于安乐"，范仲淹的"先天下之忧而忧，后天下之乐而乐"，欧阳修的"忧劳可以兴国，逸豫可以亡身"等千古传诵的散文名句，既是居安思危的醒世名言，更是作者忧国忧民责任感的真实写照。

三、针砭时弊的批判精神

在表现古代仁人志士"以天下为己任"的忧患意识和济世精神的同时，中国古代散文还体现了愤世嫉俗、针砭时弊的批判精神。

历代优秀的散文作家大都出身寒微或仕途失意，他们比较广泛地接触了现实社会，对底层的人民生活有着深入的了解。坎坷的生活经历又使他们以更深切的感受剖析现实的黑暗。所以在他们的散文中，充满了对饱受痛苦煎熬的劳苦人民生活的真实反映和深切同情，更包含了对暴君污吏、奸佞小人和种种丑恶社会现象深刻的批判。

揭露和鞭笞统治阶级的腐败和暴行，是中国古代散文深刻思想性与批判精神的突出体现。代表我国历史散文最高成就的不朽巨著《史记》，就以不虚美、不隐恶的实录精神，对统治阶级乃至最高统治者进行了大胆深入的揭露和讽谏。汉高祖的狡诈残忍、吕后的凶狠毒辣都在司马迁的笔下入木三分，更为可贵的是，他把批判的锋芒直指当朝皇帝汉武帝，将其迷信方士、穷兵黩武、侈靡挥霍、大肆搜刮民脂民膏等丑行暴露得淋漓尽致，其直率而深入的战斗性、批判性，在正史中可谓史无前例。唐末皮日休在其《读司马法》中直率斥责祸国殃民的皇帝："古之取天下，以民心；今之取天下，以民命。"陆龟蒙在《禽暴》中愤怒诘问："俾生灵之众，死乎盗，死乎饥，吾不知要驭者为!"这里的"驭者"就是皇帝。明代刘基的《卖柑者说》，一语道破了元末统治者"金玉其外，败絮其中"的腐朽本质，并借他人之口道出了"盗起而不知御，民困而不知救，吏奸而不知禁，法斁而不知理，坐縻廪粟而不知耻"的黑暗现实。

暴露和批判现实社会的弊端和痼疾，也是古代散文批判精神的主要内容。《礼记》中的《苛政猛于虎》，以虎患与苛虐的暴政相比，暴露了统治阶级残酷剥削和压迫人民的罪恶；柳宗元的《捕蛇者说》，反映了沉重赋敛下农民的悲惨命运，揭示了赋敛之毒甚于毒蛇的残酷性；韩愈的《原毁》、欧阳修的《与高司谏书》、《朋党论》等，谴责封建官吏趋炎附势、陷害忠良的险恶用心；苏舜钦的《答韩持国书》，情理俱至地反映了封建官场的黑暗险恶；方苞的《狱中杂记》则揭露了清代司法制度的残酷与腐朽……可以说，从中国古代散文中，我们几乎可以看到历代社会的一切不合理现象。

另外，古代散文还辛辣地讽刺了各种庸俗世态。历代优秀的散文作品中，既有对所谓"风雅之士"庸俗丑态的描述，如明代张岱的《西湖七月半》，又有对愚蠢贪婪者的影射，如柳宗元的《蝜蝂传》；既有对恃宠而骄、虚荣狭隘之辈的嘲弄，也有对可笑可悲的色厉内荏之人的讽刺，如柳宗元的《三戒》。唐末皮日休、陆龟蒙、罗隐，明代张岱、宋濂、高启等人的小品文以及《战国策》和诸子散文中的一些篇章，都多角度多侧面地反映了社会的种种病态。

如果说自觉的忧患意识和济世精神体现了古代优秀的散文作家对时代和社会可贵的良心和责任感的话，那么，针砭时弊的批判精神则反映了他们深邃的思想和过人的胆识。正是因为他们在忧国忧民、奋起振兴和针砭时弊、扶正祛邪方面表现出了志士仁人之风，担当了他们各自可能范围里的历史使命，中国古代散文才散发出光照千古的魅力。

四、形象鲜明、委婉曲折的艺术特色

中国古代散文种类繁多，风格各异，但无论何种体裁和题材的作品，除了透露着作者强烈的投入、参与意识，寄托着自己的理想愿望、爱憎褒贬之外，都十分讲究形式的完美。它们将丰富的思想装载于美丽多趣的文字里，驱遣着丰富的想象、生动的比喻和活泼而有情致的文辞。这正是古代散文能够出色地发挥反映生活、革故鼎新、彰善瘅恶的现实作用并实现其艺术审美价值的重要原因。

在中国古代散文众多的艺术特色中，形象鲜明生动、行文委婉曲折是各种类型散文共同的、最突出的特色。鲜明的形象性首先表现在以写景状物、塑造人物形象为主的叙事抒情类的散文中。《左传》中才智见识超人的曹刿，遇难逃亡却骄性未改的重耳，崤之战时秦国君臣的骄傲轻敌，晋国将帅以国事为重的献身精神个个活灵活现、栩栩如生。《史记》中刘邦的怯懦而机智，项羽的坦率而少谋，蔺相如的深明大义，廉颇的勇于改过，酷吏张汤的残苛，官僚石建的拘谨，人人惟妙惟肖，形象生动。还有班固笔下的苏武，柳宗元笔下的段太尉，方苞笔下的左忠毅公无不个性鲜明，感人至深。另外，桃花源的世外之趣，岳阳楼的怡人之观，醉翁亭的山林之景以及泰山、褒禅山的万千气象不仅曲尽其妙，而且情景相生。其次，古代议论说理散文也十分善于托物言志、借古喻今、形象说理。先秦诸子散文虽旨在论理，但绝不枯燥议论和抽象说教，而是采用大量比喻手法和寓言故事，形象而透辟地阐明事理。墨子、荀子善于用琐细小事来比喻说理，微言大义；孟子、庄子和韩非子则长于用寓言故事和历史故事形象说理。孟子用“揠苗助长”说明养浩然之气不可急于求成；庄子用“匠石运斤”喻知音难遇之感；韩非子用“自相矛盾”说明坚持真理、实事求是地评论事物，必须剔除个人私欲的道理。他们都深入浅出地阐释了深刻的思想和哲理。而《过秦论》、《师说》、《封建论》、《阿房宫赋》、《伶官传序》、《六国论》等政论名篇则引证大量史实，借古讽今，援史弊兼揭时弊，形象具体，意味深长。

托物言志，借古喻今，借寓言故事说明深刻道理的表现手法，不仅增强了说理的形象性，而且形成了古代散文委婉曲折的艺术特色。

读优秀的古代散文经常有一种峰回路转、柳暗花明的美感享受。明明是揭露时弊，却从史实说起；看似游山观景，却意在借景抒情；说的是果木花草，却为托物言志；明是褒扬之作，却行贬抑之实。韩愈的《进学解》本欲宣泄作者的牢骚不满，却将满腹牢骚刻意出于学生之口而加以开导和反驳，欲扬而反抑，波谲云诡，曲折委婉；明代高启的《游灵岩台》，看似游记，却借描述灵岩之游，明褒实贬，巧妙地嘲弄了一伙趋炎附势的新贵；清代铁保有一篇《徕宁果木记》，表面是痛惜徕宁珍贵的水果因产地偏僻而不为人知晓和品赏，实际是为有才能而不得其用的人抱不平。这种舒缓回旋、曲径通幽的笔法，读来别有一种机趣，令人不禁击节叫好。

纵观中国古代散文，我们清楚地看到，其无论在思想内容、艺术特色，还是文体风格方面都在很大程度上体现了与现代杂文相似的特点，这就是议时论世、锋芒犀利、形象鲜明、婉曲显志，它们起到了匡正时弊、革故鼎新、推动社会进步的作用，在文学史上写下了光辉的一页。

第三节 俗文化与中国古典小说、戏曲的辉煌成就

◯宋元以来俗文化　◯话本小说　◯勾栏瓦肆　◯三言二拍　◯市民社会与市民小说　◯古代戏曲　◯几大名剧　◯南洪北孔　◯章回小说　◯明代四大奇书　◯《红楼梦》

一、宋元以降俗文化与俗文学的特点

宋元以降，随着城市经济的繁荣，俗文化与俗文学迎来了一个新的发展时期，并出现了与以往不同的特点。

从社会文化学的角度，文化一般被划分为二元结构，如人类学家雷德菲尔德的大传统、小传统划分。海外学者余英时曾说："大体说来，大传统或精英文化是属于上层知识阶级的，而小传统或通俗文化则属于没有受过正式教育的一般人民。"[①] 大、小传统或精英文化、通俗文化的划分也适用于中国文化。汉代以后，儒家思想成为主流，学统与道统互为体用，大传统或精英文化就是以士阶层（唐后为庶族地主阶层）为主体的文化，民间的一般民众的文化则属于小传统、通俗文化。与之相应，士大夫的诗、赋、古文等构成雅文学，出于民间的风谣、乐歌等"口头文学"则是所谓"俗文学"。宋元以降，由于城市商品经济的发展、市民阶层的壮大，接受对象、传播方式都有别有于以往民间文化的市井文化一跃而成为俗文化的主要表现形态，并部分整合了以往以乡村民众为主体的民间文化。关于何为"俗文学"，郑振铎认为："'俗文学'就是通俗的文学，就是民间的文学，也就是大众的文学，换一句话，所谓俗文学就是不登大雅之堂，不为士大夫所重视而流行于民间，成为大众所嗜好、所喜悦的东西。""差不多除诗与散文外，凡重要的文体，像小说、戏曲、变文、弹词之类，都要归到'俗文学'的范围里去。"[②] 以城市市民为主要接受、消费对象的古代白话小说和戏曲，宋元以后勃兴发展，成为俗文学的主要代表形式。作为流行于城市中的通俗文学，小说、戏曲的主要接受对象（听众、观众、读者）是市民阶层，小说、戏曲以文化消费的方式进入市民生活，同时它们也以现实市井社会的世俗生活或世俗化的历史为主要表现内容；与商业化的传播方式相应，娱乐性是其主要的功能。

宋元以来的市井文化是孕育小说、戏曲的母体，同时小说、戏曲也日益成为市井俗文化的重要组成部分。事实上，正是通过宋元以迄明清的市民阶层在小说、戏曲诸方面的文化消费，作为俗文化的市井文化才不断发展、递嬗，从而构成了一股与以士大夫为主体的雅文化，以"言志"、"明道"为主要功用的诗文雅文学相并而行的俗文化与俗文学潮流。与前代的俗文学形式被雅文学吸纳、转化不同的是，尽管拥有数目可观的文本，小说、戏曲却始终没有进入雅文学的行列。因此，《四库全书》辑收了虽为"末技"但一定程度上已被雅化的词、曲，而不收属于俗文学的小说、戏曲："文章流别，历代增新。古来有是一家，即应立是一类，作者有是一体，即应备是一格。斯协于全书之名，故释道外教、词曲末技，成登简牍，不废收罗。"（《四库全书总目提要·凡例》）非但如此，小说、戏曲还多次遭到了禁毁。以小说、戏曲为代表的俗文学与诗文雅文学的分流、对峙，构成了宋元以降直至鸦片战争之前我国古典文学传统后期演变上的一个显著特征。

① 余英时：《士与中国文化》，129页，上海，上海人民出版社，1985。

② 郑振铎：《中国俗文学史》，1页，北京，东方出版社，1996 。

二、话本小说的产生和发展

作为早期的白话短篇小说，话本小说源于宋代的“说话”伎艺，话本就是“说话”艺人依据的底本：“说话之事，虽在说话人各运匠心，随时生发，而仍有底本以作凭依，是为‘话本’。”[①] “说话”的方式源远流长，但“说话”在宋代才成为职业化的专门说唱伎艺，并有了固定的演出场所——瓦市。据胡士莹考证，宋代“说话”伎艺的表演场所有瓦子勾栏、茶肆酒楼等七处，而“最重要的是瓦子勾栏”[②]。“瓦子”（或称“瓦舍”、“瓦肆”、“瓦市”）作为城市中市民阶层的游艺消费场所，至迟在11世纪中叶已在北宋的京师东京开封首先出现。据宋人孟元老《东京梦华录》记载，东京开封就有新瓦子、桑家瓦子、朱家瓦子、州西瓦子、保康门瓦子和州北瓦子等六处。宋南渡以后，仅都城临安（杭州）城中的瓦子就有20余处（参见周密：《武林旧事》卷六）。每处瓦子内又设有供艺人们演出的场所“勾栏”，“说话”作为说唱伎艺的一种就在这里作场演出，而最大的勾栏可容纳上千人之多。

“说话”伎艺内部有专门的分工，由专业艺人分别演出。北宋时期有说三分（三国故事）、五代史、孟子书、讲史、小说等；发展到南宋，“说话”衍为小说（即“银字儿”）、铁骑儿、说经、讲史四家。小说用银字管伴奏，专讲“烟粉、灵怪、传奇、公案”等；铁骑儿“谓士马金鼓之事”；讲史“讲说前代书史文传、兴废战争之事”（耐得翁：《都城纪胜·瓦舍众伎》）。其中“小说话本”因题材多样，贴近市井生活最受欢迎。吴自牧《梦粱录》又将其细分为“烟粉、灵怪、传奇、公案、朴刀、杆棒、发迹、踪参”八类，涉及市井生活中的爱情婚姻、诉讼公案、发迹变泰、行侠仗义等各个方面。

说话艺人不但有分工，还组成了职业性的行会团体，如杭州有“雄辩社”（参见周密：《武林旧事》卷三）。与日益发达的“说话”演出相应，开始出现了由落魄文人组成的专为艺人编写、整理说话底本的组织——“书会”，他们本人则被称为“书会才人”或“书会先生”。一方面，他们与说话艺人的关系是帮佣的关系，通过向艺人提供脚本而获取酬劳。另一方面，原来比较粗糙的说话底本也经他们之手写定为比较成熟的定本，这时的话本既是说话艺人的底本，也是可供阅读的书面文学作品了。这些不知名的书会先生是话本小说的最早写定者。

宋代的小说话本在发展之初就是非常丰富的。宋人罗烨《醉翁谈录》著录“小说”名目就有108种，这些名目在当时应有写定之本流传，可惜现今几乎完全亡佚了。“早期的白话小说（指小说话本——引者注）几乎完全没有文献根据”[③]，今人谭正璧对其中的一些篇目作了本事考索。宋元小说话本少量幸存篇目则经过明人的润色、改写，收于明人编刊的各种选集如《清平山堂话本》、《喻世明言》、《警世通言》、

① 《鲁迅全集》，第9卷，112页，北京，人民文学出版社，1981。

② 胡士莹：《话本小说概论》，45页，北京，中华书局，1980。

③ ［美］韩南：《中国白话小说史》，杭州，浙江古籍出版社，1989。

《醒世恒言》中。根据胡士莹《话本小说概论》的判断，现存在各种集子中的原属宋代小说话本者有 40 种，属元代作品者有 16 种。

由元入明直到明代前半叶的一百多年间，话本小说处于中衰时期。明中叶后，伴随着城市商品经济的再度发展繁荣和印刷业的进步，作为通俗文学的话本终于走出低谷，迎来了新局面。洪楩和熊龙峰先后分别对宋元以来单篇流传的小说话本加以整理，洪氏编刊了第一部话本小说总集《清平山堂话本》，熊氏则以单本形式刊行。与此同时，热心于通俗文学的文人开始模拟小说话本的形式进行创作，于是，完全供案头阅读的所谓"拟话本"便产生了。以明天启年间冯梦龙编刊《古今小说》(《喻世明言》)、《警世通言》、《醒世恒言》，崇祯年间凌濛初编刊《初刻拍案惊奇》、《二刻拍案惊奇》，陆人龙、陆云龙兄弟编刊《型世言》以及同一时期出现的诸如《西湖二集》、《欢喜冤家》、《鼓掌绝尘》、《石点头》、《鸳鸯针》等拟话本专集为标志，话本小说达到了前所未有的高峰。这其中冯氏编刊的"三言"具有里程碑意义，它们为通俗文学的话本小说奠定了文学史地位。"三言"(每部 40 篇，共 120 篇) 以改编宋元旧作为主，少数为独立创作，实际由话本小说和拟话本两部分组成；凌氏"二拍"(80 卷 80 篇，一卷杂剧，另有一篇重出，实 78 篇) 已纯是拟话本；陆氏"一型"(10 卷 40 回) 是完全的独立创作。内容上，"三言"以摹写世情居多；"二拍"以暴露社会问题为主；"一型"则侧重描写明末时局。

入清后仍不断有文人加入拟话本的创作中来，作品数量繁多，同时案头化趋势更加显著，已逐渐脱离了最初"说话"的形式，代表作品有李渔创作的带有一定自传性质的《无声戏》和《十二楼》。另一方面，道德惩戒色彩的不断加强超出了故事本身的娱乐价值，也使拟话本小说不复具有市井生活的鲜活气息了。至康乾年间，话本小说便已出现了颓势，杜纲撰写于乾隆年间的《娱目醒心编》为了"醒心"，满纸训谕，诰诫连篇，已完全远离了话本小说的俗文学性质，实难以"娱目"了。此后，虽仍有拟话本小说产生，但已难挽颓势而衰落下去了。

三、宋元话本、明人拟话本中所见市井心态、观念

宋代"说话"中，以"小说"、"讲史"两家最受欢迎，影响最大。宋元话本小说在说话艺人、书会才人和作为听众、读者的市民之间不断的双向反馈中，形成了具有明显世俗化、市井化倾向的趣味品格，折射出市民阶层共同的意识观念和心理趋向。不仅在小说话本中，商贩匠人、帮工伙计、掌柜主管、风尘女子、小家碧玉、落魄书生甚至强盗偷儿这些活跃于市井的"小人物"都理所当然地成了主人公，就连讲史话本中的帝王将相也是以市民阶层的意识眼光塑造出来的市井化、平民化的形象，完全脱落了正史中的高贵威武之相。

从可以考知的小说话本的内容看，以描写男女情爱故事的"传奇"一类为最多，计有 32 种，其次是专讲刑狱诉讼故事的"公案"。因此，宋元小说话本的内容正可以"春浓花艳佳人胆，月黑风高壮士心"(罗烨:《醉翁谈录》) 来概括。

在市井细民的婚姻观念中，"父母之命，媒人之约"已不再是绝对恪守的。那些

私订终身的情爱故事又往往突出了女子的大胆、主动，即所谓“佳人胆”。像《闹樊楼多情周胜仙》中的贩海商人之女周胜仙，与开酒店的范二郎一见钟情，为了范二郎死过两次，甚至死后鬼魂仍与范相会。《崔待诏生死冤家》中的裱糊匠人的女儿璩秀秀也是这样一位主动、多情的市井女子，在咸安王府中做佣人的她爱上了同在王府中的碾玉匠人崔宁，一日王府失火，混乱中璩秀秀主动约崔宁私奔：“比似只管等待，何不今夜我和你先做夫妻，不知你意下如何？”后来两人被发现抓回，秀秀被杀，崔宁发配，但秀秀的亡灵赶上他，与不明内情的崔宁再结合，待崔宁得知真相后秀秀便一起拉他到阴间做了夫妻。很明显，在话本作者看来，不论以何种方式结合，只要情真意切，甚至能超越生死。与此同时，宋元小说话本也从男女之欲是难以违反的天性角度肯定其合理性，并在婚姻观念中表现为早婚、早嫁的观念。《戒指儿记》入话诗奉劝家长：“好姻缘是恶姻缘，莫怨他人莫怨天。但愿向平婚嫁早，安然无事度余年。”并说：“这四句奉劝人家的，早些毕了儿女之债。常言道：男大须婚，女大须嫁；不婚不嫁，弄出丑吒。多少有女儿的人家只管要拣门择户、扳高嫌低，耽误了婚姻日子。情窦开了，谁熬得住？男子便去偷情嫖院，女儿家拿不定定盘星，也要走差了道儿，那时悔之何及！”

“摘奸发复，雪枉洗冤”的公案小说实际上也往往是以两性关系作穿插线索或将男女离合死生事件置于刑案背景之下。《简帖和尚》讲一个洪姓奸僧设计利用官府的昏聩和丈夫的猜忌，将他人之妻逼入自己怀抱，故事的最后直到和尚因骗财之事败被缉拿，夫妻才消除了误会，破镜重圆，从反面证明了夫妻间相互信任的重要性。

变泰发迹是市民人生价值的一个重要的取向。《红蜘蛛》里的郑信由店铺主管而成节度使，《赵伯升茶肆遇仁宗》中的赵旭一天之间由茶楼吹笛卖艺的艺人成为西川五十四州都制置使，这些时来运转、一日王侯的故事折射了现实中市民阶层社会政治地位的低下。现存讲史话本有元刊《全相平话》、《大宋宣和遗事》等约十种。[①] 讲史话本虽然讲的是历史上的人和事，但仍是从市井细民的眼光和立场来打量的，这些故事中最能打动市民听众、读者的也莫过于那些帝王将相是如何由一介细民而变泰发迹的故事。如果说小说话本如《红蜘蛛》中的变泰发迹故事尚且有着很大的偶然性的话，那么，讲史话本中这些原本就是市井细民或乡野村夫出身的帝王发迹故事无疑就更有吸引力、说服力了，它们至少使市民可以在平视王侯的接受中获得心理上的满足。

历史人物成为市民意识观念的载体的同时，讲史话本也以市民道德化的历史观诠释着历史兴亡的规律。《三国志平话》表明了这种历史因果轮回观：被刘邦杀掉的功臣韩信、彭越和英布转世为曹操、刘备和孙权，三分了刘家天下。

明代拟话本仍以表现市井细民的凡俗生活为主要内容，宋元话本曾出现过的烟粉、神仙、朴刀、杆棒等题材几乎绝迹了。比之前代，明代市民阶层的凡俗世界中更多务实的倾向，“三言”（《喻世明言》、《警世通言》、《醒世恒言》）书名意在阐明、警示的即是市民阶层的实用伦理。首先是婚姻观念中的贞节观松动、淡漠化了。在描写一个小商人之家夫妻离合故事的《蒋兴哥重会珍珠衫》中，蒋兴哥年轻貌美的妻子在

① 参见程毅中：《宋元话本》，41页，北京，中华书局，1980。

丈夫外出经商时受骗失身他人，进而贪于情欲而失节，其后虽为此付出了代价，却仍获得一个良好结局。《况太守断死孩儿》认为“孤孀不是好守的”，与其苦守志节终受诱惑“到不如明明改嫁个丈夫”。

随着明代城市经济的繁荣，市民阶层务实功利的价值取向更多地表现为对财富的追逐。因此，明代拟话本中描写商人生活的作品不但很多，而且故事中的商人形象也越发趋于正面。《杨八老越国奇逢》中“单道为商的苦处”，“人生最苦为行商，抛妻弃子离家乡。餐风宿水多劳役，披星戴月时奔忙。水路风波殊未稳，陆程鸡犬惊安寝。平生豪气顿消磨，歌不发声酒不饮。少赀利薄多赀累，匹夫怀璧将为罪。偶有小恙卧床帏，乡关万里书谁寄?”诚信不欺的商业伦理也受到正面肯定。《施润泽滩阙遇友》写两个商人施复和朱恩间的友谊，而《桂员外途穷忏悔》中的商人桂富五则因忘恩负义的行为受到惩罚。与此同时，不少作品也反映出当时普遍存在的渴望暴富的投机心理。《转运汉巧遇洞庭红》中的文若虚、《叠居奇程客得助》中的程士宰就是当时海外经商活动中的暴发户的写照。前者本是个穷困潦倒的“倒运汉”，被迫出海冒险却无意间骤成巨富；后者则在海神仙女的帮助下获得巨利。一方面是对财富的追逐，另一方面在市井民众的生活中，金钱的力量也越发凸显出来。《陆五汉硬留合色鞋》中被卷入一件杀人案中的张荩，靠银两打通狱卒的关节而终于找到了自己无罪的证据。《卖油郎独占花魁》则写出了金钱力量和感情的纠结。卖油郎秦重看上了花魁娘子莘瑶琴后想道：“我闻得做老鸨的，专要钱钞。就是个乞儿，有了银子，他也就肯就接了，何况我做生意的，青青白白之人。若有了银子，怕他不接!”经过一年多的辛苦积攒，秦重终于得以接近莘瑶琴。金钱是秦重接近莘瑶琴的必要条件，但最终却是靠着体贴和关爱战胜了世俗的金钱力量，赢得了这位周旋于公孙王子之间的花魁娘子的芳心。

市民阶层是在宋元以来城市经济发展的基础上兴起的，但直到明清时期都未能发育成为一个独立自为的阶层，始终处于统治阶级的依附地位。中国古代市民阶层的这一特点也为宋元以来的市井俗文化深深打上了内在矛盾歧异的烙印。一方面是肯定欲望的合理、感性的解放，呈现为一个鲜活的酒色财气的世俗世界，另一方面却是因政治地位天然低下带来的主体人格的隳沉和失落。宋元话本和明人拟话本小说在价值判断上也无可避免地陷入了劝惩悖论的怪圈，因此，因果报应的观念作为各种题材故事表现出来的最有代表的趋同性的民间信仰，也就无足为怪了。

四、古代戏曲的形成、成熟和发展

我国的民族戏剧经过漫长的萌芽、孕育阶段，至宋代随着市井文化的勃兴而形成。其集音乐歌唱、舞蹈动作和艺术于一身，习惯上称为“戏曲”，换句话说，入宋后，作为泛戏剧形态的歌舞百戏、滑稽戏等在市井瓦舍搬演的同时，也在市井文化这一温床的孕育下出现融合趋势。宋杂剧已在唐代参军戏（一种两个角色的滑稽戏，“参军”是逗角，另一个捧角叫“苍鹘”）的基础上发展出多个角色。周密《武林旧事》记载宋代“官本杂剧段数”有 280 种，今皆不传。北宋灭亡后，宋杂剧南下北上一分为二。在南宋与金对峙的金代，其在北方衍化为金院本，据元人陶宗仪《南村辍耕录》记载，有院本名目690种，同样不传。南下宋杂剧等与南方地方音乐、民间小戏融合而成我国戏曲史上最早的戏曲形式——南戏。南戏的出现标志着我国戏曲的正式形成[①]，它已初步将歌唱、舞蹈、念白、动作融为一体，角色有生、旦、外、贴、丑、净、末，但剧本结构比较松散自由，场次安排、搬演内容也有很大的随机性。而在北方，以金院本和北方音乐为基础的一种戏曲也迅速成熟起来，在金末元初之际已发展定型，这就是元杂剧或称北曲杂剧。元杂剧标志着戏曲的真正成熟，它在元统一中国后立即迎来了中国戏曲兴盛的第一个高峰，在短短几十年里，剧作家就达200多人，有剧目可考的作品600余种（今存约160种）。南戏虽然早于元杂剧产生，但由于作为雅文学一部分的宋词的流行和文人对南戏的普遍轻视，一直处于民间自发状态；而金元易代使大批知识分子成为民间的书会才人，加入到元杂剧的创作中来，这是元杂剧得以在民间伎艺的水平上迅速成熟的一个重要原因。体制上元杂剧也比南戏成熟，以四折（折，相当于现代的“幕”或“场”）组织剧情，音乐体制上的“曲牌联套”也远胜散漫的南戏。因此，随着元统一全国，元杂剧挟势南下，红遍南北。到14世纪初期，元杂剧达到鼎盛，除了拥有关汉卿、王实甫、白朴、马致远这样的大家及其具有深远影响的作品如《窦娥冤》、《西厢记》、《墙头马上》、《汉宫秋》外，更有杨显之、康进之、高文秀、纪君祥等一大批优秀作家及作品。

元杂剧表现广阔的社会生活，时事公案剧、爱情家庭剧、历史风俗剧、神仙道化剧等一应俱全；帝王后妃、忠臣义士、草莽豪杰、商人官吏、贩夫走卒、小姐娼妓尽入戏中。《西厢记》、《拜月亭》、《墙头马上》、《倩女离魂》以及《张生煮海》、《柳毅传书》这些爱情剧中展示了崔莺莺、王瑞莲、李千金、张倩女等众多敢爱敢恨的女性形象。而《赵盼儿风月救风尘》（关汉卿）、《李素兰风月玉壶春》（武汉臣）、《江州司马青衫泪》（马致远）、《逞风流王焕百花亭》（无名氏）这些描写士子、商人和妓女的三角恋爱剧，则客观上反映了元代商人和士人地位的历史变迁，剧中塑造的理想化的风尘女子形象和文士最终胜利的结局，无疑是文学对现实的超越和补偿，有着剧作者的强烈主观色彩。[②] 因而，元杂剧中的文人形象也大多是与现实相疏离的落拓者。[③]早期南戏较少有作品传世，《张协状元》一般认为是宋人作品，是一个富贵负妻终又大团圆的故事，反映了市井民众的道德是非观。元末明初南方的书会才人编撰成《荆钗记》、《刘知远白兔记》、《杀狗记》、《拜月亭记》等所谓“四大南戏”。《荆钗记》对“节妇”钱玉莲、“义夫”王十朋的歌颂，《刘知远白兔记》中的“变泰发迹”，《杀狗记》所提倡的“亲睦为本”、“妻贤夫祸少”，都有浓厚的市井观念色彩。

据统计，宋元南戏剧目有330余种，完整传本有10余种；元杂剧剧目约有730种，现存约有240种。早在一二百年前，关汉卿的《窦娥冤》、王实甫的《西厢记》

① 王国维曾说：“南戏出而变化更多，于是我国始有纯粹之戏曲。”见《宋元戏曲史》，155页，上海，华东师范大学出版社，1995。

② 参见郑振铎：《论元人所写商人、士子、妓女间的三角恋爱剧》，见《郑振铎文集》，第5卷，北京，人民文学出版社，1988。幺书仪：《爱情剧与元代妇女、儒生的社会地位》，见《元人杂剧与元代社会》，北京，北京大学出版社，1997。

③ 参见吴秀卿：《元剧中的文人形象》，见《小说戏曲研究》，第2集，台北，联经出版事业公司，1989。

就已远播法国、日本，纪君祥的《赵氏孤儿》更受到伏尔泰和歌德的赞誉，李潜夫的《灰阑记》也已在百年前就有了法文和德文译本，现代表现主义戏剧大师布莱希特甚至还据之改编成《高加索灰阑记》。

元杂剧繁荣了近一个世纪，之后，从明代中叶开始的传奇繁荣又迎来了中国戏曲的又一黄金时代。“传奇”是宋元民间南戏的文人化作品。早在元末，南戏就已开始吸收杂剧的长处完善提高，元明之际高明的《琵琶记》就是南戏渐趋定型化的代表作品。然而，从明初到嘉靖150多年里，却是宫廷化、贵族化的杂剧占据着剧坛，传奇远远不及杂剧繁盛。进入中叶后，适应城市经济的再度发达和市民阶层的文化需求，传奇和杂剧的创作都出现了新局面，数十年间，先后出了梁辰鱼、李开先、汤显祖、徐渭、康海等一批优秀的传奇、杂剧作家。此时传奇的体制不但进一步完善，全国各地更有多种声腔传播流布，徐渭《南词叙录》记载了嘉靖时各种声腔的渊源流传情况：“今唱家称弋阳腔，则出于江西，两京、湖南、闽、广用之；称余姚腔者，出于会稽，常、润、池、太、扬、徐用之；称海盐腔者，嘉、湖、温、台用之。惟昆山腔止行于吴中。”起初诸声腔中弋阳腔和海盐腔影响最大，昆山腔晚出，但因“流丽悠远出乎三腔之上，听之最足荡人”，特别是经过民间音乐家魏良辅吸取其他声腔长处改革之后，很快成为影响远及北京的戏曲音乐。梁辰鱼随之率先以改革后的昆腔创作了第一个昆曲剧本《浣纱记》。《浣纱记》又名《吴越春秋》，以范蠡和西施的恋爱故事为中心线索，抒发了越兴吴亡的历史之感。《浣纱记》剧获得成功后，吸引了大批文人致力于昆山腔传奇的创作，从此奠定了昆曲在我国戏坛上300年的地位；而此时包括昆山腔传奇在内的各类传奇不下600种，极一时之盛。与此同时，杂剧创作虽渐益案头化但也出现新变。康海的《中山狼》、王九思的《杜甫游春》都是代表性的文人抒情、讽刺之作。明中叶后杂剧体制上也发生变化，吸收了传奇的一些表现形式，结构短化不限于四折，甚至出了完全用南曲的“南杂剧”。此期最有影响的杂剧作家是徐渭，他的《四声猿》是将四个故事分别用南、北曲合写而成的剧本：用北曲的《狂鼓史渔阳三弄》，一折，写祢衡在阴间痛骂曹操的故事，表现了对权贵与礼教的蔑视；《玉禅师翠乡一梦》，二折，也用北曲，揭露佛门禁欲主义的虚伪；《雌木兰替父从军》（二折，北曲）、《女状元辞凰得凤》（五折，南曲）是两个女扮男装的故事，一武（花木兰）、一文（黄崇嘏）颂扬了女子的才智。无论内容还是体制上，《四声猿》都颇具独创性。

明代万历后戏剧发展进入后期。后期的传奇分化为以江苏吴江人沈璟为代表的“吴江派”和以江西临川人汤显祖为代表的“临川派”。汤显祖的代表作是以海盐腔写就的《玉茗堂四梦》（又称《临川四梦》），包括《紫钗记》、《牡丹亭》、《邯郸记》、《南柯记》四部传奇。特别是《牡丹亭》深化了传奇中的爱情主题，对封建宗法家庭关系和禁锢人心的礼教提出了挑战。剧中因情而死又因情而复生的女主人公杜丽娘是继《西厢记》中的崔莺莺之后又一光彩照人的女性形象。

明末清初，伴随着反宦阉斗争和王朝更替的社会大动荡，表现时代的社会政治风貌成为传奇创作中的一个集中主题。以李玉为代表的苏州派作家，把这一时期苏州政治舞台上发生的市民阶层的抗暴斗争直接写入剧中，《清忠谱》成功地塑造了以颜佩韦为代表的五位市民英雄——“五义士”的形象，再现了苏州市民与魏忠贤阉党斗争的历史风貌。明末清初另一位活跃的传奇作家是李渔，著有《笠翁十种曲》，以爱情剧为主，丰富了喜剧艺术的表现手法。清初的杂剧多以风云之笔宣泄陵谷变迁的沧亡之痛，吴伟业的《通天台》、陆世廉的《西台记》、王夫之的《龙舟会》都是忧愤之作，但这些作品多为“案头之曲”，难以搬演。清中叶以后，传奇、杂剧都渐入衰微，嘉庆后虽仍不断有杂剧作品产生，但已名存实亡了。康熙年间，由南洪（昇）、北孔（尚任）创作的历史剧《长生殿》和《桃花扇》成为清代传奇的最后高峰。

《长生殿》写成于康熙二十七年（1688），《桃花扇》成于康熙三十八年（1699）。《长生殿》是洪昇“经十余年，三易稿而始成”的呕心沥血之作。对这部长达五十出的以唐明皇和杨贵妃爱情故事为题材的大型历史传奇，洪昇自言其创作意图是“乐极哀来，垂戒来世，意即寓焉”。第一出《传概》中又说：“今古情场，问谁个真心到底？但果有精诚不散，终成连理。万里何愁南共北，两情哪论生和死。笑人间儿女怅缘悭，无情耳。感金石，回天地，昭白日，垂青史。看臣忠子孝，总由情至。先圣不曾删郑、卫，吾侪取义翻宫、徵。借太真外传谱新词，情而已。”因此，《长生殿》的基本主题是唐明皇和杨贵妃的生死情爱，即所谓“钗盒情缘”。另一方面作品也围绕这一线索如实描绘了安史之乱前后的社会历史，特别是借李龟年的《弹词》抒发了历史兴亡之感。

孔尚任的《桃花扇》也是一部“借离合之情，写兴亡之感”的大型历史传奇。它以明末复社文人侯方域与秦淮名妓李香君的悲欢离合为线索，串演了南明王朝灭亡的历史悲剧。孔尚任在《桃花扇小引》中说：“《桃花扇》一剧，皆南朝新事，父老犹有存者。场上歌舞，局外指点，知三百年之基业，隳于何人？败于何事？消于何年？歇于何地？不独令观者感慨涕零，亦可惩创人心，为末世之一救矣。”

《长生殿》、《桃花扇》既是古典历史剧的典范之作，也是传奇的最后高峰，这之后传奇的地位逐渐被各地兴起的地方戏取代。鸦片战争后，在这些声腔花杂不纯的“花部”地方剧种基础上，又形成了中国近代戏曲的代表剧种——京剧，我国的戏曲又进入了另一个阶段。据不完全统计，现存明清传奇有二千五六百部之多，明清杂剧也有一千六百余目。

我国的戏曲有着独特的发展史，从它正式形成时起，它的戏剧形式就处在不断演变、发展的过程中。元杂剧的兴盛是第一个高潮，而明清传奇则又成为明清两代剧坛的新盟主，杂剧、传奇各领风骚数百年后，各地方戏中又孕育出了新的艺术萌芽。与此同时，在各新兴剧种兴盛之时，其他既有剧种也并不消亡，因此，城市与乡村间的聚合、辐射，各种剧种的兼容并蓄、多元演进构成了我国古代戏曲发展史上的独特风貌。

五、长篇章回体小说的形成和发展

古代长篇小说的章回体制由“说话”四家中的“讲史”而来。元代已出现书面化的讲史话本，即平话，“平”通“评”。平话体制上分卷，每卷下分目，已具备了章回小说的雏形。从宋元平话到第一部成熟的章回体小说《三国志通俗演义》经历了上百年的积累过程。宋元时期，我国的戏曲逐渐发展成熟，在积累成书的过程中，戏曲作品中的相关题材也被吸纳进来。最初产生的长篇章回体小说，从《三国志平话》、金元三国戏到《三国志通俗演义》，从《大宋宣和遗事》及相关水浒戏到《忠义水浒传》都是在经历了长期积累的基础上最后才由文人写定的。《西游记》一般认为是由积累型向文人独立创作的一个过渡，经胡适、鲁迅考证作者是淮安人吴承恩，但此说近来已受到有力质疑①，而《金瓶梅词话》是否为文人独立创作目前学界也仍有不同意见。但无论如何，由积累型的集体创作到文人独立创作是长篇章回体小说发展的必然趋势。

按照题材类型，长篇章回体小说可划分为广义的历史演义、英雄传奇、神魔、人情、讽刺、公案六类或狭义的讲史（包括英雄传奇、公案侠义）、世情（包括人情和讽刺）、神魔三类。②《三国演义》、《水浒传》、《西游记》、《金瓶梅》这四部小说被称为“四大奇书”，题材内容上分属历史演义、英雄传奇、神魔小说和世情小说。明代中叶它们以完整形式流传开来，其后产生的数量众多的同类题材小说没有一部可以与其相颉颃，直至清代乾隆年间《红楼梦》的出现，古代长篇章回体小说才达到了高峰。

《三国志通俗演义》正式刊刻于明代嘉靖元年（1522），由不足6万字的《三国志平话》发展为近60万字的鸿篇巨制，作为《三国演义》作者的写定者罗贯中，其生平事迹史无记载。据有限材料，他名本，字贯中，号湖海散人，太原人而定居杭州，主要活动于元末，除《三国演义》外，还有《隋唐志传》、《残唐五代史演义》、《三遂平妖传》及杂剧《宋太祖龙虎风云会》。

从《桃园英雄三结义》到《王濬计取石头城》，《三国演义》描写了自汉灵帝刘宏中平元年（184）到西晋武帝司马炎太康元年（280）近一百年间的历史画卷，它一改《三国志平话》中韩信、彭越、英布“三分天下”和“刘渊兴汉巩皇图”的因果轮回的叙述框架，而把三国的历史描绘成为一幕真正的历史悲剧：以蜀汉刘备、诸葛亮为代表的“仁君贤相”事业遭到不可避免的失败。《三国演义》的历史观、价值观集中体现在全书的“尊刘贬曹”的思想倾向上。这一倾向既体现着罗贯中的主观精神（《宋太祖龙虎风云会》中《雪夜访普》与《三国演义》中的《三顾茅庐》正相仿佛，可见罗氏对仁君贤相的推崇），也反映了宋元以来广泛存在于广大民众之中的以三国蜀、魏、吴鼎立比附宋、辽、金的社会心理，特别是元末明初社会大变乱、汉民族绝续存亡之际的民族忧患意识。正是基于此，全书以仁德礼天下的蜀汉刘备集团代表正义的力量，一反“成者王侯败者贼”的实用伦理标准，对司马氏的统一全国持否定态度。《三国演义》在史传基础上营造的小说世界真实生动地再现了汉末以来各种势力集团间的政治、军事和外交方面的矛盾斗争，其中所积淀的丰富的历史文化内涵、智慧谋略至今仍给后人以深刻的启迪。

《三国演义》嘉靖元年的刊本没有流传下来。清康熙年间毛纶、毛宗岗父子对《三国演义》作了增削，此后三百年间毛氏评改的《三国演义》一直被作为通行的定本接受。

---

① 参见章培恒：《百回本西游记是否吴承恩所作》，载《社会科学战线》，1983（4）。

② 参见齐裕等：《中国古代小说演变史》，8、19页，兰州，敦煌文艺出版社，1990。

水浒故事在元代已定型，但《水浒传》成书的信息是在明代嘉靖年间由李开先在其《词谑》中首次透露的，而最早由明人高儒《百川书志》著录，题“《忠义水浒传》一百卷，钱塘施耐庵底本，罗贯中编次”。以今日著作权观念看，施应是第一作者（写定者），其生平材料尚无可考者，大略是一个落拓失意的下层文人，年代比罗贯中略早。

这部以“替天行道”为口号、与官府作对的作品，长期以来被看成是歌颂农民起义的伟大史诗。事实上，关于《水浒传》这一性质的先入为主的判断，既缺少外在的证据，也在文本内找不到有力的支撑。历史上的宋江起义不是农民起义。《宋史》、李埴《皇宋十朝纲要》、徐梦莘《三朝北盟会编》、李焘《续资治通鉴长编》、王称《东都事略》、方勺《泊宅编》、《青溪寇轨》这些正史、野史、笔记的记载中，都只提到宋江起义的时间、地点、规模和结局方面，没有一条提及起义的原因和性质。在水浒故事聚合成型的讲史平话《大宋宣和遗事》中也没有宋江起义是农民起义的任何证据。当然，《水浒传》是小说，不能与历史上的宋江起义事件完全等同起来。但《水浒传》描写的梁山聚义首领中，真正农民出身的只有李逵和陶宗旺，加上渔户阮氏三兄弟、猎户解珍和解宝也只不过占108位中的不足十分之一；其次在少华山、桃花山、清风山、对影山、浔阳江、揭阳岭等书中提到的各处占山为王的众好汉中，有手工业者、江湖浪子、下层官吏、屠户店家、被俘军官等，也几乎没有农民；最后梁山泊的政治口号“替天行道”针对的也不是农村的封建土地所有制问题。可见，《水浒传》描写的起义军不是农民武装，而是由各个阶层，主要是受压迫的下层民众共同组成的一支造反大军。因此，《水浒传》的思想意识不是单一的，既有属于大传统的儒家忠孝意识，也有属于小传统的市民意识、游民（流民）意识。[①]“《水浒传》所表现出来的精神特征，最突出的如江湖义气、复仇观念，以及对女性的畸形偏见，其实都是流民的意识。”[②]

《水浒传》成书后不断发展出文繁事简和文简事繁两种版本系统，它们在明末清初的金圣叹批改的托名“贯华堂所藏古本”的七十回本出现后，几近绝迹了。金圣叹将繁本（文繁事简本）从七十一回后拦腰砍去，合原来“引子”和“第一回”为“楔子”，正文从原第二回开始。金圣叹腰斩《水浒》的功过一直是《水浒》研究史上一件争论不休的公案。

明代“四大奇书”之一的《西游记》也是世代积累型的长篇小说，现存《西游记》一百回本以万历金陵世德堂刊本为最早，未署作者。胡适、鲁迅推定小说的作者或最后写定者是明代淮安（属江苏）人吴承恩，不论《西游记》的最后著作权是否归于吴承恩名下，与《三国演义》、《水浒传》这两部书相比，《西游记》无疑表现了更鲜明的个人风格，它将唐僧西天取经的历史宗教故事变成了一个极富想象力的诙谐怪诞的虚构的文学世界。

关于《西游记》的主题历来众说纷纭。鲁迅在其《中国小说史略》中曾概括清人

---

① 参见喻朝刚：《评价〈水浒〉的几个问题》，载《吉林大学学报》，1983（6）。

② 石昌渝：《中国小说源流论》，327页，北京，三联书店，1994。并参见王学泰：《论〈水浒传〉中的主导意识——游民意识》，载《文学遗产》，1994（5）。

的看法："或云劝学，或云谈禅，或云讲道"，而鲁迅先生本人认为《西游记》是一部"游戏之作"，并无明确寓意。《西游记》借神魔世界反观人间，在谐趣之中暗寓讽刺，"虽述变幻恍惚之事，亦每杂解颐之言，使神魔皆有人情，精魅亦通世故，而玩世不恭之意寓焉"①。像猪八戒的贪恋女色、自作聪明，对大师兄孙悟空的心怀嫉妒，永远放弃不了私心——甚至在耳朵眼儿里藏了五钱银子的私房钱，都是对人性弱点的幽默揭露。《西游记》对百无一能又献身取经这一伟大事业的唐僧更是极尽揶揄。即便是"西方净土"世界也因唐僧等未曾准备"人事"而不肯拿出真经，最后以唐僧献出化缘所用紫金钵才算皆大欢喜。其他如玉皇大帝"庄严妙相"下的专断凶狠，太上老君、太白金星的自私虚伪也无一不是人间世情的写照。

《西游记》中最吸引人的形象无疑是神猴孙悟空，他甚至可以说是这部小说的真正主人公，他由一个藐视天条的造反野神历经诸多考验终于修成正果。

作为一部神魔小说，《西游记》以其丰富的艺术想象力描绘了一个光怪陆离的神魔世界，塑造了众多的神话形象，一定程度上填补了由于中国史诗的欠发达而留下的神话文学的空白，不但代表着神魔小说的最高成就，在整个文学史上也具有特殊的意义。

"四大奇书"中成书最晚的《金瓶梅》开启了古代人情小说的帷幕。《金瓶梅》是篇"市井文字"（张竹坡语），它由历史、神魔世界转为现实人生，由帝王将相、英雄豪杰、神魔仙怪转写市井中的凡俗男女、三教九流。作为第一部描绘市井家庭日常生活的长篇小说，它的成书晚于《西游记》，向来有"嘉靖"、"万历"两说，目前尚无定论。在成书方式上，有学者认为《金瓶梅》也是经历了民间积累过程后由文人写定②，但一般认为它是第一部文人独立创作的长篇小说。《金瓶梅》最初在南方文人圈内以抄本形式流传，现存最早刻本是有万历四十五年（1617）序文的《金瓶梅词话》，它在20世纪30年代由书商在山西发现。《金瓶梅词话》的作者，在由"欣欣子"所作序文中被说成是"兰陵笑笑生"，"欣欣子"和"笑笑生"可能是同一人。在备选作者名单中，已开列了王世贞、贾三近、李开先、屠隆等不下30人，目前尚无定论。

《金瓶梅》由《水浒传》中西门庆、潘金莲故事引发开来，描写了破落户西门庆的变泰发迹史，书名各取书中三个女人潘金莲、李瓶儿、庞春梅名字中的一个字而成。它的叙事时间始自北宋徽宗政和二年（1112），终至南宋建炎元年（1127），实际反映的却是晚明时代的社会现实。"中世以降，道德之意泯矣，惟声与利可以惊动世俗。"（田汝成：《西湖游览志余》卷十二）城市商业的发达使封建伦理规范的温情面纱被赤裸裸的欲望所取代，官商勾结、权钱交易是这一时期突出的时代特征。西门庆的发迹也正是循着以金钱买通特权再攫取更多的金钱这一路数而来的，处于高峰时期的西门庆曾夸口说："咱闻那佛祖西天，也止不过要黄金铺地，阴司十殿，也要些楮镪营求。咱只消尽这家私广为善事，就使强奸了嫦娥，和奸了织女，拐了许飞琼，盗

① 《鲁迅全集》，第9卷，165页，北京，人民文学出版社，1981。

② 参见潘开沛：《〈金瓶梅〉的产生和作者》，见《论金瓶梅》，76～82页，北京，文化艺术出版社，1984；徐朔方：《论〈金瓶梅〉》，见《论金瓶梅》，137页，北京，文化艺术出版社，1984。

了王母的女儿，也不减我泼天的富贵!”

但这个蔑视一切伦理、相信金钱万能的市民阶层的暴发户内心深处却仍然存在着自卑心理，不期然地表现出对传统的“士、农、工、商”四民排序中“士人”的向往——他对尚处于怀抱中的官哥儿（李瓶儿所生）说：“儿，你长大来还挣个文官，不要学你家老子做个西班出身，虽有兴头，却没十分尊重。”这一自卑心理还表现在其性征服过程中的潜在的社会角色互易心理，如他与林太太的关系就与一般的猎取女色不同。与此同时，《金瓶梅》还把笔触伸向社会各个角落，描绘了上自宰相、中层官僚下至帮闲、混混、尼姑、妓女等各种市井人物的众生相。

欣欣子在序文中明确说此书的宗旨是“明人伦，戒淫奔，分淑慝，化善恶”。应该说这并不是一个幌子，而确是欣欣子（即笑笑生）的价值立场，即是站在传统惩戒的立场上的。因此，他才以潘、李、庞这三个死于贪欲的女人名字为书名，并把整个故事纳入一个“寓言”的框架：让纵欲的西门庆死于纵欲的潘金莲之手。让西门庆幻化为自己的遗腹子孝哥，以证明“唯孝能赎百恶”。《金瓶梅》是笑笑生的“愤世”之作。

西门庆并不是“资本主义精神”的代表。如果说西门庆是晚明市民阶层中的商人代表，那也只能说明，即使到了晚明，作为一种社会势力的市民阶层仍然不是独立自为的，其勃兴之时就是更深地卷入封建特权的腐败之时。西门庆性征服的自我确证方式及最终的纵欲亡身，也都只能象征着他所代表的社会力量的东方主义特征及其自我否定。

《金瓶梅》先后被人们标上“自然主义”、“现实主义”、“批判现实主义”等各种标签。《金瓶梅》是写实主义的。20 世纪 30 年代郑振铎先生就曾说：“在《金瓶梅》里所反映的是一个真实的中国的社会。这社会到了现在，似还不曾成为过去。要在文学里看出中国社会的潜伏的黑暗面来，《金瓶梅》是一部最可靠的研究资料。”①

《金瓶梅》之后出现了一些人情小说的学步之作，像《醒世姻缘传》（西周生辑著）、《歧路灯》（李海观著）、《林兰香》（随缘下士编辑）等，这股潮流一直延续到清初的才子佳人小说，这一切似乎都是为另一部巨著《红楼梦》的出现做着百年的积累。随着清代乾隆年间《红楼梦》抄本的流传，也宣告了中国古典小说高峰的来临。

“字字看来皆是血，十年辛苦不寻常。”《红楼梦》是中国 18 世纪的一位名叫曹雪芹的文学巨匠“披阅十载，增删五次”的呕心沥血之作。曹雪芹（1715? —1763 或 1764），名霑，字梦阮、雪芹。“君子之泽，三世而斩”，因与康熙帝有着不同寻常的关系，曹家这个南京城中显赫的百年望族，随着从康熙到雍正朝廷政治风云的变动而走向毁灭。在家族命运的崩陷过程中，少年曹雪芹经历过一段“锦衣纨袴、饫甘餍肥”的生活。《红楼梦》是历经人世沧桑的曹雪芹晚年忏悔之作，他在《红楼梦》中阐述自己的创作宗旨说：“因曾历过一番梦幻之后，故将真事隐去，而借‘通灵’之说，撰此《石头记》一书也。……今风尘碌碌，一事无成，忽念及当时所有之女子，一一细考较去，觉其行止见识，皆出于我之上。我堂堂须眉，诚不若彼裙钗哉？实愧则有余，悔又无益之大无可如何之日也！当此，则自欲将已往所赖天恩祖德，锦衣纨

① 郑振铎：《谈〈金瓶梅〉》，见《论金瓶梅》，49 页，北京，文化艺术出版社，1984。

绔之时，饫甘餍肥之日，背父兄教育之恩，负师友规谈之德，以至今日一技无成，半生潦倒之罪，编述一集，以告天下人：我之罪不免，然闺阁中本自历历有人，万不可因我之不肖，自护己短，一并使其泯灭也。……此回中凡用'梦'用'幻'等字，是提醒阅者眼目，亦是此书立意本旨。"在对这些"闺阁女子"的审美观照中，曹雪芹获得了第二人生，另一方面，人生的梦幻也因这些女子的光彩而照亮了。

《红楼梦》的表层故事框架是贾宝玉与林黛玉、薛宝钗的爱情婚姻悲剧，这一悲剧又是在以贾家为核心的家庭矛盾斗争、兴衰际遇中展开。不仅如此，曹雪芹还把笔触由贾、史、王、薛四个家庭辐射开来，真实客观地描摹了上自朝廷官场下至市井乡村广阔空间中的各种人物活动，从而赋予了作品深刻的历史的、社会的、文化的蕴涵。曹雪芹自言："满纸荒唐言，一把辛酸泪。都云作者痴，谁解其中味?"关于《红楼梦》的主题思想内涵，自其问世后，先后有评点派、索隐派的"影射"说，胡适、俞平伯的"自传"说以及新中国成立后和新时期以来的"农民"说、"市民"说、"爱情主题"说、"四大家族兴衰史"说、"反封建主题"说、"子孙不肖，后继无人"说、"青年男女普遍悲剧"说等等不一而足。

《红楼梦》的主题意蕴是多元、多层次的。主人公贾宝玉这块"顽石"身上集中体现了作者的价值立场。贾宝玉声称："女儿是水作的骨肉，男人是泥作的骨肉，我见了女儿便清爽，见了男子便觉得浊臭逼人。"曹雪芹又通过警幻仙姑之口道出了贾宝玉的"意淫"这一对女性的唯美态度，即将具体的少女身上体现出的真、善、美诸多品性提升为一个更抽象的价值共相。可见，"女性乌托邦"的"意淫"实即诗意精神的升华，而贾宝玉和林黛玉的爱情就是"意淫"的集中表现。另一方面，他又是父亲贾政眼中的"逆子"、"酒色之徒"，母亲王氏眼中的"孽根祸胎、混世魔王"。他无意于家族的盛衰，讨厌科举八股文，不喜欢与士人交往，不爱读《四书》外的正经书，总之，无论是家族还是社会所肯定的要求于男人的价值标准，都被贾宝玉抛弃了。正是通过这块原本良材美质而事实成为家族和社会的"废物"的"通灵宝玉"与贾府中荒淫猥劣、迂腐无能的其他男性群像的对比，通过青春少女身上体现的人性的真、善、美与腐烂虚伪的男权宗法伦理关系的对立，通过包括黛玉在内的众女子逐一被毁灭，即所谓"万艳同杯（悲）、千红一窟（哭）"，揭示了美好人性、爱情与宗法社会主流价值观的冲突，从而构成了《红楼梦》的社会批判精神和指向。

《红楼梦》在精美自然的艺术结构中展示了多姿多彩的人物画卷，由上百个不同年龄、性别、地位和背景的人物构成一个庞大的形象体系。如女性人物群中，不论是十二钗正册中的林黛玉、薛宝钗、贾探春、史湘云、妙玉、贾迎春，还是副册及又副册中的晴雯、袭人、紫鹃、香菱、鸳鸯等，在不同场景、生活状态中都有准确生动的个性表现，即使如出场不多的乳母李嬷嬷，丫头金钏、小红、彩霞也都如见其人，呼之欲出。正如鲁迅先生所说："自有《红楼梦》出来以后，传统的思想和写法都打破了。"[①]《红楼梦》的横空出世使中国古典小说达到了前所未有的巅峰，同时也标志着古代长篇白话章回小说的终结。

曹雪芹去世时留下的是一部未最后完成的手稿，全书仅完成了前八十回。后四十回

① 《鲁迅全集》，第9卷，338页，北京，人民文学出版社，1981。

由高鹗（1738？—1815？）续成，乾隆五十六年（1791）一百二十回的本子第一次用活字排印，第二年修订排印一次，此后这种一百二十回的本子成为《红楼梦》的通行本。

第四节
中国古代艺术的巨大成就与东方形态

○古代书画 ○建筑、园林与雕塑 ○戏曲与音乐

一、古代绘画与书法

中华绘画是具有悠久历史文化传统的民族性绘画。在长期的历史发展过程中，形成了人物、山水、花鸟、动物等独立的画科。若按描绘内容，则可分为宗教画、风俗画、历史画几大类；从形式上看，有壁画、装饰画、年画、版画、屏障、卷轴、册页等，加以特有的装裱工艺和题跋；就风格类型而言，则有工巧整丽的院体画和水墨写意的文人画，并由于画风和画法的不同形成不同的画派。由于中国画家所用的工具材料为中国特制的笔、墨、砚、纸和绢，因此十分讲究用笔与用墨，有工笔、写意、勾勒、没骨、设色、水墨等技法形式，以勾皴点染、干湿浓淡、阴阳向背、虚实疏密和留白等表现手法来描绘物象与经营构图。画家取景多用散点透视，视野宽广，咫尺而有万里之势，不拘泥于焦点透视，善于运用富有节奏感和韵律的各种线条来勾画物象和构成意境，主张“意存笔先，画尽意在”，强调“外师造化，中得心源”。画家作画偏重于传神达意。由于书、画在抒情达意上都和线条的运用紧密相连，形成了书画同源的绘画传统。又由于画和诗在构造意境方面有相同之处，画家又受传统诗文的文化熏陶，在文人画兴起之后，诗和画的界限就打破了。绘画与诗文、书法以至篆刻相互影响交融，形成了诗、书、画一体的艺术传统，在世界美术领域中自成独特体系，成为与西方艺术风格迥异的东方艺术的代表形式之一。中华绘画的上述特色反映了中华民族特有的观照方式和审美情趣，根植于深厚的民族文化的土壤之中，是在长期的社会历史的发展进程中逐渐形成的。

历史反复昭示人类，越是民族特色鲜明的艺术，越有世界的意义。中华书法就正是以其鲜明的民族特色成为人类文化宝库的奇珍，并在世界艺术之林中享有崇高的声誉。

中国书法和中国绘画一样，都是靠线条的变化表现不同的风采和神韵。线条千变万化，书法作品的神采也千差万别。

甲骨文就因为笔道的不同，一类显得浑厚雄壮，一类显得瘦硬挺拔。就是汉隶碑刻的典范之作，也因笔画稍异而面貌迥然不同。《礼器碑》“瘦劲如铁，变化若龙”；《曹全碑》“含蓄透逸，柔中有刚”；《华山碑》、《史晨碑》“奇正互出，古今杂用，方整质朴，

笔意遒练”。王羲之的书法字势雄逸，褚遂良临其《兰亭序》最为相似，但褚遂良的笔画与王羲之有异，结果褚临《兰亭序》就与王羲之的《兰亭序》神采不同。

但书法也并非没有规律可循。一个时代的书法又常常以其共同的风貌表现出时代的精神。比如甲骨文，其笔画或如悬针，或似垂韭，横直转折，疏密调和，都有不同于其他时代书体的特点。再看金文，殷、周两代紧相承接，但其特点却大不相同。殷代金文更近甲骨，直线多而圆角少，首尾常露尖锐锋芒。到了周代中期，出现了大篇铭文，如著名的《毛公鼎》、《散氏盘》等，尽管字形、结体有异，但那圆浑沉雄的共同风格却与殷代金文的尖刻直拙形成鲜明对比。甚至是属于同一时代的书法作品，也因人们的审美理想的发展变化迅速表现出不同。初唐书法轻盈华美、精神洒脱，自然与盛唐迥异；就是同属盛唐的狂草和颜体，其面貌也迥然相异，狂草反映的是世俗地主阶级知识分子上升阶段的时代精神，要冲决和突破一切旧的社会规范和美学标准，其艺术特征是不受形式的任何束缚局限。张旭、怀素的笔画，流走快速，上下勾连，一派飞动，是一种尚未确定形式、无可仿效的天才抒发，这是盛唐浪漫主义的高峰。而颜真卿的书法，正楷端庄雄伟，气势开张，行书遒劲郁勃，虽也有盛唐的磅礴气概和情势，但却在形式上的严密约束和严格规范中表现出了不同。

中国书法同其他艺术一样，贵在传神。比如唐代的张旭专精草书，其作逸势奇状，连绵回绕，具有新风格，相传他常于醉后呼喊狂走，然后落笔，故称张颠。他不管见到什么，山水崖谷、鸟兽虫鱼、草木花实、日月列星、风雨雷电、歌舞战斗等等，都可以受到启发，产生联想，表现在他的草书里。他看见担夫与公主争道，可以悟到几种笔画接凑处的相拒相让；看到公孙大娘舞剑器的各种趋绝姿势，也联想到草书的用笔、结字。所以，他一生的喜怒、窘穷、忧悲、愉悦、怨恨、思慕、酣醉、无聊等等思绪的波动，都在草书中反映了出来。而怀素的《自叙帖》也是极好的抒情之作。怀素以善“狂草”出名，好饮酒，兴到运笔，飞动圆转如骤雨旋风，继承张旭，并称“颠张醉素”。他的《自叙帖》前半段叙述他学书法的过程及受到的鼓励，写得舒缓飘逸，从容不迫。写到别人对他的赞美之词时，狂态毕具。终篇二十行左右，狂到极点。高潮之后，落年月日款，戛然而止。整幅作品像一幅泼墨写意的长卷画，又像一组感情如潮奔腾汹涌的抒情曲，使中国书法以抽象的点画表情达意的特点得到了充分的发挥，为后世的书法创作留下了宝贵的范例。

中国有“文如其人”的说法，好的书法作品，不仅能看出作品的思想感情，还能看出作者的道德品质。评论书法也常常联系到书家的人品。王羲之一生刚直磊落，人们就从他的作品中看到了“龙跳天门，虎卧凤阁”的气势和“清风出袖，明月入怀”的胸襟。宋代杨凝式也是性情刚直之人，但在当时苦于政治险恶，不得不装病装疯，所以他的《神仙起居法》使人感触到笔墨之外还有一种逃避现实的深刻悲哀。相反，在《元史》中被赞为“篆籀分隶真行草书无不冠绝古今”的赵孟頫，因为原是宋宗室而后仕元，便受到很多人攻击，明末清初的大书画家傅山竟视他为“匪人”，说他的字“残俗”，“至美驹王之无骨，心术坏而手随之也”。而宋代书法四大家“苏（轼）、黄（庭坚）、米（芾）、蔡”中的“蔡”，据说原为蔡京，只因他后成“六贼”之首，遭到朝野唾骂，故而被人们从“四大家”中撤下来，换成了蔡襄。像唐朝的颜真卿，能在70多岁的高年不屈于叛将李希烈而慷慨捐躯，他的书法，至今仍使人感到英风凛冽，固然是因为本来就出类拔萃，其实，正如几百年前就有人说过的那样，像颜鲁公（真卿）这样的人，即使不会写字，他的片纸只字也必为后世所珍重。

品评书法优劣，要看笔画、结体、布局，但又绝不仅仅着眼于一字、一行、一篇而论短长，书法之外，书家的人品也被看重。只有二者兼优，才是上乘之作。所以，书家要创造优秀的作品，就必须在不断提高技艺的同时，不断加强自身的品德修养。

二、建筑、园林与雕塑

（一）以木结构为主体的中国古代建筑

中国建筑体系是东方四大建筑体系中历史最悠久、风格最统一、特点最显著的建筑体系，具有卓越的成就，在世界建筑史上占有重要地位。

原始社会，人们构巢而居，后逐渐由穴居转为地上建筑。进入奴隶社会，建筑技术有很大提高，出现了斧、刀、锯、凿、钻等生产工具，并能大规模地修建城郭、陂池、宫室等组群，注意建筑的造型、装饰与色彩。经过长期的封建社会，古代建筑逐步形成一个成熟、独特的体系。在战国至南北朝阶段，出现了临淄、邯郸、大梁等工商业大城市，高台建筑更为发达。秦统一中国后，修建了空前规模的宫殿、陵墓、万里长城、驰道和水利工程等。宫殿如阿房宫，奠定了古代宫室整体布局、风格奇伟的特点。陵墓中，骊山陵墓工程浩大，东汉以后墓室大量采用砖石结构。魏晋南北朝时由于佛教的传入，建寺立塔成为这时期突出的特点，佛寺林立，如北魏时洛阳就有一千余座。石窟寺也很发达，如云冈石窟、龙门石窟、敦煌石窟等。隋唐是封建社会鼎盛期，兴建了许多大型建筑群、宫殿及园囿，奢华繁杂。举世闻名的赵州安济桥就是这时修建的。当时的长安城是世界上最大的规划最严密的城市。到了北宋，由于琉璃、彩画和“小木作”装修技巧的提高，建筑形象变得丰富多彩起来，整个宋代建筑呈现出华丽纤巧的面貌。元代宗教建筑异常兴盛，喇嘛教和伊斯兰教建筑艺术影响各地。明代北京城是在大都城基础上改建、扩建而成，城市中心是辉煌富丽的紫禁城；帝王陵墓群也显示出高超的建筑技巧。清代宫殿建筑沿袭明代，在园林艺术方面具有划时代发展，同时全国各地大量兴建喇嘛教寺院，配以工巧的工艺美术，使古代建筑更加五彩缤纷，绚丽多姿。

中华建筑在数千年发展历史中，逐步形成了卓然独具的风格特色。

1. 灵活适用的木结构体系

中国建筑无承重墙的木框架结构体系，可以综合地满足不同的使用要求和艺术要求。它的外墙和内墙均可灵活处理，以适合殿、堂、厅、榭、亭等各类建筑的要求，室内也可用版壁、落地罩、屏风等组成各种有着不同用处的空间。那种柱上架梁、梁上叠梁、梁端架檩的构架方式和特有的斗拱构造，使建筑外观显示出玲珑、纤巧的格调，不仅造型活泼优美，而且还具有防震性能好和便于施工的特点。

2. 建筑与自然环境协调统一

中国传统的建筑观念，是把建筑组织到自然环境中去，实现人工和自然的融合。城阙、宫殿、陵墓、寺庙、园林等建筑群体，都要选择优美的地理环境与之奇妙地结合，做到“可望，可行，可游，可居”，借着山川空灵秀美峻伟的气势，增添建筑的艺术魅力。即使民居院落，也要植树栽花，引进自然情趣。

3. 舒展自如、平面铺开的整体外形

中国的建筑是以空间规模巨大、平面铺开、相互连接和配合的群体建筑为特征的。高低错落的个体建筑，大屋顶的曲线，微翘的飞檐，舒展铺陈、逶迤连属，把空间意识转化为时间进程，气魄宏大而含蓄，节奏鲜明而流畅，能让人感受到生活的安适和对环境的主宰。

4. 封闭内向、严整对称的群体布局

封建的宗法制度和伦理观念深深地影响着中国建筑，不论宫室、官署还是民宅，均是封闭型的高墙院落。以面南为尊，中间为上，两厢为偏，主要房屋都处在一根中轴线上，左右基本对称，尺度、高低、形制乃至色彩图案都有等级差别。城市也以官署或鼓楼为中心，形成整齐划一的方格式系统，沿街布置牌楼店铺，民宅平行排列在小巷中。

5. 绚丽多姿的色彩和装饰

中国建筑的色彩浓重而明丽，白色的石基，红色的立柱和门窗，天花板和檐下有青绿色的彩画，屋顶是黄色或绿色的琉璃瓦，许多强烈对比的颜色结合在一起而协调不乱。各种形式的屋顶，四角上翘的屋檐，屋脊装上各种有趣的小兽，梁枋、柱端雕刻加工，瓦当、椽头绘以图案，增加了建筑的情趣。

（二）千姿百态，充满诗情画意的中华园林

中华园林是指中国特有的自然风景式的古典园林，它同西亚、欧洲的园林并称为世界三大园林系统。它以中国传统文学和绘画的艺术创作构思，将山水、花木和玲珑典雅的木构建筑结合起来，具有很高的艺术水平和独特的风格。

中华园林约有两三千年的发展历史，在不断的相承演变中，根据它们体现出的审美倾向和风格特点的差异，大致可以分为四个阶段。

由商、周至战国为中国园林发展的第一阶段。这个阶段的园林，以天然园林为主，体现了人们对自然美的追求。如在天然地域中截取一块地段，种植树木，圈养野兽建成供人狩猎游乐的苑囿。周文王挖池筑台所建灵台、灵沼，吴王夫差在灵岩山所建姑苏台，都是当时有名的园林。

自秦代至南北朝为我国园林发展的第二阶段。这个阶段，人工自然园林相当发达，呈现出人工模仿自然山水的写实主义特征，体现了人们创造自然美的倾向。汉代

长安西郊的建章宫是个苑囿性质的离宫，其中除了各式楼台建筑外，还有河流、山冈和宽阔的太液池，池中筑有蓬莱、方丈、瀛洲三岛。这种一池三岛、模拟海上神仙境界的方式，后来被历代皇家苑囿规划所采用。在汉代，贵族、官僚、富户营造的私家园林也发展起来。魏晋以后，除私家园林外，寺庙园林也开始产生并兴盛，园林中精心布置，突出意境，呈现造园者的匠心。

隋至宋是中国园林发展的第三阶段，这个阶段的特点是皇家园林的异常兴盛和文人写意园林的充分发展，人们着重创造意境美。隋唐两代都有许多皇家苑囿，如隋代在洛阳兴建的西苑，唐代在骊山温泉修建的华清宫，在长安城南修建的芙蓉苑。私人园林发展更为兴盛，如王维的辋川别业、白居易的庐山草堂等。白居易的履道里宅园是城市园林的典范，“五亩之宅，十亩之园，有水一池，有竹千竿”，其立意构思、布局设景都有浓郁的写意倾向。在宋代，文人对园林景观进行题署的风气盛行，他们通过简妙的文字，把自己的思想感情、品格情操融入景观之中，这是写意园林成熟的标志。

元明清是中国园林发展的第四阶段，其风格特征是以巧、趣为主，兼容野、淡、精、雅，体态是多姿多彩的，但单纯追求形式美的倾向较严重。明清时期皇家园林有北京西北部的“三山五园”（香山静宜园，玉泉山静明园，万寿山清漪园、畅春园、圆明园）、承德避暑山庄等。江南园林是私家园林的代表，风景名胜园林和风景区的寺观园林遍布各地。中国园林的四大基本类型都已相当完备成熟。

从园林的发展过程中可以看出中国古代园林的主要特点是因地制宜，掘池造山，结合环境布置房屋、花木，互为借景，富有自然风趣。在布局上，除了游览观赏外，兼居住之用，划分若干景区，虚实结合、疏密相间、主次分明，既有曲折又有开朗，既有封闭又有流通，有开有合，互相穿插。在风格上，含蓄蕴藉，富有情趣，既朴拙典雅又委曲细腻，既自然随宜又巧夺天工，处处充满诗情画意。中国园林独特完整的艺术体系对西方国家特别是英、法、德、意等国的造园艺术产生了很大影响，至今仍在世界上享有盛誉。

（三）生动逼真、富有时代精神的中华雕塑

雕塑也是华夏民族最古老的艺术形式之一。早期雕塑可以追溯到旧石器时代的经过打磨的石器和钻过孔的贝壳，青铜器时代的装饰性雕塑主要是器物表面的浮雕，如“龟鱼蟠螭纹方盘”上的多种动物纹样，材料也增多了，如玉雕、骨雕、象牙雕等。

中华雕塑至秦汉时期始为成熟，至唐则到高潮。基本上分为两大派系：一是表现为宗教美术的石窟雕像及寺庙庵宇的神、佛人像；二是陵墓护法石像与墓穴随葬俑。

佛像雕塑起自魏晋南北朝时期。较早的大同云冈石窟佛像基本都呈圆胖脸型，显露“慈善和悦”的安详神态。当北魏从大同迁都洛阳后，受汉文化影响，人物变得面目瘦削、狭胸秀颈、目光炯炯、精神焕发，特别是飞天更塑得清丽俊秀、飞扬灵动。同时，人物性格也表现得十分鲜明，佛和菩萨的慈祥、力士的威猛、弟子的和悦，都塑得准确生动，而身段的圆胖与清瘦、嘴唇的宽厚与薄灵也都雕得栩栩如生，从而使雕塑这一立体艺术的线型美表现得细腻丰富。

唐代石窟造像、彩塑在风格上与盛唐气象的时代精神一致。从北齐北周的干瘦凝

聚的收缩型造像中蜕变出来，向圆熟饱满的开放型造像发展。同时题材走向世俗化，雕塑介于佛祖与俗人之间的人物像迦叶与阿难等，其神情、状态无不具有现实的时代特征。

陵墓雕刻也同样体现着时代精神，在手法上突出生动逼真的特点，如秦始皇陵的兵马俑，陶像与真人等身大小，且编排齐整、装备完善，象征了武装力量的强大与国力的昌盛。唐代昭陵六骏石雕以立、行、奔、驰的生动健美姿态表现了战马的壮伟气魄。乾陵、顺陵前的石狮、石虎等也体现了气势磅礴、威猛矫健的时代特征。

盛唐之后，中华雕塑急转直下，宋元明清的人物雕像多数已显得十分板滞拘谨，既没有了汉魏南北朝的含蓄灵动，也没有了唐代雕像的洒脱豪迈，只是变成了一种格式程序的加工，缺乏艺术上的创造。直到现代，随着中西艺术的交流与造型艺术各门类的互相影响，中华雕塑才重新焕发出生机，石雕、玉雕、木雕等都产生了一批传世珍品。

三、戏曲和音乐

中华戏曲是中华民族文化艺术的一个重要组成部分，也是世界上历史最为悠久的三大戏剧文化之一。它在中国这块东方古老的土地上萌芽、成长并发展壮大，凝聚了中国各种文化艺术的优秀精神和传统，深深植根于广大人民群众的生活中，千百年来受到中国人民历久不衰的喜爱和欢迎，成为有鲜明民族特征的、瑰丽壮观的中华民族艺术之宝。

中国戏曲有着漫长的发展历史，但真正以今天人们所熟悉的“戏曲”概念相称却为时不太久。历史上，“戏曲”一词最早见于元人陶宗仪的《南村辍耕录》：“唐有传奇，宋有戏曲、唱浑、词说，金有院本、杂剧、诸宫调。”这里的“戏曲”，实指流行于宋代瓦舍勾栏的杂剧本子，非今人所指严格意义上的戏曲艺术。清末姚燮作《今乐考证》，较为明确地把“戏曲”作为表演艺术的概念提了出来。及王国维的《宋元戏曲考》问世，由于他的积极倡导，加之他在中国古典戏曲研究中的巨大影响，国人方对“戏曲”一词普遍接受，用它来作为中国传统戏剧文化的总称，泛指中国传统的戏剧文学和戏剧表演艺术。

作为一种丰富多彩的艺术表演体系，中国戏曲有着以下几方面的基本特征。

1. 高度综合性

中国戏曲有着独特的艺术表现形式，和外来的各种戏剧样式（话剧、歌剧、芭蕾舞剧等）都有着重大的不同。从形式上看，中国戏曲堪称一种真正无愧于综合性艺术的戏剧样式。它全面运用了歌、舞、说、唱等艺术手段，并兼容了诗词、小说、武术、杂技、音乐、绘画、雕塑等多方面的艺术或技术因素，充分发挥了空间艺术和时间艺术的长处，从而使自己在世界剧坛上独树一帜，形成了一种别具特色的表演体系。这便是我们今天所通常概括的，以唱、做、念、打综合表演为中心的戏剧形式。各种不同的艺术表现手法在戏曲中与舞台表演紧密结合，充分发挥了各自的艺术表现力和感染力，因而能够产生十分强烈的审美效果，构成中国戏曲独特的艺术魅力。

2. 虚拟性

中国戏曲以虚拟作为反映生活的基本手法。所谓虚拟，即利用舞台的假定性，通过夸张的变形来表现生活，在舞台表演的有限时间和空间里，创造出一种独特的意境，以对生活作出广泛而形象的概括。中国戏曲这种以抒情写意为特征的观念，与西方戏剧模仿写实的观念有着重大差异，像人们通常所见到的，在同一个舞台场景中，借助于演员写意性的虚拟动作表演，戏曲故事情节或人物可以从一个环境迅速转入另一个环境。一个圆场，一个趟马动作，即可表示人行千里路，马过万重山，一个开门或关门动作，即可表示人在室内或者户外，甚至有时利用一两句虚化的台词，即可把一个漫长的过程交代出来等等。较之那种模仿写实的戏剧处理方式，确是更有利于反映复杂的社会生活，也给演员们带来了更大的艺术创造自由。难怪一些西方著名的戏剧艺术大师会对中国传统戏曲表演艺术倾心叹服。可以说，以“虚拟性”为核心的中国戏曲美学指导下的“写意”的戏曲艺术体系，是中华民族戏曲对于世界戏剧文化的一个重大贡献。它把戏曲舞台的局限性巧妙地化成了艺术上的独创性并为广大观众所理解和接受，造就了它强大的生命力。

3. 程式化

程式是一种运用歌舞手段表现生活的独特表演艺术格式。借助于程式进行表演，是中国戏曲表演艺术的一个突出特点。各种程式动作，实际上就是生活动作的规范化，是在生活形态的基础上又经过一番选择、加工和美化所形成的舞台动作。如传统戏曲舞台上经常出现的开门、关门、饮酒、骑马、划船等，皆有一套固定化了的表演程式。这些程式动作是大家所共同遵守的，它既来源于生活，又不是生活的翻版，而是达到类似于音乐和舞蹈的境界，因而能够更为集中地概括和反映生活。这也是运用程式化表演所产生的艺术审美效果。值得一提的是，程式化的范围不仅局限于人的表演动作，舞台上所表现的一切，包括服饰化妆、唱腔音乐，乃至人物的各种表情如喜怒哀乐等，无一不是程式化的。

综合性、虚拟性、程式化，是构成中国戏曲基本特征的三大要素。自然，作为一个博大的艺术体系，中国戏曲的艺术特征并不局限于这几个方面。中国戏曲艺术有着独特的发展轨迹，与世界上其他民族戏剧艺术共同存在，相互影响，在世界戏剧文化中占有重要地位。

除了戏曲以外，在广阔的华夏大地上，5 000 年的文明古树结出了丰硕的音乐之果，在世界乐坛上，以其独特的艺术品格而占据一席之地。

宋代以前，中国音乐主要是在歌舞形式中发展起来的。原始社会中诗歌、舞蹈、音乐三位一体，称为“乐舞”，自周初至春秋中期，涌现出大量民歌，初期的民歌表演只是清唱，没有乐器伴奏，称为“徒歌”或“谣”，后来用人声帮腔，称为“但歌”，最后发展为演唱者手执一种叫“节”的打击乐器，与笙、笛、琴、瑟等管弦乐器伴奏相互应和的“相和歌”。“相和歌”经专业音乐家改编，并与舞蹈结合起来产生“相和大曲”，也可作为纯器乐合奏，称为“但曲”。魏晋南北朝时，在南方“吴歌”和“西曲”的基础上，形成了清商大曲，包含古乐中的清调或者商调。大曲发展最辉煌的时期是唐代，唐代大曲是一种大规模的歌舞套曲，受统治阶级的重视，设“九部乐”、“十部乐”，在宫廷重要庆典或宴会上演出。由原始乐舞到唐代大曲，是艺术由低级向高级的进化过程，涵括了这段历史时期音乐发展的主流。两宋以迄明清，音乐便呈现出多姿多彩的分支发展状态，出现了相对独立的戏曲音乐、说唱音乐、器乐合奏等。

中华音乐的发达还表现在乐器方面。早在原始社会晚期至秦汉以前的数千年中，就产生了哨、笛、箫、竽、钟、磬等数十种乐器。以材料分可分为金、石、土、革、丝、木、匏、竹八类，也称为“八音”。这些乐器不仅制作精美、音乐动听，而且演出规模之宏大，在当时世界上是罕见的。如湖北随县（今随州市）出土的战国初期曾侯乙墓“钟鼓”乐队，共有乐器 23 件，其中最为壮观的是编钟，这套大型编钟由 65 个大小不等的钟组成，总重量达 3 500 多公斤，音域宽广达五个八度，而且几乎十二个半音俱全，可以奏出完整的五声、六声或七音音阶的乐曲，是一架完美的大型乐器，代表了当时高度发展的音乐文化。

汉代以后，一些少数民族的乐器如胡笳、短箫、箜篌、琵琶、横笛等传入中原。明清两代为戏曲、说唱艺术伴奏的拉弦乐器如胡琴、二胡、四胡、京胡等进一步发展，唢呐也在戏曲、民间器乐及军乐中被广泛运用。

中国古代乐律理论也相当发达，有了五声音阶及七声音阶的理论，这两种音阶形式中的宫、商、角、徵、羽五个音称为“正音”，其余的两个音随着音阶形式的变化而改变位置，称为“二变”。所用的“二变”不同，形成三种七声音阶，即古音阶（雅乐音阶）、新音阶（清乐音阶）、清商音阶（燕乐音阶）。

在对五音、七音认识运用的过程中，形成了中国主要的高调式体系五声性调式，影响了迄今为止的中华音乐，把这种调式体系同固定的音高“音律”结合起来，就产生了旋宫转调理论，丰富了五声性调式的音乐表现。

中国的乐律理论，尤其是调式体系，使中华民族的音乐在世界音乐宝库中独具一格。当然，这个乐律理论还包括各少数民族的不同乐律体系。它们与世界其他语系民族的音乐亦有相同之处，然而又是中华民族音乐不可分割的组成部分。

【思考与研讨】

1. 与今天诗歌创作和欣赏的衰微相比，中国古代辉煌的诗歌成就令人神往。建议班级召开一次小型的古典诗歌朗诵会，重温中国古典诗词的艺术魅力。

2. 一定的文学素养是当代大学生综合素质的必要组成部分。以小组为单位进行座谈，说说每个人喜欢的文学形式及理由。

3. 请班级里学过国画、练过某种民族乐器、懂雕塑或书法的同学分别给大家讲讲这种艺术的鉴赏常识，结合本章的内容，分析一下中国古典艺术的特色和神韵。

4. 以班级为单位，组织一次到当地博物馆的参观游览，进一步增强对古典艺术的感性认识。

5. 利用网络条件，每个人选择一种艺术门类，广泛搜集资料，写出这种艺术门类的发展简史，在班里进行交流。

第九章 顺承厥意 推本天元

——中国古代科技

如果我们谈到中国的科学，那么我们迎面碰到的便是关于它教育先进、历史悠久的显赫名声。假如我们深入一步，那么我们看到的是：科学极受尊重……

——黑格尔

中国思想对于西方科学家来说始终是个启迪的源泉。……我相信我们已经走向一个新的归纳，它将把强调实验及定量表述的西方传统和以“自发的自组织世界”这一观点为中心的中国传统结合起来。

——普里高津

中国古代科技有过辉煌的历史，在一个相当长的时期里一直居于世界前列。英国科学史家李约瑟指出："中国在公元三世纪到十三世纪之间保持一个西方所望尘莫及的科学和知识水平。"① 中国古代科技的整体观和方法论对现代科技的发展具有深刻的借鉴意义，然而中国科技在现代却大大落伍了。总结中国科技在现代发展迟滞的原因，对于我们仍然是一个不能忽视的大课题。

第一节 中国古代对科技的巨大贡献

◯天文 ◯大明历 ◯数学 ◯九九歌 ◯圆周率 ◯算盘 ◯《九章算术》 ◯中医 ◯《黄帝内经》 ◯华佗 ◯《本草纲目》 ◯针灸 ◯农学 ◯《齐民要术》 ◯陶瓷 ◯造船 ◯纺织 ◯冶炼 ◯火药 ◯造纸术 ◯印刷术 ◯指南针

纵观古代科技发展史，我们的祖先取得了斐然可观的成就，不仅有享誉世界的四大发明，而且在天文、数学、中医、农学及制造业等许多方面有过无数发现、创造和发明，为人类的文明进程作出了突出的贡献。

一、天文、数学、中医

(一) 天文

中国古代天文学起源很早。殷商时代，据甲骨文记载，已经有了关于日食、月食的记录，并且出现了原始历法——阴阳历。

春秋战国之际，二十八宿体系已经建立。二十八宿是古人在观测日月星辰及五星运动时，沿天球黄、赤道带所划分的二十八个区域，分别是：角、亢、氐、房、心、尾、箕、斗、牛、女、虚、危、室、壁、奎、娄、胃、昴、毕、觜、参、井、鬼、柳、星、张、翼、轸。二十八宿的建立为观测提供了一个较为准确的量度标志。对异常天象的观测，除了多次记录了日食、月食外，《春秋·文公十四年》中还有关于哈雷彗星的记载："秋七月，有星孛入于北斗。"战国时魏人石申绘制了人类历史上第一张星象表。在我国历法中占有重要地位的二十四节气经过逐步的发展，到战国时已完备。二十四节气是把周年平分为立春、雨水、惊蛰、春分、清明、谷雨、立夏、小满、芒种、夏至、小暑、大暑、立秋、处暑、白露、秋分、寒露、霜降、立冬、小

① ［英］李约瑟：《中国科学技术史》，第1卷，3页，北京，科学出版社，1975。

雪、大雪、冬至、小寒、大寒。它的建立不仅具有天文意义，而且还对古代农业生产有指导作用。

春秋战国时采用的是古四分历，取周年长度为365又1/4天，采用19年7闰的方法。

秦汉时期对天象的观测更为精确，《汉书·五行志》中记载：“河平元年三月乙未，日出黄，有黑气，大如钱，居日中央。”这段话对太阳黑子出现的时间、位置、形状作了准确的记录。

随着天文学研究的深入，出现了系统的天文学理论。汉代主要有“论天三家”，即盖天说、浑天说和宣夜说。盖天说的代表是《周髀算经》，主张天是拱形的，日月星辰绕天穹中央北极运动，其东升西降是因远近所致；浑天说的集大成者是张衡，主张浑天如鸡子，地如鸡中黄，天包地浑圆如弹丸，天地乘气而立，载水而浮；宣夜说的代表人物是东汉时的郄萌，主张天体在广阔的空间分布，运动是随其自然的。

在汉代出现了三统历，这是我国现存第一部完整的历法。东汉时刘洪经过多年研究，完成了乾象历，标志着古代历法体系趋于成熟。魏晋时期，东晋虞喜最早发现了岁差现象，即春分点（或冬至点）在恒星间的位置逐年西移。北齐张子信发现了太阳、五星运动的不均匀性。孙吴时葛衡制成了大于人体的空心圆形浑天仪，非常便于人们的观察。

在历法编制上，祖冲之把岁差应用于其中，其编制的大明历取一周年长度为365.242 814 81天，和近代科学测定的数值相差仅50余秒，同时改过去的19年7闰为391年144闰。

隋唐时期著名学者僧一行和他人一起进行了人类历史上第一次对子午线长度的测定。他还创制了用于天体测量的仪器黄道游仪。另外，又在张衡水运浑象的基础上，制成水运浑天仪，其不仅能演示天体的运动，还具有报时功能。僧一行还发现了恒星位置移动现象，比英国人哈雷提出恒星自行早了一千多年。在开元十五年（727），僧一行完成了大衍历初稿，其内容结构十分严密。

宋元时代，古天文学发展到了顶峰，传统的天文仪器发展到尽善尽美的程度，还涌现出了许多著名的学者，郭守敬是其中杰出的代表。他组织了大规模的测地工作，编制的恒星表中恒星数量多达2 500颗。他在前人基础上，运用先进的数学成果，在1280年完成了中国古代登峰造极的历法——授时历，以365.242 5日为一年，这和当今通用的格里历数值是一样的。

明清之际，古天文学开始走向没落，随着西方科技的传播，开始和近代天文学知识相结合。

（二）数学

中国古代数学成就非常突出，中国人很早就掌握了数的概念，并且采用了十进位制，这是最先进、最科学的记数法。李约瑟说：“如果没有这种十进位制，就不可能出现我们现在这个统一化的世界了。”[①] 殷商时已经有了四则运算，春秋战国时正整

① ［英］李约瑟：《中国科学技术史》，第1卷，3页，北京，科学出版社，1975。

数乘法口诀“九九歌”已形成，从此“九九歌”成为普及数学知识的基础之一，一直延续至今。

三国时期，刘徽运用割圆术求圆周长度，他认为无限增加圆内接正多边形的边数，其周长则愈接近圆周长，“割之弥细，所失弥小”，他运用这种方法，求得圆周率 $\pi=3\ 927/1\ 250$。后来，祖冲之又将圆周率进一步精确到 3.141 592 6 到 3.141 592 7 之间，为了便于计算，祖冲之还求得了两个用分数表示的圆周率，即 355/113（密率）和 22/7（约率）。

隋代刘焯创立了等间距二次内插法；唐代僧一行创立了不等间距二次内插法；王孝通得到求解三次方程的方法；宋元时期得到关于高次方程组的求解法，一次同余式解法等。这些成果都处于当时的领先地位。

在计算工具方面，殷商时就发明了“算筹”，算筹是圆形小竹棍，后来又有了骨制、铁制的。以算筹表示数目，有纵、横两种形式，如“2”可表示为“=”或“‖”。以算筹为工具进行的计算叫“筹算”，计算时纵式表示个位、百位……横式表示十位、千位……遇零则空一个位置。

算盘产生于唐宋时期，形状为长方形，四周有框，内有直柱，中横为梁。梁上二珠，每珠作数 5；梁下五珠，每珠作数 1。算盘一般为 9 档到 15 档。运算时定位后拨珠计算。明清两代，算盘成为当时工商贸易中不可缺少的工具。算盘携带方便，运算准确迅速，在相当长的一段时期内发挥着巨大作用。

伴随着数学知识的丰富、研究的深入，古代出现了许多有关数学研究的著作，这些书籍记录了历代的数学成就。

《周髀算经》是我国最早的一部算学天文著作。此书总结了春秋战国时代的数学成就，其中的勾股术“折矩以为勾广三，股修四，径隅五”，比古希腊毕达哥拉斯发现勾股定理早了 500 多年。

《九章算术》大约成书于公元 1 世纪中叶，对秦汉数学成就作了全面的反映。全书以问题集的形式，收录了 246 个应用题，共分为九章，即方田、粟米、衰分、少广、商功、均输、盈不足、方程和勾股。此书既注重理论，更注重实际问题的解决，这种思想对后代数学研究产生了重大影响。

《算经十书》是唐代国子监算学馆中规定的十部算学教科书，分别是《周髀算经》、《九章算术》、《海岛算经》、《孙子算经》、《张丘建算经》、《五经算术》、《五曹算术》、《辑古算术》、《夏侯阳算经》、《缀术》。这十部著作保存了自先秦到唐代的宝贵的数学典籍，是研究古代数学发展的珍贵资料。宋元时出现了秦九韶的《数学九章》、李冶的《测圆海镜》、杨辉的《杨辉算法》等，这些著作记录了当时数学研究的成果，有些是当时最先进的。明清时期，随着商品经济的发展和算盘的广泛应用，出现了吴敬的商业数学著作《九章算法比类大全》和程大位的珠算著作《直指算法统宗》。

纵观中国古代数学的发展，可以看出，在《九章算术》的影响下，古代数学注重计算和实际问题的解决，轻视逻辑推理，所以古代数学算术发达而几何学不发达。

（三）中医

中国中医药学是一个伟大的宝库，它建立在严密的理论体系之上，形成了一整套系统化的诊治经验和疗法体系。

春秋战国之际著名医生扁鹊在诊治中采用“望、闻、问、切”四法，形成了中医的传统方法。医学著作《黄帝内经》此时也出现了。这是一部医学理论和临床实践相结合的巨著，书中强调整体观念，成为传统医学以人体为一完整系统的整体诊治方法的指导思想，奠定了中医学的理论基础。

秦汉时期的《神农本草经》是我国现存最早的医药学专著，收录了365种药物。东汉张仲景的《伤寒杂病论》用传统的四诊法，总结出了汗、吐、下、和、温、清、补、消等八法。针对伤寒一类病症，作者采用了“六经辨证”的方法。张仲景的医学思想和治疗方法为中医临床的辨证施治奠定了基础，后代人称他为“医圣”。东汉末年华佗在进行外科手术时已经开始使用麻醉药物，他还提倡体育运动，首创了模仿五种动物动作的保健操——五禽戏。

魏晋南北朝时期，中医的研究主要集中于对前代的整理、总结上，这一时期出现了王叔和的《脉经》，这是我国现存最早的脉学专著。皇甫谧的《针灸甲乙经》是我国现存最早的针灸学专著。葛洪的《肘后救卒方》是一部急救手册，保存了许多民间偏方，有很强的实用性。

隋唐时期的《新修本草》是我国历史上第一部国家颁布的药典，收录了844种药物，详细记载了对中药的选择、炮制、熬制、服用等。孙思邈的《千金方》是一部临床实用百科全书，作者认为“人命至重，有贵千金”，此书载方5 300个，对后世有很大影响，孙思邈被后人称为“药王”。宋元时期药物学新著不断出现，北宋唐慎微所著的《经史证类备急本草》收录药物1 700多种，在《本草纲目》问世前，是公认的本草学范本。这一时期出现了不同的医学流派，著名的有所谓“金元四大家”，即金代的刘完素、张从正，金元时的李杲和元代的朱震亨。这四家各有各的主张，对继承和发展中医学都作出了重要贡献。

明清时期，药物学巨著《本草纲目》问世了，此书由李时珍所著，共52卷，190万字，收录了药物1 892种，其中新增加300多种，并附有1 109幅图画。书中对药物的名称、性能、用途、制作过程有详细的说明，而且还纠正了前代的一些错误。另外，在治疗传染病方面，明代出现了接种人痘以预防天花的方法。明末吴有性的《温疫论》首创温病学说，进一步丰富了中医药学体系。清代时温病学说形成完整的理论体系，其中有名的医家有叶天士、王士雄等人。

中医还有一套独特的针疗体系，针灸就是针法和灸法，即在病人身体某一部位用针刺或用火的温热烧烤。早在新石器时代就已出现了砭石疗法，周代出现了针灸用针。隋唐时孙思邈曾绘制大型针灸挂图，明确地标出了人体十二经脉的位置。北宋王惟一修编了《铜人腧穴针灸图经》，还制成了模仿人体的针灸铜人供学习、练习针灸使用。

中国中医药学绵延数千年，至今仍有顽强的生命力，并且影响越来越显著。近代，在西方科技的冲击下，中国古代科技几乎全部没落而唯有中医药学生命常在，这种现象值得我们认真思考。

二、农学及陶瓷、造船、纺织、冶炼等

（一）农学

中国有着悠久的农业生产历史，根据考古挖掘证实，七八千年前就已有了原始农业，长江流域以种植水稻为主，黄河流域以种植粟为主。古代的粮食作物有所谓“五谷”、“六谷”之称，其中主要是指稷、稻、麦、豆、黍等，后来又先后从国外引进了玉米、红薯等。

在长期的耕作实践中，古代农业形成了精耕细作的优良传统。春秋战国时就有人提出了“治田勤谨，则亩益三升”（《汉书·食货志》），这就是挖掘土地潜力，提高产量。在此传统下历代对土壤施肥、耕作、田间管理等方面进行深入研究，取得了显著成果。如汉代推行的代田法，即在田间开沟作垄，沟垄相间，沟中播种，出苗后将垄上的土逐次推到沟里，培育植物根部，次年沟垄互易，这样以后“一岁之收，常过缦田亩一斛以上，善者倍之”。再如汉代施行的溲种法，即用骨汁、雪汁、蚕粪、羊粪、附子等混合物处理种子。宋元时提出了“地力常新”论，认为合理施肥能使地力常新。

与农业发展紧密相连的，还有农业机具制造和水利工程的修建。中国古代农业机具制造技术是相当先进的，原始社会时出现了耒和锄。春秋时发明了灌溉提水工具辘轳，战国时出现了牛耕和铁制的犁。东汉时出现了相当先进的灌溉机具龙骨水车。此后农具随着生产和技术的提高而不断完善，宋元时期农具的制造居于世界的领先地位。但封建的自给自足的小农经济限制了古代农具的发展，故我国近代农业机具的制造最终落后于西方。

中国古代有很多水利工程，其规模的宏大、收益的显著在世界上是首屈一指的。公元前597年前后修建的芍陂水利工程是我国最早的一座大型筑堤蓄水灌溉工程。建于公元前3世纪的都江堰工程更是闻名世界。整个工程由“分水鱼嘴”、“飞沙堰”、“宝瓶口”三部分组成，具有防洪、灌溉、航运三种作用，建成后川西南地区成为“水旱由人，不知饥饿”的“天府之国”（《史记·河渠志》）。另外还有漳水十二渠、郑国渠等一些水利工程。秦汉以后，各地因地制宜，修建了多种多样的水利工程，对农业的发展起到了促进作用。

伴随着农业的发展，农学著作也日益丰富，其中以《齐民要术》和《农政全书》尤为重要。《齐民要术》由北魏贾思勰所著，共10卷，着重介绍了农、林、牧、副、渔各项技术知识，有相当高的水平，书中一些关于农学和生物学的知识在世界上保持领先地位达一千多年。

《农政全书》由明代徐光启所著，共60卷，包括农本、田制、水利、农器、农时、开垦、栽培、蚕桑、牧养、酿造以及备荒救荒等多方面内容，同时又吸取了一些西方先进的农学知识，还提倡种植外来作物，打破了风土不宜说。

中国古代农学成就突出，但是传统农业局限于经验，少有创新，再加上小农经济的封闭性、地少人多等原因，最终落后于西方。

(二) 陶瓷、造船、纺织、冶炼等技术

中国素有“瓷器之国”之称，商代采用高岭土作胎，经过1 200℃高温烧成青瓷，已具备了瓷器的特征，此后制瓷业不断发展。唐代越窑以生产青瓷闻名全国，其胎体为灰色，釉色呈青黄，光洁晶莹；邢窑以烧制白瓷而著称；唐三彩则更是世界闻名的多色釉陶器。宋代制瓷业趋于完善，出现了著名的五大窑，即官窑、钧窑、哥窑、定窑、汝窑，所烧瓷器均为上品，如哥窑所烧的“百圾碎”。明清两代，江南景德镇成为全国制瓷中心。

古代陶器的制造起源很早，新石器时代已出现了彩陶、黑陶，此后由于瓷器的迅速发展而不受重视，唯有江苏宜兴以生产紫砂壶而闻名，享有“世间茶具称为首”的美誉，深受中外人士的喜爱。

在造船方面，新石器时代已出现了筏子，古人称为“桴”，稍后又出现了独木舟。秦汉以后，中国的造船业逐渐发展壮大，其中尤以秦汉、宋元和明几个时期发展更为迅猛。秦汉时期出现了各种类型的船只，造船技术已很高，如汉代所造的楼船，甲板上达三层，用途非常广泛。宋元时期造船业走向了繁荣，当时无论是在造船技术还是在船只数量上，都居于世界前列，尤其是当时海船的制造，以泉州所造的海船最为有名，体积庞大，负载量多。明代造船业达到了顶峰，当时规模较大的造船工厂有江苏龙江、南清江、山东北清河等。明代郑和曾七次下西洋，最远到达了非洲东海岸，所乘船只称为“宝船”，船身长150余米，宽11米，杆长11.07米，有帆12张，排水量达万余吨，郑和下西洋时规模之大，船只质量之高，是其他国家无法相比的。明后期以后，尤其是清代，朝廷闭关锁国，多次颁布禁海令，使造船业受到很大冲击，逐步走向了没落。

纺织在中国出现较早，原始社会已出现了纺织机具。中国纺织业以丝织和棉织最负盛名。古代中国被西方称为“丝绸国”。丝织业在中国非常发达，长沙马王堆汉墓出土了一素色纱制禅衣，衣长128厘米，重量却只有49克，足见纺织技术的高超。汉代丝织品品种丰富，有绵、绫、绮、罗、纱、绢、缣、缟、纨等不同品种。张骞出使西域后，中国丝绸走向了世界，令世人惊叹。此后中国丝织业在历代都得以发展，工艺不断提高，品种日趋丰富。如唐人的“纬锦”，采用纬线起花，用二层或三层经线变纬织法，富丽华贵。清代在南京、苏州、杭州三地建立织造衙门，为“江南三织造”。棉纺织是跟丝纺织一起产生的，后来随棉花种植区的扩大，棉纺织业为广大百姓提供了实用、便宜的棉织品，除此之外，古代还出过麻、葛毛纺织和混纺等。在纺织机械方面，原始社会时有纺缚；西汉时手摇纺车开始定型，提花机也初具规模；宋代出现水转大纺车；元代黄道婆改进旧的纺车提高了效率；宋元时的纺织机已发展为多锭，而在欧洲，直到14世纪纺车还只是一个锭的。

中国古代冶炼技术在殷商时开始起步，殷商时期掌握了据火焰颜色辨别青铜纯度的方法，而且青铜铸造技术非常发达，如司母戊大方鼎重约875公斤。古代炼铜的方

法主要是胆铜法，即将碎铁放在胆水（硫酸铜）槽中浸泡，铜就沉积在槽底。春秋战国时已经掌握了生铁冶铸技术，铁制工具日益增多。此后又出现了炼钢，古代炼钢主要采用“百炼钢”法，东汉时在炼钢时将许多薄钢片反复加热、折叠、锻打而制成的钢，根据加热锻打的次数，分三十炼、五十炼、百炼等。魏晋南北朝时又有灌钢技术，即将熔化的生铁与熟铁合炼而成为优质钢。这是当时最先进的炼钢技术。在古代冶炼技术中，铸造技术占有重要的地位。古代铸造主要有泥范铸造、铁范铸造和熔模铸造，其中熔模铸造法是最精密的。这种方法是用调好的油蜡制模，然后在外部敷以泥料制型，加热后化去蜡模，入窑烧制后趁热浇铸。与冶炼工艺相结合的冶炼工具设备亦不断提高，如冶炼炉、鼓风设备等等。春秋时中国已用竖炉炼铜，以高炉冶铁。东汉时出现了利用水力鼓风的“水排”，宋明时采用活门式木风扇和活塞式木风箱，这些设备在当时都处于世界的前列。

三、四大发明对世界及西方的影响

四大发明是中国古代伟大创造力的突出表现，它改变了世界文明的进程，影响深远。

（一）火药

古代火药的主要原料是硝石、硫黄和木炭。从认识火药的原料和特性到逐步掌握火药的制造，经历了一个很长的过程，这期间，古代的炼丹家起到了非常大的作用。炼丹家在炼丹过程中，逐渐发现点燃硝石、硫黄、木炭的混合物就会发生剧烈的燃烧、爆炸，为了防止发生意外，他们发明了许多控制这些药物的方法——“伏火法”，唐孙思邈的《丹经》中就记录了这种方法。

可见至迟到唐代，中国人已掌握了火药的制造技术。北宋时火药开始应用于军事，出现了火药武器。1044 年曾公亮编《武经总要》一书，书中所载的火药配方和后世的黑火药的配方已相当接近了。以后又出现了铜或铁制的筒式火炮等。火药用于军事上，是武器发展史上的一次革命，揭开了古代兵器史的新篇章。1225 年到 1248 年间，中国的火药制造技术经过印度传入阿拉伯，此后又传入欧洲，英法各国到 14 世纪中期才逐渐掌握了火药的制造技术。

（二）造纸术

西汉之际已经出现了麻纤维纸，近年在西安灞桥、甘肃居延等地的考古挖掘中都陆续发现了这种纸张。东汉时蔡伦在前代造纸的基础上，和工匠们共同努力，以“树肤、麻头及敝布、鱼网以为纸”（《后汉书·蔡伦传》），汉和帝元兴元年（105），蔡伦制成了质地坚韧造价便宜的纸张，同时造纸工艺比西汉时更为成熟。自此以后，纸张开始取代了竹帛。中国的造纸业在历代都有所改进和发展。西晋时以藤和竹子为原料生产藤纸和竹纸；唐宋时宣州府泾县所产的以树皮为原料的宣纸洁白细密，吸水力强，深受文人墨客的喜爱；清代宣纸的生产有了很大的提高，所产宣纸久折不断，有“纸千年”的称誉。中国的造纸术大约在公元7世纪传到越南、朝鲜、日本，公元751年传入阿拉伯，以后渐渐传到世界各地。

(三) 印刷术

中国古代的印刷术经历了雕版印刷和活字印刷两个阶段。雕版印刷产生于隋唐之际，刻版采用优质、细密的木材，上面出阳文反字，然后涂以墨汁复印纸上。这种方法优于手抄百倍，但是雕版印刷也存在着不足，刻版需要很长的时间，存放刻版又要占据大量空间，如果一部书不再重印的话，刻版便成了废物。活字印刷术的出现弥补了雕版印刷的不足。活字印刷是在北宋庆历年间由平民毕昇发明的。据《梦溪笔谈》的记载，毕昇以胶泥刻字，一字一枚，火烧使之坚硬，存于木格之中。印刷时，以一铁板，上面敷以松脂、腊、纸灰等物，用铁框框住，然后照书稿将一个个活字检排于铁框之中，放置火上加热，待铁板上的混合物稍熔，以平板压平、冷却后便可印刷。这种方法省时、省料，把印刷术推进到了一个新的阶段。元代王桢又在泥活字的基础上制成木活字，并发明了“转轮排字架”，采用“以字就人”的方法，提高了效率，减轻了劳动强度。此后又陆续出现了锡活字、铜活字、铅活字等金属活字。古代的印刷术大约于公元8世纪传入朝鲜，后来又传入日本等地，经丝绸之路传入伊朗、阿拉伯，后传入欧洲。

(四) 指南针

中国人很早就发现了磁铁的指极性。《韩非子·有度》中有“先王立司南以端朝夕”的话，司南就是指向的仪器，它以磁石为原料，状如勺子，圆底，置于平滑的刻有方位的盘上，其勺柄所指即是南方。后来，人们又发现沿一个方向多次摩擦钢针等物，也会使其具有指南性，开始掌握人工磁化的方法，于是出现了指南针。根据史料记载，指南针大约出现于公元11世纪以前。沈括《梦溪笔谈》中记载了四种不同装置指南针的方法，即水浮法、缕悬法、指爪法和碗唇法。明嘉靖年间，旱罗盘开始取代了水罗盘，克服了水罗盘游荡不定的缺陷，更适于航海。中国的指南针大约于公元12世纪传入阿拉伯国家和欧洲。作为一种指向仪器，指南针在航海事业上起到了重要作用，促进了各国的文化、经济交往。

中国的四大发明对世界文明作出了突出贡献，尤其对欧洲的影响更为显著，可以说，四大发明为欧洲文艺复兴提供了物质、技术上的准备。正如马克思所指出的：“火药、指南针、印刷术——这是预告资产阶级社会到来的三大发明。火药把骑士阶层炸得粉碎，指南针打开了世界市场并建立了殖民地，而印刷术则变成新教的工具，总的来说变成科学复兴的手段，变成对精神发展创造必要前提的最强大的杠杆。”①

---

① 《马克思恩格斯全集》，中文1版，第47卷，427页，北京，人民出版社，1980。

英国哲学家培根亦说印刷术、火药和指南针“这三种发明已经在世界范围内把事物的全部面貌和情况都改变了：第一种是在学术方面，第二种是在战事方面，第三种是在航行方面。并由此又引起难以数计的变化来，以至任何帝国、任何教派、任何星辰对人类事务的力量和影响都仿佛无过于这些机械性的发明了”①。从这些评价中，我们不难看出四大发明对人类的突出贡献，这是我们民族的骄傲。但四大发明对我们本国却未能实现应有的社会价值，鲁迅说，指南针和火药“应用在枪炮和航海上，给本师吃了许多亏”②。这种现象不能不令我们后人深思。

第二节 中国古代科技的整体观和方法论

○天人合一　○阴阳、五行

从古代的天文、医学、数学、农学等学科的发展上看，中国古代科技的研究发展受到了古代传统哲学诸如“天人合一”、“阴阳”、“五行”等哲学思想的深远影响，并由此而形成了具有自身特色的整体观和方法论。

“天人合一”是古代哲学思想中关于天人关系的一个基本观念，它强调天道和人道、自然和人为的关系是相通、相类和统一的。在不同的发展时期，形成了“天人合一”的不同学说。孟子认为人和天是相通的，人的善性是天赋的，认识了自我的善便能认识天；庄子则强调人和自然的一致性，强调人应顺应自然，“乘天地之正，而御六气之辩，以游无穷”；董仲舒则强调社会政治内容及其神秘性。这些观点虽然有区别，但都夸大了人和自然的一致性而忽视了它们的区别和对立，即老子所说的“人法地，地法天，天法道，道法自然”，力图探寻人和自然的相互沟通融合之处，以求得人和自然的和谐一致。

“天人合一”的思想强调人和自然的统一而忽视其对立，影响到传统的思维方式，使传统的思维方式不注意区别主观与客观、我与非我，而强调整体。以人和自然为一个和谐的整体，亦即庄子所说的“天地与我并生，万物与我为一”。中国古代科技中数学、天文学、中医学思想十分发达，但就思维方式而言，都被置于“天人合一”的思想框架之中。例如中医学根据“天人合一”思想提出了“天气下降，地气上升”，而人体则是“心火下降，肾水蒸腾”，同时十分强调整体，主张从整体角度（包括对人体整体以及人生存环境的考察）去治疗病症。

阴阳是古代思想家解释自然界两种对立和相互消长的物质势力的概念，战国末

① ［英］培根：《新工具》，103页，北京，商务印书馆，1984。

② 《鲁迅全集》，第7卷，319页，北京，人民文学出版社，1981。

期，它和天人感应相结合，更广泛地应用在自然现象、具体事物等方面，并且有了神秘色彩。五行旧指水、木、金、火、土，战国时流行“五行相生相胜”之说，“相生”即相互促进，“相胜”即相互排斥。以此为基础而生发出多项对应系统，如五色、五气、五味等。中国古代科技在一定程度上可以说是在阴阳五行学说的滋养和庇护下成长起来的，各学科都与此说有密切联系。中医学以阴阳五行学说说明人体器官和心态，将肝、心、脾、胃、肾人体五大器官，同喜、怒、哀、愁、惊五种情绪，以及酸、甜、咸、苦、辛五种味道，连同木、土、水、火、金对应起来，用以论述病因，并以此来实施治疗。

中国古代科技在“天人合一”、“阴阳”、“五行”等哲学理论的基础上发展，以这些笼统的、普遍化的思想解释自然现象，缺乏纯粹的思辨传统，在宇宙本体方面，缺少关于成因以及事物内在运动规律的探讨，从而使古代科学在方法论上重实用、重经验，而轻理论、轻创新。注重现实的实践功用，是中国古代科学技术最大的特色之一。任何一门科学技术都必有其实用的价值，但是古代中国人对其实用价值的重视，远远超过了对理论的重视程度。古代天文学非常重视对日月五星的观测，以及对大地的测量，但却没有关于观察的系统理论产生。反观西方，诸如英国科学家培根等科学家对观察作出了理论性的总结，对科学方法论作出了很大的贡献。

在实用的价值取向之下，政府对涉及国计民生的学科都非常重视，设有专门的机构管理。“中国历史上较为发达的科学领域和技术部门，大都带有官营的印记，与国家的治理息息相关。”[①] 实用的价值取向使人们注重的是科学技术的现实功用，而并不注重探寻事理或成因。中国古代天文学十分发达，但基本上是为历法服务的。而古代数学的发展更能说明这个道理，从《九章算术》开始，历代的数学著作多是一些对现实问题的解决，诸如如何计算分配物资或计算各地的赋税和分派工役等，而没有很好地加以抽象、提高，理论化的程度远远不够。

注重实用导致古代科技出现了重技术而轻科学的倾向。古代科技的成熟主要是在技术方面而非科学方面，如我们引为自豪的“四大发明”就是技术，而科学理论方面我们却很少有与此相匹配的成就。

中国古代科技注重于经验的总结而少有创新。科学技术必须从经验中产生，但古人重视经验远远胜于理性分析。中国传统思想中以儒学为主，历代读书人要达到入仕目的，必须熟读儒学经典，养成了崇尚经典的作风。从先秦时墨子的“三表法”，到孔子所讲的“述而不作”，崇尚经典之风漫延于学术思想之中，影响到科学领域。各学科都树立经典，数学以《九章算术》为经典，医学以《黄帝内经》为经典。后人的研究更多的是对前代经典的注疏、继承，在此基础上再补充、创新。“一代一代将经验如火炬般传递下去，构成了中国古代科学技术发展史的主要脉络。墨学中的‘三表法’，韩非的‘参验’等等，虽然直接表明中国古代哲学认识方法论中的直理取向，但间接地代表着和引领中国古代科学技术的行指宿归。”[②]

---

① 阴法鲁、许树安：《中国古代文化史》，第 3 卷，244 页，北京，北京大学出版社，1996。

② 王立新：《中国传统文化概论》，334 页，北京，北京广播学院出版社，1994。

第三节
中国古代科技在近代发展迟滞的原因

○求善不求真　○封闭　○自大　○整体与直觉思维　○小农经济

中国古代在科技方面有过骄人的成就，在众多的领域里都位居世界前列，为人类文明作出了突出贡献。但是到了明代中期以后，情况就发生了变化，古代科技每况愈下，发展缓慢迟滞，最终在近代被西方超过，并远远落后于世界。对于造成这种局面的原因，许多人作过多方面的探索。我们觉得，中国古代科技在近代发展迟滞，既有文化传统的原因，同时又有社会制度的原因。

中国传统思想以儒学为主，尤其是汉代推行“罢黜百家，独尊儒术”的政策之后，儒学经过历代统治阶级的提倡，成为中国社会的正统思想观念。儒家思想从孔子开始就非常注重伦理道德，而忽视（或轻视）对自然的研究。孔子的弟子子夏说：“虽小道，必有可观者焉，致远恐泥，是以君子不为也。”（《论语·子张》）意思是说研究自然是小技艺，虽有可取之处，但恐怕它妨碍了远大事业，所以君子不去从事这方面的研究。而荀子讲得更为明确：“万物之怪书不说，无用之辩，不急之察，弃而不治；若夫君臣之义、父子之亲、夫妇之别，则日切磋而不舍也。”（《荀子·天论》）一切以伦理道德为重，研究自然则是雕虫小技，旁门左道，是“无用之辩，不急之察”。儒学这种不重视自然的研究、不重视实际的观测和精密的分析的倾向，影响和阻挡了科学思想的进一步发展，科学技术难以实现质的飞跃，尤其是到了封建社会后期，儒学成为统治阶级禁锢人们思想的工具，严重束缚了人们的创造力、想象力的发挥，成为阻碍中国科技发展的绊脚石。

中国传统文化中缺乏理性精神。古代科技固然成绩突出，“但这些成果在技术方面停滞于农业和手工业的经验工艺的水平上，在理论上始终贯穿着天人合一的思想，以变幻莫测的道、气等概念来建构学术体系，如阴阳概念至今仍是中医的医理基本用语，许多著作如《抱朴子》、《梦溪笔谈》、《本草纲目》中混有大量的荒诞不经的反科学的成分……”① 理性精神的匮乏使人们极少对自然进行研究，或研究层次非常低，基本上没有超出经验的层次，没有升华到系统的理论体系，故而有人指出，中国古代科技是“技术”发达而“科学”落后。科学是关于自然现象和规律的知识体系，技术则是有关工具、物质产品以及它们被用来达到实用目的方式的知识，这二者是不同的概念。古代科技在实用性基础上混淆了这二者的区别，正如他人所说的，领先于世界的四大发明，用现代的观念看，只是技术的发明，而对科学体系的建立贡献是不大的。再如古代数学受到《九章算术》的影响，以解决社会实际问题为主要目的，而少有逻辑推理，所以古代数学算术发达，而几何证明落后。近代以后，伴随着西方近代

① 李世闻：《理性精神：李约瑟问题的钥匙》，载《新华文摘》，1997（4）。

科学技术的传播，有些人开始注意到这个问题，并有意识地对科技进行区分，如严复在《原富》中提出："学者考自然之理，立必然之例。术者据已知之理，求可成之功。学主知，术主行。"

中国传统文化具有很强的封闭性，形成这一特点的原因是多方面的，有地理的，也有文化自身的原因。再加上古代文化成就显著，后人在祖先耀人成就的光环下，很容易熏陶出"唯我独尊"的心态。封闭性的传统和"唯我独尊"的心态结合一起，使近代中国在和西方科学技术相接触的过程中，对之顽强地抵制、排斥。鲁迅说："多有这'合群的爱国的自大'的国民，真是可哀，真是不幸"，并形象地为这些人画了像："甲云：'中国地大物博，开化最早；道德天下第一。'这是完全自负。乙云：'外国物质文明虽高，中国精神文明更好。'丙云：'外国的东西，中国都已有过，某种科学，即某子所说的云云。'……丁云：'外国也有叫化子——（或云）也有草舍，——娼妓，——臭虫。'……戊云：'中国便是野蛮的好。'"① 清代在西方列强的坚船利炮下被迫打开国门，被动地接受近代科技，但也只限于"技"，要"师夷长技以制夷"，修建工厂，引进西方先进的工业，而对科学思想却是排斥的，骨子里仍顽固地坚持儒学的思想。用张之洞的话说就是："中学为内学，西学为外学，中学治身心，西学应世事，不必尽索于经文，而必无悖于经义。"（张之洞：《劝学》）

从文化传统上看，造成中国古代科技在近代发展迟滞的原因，除了这些外，还有传统思维方式的原因。张岱年认为中国传统的思维方式强调整体，推崇直觉，他说："由于重视整体思维，因而缺乏对事物的分析研究，由于推崇直觉，因而特别忽视缜密论证的重要。中国传统中，没有创造出亚里士多德的形式逻辑的严密体系；到了近古时代，也没有出现西方16、17世纪盛行的形而上学思维方式，更没有伽利略所开创的实证科学方法，应该承认，这是中国传统思维方法的重大缺陷。"张岱年又明确指出："中国古代的科学比起西方近代科学来还是相形见绌的。"②

从社会制度上来看，中国有长达两千余年的封建制度，在其漫长的发展道路上，建立起了以宗法、等级制度为形式，以儒学为意识形态的专制的封建统治体系。这种专制的封建制度严重妨碍了古代科技向近代科学技术的转化，尤其是限制了知识分子创造力的发挥。中国古代的知识分子一生不外乎两种出路：入仕或不得已隐居山林。而在封建专制制度之下，辅佐朝廷治理国家被看作"正途"，是天经地义的，从孔子便开始强调要"修身齐家治国平天下"，要"学而优则仕"，这种价值取向支配了封建士人两千余年。到了封建社会后期，封建制度已经僵化，而统治者更是以三纲五常欺骗、麻痹民众。如明清两代的科举考试，明确规定题目只从朱熹《四书章句集注》中选出，作八股文也只能以此为标准，即所谓的"代圣人立言"，士人不能有丝毫的发挥。这种取士制度成了扼杀人才的精神武器，造就了一批思想畸形的士人，正如顾炎武所说的："八股之害，等于焚书，而败坏人才，有甚于咸阳之郊，所坑者，岂四百六十余人也。"（顾炎武：《日知录》）

所以，古代的知识分子在封建制度下，一生皓首穷经，把毕生精力用于对儒学经

① 《鲁迅全集》，第1卷，312页，北京，人民文学出版社，1981。

② 张岱年：《试谈价值观与思维方式的变革》，载《现代化》，1986（10）。

典的注疏、研读之中，把科技视为雕虫小技而不屑花费大量的时间和精力。即便去研究，也是本着治理国家这一实用目的。“知识分子从治理国家政务的实用目的出发，进行科学技术工作的结果，一方面给中国历史上的科学技术带来了动力……另一方面也给中国历史上的科学技术带来了局限，特别是缺乏对自然界进行理性探索的精神，致使未能形成专门性的科学理论，而只能停留在经验性的认识阶段。”①

就社会制度而言，中国两千余年的封建制度滋养了自给自足的小农经济家庭本位的生活方式，并养成了诸如因循守旧、不重效率、缺乏冒险精神等习惯。这些因素都不利于科学技术的发展和提高。

中国古代以农业立国，传统农业在战国时期随着制度的改革，工具、技术的改进，生产效率得以迅猛提高，过去大田的集体耕作形式逐渐被小亩的个体耕作形式所取代，农业经济分解为小农分散经营的个体经济。土地成为个人的私有财产，农民被局限在有限的土地上。而一家一户的生产单位同时又成为基本的消费单位，土地上的收获多是自产自销，在种植粮食的同时又自己生产各类手工业制品，男耕女织成为古代传统农业家庭的基本形式，进而逐步形成了自给自足的小农经济。

自给自足的小农经济有很强的封闭性，对外部世界的需求甚少，满足于吃饱穿暖的水平，使人们养成了因循守旧的滞后心理，使古代科学技术的发展丧失了内在动力。

中国古代把农业作为国家的根本，以农为本，重农轻商，这种思想在先秦时代就已经展露。韩非指出：“其工商之民，修治苦窳之器，聚弗靡之财，蓄积待时而牟农夫之利”，这种思想成为后代抑制工商业发展的理由。商品经济的不发达，是中国古代社会的基本特征之一。商品生产受到抑制，财富不再用于发展生产、提高生产效率，而转向土地的买卖，有钱的人大量兼并土地，普通农民丧失了土地，失去了生存的基础，使社会矛盾日趋激化，再加上小农经济使个体的、散漫的农民在自然灾害的威胁之下束手无策，故而古代社会形成了具有周期性的经济波动。经济的波动、社会的动乱无疑使古代科技的发展受到了沉重的打击。

历代统治阶级重农轻商的政策中，一个重要的措施就是实行官营，把一些利润高、关系到国民生计的产业垄断于官府，如汉代实施的盐、铁官营。官营企业中的封建制度以及不懂技术的昏官滥用职权、任人唯亲，严重地扼杀了科技人员的创造精神。

【思考与研讨】

1. 以时间为横轴，以现代学科划分为纵轴，给中国古代的科技成果绘制一个尽可能全面的表格。

2. 中国古代科技在近代发展迟滞的原因除了书中列举的以外，你认为还有哪些？

3. 传统思维方式是导致中国古代科技在近代落后的潜在因素，谈谈你对思维方式改变的艰难性和可能性的认识。

① 阴法鲁、许树安：《中国古代文化史》，第3卷，245页，北京，北京大学出版社，1996。

下篇

中国传统文化新论

第十章 文变染乎世情 兴废系乎时序

——中国传统文化在近代的变革

能变则全，不变则亡；全变则强，小变仍亡。……今祖宗之地既不守，何有于祖宗之法乎？

——康有为

西洋人因为拥护德赛两先生，闹了多少事，流了多少血，德赛两先生才渐渐从黑暗中把他们救出，引到光明世界。我们现在认定只有这两位先生，可以救中国政治上、学术上、思想上一切的黑暗。

——陈独秀

从鸦片战争到五四运动，中国文化发生了根本性的变革。这场变革就其实质来说，是中国传统文化的解体和中国新文化的重构。在这一过程中，中国社会的现实状况是影响其发展的内在基础，而外来文化的冲击则是影响它的必不可少的外在原因。二者的交互作用最终导致中国传统文化的解体和中国新文化的重构。

第一节 中国传统文化在近代的论争

○洋务运动 ○中体西用 ○戊戌变法 ○辛亥革命 ○五四运动 ○现代新儒学与海外新儒学

1840年开始的鸦片战争使国人痛苦地看到了西方工业国家的先进与强大和自己的落后与面临的危机。两千年来已深入中国人思想的“华夏中心”意识，随着中西文化的撞击也产生了动摇。一些先进的中国人发现向来被自己看不起的“夷人”竟然有比自己发达的物质文明，便萌生了学习“西夷”之技以弥补自己不足的意向。正是这种并非自觉的文化观念的变化，推动了中国文化走向近代化的艰难历程，也引发了百年来连绵不绝的文化论争。

一、洋务运动与“中体西用”论

19世纪40年代，面对西方列强坚船利炮的冲击以及随之而来的西方文化的涌入，一些有识之士立即作出了积极的反应。林则徐、魏源等人都在一定程度上承认西方文化的先进性，并主张学习西方科学技术。魏源在《海国图志》一书中提出了“师夷长技以制夷”的主张。这一主张对后来的洋务运动产生了重大影响。

19世纪50至60年代，接连发生了太平天国运动和第二次鸦片战争。这两次事件都对清王朝形成了致命的打击。出于御外夷、平内患的双重目的，朝廷内一部分官吏发起了以引入西方科技、求强求富为主要内容的洋务运动。主要人物有曾国藩、左宗棠、李鸿章等。

洋务运动实质上是清政府为维护其封建统治而进行的一场发展近代工业的社会改革。主要内容包括在沿海城市扩充和发展近代工业，尤其是军事工业，先后建立了江南制造局、金陵机器局、福建船政局、天津机器局等，并派遣留学生出国学习近代科技。成立同文馆、广方馆等，培养翻译人才。为维持军工和军费开支，从19世纪70年代起，开始以“官督商办”的形式向民用工商业发展。相继成立上海轮船招商局、基隆煤矿、开滦矿务局、天津电报局以及铁路、纺织等企业。光绪十一年（1885），又成立了海军衙门，购置军舰，成立海军。后来，张之洞又在湖北开办汉阳铁厂、枪械厂、纺织局等。

洋务运动在保留中国文化之本（即纲常名教）不变的前提下，学习西方先进的科技工艺、器用文物。正如李鸿章所说："顾经国之略，有全体、有偏端、有本有末，如病方亟，不得不治标，非谓培补修养之方，即在是也。"（《李文忠公全集》奏稿卷九）这就是说，洋务只是末节，只是治标之术。早期洋务派就是以中国固有的文物制度及意识形态为本，以西方的坚船利炮为末，后人概括为"中学为体，西学为用"。

关于"中体西用"的思想，学术界一般认为，林则徐的学生，也是李鸿章幕僚的冯桂芬在1861年写成的《校邠庐抗议》一书中，先于李鸿章提出了"以中国之伦常名教为原本，辅以诸国富强之术"。至于"中学为体，西学为用"一语，就现有文献，最早见于1896年4月沈寿康在《万国公报》上发表的《匡时策》中。他说："夫中西学问，本自互有得失，为华人计，宜以中学为体，西学为用。"同年8月，孙家鼐在为开办京师大学堂给朝廷上的奏折中，也有相同的提法：

> 今中国创立京师大学堂，自应以中学为主，西学为辅；中学为体，西学为用；中学有未备者，以西学补之；中学有失传者，以西学还之。以中学包罗西学，不能以西学凌驾中学。①

两年后，张之洞在其《劝学篇》中对"中学为体，西学为用"的思想作了更为完整的阐释、论证。这一论点成了洋务派的理论纲领，正如梁启超在《清代学术概论》中所说："'中学为体，西学为用'的口号，为当时维新派的'流行语'"，"而举国以为至言"②。洋务运动时期，面对中西的差距，人们普遍意识到了向西方学习的必要性，而在论述中西之学的关系时，表述往往不同。或曰"本末"，或曰"道器"，或曰"主辅"。因此，"中体西用"论作为一代社会思潮，被洋务派所接受并奉为圭臬，既反映了中国文化走向世界的时代要求，又反映了当时国人普遍具有的民族本位意识，同时也是洋务派在回应朝廷内顽固保守势力时，可以安身立足的一个理论堡垒。

"中体西用"论作为回应西方文化挑战的经世谋略，对于引进先进的科学技术，进而促进中国文化的近代转型，发挥了积极的作用。随着1894年中日甲午战争中国的失败，洋务运动也宣告失败。而随着近代中国社会文化变革的进一步深化发展，"中体西用"论的保守性和落后性也日益明显，在一定程度上阻碍了社会的变革。

二、从戊戌变法到辛亥革命

甲午海战中北洋舰队的惨败使朝野震惊，国人文化意识发生明显转变，意识到仅靠"师夷长技"并不能解决日益严重的危机。要发展近代工业，就要有近代经济制度及与之相适应的政治制度。于是一些进步的思想家主张学习西方的政治制度，从

① 转引自冯天瑜等：《中华文化史》，975页，上海，上海人民出版社，1990。

② 转引自张岱年等：《中国文化与文化论争》，315页，北京，中国人民大学出版社，1990。

"体"上变革中国的文化结构。在戊戌变法前后，主张即体即用，要求改革不合理的政治体制乃至整个社会管理体制，已成为维新之士的共识。因此，康有为托古改制的变法维新理论体系便应运而生。

1891年，康有为刊行《新学伪经考》与《孔子改制考》二书，以考据学为武器，试图通过对文化传统的重新解释，寻求变法维新的历史依据，借阐发孔子托古改制的微言大义，开通其政治变革的道路。同时，他又提出了一系列的具体的改革主张和措施，要求开放政权，用立宪制代替封建君主专制制度，自上而下地进行资产阶级民主改革，促成并推进变法。

康有为重新阐释儒学传统，给原本保守的儒家思想赋予了革旧图新的积极内容。这说明康有为既期望中国学习西方，变法以图强，又寄希望于与西方思想文化体系截然不同的中国传统文化能给予他历史依据和理论帮助。这正反映出生长在同一传统文化背景下的一代激进知识分子的共病：他们无法割断与传统文化的千丝万缕的联系。康有为借重孔子的权威，为维新变法扫除障碍，正说明在那种急剧变化的时代，生于"学问饥荒"环境中的知识分子的无可奈何。这种"不中不西即中即西"的新学派，其实是一个新旧杂糅、中西牵合的怪胎。随着戊戌变法的夭折，康有为托古改制理论主张的不彻底性便暴露无遗了。

章太炎早年曾入康有为发起的强学会，参加维新运动。但在学术上他几乎从一开始就站在康有为的反面。章太炎接受进化论和西方近代科学之后，较早开始以西方新方法重新阐释中国文化传统。他坚持"孔子是史学的宗师，并不是什么教主"的观点，尤其强调要将孔子思想与其同时代的诸子思想进行比较研究，以诸子之长补儒家学说之短，在糅合中西的前提下，重新建构中国文化的新体系。

由于章太炎并不是一个纯粹的学者，而是个有学问的革命家，因此，他对中国传统文化的研究，几乎从来不以认识历史真相为唯一的目的，而只是作为实现政治理想的手段。他对传统文化的认识也无定规，而是因时而变。最初，章太炎是康梁政治思想的同情者与支持者，随着资产阶级民主革命思潮的兴起，他成为反对维新主张革命的进步力量的代表。后来，随着五四新文化运动的不断深入，他又蜕化成为公开提倡"尊孔读经"的保守派了。

在维新变法思潮中，一些思想家以进化论、民权说为武器，对封建专制主义进行了猛烈的批判，批判的锋芒直指封建君主专制和纲常名教。严复于1895年发表了《辟韩》一文，由批驳唐代儒学思想家韩愈入手，首先从理论上对封建君权展开了猛烈批判。他引用西方人的话说明了"国者，斯民之公产也，王侯将相者，通国之公仆隶也"[1] 这些观点，表达了国为民有，君仆民主，主权在民的民权思想。其后，谭嗣同在《仁学》一书中更为激烈地抨击了封建专制主义。他从理论上剖析了君主专制制度的不合理，认为君主的产生从历史上说是民选的，而不是子孙相袭、世代相传的。他又从现实出发，揭露了封建专制制度的罪恶，认为两千年来的封建专制制度都是暴君统治下的暴政，历代专制君主都是窃国大盗，他们据天下为己有，而以纲常名教压迫人民。他还号召人民像陈胜那样揭竿而起，反抗封建专制暴君的黑暗统治。谭嗣同

① 《严复集》，上册，36页，北京，中华书局，1986。

对封建主义的批判尖锐、深刻，其激烈程度远远超过康有为、梁启超等同时代的维新派人士。

戊戌维新思想家们有力地冲击了封建专制主义，动摇了封建统治的理论基础。辛亥革命时期的民主革命思潮以新的精神风貌和战斗姿态，展开了对封建专制主义的更猛烈批判，广泛地传播了民主共和思想，不仅为辛亥革命奠定了思想理论基础，进一步促进了中华民族的觉醒，而且为五四时期新文化思潮的形成准备了必要的条件。

辛亥革命推翻了两千多年的封建君主专制制度，但由于革命的不彻底性，旧的经济基础并没有被触动，旧的上层建筑也没有发生大的改变。尤其是人们头脑中的封建意识根深蒂固，于是一场以改造国民性为主要目的的新文化运动便展开了。

三、五四新文化运动以来的文化论争

中国文化从传统走向近代的历程，大体上经历了物质层面、制度层面和观念层面的文化变革三个阶段。这一点，梁启超在《五十年中国进化概论》（1922）中就已清晰地分析过。辛亥革命虽然完成了制度层面的文化变革任务，但那时中国的资产阶级并不十分成熟，反封建的文化启蒙也不彻底。随着政权旁落，社会上的封建守旧势力乘机卷土重来。袁世凯和张勋的两次帝制复辟，思想文化领域里尊孔复古逆流的猖獗，都在提醒国人，要想巩固共和制度，必须进行思想领域内的革命。

戊戌维新和辛亥革命时期，进步的人士只认识到，中国社会的一切弊端，根源在于封建专制制度。而此时，人们才认识到，要想将专制制度彻底打倒，就要革除旧的价值观念和道德观念。于是，资产阶级、小资产阶级知识分子的代表人物陈独秀、李大钊、胡适等人掀起了一场改造国民性的新文化运动。

1915 年 9 月陈独秀在上海创办《青年》杂志（后改名为《新青年》），标志着这次运动的兴起。新文化运动以民主和科学为两大旗帜，反对旧道德，提倡新道德；反对文言文，提倡白话文。

新文化运动所倡导的民主一方面是指民主政治，反对专制政治。他们追求的目标，是建立法国和美国式的民主共和政体。另一方面是指个人要获得政治上经济上的民主，人格独立，个性解放。树立独立人格意识，是推行民主政治的前提。陈独秀在《青年》创刊号上发表的《敬告青年》一文中指出："解放云者，脱离夫奴隶之羁绊，以完其自主自由之人格之谓也。我有手足，自谋温饱：我有口舌，自陈好恶；我有心思，自崇所信；绝不认他人之越俎，亦不应主我而奴他人。盖自认为独立自主之人格以上，一切操行，一切权利，一切信仰，惟有听命各自固有之智能，断无盲从隶属他人之理。"①

中国传统文化以儒学为中心，儒学以孔子为代表。新文化运动倡导者对封建统治者利用孔子以及儒家封建伦理道德进行专制统治进行了猛烈的批判，进而喊出了"打倒孔家店"的口号。第一个点名批孔的是易白沙。陈独秀从现实生活的各方面论证了孔子之道与时代精神背道而驰，是"反对民权之思想之学说，实为制造专制帝王之根

① 《陈独秀文章选编》，上册，74 页，北京，三联书店，1984。

本恶因”。李大钊则尖锐地指出：“孔子者，数千年前之残骸枯骨也；孔子者，历代帝王专制之护符也。”①

新文化运动倡导的科学是指自然科学、社会科学以及对待事物的科学态度、认识事物的科学法则，包含着反对封建蒙昧主义的积极意义。针对当时社会上大肆宣扬神鬼迷信的文章，新文化思想倡导者还反对偶像，指出中国的孔子就是为历代君主所塑造的偶像，从而把反对偶像崇拜和反对专制主义政治结合起来。在反对偶像崇拜的同时，强调信仰和追求真理，在青年中树立起真理与科学的权威，引导青年用科学的态度观察世界，认识世界。

新文化运动的又一个内容是文学革命。1917 年 1 月胡适在《新青年》上发表《文学改良刍议》，提出以白话文代替文言文的主张。鲁迅写出了中国现代小说史上第一篇白话小说《狂人日记》。陈独秀在《文学革命论》中更明确提出了以资产阶级新文学代替封建主义旧文学的主张。此后，鲁迅等人进一步将反封建的新思想同白话这一新形式结合起来，创作了大量的优秀小说和杂文，开创了中国文学史上一个新的时期。

由于缺乏充分的理论准备，五四新文化运动的倡导者欲在伦理层面上改变旧文化的同时，过分看重传统文化的消极方面，因此表现出十分激烈的反传统情绪。这种反传统情绪的蔓延，便引发了“全盘西化”论的产生。

“全盘西化”即全盘接受欧美的资本主义文化。其代表人物为胡适和陈序经。

1929 年，胡适在为《中国基督教年鉴》所写的《中国今日的文化冲突》一文中，使用了两个词来表达他的文化主张，其中之一可译作“全盘西化”。1934 年，陈序经在《中国文化的出路》一文中，进一步提出了“全盘西化”的论点，并作了极端的解释。人们一般认为胡陈二者是有区别的，其区别在于，胡适是从方法上谈“全盘西化”，而陈序经是从目的上谈“全盘西化”。尽管胡适后来将“全盘西化”的提法改为“充分世界化”，但依然表现出他在强调文化发展的时代性的同时，却忽略了文化的民族性。

“全盘西化”论者由中国落后的现实而导致民族文化的虚无主义，从而对民族文化采取完全否定的态度，对西方文化采取全盘吸收的立场，其在理论上是错误的，在实践上也是极为有害的。但“全盘西化”论的提出，正逢 20 世纪 20 至 30 年代“东方文化”派和“中国本位文化”派等文化保守主义派别的兴起之时，因而，在当时，它或多或少具有一些反对封建复古主义、反对国民党文化专制主义的积极意义。

四、现代新儒学及海外新儒学

新儒学是五四新文化运动及其稍后，中国传统文化——尤其是以孔孟为代表的儒家文化面临空前危机的产物。作为两千年中国历史上占统治地位的思想，自西汉董仲舒“罢黜百家”后，儒家文化曾给中华民族带来极大的繁荣，渗透于社会的文化、政治、经济生活的各个方面。但是这种占统治地位的意识形态及其政治制度与统治方式，在中国走向现代的过程中却遇到了极大的挑战。清代中叶以后，中华民族由先进

① 《李大钊文集》，上册，258 页，北京，人民出版社，1984。

逐渐变为落后，由强大变为弱小。中国舞台上演了一幕又一幕可歌可泣的图存救亡的历史剧。师夷长技，引进洋枪洋舰，改良政体，实行君主立宪，均未能获得成功；革命派发动武装起义，终于推翻了清朝统治，但北洋军阀却把国家带进了混战割据的深渊……面对迫在眉睫的民族危机，中国先进的知识分子掀起了一场声势浩大的文化启蒙运动，他们把走向现代过程中落后的原因归于两千年居于统治地位的儒家文化传统，力图用“科学”与“民主”精神彻底地扫荡传统文化。

新儒学正是在新文化运动对儒家日甚一日的抨击背景下应运而生的。博大精深的孔孟董朱体系、根深蒂固的文化集体无意识、借以安身立命的中华道德伦理，使另一群投身于书斋的知识分子采取了与激进主义者不同的对待民族文化传统的态度。他们坚信儒学不是中国走向现代化的障碍，应当也必须重新评价儒家思想，发掘其中固有的积极精神，以求促进传统儒家文化在宋明的程朱理学和陆王心学后的新发展，再次复兴与光大儒家文化。

新儒学的发展至今已有约 90 年的历史，一般认为，可以分为三个阶段：从五四运动到中华人民共和国成立为第一阶段。这是新儒学的创始阶段，以梁漱溟、张君劢、熊十力为代表。从中华人民共和国成立到 20 世纪 70 年代末为第二阶段，是新儒学在海外艰难发展的阶段，以熊十力的学生牟宗三、徐复观、唐君毅为代表。70 年代末至今为新儒学发展的第三阶段，主要以杜维明、成中英、余英时为代表。

梁漱溟是新儒学的开创者，1921 年在新文化运动中的革命派“打倒孔家店”的呼声响彻云霄时，他发表了“震烁儒村”的巨著《东西文化及其哲学》，公开维护孔子学说，用严谨的论证表明中国文化、印度文化、西方文化并无优劣高下之分，只不过是对生活不同的态度而已，它们各有其利弊。梁漱溟试图用孔子学说的生命和智慧，拯救西方文化在功利竞争中产生的种种烦恼。出于他对传统儒家文化，主要是宋明陆王心学的独特感悟，他充满自信地断言：世界未来的文化必将是中国文化的复兴。梁漱溟作为一个 20 世纪的知识分子，在西方哲学的背景下植学术根基于资源异常丰富的中国传统儒家，自然所得是气象万千，雄深博雅。他以尊孔崇儒开启了新儒学的精神之门。

值得一提的是新儒家的一位介于“学术与政治”之间的人物张君劢。他挑起了 20 年代思想史上极为著名的“科玄”之战。毫无疑问，宋明儒学中的陆王学派强调的是心的“直觉”，与儒家的顿悟有渊源承继关系，心之所思是人生的根本目的与价值，属于柏拉图所说的“无所用”之“形上学”，自然与求实的科学精神相违背。张君劢站在人文主义立场上极力地张扬心性，指出科学精神不能解决人生所有的问题。在“五四”后“科学”与“民主”日渐深入人心，成为救亡图存的不二法门的影响下，由于儒学与民族危亡现实的距离，提倡之自然会招致猛烈抨击。

第一阶段新儒学的真正领袖，也是最高成就的代表是建构心物、体用、性量哲学体系的熊十力。他从 1922 年冬开始在北京大学讲唯识学起，开始对以儒家精神为根本义的“新唯识”论进行探讨，1932 年，他发表了重建儒学本体论的代表作《新唯识论》。这部著作直承陆王心学传统，提出“体用不二”的“心物一体”观。心同万物本体“无二无别”，这无二的“体”绝非空寂，而是生生不已的大化流行，给传统心学注入了积极、主动精神。熊十力是一位对儒家精神有独特生命感悟的新儒学代表，他对后期的新儒学影响最大。

新儒学发展的第一阶段成就辉煌。虽然他们对于儒学，尤其是宋明儒学的研究，方法上仍带有“中体西用”模式的痕迹，但以儒学为主，又吸收了西方哲学文化的精华，并且念念不忘弘扬民族文化的历史使命，对我们今天的文化建设无疑仍具有积极的启迪意义。

新儒学发展的第二阶段，代表人物以港台和海外学者为主。其主要代表均为熊十力的弟子。在失却“故国家园”的“天涯游子”心态下，他们又亲历了资本主义物质文明发达，“工具理性”畸形现实带来的心灵创痛，对于固有的儒家心性道德自是别有一番滋味在心头。其主要观点集中于1958年元旦，由唐君毅、牟宗三、徐复观、张君劢联名发表的《为中国文化敬告世界人士宣言》。与梁漱溟宣称的未来世界文化必是中国文化的复兴相比，第二代新儒家已稍显平静；与熊十力殚精竭虑创建心物、体用的儒学本体论体系对照，第二代新儒家显然又少了一份自信。他们深知儒家文化注重道德实践，反求诸心的特点所导致的缺乏科学精神需要纠正，于是力图从儒家文化中寻找民主的种子。他们更清醒地认识到：他们所提倡宣扬的新儒学已不再是20世纪以前张煌于社会生活方方面面的显学，因此转而强调中国文化的“一体性”，也即一脉相承的道统，并推重这一道统中宋明的程朱理学与陆王心学，同时也宣称新儒家是这一“道统”的“正宗”传人。对于儒家的认识，新儒学第二阶段的成就不如第一阶段。

第三阶段的新儒学，目前仍处于积极发展之中。这些学者少了前辈心中那种对儒学的近乎神的迷恋，内地学术气候的变迁，也使他们更少一些躁动与焦虑。儒学在他们手里，开始真正向一种学术流派移动。他们也不再追求“立竿见影”的“经世致用”之效。

和20世纪“五四”以来中国的主流文化思想相比，新儒学的影响所及只在精英阶层的人文知识分子群体。但它在世纪末中西交流中的积极作用也不容忽视。传统的中国文化里究竟有多少可资当下中国文化借鉴的因素，这依然是一个艰巨而迫切需要研究的课题。韦伯在《新教伦理与资本主义精神》一书中，为资本主义在清教徒手中发展找到了《圣经》的支持，可以说，中国传统文化中肯定也有中国走向现代的有益思想营养。这也许应当是新儒学的当务之急。盲目崇古的“万世不移”与盲目崇洋的“唯西是尚”，都是不切实际的幻想。从这个意义上看新儒学，也许会让我们对当代中国的各种文化思想有较为清醒的认识。

第二节 中国传统文化在近代的变革

◎西方传教士 ◎同文馆 ◎近代工业 ◎留学海外 ◎泰州学派 ◎李贽 ◎传统价值观在近代的变革 ◎贵义贱利 ◎自我文化中心主义 ◎重农抑商 ◎新学 ◎五四运动

在16世纪之前，中国一直处在人类文化发展的前沿，到了明万历、天启年间，情况发生了变化，随着耶稣会教士来华，尤其是后来鸦片战争的剧烈震撼，中国人看到了一个闻所未闻的陌生世界，就此开启了中国传统文化在近代的变革。对这几百年的文化变革，我们可以从以下几个方面把握其特点。

一、对外来文化的吸收引进过程表现为从教会垄断的被动接受到自主选择的多渠道主动引进

明末清初的中国社会是封闭的，传教士是中西文化接触的唯一媒介，中国接受西方文化的程度基本取决于传教士。传教士来华的动机在于宗教传播，科学只是敲门砖，达到目的后即可废弃。当时的中国官方对历法以外的西方文化也没有多少兴趣，传教士为了传教的便利，在介绍西方科学时往往以取悦朝廷为第一大事，比如利玛窦在汉译西方著作时，就坚持要先译天文历法书，以便打进宫廷，这就与徐光启等中国学者有了根本分歧。这一时期，由于西方教会垄断了西学的输入，中国知识界只能盲目被动地接受传教士愿意输入的东西，完全没有选择的可能。这就对近代科学在中国的传播造成了多方面的局限：一则受传教士来华的宗旨限制；二则传教士的宗教观念也限制了其自身对科学学说的接受，在由他们传入的西学中表现出了他们的思想缺陷，在明末清初的200年间，没有一位传教士敢于违背他们的宗教感情向中国介绍哥白尼的学说；三则这些传教士本人不是科学家，他们自己在对科学的理解和把握上必然存在局限性。在科学体系形成的18、19世纪，这种个体的单项的交流是远远不能满足科学传播需要的。我们这样说并不是否认传教士在客观上曾起过的作用，而是强调在中国这样一个大国，如果没有内部的觉醒，仅依赖传教士挟带的先进文化，很难想象中国传统文化的规范会有较大的改观。

直到19世纪中期，鸦片战争以后，这种由教会垄断文化交流的局面才被打破。洋务派在19世纪中晚期采取了一系列的措施，开辟了多方面的渠道，来主动引进西方先进科技。以洋务派为代表的当时中国官方的这些做法具有多方面的意义。第一就是打破了教会的垄断地位，中国政府可以在自己的翻译机构中按自己的需要选择译著，虽然限于认识水平，这点选择权利也不可能运用得很好，但至少比徐光启时代身不由己地受传教士支配要主动多了。第二，引进的近代工业，无论从生产设备的基础水平，还是从工程技术人员甚至工人的技术素质来说，都为今后的民族工业奠定了基础。何况初创时期，引进设备、技术，开发资源等一系列冒险的、代价高昂的投资在当时也不是私人所能承担的。第三，派遣留学生及使团，更不是教会所能代替的，即便教会也办学堂，但唯有官方可以兑现仕途进取的政策，在社会还很闭塞的情况下，这项措施对社会有相当大的吸引力。因此在社会风气尚未完全转变之前，洋务学堂的能量更大，在衡量社会影响时就不能仅考虑学校数量。第四，如果由洋人来实施过分违背中国传统习俗的事，中国社会心理障碍将更大，排斥更激烈，从而使情况变得格外复杂，使事物的推行徒增许多困难。如同文馆要设一座新观象台，耗时达20年，最后还是靠了上谕解决的："假如他是教会建的，早就被群众掀倒了；但他是上谕许

建的，大家只好摇摇头，默默地走开。”（丁韪良：《同文馆记》）第五，雇用外国人（主要是传教士）并不能改变他们的基本立场，但对他们的传教至少是一种限制。同文馆在聘请第一批外国传教士时就“豫为言明，只学语言文字，不准传教”，丁韪良自己也说：“依同文馆的性质而言，正式讲授宗教是不许可的，但我却常常和学生谈到宗教问题，并且要求别位教习，如书中遇到有关宗教的课文时，尽可不必删去。”（丁韪良：《同文馆记》）可以看出，传教士受雇于中国政府时，不能像在教会学堂那么自由，至少要受雇主，也就是中国方面的基本原则约束，宗教只能作为挟带的私货了。此外，受雇后从事的科学性质的工作对受雇的传教士自身也多少产生了一些影响。丁韪良对明末清初传教士的不满，不论是出于什么目的，这种言论与他自己的传教士身份是不那么相称的。还有一些以神职人员身份来华而归去后改变了身份的，如傅兰雅，他在光绪二十年（1894）离华后赴美任芝加哥大学东方语文学教授。

总之，明末清初的西学引进是由教会垄断的，中国并无觉悟；而到清代中晚期，中国则是多渠道的、主动的引进，教会只是其中一支。在近代中国西方文化的引进和社会变迁的过程中，教会犹如催化剂，它本身的性质从未改变过，但促使了反应速度加快。不过如果没有化学反应的基本条件，催化剂将无济于事。

二、中国传统文化自身发展的内在要求和外来文化冲击的共同作用是变革的主要动力

任何一种文化都有其发展的内在逻辑和规律，中国传统文化也不例外。当中国传统文化发展到明清，进入了前所未有的衰落阶段时，前所未有的变革也孕育其中。从明中叶甚至更早时开始，在社会文化的各个方面都出现了要求变革的迹象和动力。

在社会经济方面，中国这时出现了早期资本主义的萌芽。14 到 16 世纪，中国在丝织、棉织、冶铁、制瓷、制糖、制茶、造纸、印刷、木材等手工行业，先后逐渐出现了资本主义萌芽性质的生产关系。16 世纪，在南京和苏州，出现了由大商人经营的丝绸作坊或工场，他们拥有大量资本、织机和原料，或者雇用工人在自己的工场里进行集中的生产，或者散放丝料给机户，就织工各自住所分散生产，按量计酬。到 18 世纪，康熙为了巩固封建统治，采取了一系列恢复社会生产的措施，在一定程度上促进了社会生产和经济的发展。同时，在商品经济有了一定发展的条件下，中国出现了北京、汉口、苏州、佛山、南京、杭州等著名的大都市，对外贸易也有了一定发展。这个时期，资本主义萌芽比明代有了较大的增长。江南地区丝织业有些业主雇工四五百甚至近千人，广东佛山铁丝业工场工人多至千余，汉口一带冶铁业大厂有两三千人，而木材业大圆木厂则有三五千人之多，云南铜矿业有的大厂工人多达数万。包买商的活跃程度也远远超过明朝后期。资本主义生产关系的萌芽及其发展，必然引起经济基础与上层建筑的矛盾运动，促进思想文化的变革，这就从根本上为传统文化的嬗变提供了契机和动力。

在思想领域里，明中叶以后出现了具有早期启蒙特征的异端思想，具有代表性的有以王艮为首的泰州学派，以及其后继者李贽等人。

王艮的泰州学派认为，人间之“道”并非高深莫测，它就在“百姓日用”之中，并认为凡是不能解决人民生活问题的就不是真正的学问，就不是“圣人之道”。这无疑贬损了程朱理学的社会价值，而提高了实践活动的价值。同时，他从“天地万物一体”论出发，认为“人欲即是天理”，明确肯定饮食男女之性是天生的自然权利，并强调应该维护自己的独立人格和尊重别人的独立人格。李贽的思想锋芒则主要集中在对程朱理学的批判上，他认为物质生活是整个伦理道德的基础，一切德行都和个人的物质利益相关。在此基础上，他勇敢地宣称，在私有社会中，“人必有私”，并认为这是“自然之理”，“必至之符”（《藏书》卷二十四），符合自然和社会发展的需要，而且，只有顺应人的“富贵达利”的欲望，才能使“天下之民，各遂其生，各获其所望”（《明灯道古录》卷上）。李贽还提出了男女平等的观点，同时，还主张个性的发展，反对“强而齐之”，主张冲决封建的教条禁约，让人们自己管理自己。这种观点客观上反映了当时市民阶层要求冲决封建罗网，发展“自由私产”的愿望。和西方人文主义一样，以李贽为代表的中国异端思想也对封建蒙昧主义进行了猛烈的批判。李贽公然否定以孔子的标准为是非标准，主张按照时代的发展变化，建立“今日之是非标准”。他在著作中，称赞秦始皇为“千古一帝”，肯定隋朝杨坚父子统一南北朝的历史作用，称陈胜领导的农民起义为“古所未有”，“匹夫首创”，并把隋末农民起义领袖窦建德与唐太宗并列于帝王世纪中。他甚至称武则天是有知人之明、用人之谋的“聪明主”。这样，李贽不但率先打破了封建统治者对孔子的神化，有利于唤起人们对历史和现实的新思考，而且具体否定了程朱理学所谓的汉、唐不如三代的历史退化论。在文学理论上，李贽认为“天下之至文”绝不在于字句、结构等形式上的追求，而在于出自作家的“童心”。所谓“童心”，就是真心，也就是真实感情的流露，作家只有用真实感情去创作，才能写出好作品。在文学发展观上，他极力推重近代和当代的作品，包括《西厢记》、《水浒传》等通俗文学作品，认为它们是一种“至文”。李贽的文学观点，给晚明文学革新思潮以很大影响。袁宏道、汤显祖、冯梦龙等都在不同程度上受到李贽文学思想的熏陶。

在文学领域，出现了复古和反复古的文学革新思潮，以及在这些思潮影响下的文学创作活动。所谓“复古”，是指16世纪的“前后七子”[①] 的文学复古运动，其复古理论主要有两点：在文学发展观上，主张“文必秦汉，诗必盛唐”，认为先秦两汉的散文和盛唐的近体诗都是绝对美的，以后的诗文则有种种缺陷，一代不如一代；在创作观上，他们认为文学愈古愈好，一切唯古人是尚。因此，他们的创作就是把古文古诗当作范本，从篇章结构到句法词汇都摹拟古人，故被称为“摹古派”。

“前后七子”的文学复古冲破了当时台阁体、八股文笼罩文坛的局面，打破了诗文界几百年的窒息沉闷的气氛，从这个意义上说，文学复古运动是中国文艺启蒙思潮的先声。但遗憾的是，中国的文学复古运动只完成了冲击台阁体、八股文垄断文坛的任务，而没有创造出反映时代要求的新文学。

为了反对文学复古，为文学的发展进一步开辟道路，先后有“唐宋派”、“竟陵

① 前七子以李梦阳、何景阳为首，包括徐桢卿、边贡、康海、王九思、王廷相等人；后七子以李攀龙、王世贞为首，包括谢榛、宗臣、梁有誉、徐中行、吴国伦等人。

派”和“公安派”等打起反文学复古的旗帜，涌起了一股颇有声色的文学革新思潮。“唐宋派”以归有光为首，主张诗文要“自为其言”、“直抒胸臆”，反对摹古派的剽窃抄袭。但其自身又多受复古运动的影响，没有和摹古派真正划清界限，因而无法击败复古运动。以钟惺为首的“竟陵派”是“公安派”反复古的友军，其主张也与“公安派”大同小异。所异者在于“竟陵派”反对“公安派”的“俚俗”，而提倡一种所谓“幽深孤峭”的风格，这种风格往往破坏了文学语言的自然之美，使作品读起来佶屈聱牙，意义费解，故不足为是。

“公安派”是晚明反复古运动中文学革新思潮的旗帜，他们的文学观点与活动对当时的文学创作产生了重要的影响。“公安派”以三袁（袁宗道、袁宏道和袁中道三兄弟）为代表，其文学革新思想的要义有三：在文学发展观上，他们认为文学是随时代发展而发展的，各个时代的文学都有自己的特色，因而不应厚古薄今。在创作观上，他们反对摹古抄袭，主张文学应充分表现作者的个性，认为好诗好文都是“任性而发”，“一一从自己胸中流出”。由此，他们进一步认识到人的个性的多样性，“性之所安，殆不可强，率性而行，是谓真人”。这种观点不仅具有反复古派形式主义的意义，而且具有反理学束缚、求个性解放的意义。在体裁上，他们也一反以往只重视经史诗的传统观点，极力推崇民间文艺、小说、戏剧等通俗文学作品，并经常从通俗文学中吸取养料。

由于“公安派”和其他文学革新派别的共同努力，“前后七子”的复古云雾为之一扫，海内的习气也逐渐改变。所以，“公安派”等掀起的文学革新思潮不仅是文学繁荣的重要动因，而且是中国文艺启蒙思潮萌生的标志。

前述种种说明，当时的中国社会是一个高度发达的社会，已经为后来文化的发展变革准备好了较为充分的社会经济基础，在中国传统文化内部，依然有着寻求变革发展的要求和旺盛的生命力，有着发展变革的动力和机制，所缺乏的是发展变革的主动意识和精神追求。由于有传统宗法意识和封建君主的闭国政策的强大压力，这样的主动意识和精神追求在当时还不会产生，即使有这样的萌芽，也不会对传统文化的变革产生多大作用。而外来文化作为强势文化的冲击，恰恰成了这样一个激励因素，促使中国传统文化走上了解体重构之路。

地大物博、幅员辽阔原是我国优越的地理条件，但不幸的是也成了闭关自守的物质基础和口实；文化优越又使得鸦片战争前的任何一个以武力征服汉民族的民族总是“被他们征服的民族的较高文明所征服”。当中国的物质文明和精神文明成了闭关自守的物质基础和心理基础时，优势便成了包袱。中国对西方优势的刻骨铭心的认识是大炮，所谓“轮船电报之速，瞬息千里；军器机事之精，工力百倍；炮弹所到，无坚不摧，水陆关隘，不足限制，又为数千年来未有之强敌”（《李鸿章奏稿》第九卷）。这是农业文明的天朝大国对工业文明的船坚炮利真实体验的生动写照。鸦片战争使天朝大国的幻境破灭了，外来的侵略、亡国灭种的威胁首先激活了沉睡的中华民族自强不息的精神，同时激活了中国传统文化中求新求变的机制。洋务派讲富国强兵，严复讲自强保种；而随着西方科学与民主观念的引进，墨子、孟子、黄宗羲等人久被遗忘的科学观念、民主思想得到了人们的高度评价。在外来文化的冲击下，中国传统文化系统终于开始了解体与重构。

综上所述，我们认为中国传统文化内部存在着发展变革的动力与机制，西方文化的冲击对于中国传统文化的解体起了催化的作用，但使得中国传统文化解体的直接动力，仍然来自中国内部，主要来自中国社会的发展程度及中国传统文化内部固有的矛盾斗争。在外来因素的推动下，这些动力、机制和愿望促成了传统文化的发展变革。

三、传统文化的变革体现

（一）传统价值观念的变革

“重义理轻艺事”的偏见是中西文化之间的一大差异。中国传统文化对工艺技巧重视不够，有时甚至是持否定态度的，所谓“绝巧弃利，盗贼无有”，“民多利器，国家滋昏；人多技巧，奇物滋起”等，几千年来充盈于耳目，而“玩物丧志”、“奇技淫巧”的说法本身就充满了贬义。清初杨光先就有“宁可使中夏无好历，不可使中夏有洋人”的言论，直到清末，顽固派仍然坚持上述价值观，系统地排斥西方科技，把空洞的礼义廉耻看得比国家富强还重：“人若不明大义，虽机警多智，可以富国强兵，或恐不利社稷。”当中国处于列强包围之中，这种价值观是极其有害的。

与小农经济的社会现实相一致的是“贵义贱利”的价值观。对于“利”的内涵，先秦各家的具体解释多有不同，但无一例外都包括物质利益。中国士大夫追求的是“义”，“利”只有符合“义”时才可接受，这是儒家十分强调的。然而儒家虽崇尚“义”，但并没有无视“利”，儒教能经久不衰，也证明它不是太悖人情的。孔子提倡“君子谋道不谋食”的价值观，就是将人们对于利禄的渴求导向了仕途而杜绝了其他途径（如经商），使仕途成了获利的唯一趋向。仕途科举满足了利欲熏心和秉性清廉这两种心理，它把读书、升官与发财三者结合起来了。言义而又得利，士大夫何乐而不为？

“贵义贱利”同时还引出对应的道德观“黜奢崇俭”。各家学说都反对奢侈性消费，可以说“贵义贱利”与“黜奢崇俭”构成了中国封建社会财富与伦理的准则。

应当说明，我们不是要否定“富贵不能淫，贫贱不能移”的传统美德，只是强调走向极端的“贵义贱利”是阻碍社会发展的。个人执著于这些偏激的价值观无妨，但于整个民族，则极其危险。

观念的形成与存在，总是以一定的社会现实为基础的，并且要与其赖以生存的社会环境相适应。明中叶开始的变革，动摇了传统价值观所依托的社会现实，开始影响这些传统的价值观。近代剧烈的社会变革则改变了其赖以生存的社会环境，开始逐渐改变传统的价值观念，到清代中晚期，这种空泛而日益脱离社会现实的价值观开始了彻底改变，中国传统文化变得讲究实际了。

（二）传统文化中唯我独尊的自我文化中心主义被打破，现代意义上的国家民族平等观念开始影响中国人

鸦片战争前的中国是一个闭目塞听的社会。人们的视线被禁锢于九州之内；对于

中国以外世界的认识，基本是茫无所知。本来，早在明清之际，西方传教士纷纷来华，曾带来不少西方近代科学知识。但是，到了18世纪，清政府对外推行封闭政策，人为地隔绝中外交往，以致原来传入的西方知识，不但没有得到传播，反而逐渐为时代所淹没。乾隆、嘉庆、道光时期，人们对世界的了解，无知到了惊人的地步。清朝当局长期“竭力以天朝尽善尽美的幻想自欺”① 固然是一个重要原因，而更深层次的根源则是唯我独尊的天朝上国意识。在这种观念支配下，中国不仅被看成世界上最大最古老的国家，而且被认为是其他国家的母本和文明之源；而中国以外的其他国家，包括西方世界及其人民，则被视为“蛮夷小邦”、“化外之民”，是不知“人伦”、“未开化”的低贱“夷狄”。在这种日见虚妄的自我文化中心主义支配下，根本不可能有平等的对外交往，更谈不上学习、引进和借鉴外国文化。

鸦片战争的惨败和屈辱的城下之盟打破了“天朝上国”的幻境，社会心理由传统的唯我独尊一下子跌入了极度的自卑，从而打破了长期固居自闭的以华夏为中心的传统思想体系，转变了传统文化中的夷夏观念，中国人开始艰难而痛苦地自我反省，以找出差距，寻求救国救民的自强制夷之策，现代意义上的国家民族平等观念开始走进中国人的思想。从本质上说，这是对传统宗法意识的破坏，是现代民主意识的先声，它动摇了中国几千年封建社会赖以存在的基础。

（三）从西方长技中看到了科学的力量，科学的观念成为中国思想文化的组成部分

鸦片战争以前，人们对西方的科学技术多半投以鄙视的眼光，认为是“奇技淫巧”而不予理睬。当时一般人皆“耻言西学，有谈者则诋为汉奸，不齿士类”。在这种风气影响下，中国社会完全处于闭塞状态。

鸦片战争以后，中国再也无法以天朝上国自傲，一些有识之士在事实面前开始承认西方拥有胜过中国的“长技”。他们认为，要有效抵制西方侵略，必须学习西方长技，“尽转外国之长技为中国之长技”，从而艰难地迈出了学习西方科技的第一步。鸦片战争时期，以林则徐、魏源等为代表的进步人士认为，英人在战争中能节节取胜，主要是靠船坚炮利。为了战胜敌人，当时学习的西方长技，主要是仿效西洋造船制炮。到了19世纪50年代，随着时间的推移，人们开始认识到西方的长技不仅是船坚炮利，更重要的是还有一个完整的近代科学体系作为船坚炮利的基础，随之掀起了学习引进西方科学知识、翻译西书的浪潮。一些具备一定科学知识的知识分子，纷纷和传教士合作，翻译出版了数学、光学、力学、天文学、化学、生物学、地质矿物学等基础科学著作，而进洋学堂，乃至于出洋留学，一时成为风尚。这不仅把近代科学体系引入了中国，为近代中国科学技术的发展奠定了基础，对于提高近代中国的科技水平发挥了巨大的作用，更重要的是把科学的观念带入了中国思想文化，为中国的近代化进程注入了新的动力。

① 《马克思恩格斯选集》，2版，第1卷，716页，北京，人民出版社，1995。

（四）工商业的重要性得到重视，重农抑商的传统观念发生转变

在封建社会，农业是全国人民的衣食之源，这种社会经济状况反映到思想意识领域，就形成了牢固的农本主义思想，反映到历代封建政府的政策上，就是长期推行重农抑商政策。直到鸦片战争前夕，这种状况一直没有多大改变。鸦片战争英国打败中国，从社会发展的角度上分析，可以认为是以工商为主的资本主义工业文明对以农为本的封建农业文明的胜利。鸦片战争的惨败，促使关心国家命运的爱国人士开始了新的思索。他们虽然尚未摆脱农本主义思想的束缚，但已感到不能忽视商业和工业，甚至提出了“本末兼富”、“农商并重”的新观念，开始意识到要抵抗西方侵略，需要发展近代工商业。这种新观念的提出，是对传统的农本思想的一个大突破，标志着农本主义已经动摇，中国社会开始逐渐脱离只重农业文明的路子，而走上了向工业文明发展的艰难历程。在这种观念的影响下，中国的商品经济开始发展，新式民族工商业开始建立，正当的对外贸易受到鼓励，而严格的海禁则不攻自破，华民出洋的限制逐渐放宽了。

（五）新学兴，传统的考据之学渐衰

科举取士是明清统治者控制封建时代知识分子的利器，功名利禄使天下读书人尽入彀中；而大兴文字狱则迫使读书人远离政治，禁锢思想，对国事不闻不问，而埋头于故纸堆，于是考据训诂之风盛极一时。道光以后，内忧外患纷至沓来。尤其是鸦片战争失败给了士大夫以极大震惊，痛感前此盛极一时的考据学脱离实际，于国事毫无裨益；而清政府提倡的程朱理学空谈性理，外轻经济事功，内轻学问文章，同样严重脱离实际。于是他们转而倡导经世致用之学，主张经邦济世，学以致用，既反对繁琐考证，也反对空谈心性，而以学问必施之于政事，有益于世界为依归。为了经邦济世，他们主要致力于国计民生中面临的最突出问题的探讨，以期求得解决办法。他们著书立说都有一个明显的出发点，即有利于国计民生和国家振兴。与乾嘉时代的古典主义和客观主义的学风相比较，道咸时期的学风公开提倡功利主义，注重学问的现实意义。所以王国维在评论清代学术时说：“国初之学大，乾嘉之学精，而道咸之学新。”所谓新，就新在经世致用。

鸦片战争时期经世学风的兴起与社会危机和民族危机有紧密联系。他们从挽救社会危机和民族危机出发，提出了各种改良主张。鸦片战争前，以“兴利除弊”为要旨，鸦片战争后，他们除继续关心事关民生国计的重大政事以外，更加注意富国强兵和抵抗西方侵略，其重点由改革弊政转向了图强御侮。

四、传统文化变革的几个阶段

首先是明中叶到清初的酝酿发端。西方文化对中国传统文化的影响在这一时期开

始显现，中国的一些有识之士开始认识到了西方科学的先进性并重新发现了中国古代的科学文化成就，文化起源的多元论开始影响人们的观念，传统的华夏中心主义出现了动摇的迹象。而整个中西文化交流是在中国保持着独立自主地位的前提下进行的，对待西方文化的正确或基本正确的态度占据着主流地位，中国传统文化的变革开始酝酿。但遗憾的是这一良好的开端并没有持续下去，随着雍正驱逐全部在华传教士，刚刚开启的国门又被封死了，接下来的是长达百年的闭关锁国。

其次是鸦片战争到戊戌变法的剧烈震荡时期。这一时期是以鸦片战争的惨败为开端的，战败首先使中国人痛苦地认识到了冷热兵器之间本质的差异，重新承认船坚炮利所象征的西方近代科学的先进性，然后从追求富国强兵的中体西用开始，走上了企图变革社会政治体系的维新改良之路，试图在传统文化的框架内实现民族振兴。甲午战争的惨败和戊戌变法的悲剧结局宣告了这一努力必然的失败，也标志着以封建意识为核心的中国传统文化的解体。

最后就是辛亥革命和五四运动所代表的中国新文化的重构。这一时期一直持续到现在。在这一阶段，中国首先从体制上结束了长达两千多年的封建统治，开始以民主和科学来清除封建的意识形态，进而结束了西方列强对中国长达百年的欺侮与奴役，实现了国家民族的独立自主，为中国文化的重构提供了十分必要的前提，并在 20 世纪的最后 20 年走上了中华民族梦寐以求的富强之路，中国新文化的框架基本确立。

从明代中叶到“五四”，中国文化发生了根本的变革，就其本质来说，是中国传统文化的解体和中国新文化的重构。在这一解体和重构的过程中，中国社会发展的现实状况是根本的基础，而外来文化的冲击与影响则是必不可少的外在因素；两方面的相互作用导致中国传统文化的解体和中国新文化的重构，其表现形式是民主科学观念的确立，是传统价值观的改变。这三百来年的文化变革再一次证明，社会生产力是人类一切文明进步的根本。这不仅是中国传统文化变革的根本规律，也是人类社会一切文化发展的根本规律。

【思考与研讨】

1. 从当代人既定的思想中看一看哪些观念在近代的文化变革中就已经开始出现了。

2. 针对五四新文化运动倡导者由于激烈的反传统情绪而提出的“全盘西化”论，谈谈你的认识和意见。

3. 关于“中体西用”和“西体中用”之争非常复杂，建议由教师主持一个班级专题研讨会，展开深入讨论。

第十一章 物一无文 同则不济

——中西文化的差异

西洋民族以战争为本位，东洋民族以安息为本位；西洋民族以个人为本位，东洋民族以家族为本位；西洋民族以法治、实力为本位，东洋民族以盛情虚文为本位。

——陈独秀

唯有如此相互交流才是合情合理的。他们（指中国人）善于观察，而我们长于思考。交流我们各自的才能，共同点燃我们的智慧之灯。

——莱布尼茨

中国文化与西方文化的基本差异，主要体现在以下几个方面：在对待人与自然的关系问题上，中国文化重视人与自然的和谐统一（即“天人合一”），西方文化则强调人对自然的征服与改造（即“征服自然”）；在对待家庭关系问题上，中国文化强调“家族本位”，突出家族乃至国家的整体利益，西方文化则奉行“个人本位”，以自我为中心，注重个人的人格和尊严；在对待民族关系问题上，中国文化奉行的原则是“亲仁善邻”、“协和万邦”、“顺俗施化”、“怀德修远”，而西方文化奉行的原则是“征服天下”。上述三个方面的差异，集中体现为中西两种文化模式的差异，即“执两用中”的中国文化模式与“两极分立”的西方文化模式的差异。

第一节
中西文化的自然观比较

○顺天应物、天人和谐　○征服自然

一、“顺天应物、天人和谐”的基本含义

“顺天应物、天人和谐”是中国古代文化的基本精神之一，是中国古代重要的思想传统。这一思想观念的形成和发展有一个复杂的演进过程。中国远古的原始哲学和宗教巫术密不可分，宗教巫术是各民族童年时代的文化形态。夏商时代主要奉行宗教天命观。西周时期，天是自然和社会的最高主宰，是有意志的人格神，天人关系即人神关系。西周末期至春秋时期，社会的动荡促使人们对天道产生了怀疑，逐渐形成了重人道人德的观念，天（神）与人产生了融通关系，这是中国早期的天人合一思想。战国时期，庄子将人视为自然的一部分，认为人与天地自然皆由气构成，反对人为（尤其反对妄为)，追求“天地与我并生，而万物与我为一”（《庄子·齐物论》）的天人合一境界。《易传·文言》提出“与天地合其征”的天人合一思想。关注人与自然的关系，这是“天人合一”思想的重要发展。西汉董仲舒将天人合一加以演变和倒退，形成天人感应的神学唯心主义思想体系，同时将阴阳五行神学化，封建伦理绝对化、纲领化，将封建制度神圣化、凝固化。经唐至宋，天人合一成为占主导地位的文化思潮。张载认为，儒者“因明致诚，因诚致明，故天人合一，致学而可以成圣，得天而未始遗人”（《正蒙·乾称》），第一次明确提出“天人合一”的命题。他认为太虚之气是世界的本原，人与天地自然都由气构成，气是天人合一的基础。人是自然界的一部分，人与自然界统一于物质性的气。这是对庄子天人合一思想的继承和发展。他认为人和自然都遵循阴阳二气“聚散相荡、升降相求”的对立统一规律，人生的最高理想即天人协调。

中国传统文化中的“天人合一”问题是十分复杂的，但就其民族文化的总体而言，其基本含义即人与自然的统一，是人们的行为与自然界的协调，或者说是精神与自然的统一。

二、天人和谐与征服自然

天人和谐与征服自然是中西文化的基本差异之一。中国文化相对重视人与自然的和谐统一，而西方文化则强调对自然的征服与改造，以求得人类自身的生存与发展。

日本的北聆吉氏在《东西文化之融合》中谈到两者的文化差异时说：

> 西洋文化——征服自然——不能融合其自我于自然之中以与自然共相游乐。
>
> 凡东洋诸民族皆有一共同与西洋民族不同之点，即不欲制御自然征服自然，而欲与自然融合与自然游乐是也。
>
> 东西文化之差别可云一为积极的，一为消极的。
>
> 自然之制服，境遇之改造，为西洋人努力所向之方。与自然融合，对于所与之境遇之满足，为东洋人优游之境地。此二者皆为人间文化意志所向之标的。

这段文字，其所言东洋文化，如除去印度文化圈，而就以中国文化或以中国为代表的东方炎黄文化圈而言，确是道出了中西文化的基本差异之一。

李大钊先生在《东西文明之根本异点》中讲：“东西文明有差，根本不同之点，即东洋文明主静西洋文明主动是也。一为自然的，一为人为的；一为安息的，一为战争的；一为消极的，一为积极的；一为依赖的，一为独立的；一为苟安的，一为突进的；一为因袭的，一为创造的；一为保守的，一为进步的；一为直觉的，一为理智的；一为空想的，一为体验的；一为艺术的，一为科学的；一为精神的，一为物质的；一为灵的，一为肉的；一为向天的，一为立地的；一为自然支配人间的，一为人间征服自然的。”对李大钊关于东西文化差异的界说且不去具体讨论，但在人与自然的关系上，他是强调一为“自然”的，一为“人为”的，也肯定一为适应自然，一为征服自然。

梁漱溟先生认为东方文化无征服自然的态度而与自然融洽相乐。他对于中国文化人与自然相融合的价值取向持根本否定的态度，而视征服自然为西方文化中浓墨重彩的一笔。同时认为“征服自然是借着科学才做到的，尤重于经验科学”。他认为西方文化中进取的“向前要求”的态度，也就使西方文化具有了征服自然的异彩，科学方法的异彩，民主的异彩。

天人合一与征服自然这一中西文化的基本差异，在文化研究领域似已成为不争之实。二者各有其特点，至于孰优孰劣，不可笼统地一概而论，需要作具体的历史的把握和认知。

在人与自然的关系问题上，中国传统文化体现的“天人合一”就是要把自然人格化，人格自然化。把人的精神消融于自然界之中，人与自然和谐地共存与演进。当然，在不同的思想家和哲学流派中，对天人关系的理解和追求也不甚相同，如儒墨突出人道原则，道家则把关注的重点放在自然（天）之上。儒墨将自然（天）视为前文明状态，强调自然只有人文化，才能获得其自身价值。儒家强调的超越自然，化自然为人文，主要是指化天性为德性，意在达到道德上的完美。在强调德性的同时，表现了重人文轻自然的弊端；缺乏对自然科学的探究。道家认为自然本身便是一种完善的状态，而不必经过人化，人化的过程是对自然美的理想状态的破坏。在人生哲学上，道家主张“因任自然，超越羁绊”；在修身、养生问题上，取法自然，主张“吾所谓臧者，非仁义之谓也，任其性命之情而已矣”（《庄子·骈拇》），“牛马四足，是谓天；落（络）马首，穿牛鼻，是谓人。故曰：无以人灭天（自然）”（《庄子·秋水》）。与儒家重人性轻自然相比，道家崇尚自然，并将自然状态理想化，对自然界缺乏能动的作用与积极的改造，道对儒轻视自然的倾向自然缺乏足够的制约力量。从物质文化的创造而言，儒道关于天人关系的思想都有其消极一面。从另一角度看，道家的“无以人灭天”、“法自然”又包含着尊重自然的呼声，强调人为过程不能偏离或违背自然的法则，要“依乎天理”、“因其固然”，人为要循乎天理，合乎天道。作为共同建构了中国传统文化基石的儒道两家，尽管其对天人关系的态度有差异，但二者在相对互补、融合与发展中所呈现的天人合一思想的主导倾向是清楚的，天人关系绝不处于对立状态。庄子认为乱世是人不自由产生忧患的原因，主张摆脱各种忧患，无羁无绊，摆脱一切束缚，求得新的平衡。这便是庄子自然观形成的根源。可见，庄子自然观绝不脱离社会，而是为了更好地作用于社会。实际上，儒道两家的终极关怀是一致的，即人、自然与社会的和谐。

天人合一的文化特征影响着中国文化的方方面面。中国一向有重视农业的传统，自古及今，农民有祭天地的习俗，一方面庆祝丰收答谢天地，一方面乞求天地赐福，以期来年有个好收成。在中国的农业社会中，人和自然的关系是密切的。中国人办喜事，新郎新娘首先拜的是“天地”。在其他各类祭祀活动中，祭天也最常见。在泰山文化中，记载着人们对天、日神的崇拜，山上燃火，火上祭太阳。中国古代的《乐记》中讲“凡音之起，由人心生也。人心之动，物使之然也”，已经注意到主观与客观、人与自然的关系。汉代画像砖弋猎割禾图，将人、雁、鱼、树、庄稼、池塘等入画，表现人们收获和射猎动物的场景，在绘画中反映人和自然的依存关系。中国的园林建筑也充分体现了天人合一之境界。

在人与自然的关系问题上，西方文化将天人置于对立状态，强调人要征服自然、控制自然，人与自然是对立的不相融的。西方古代科学寓于对自然的探求之中，故西方在古希腊时期就产生了伟大的数学家毕达哥拉斯、欧几里得，著名数理与建筑学家阿基米德。即使是宗教与神学统治下的欧洲中世纪最黑暗的时代，也扼制不住伽利略、布鲁诺等科学家对大自然奥秘的探索。经文艺复兴，16 世纪的欧洲在科学研究的内容上，开始从感性和经验成果转向对事理和规律的探究。在方法上，逐渐形成建立在科学实验基础上的近代自然科学研究方法。他们利用古代自然科学的材料和成果，使自然科学脱离宗教神学，迅速发展。借助新的科学技术，哥伦布发现新大陆，麦哲伦等人环球航行成功，证明了地球为球体。这不仅加速了封建教会统治的灭亡，加速了资本主义经济的增长，也增强了人们追求真理、探索大自然的奥秘、征服与改造自然的信心和勇气。18 世纪欧洲资本主义原始积累基本完成，人们对自然科学的研究兴趣和成就越来越大。牛顿的万有引力学说和光学理论产生，瓦特发明了第一台大型蒸汽机，整个数、理、化、天文、生物等自然科学领域不断涌现出新的研究成果，西方人在征服自然、改造自然的道路上迈出了一大步。

西方人的冒险精神和征服自然的欲望非常强烈，这在文学作品中也有典型的反映，从古希腊荷马的史诗《奥德赛》到现代美国作家海明威的小说《老人与海》等不胜枚举。

三、天人和谐与征服自然的现实意义

西方文化探究自然科学，征服、利用与开发自然，尤其是文艺复兴后，随着工业革命和科技时代的到来，物质文明的程度大大提高，人类社会发展异常迅速，这是毋庸置疑的。在现代社会，社会生产力的发展水平是以征服自然改造自然的能力为主要标志的，人们的物质生活水平的提高还有赖于生产力水平的提高，而生产力水平的提高必须以科学技术水平的提高和征服自然的能力的提高为先决条件。另一方面，人们精神生活水平的提高需以物质生活水平的提高为基础。因此，征服自然这一西方文化中的基本精神，仍是创造现代文明不可缺少的，无论东方还是西方。诸如：航空航天事业的发展在运输、旅游、通信、导航、遥感、天气预报、勘查等方方面面的运用，和平利用核能，遗传和生物工程的研究，电子计算机的广泛应用等，大大提高了人们的物质和文化生活的水平和质量。

当然，历史地看，文明的发展往往以二律背反的形式展开，如果过分地强调对自然的征服，无度地开发利用，或者利用科技进步，行与人类文明事业背道而驰之实，就会给人、自然和社会带来重大的乃至灾难性的负面影响。如原子弹的研制与扩散，核军备竞赛，对自然资源的过度开采与索取，只注重经济效益而忽视生态效益和社会效益，物欲的膨胀与精神的空虚等现象的存在，使人、自然和社会三者之间及其内部的平衡机制不同程度地受到破坏。

而中国古代的天人合一思想则是充分肯定自然界和精神的统一，强调人类活动与自然界的协调，人与自然的统一，道德理性与自然理性的统一，充分体现了中国古代思想家对主客体之间、主观能动性与客观规律性之间关系的辩证思考。其思想价值和现实意义是重大的。

天人合一思想在客观上告诉人们，不可违背自然规律，超越自然规律，无度地改造自然、征服自然，而只能在顺应和尊重自然规律的前提下去利用自然，让人与自然界的其他生物共存共荣。同时随着实践和认识的深化，自然界也绝非一个超越人类的异己的本体，它不是神秘莫测的而是可以认识和利用的。因此，自然界与人的统一，人的精神、行为与外在自然的统一，自我身心平衡与外在自然的平衡，天道与人道的平衡等，是可能的，也是必要的。它对于解决现代社会因无度地征服自然而造成的环境污染、生态失衡、核威胁等问题有着重要的理论和实践意义。

恩格斯在其《自然辩证法》中说：“我们一天天地学会更加正确地理解自然规律，学会认识我们对自然界的惯常行程的干涉所引起的比较近或比较远的影响。……人们愈会重新地不仅感觉到，而且也认识到自身和自然界的一致，而那种把精神和物质、人类和自然、灵魂和肉体对立起来的荒谬的、反自然的观点，也就愈不可能存在了。”“自然界和精神的统一。自然界不能是无理性的，这对于希腊人已经是不言而喻的了，但是，甚至到今天最愚蠢的经验主义者还用他们的推理（不管是如何地错误）来证明：他们一开始就深信，自然界不能是无理性的，而理性是不能和自然界矛盾的。”“思维规律和自然规律，只要它们被正确地认识，必然是互相一致的。”“思维过程同自然过程和历史过程是类似的，反之亦然，而且同样的规律对所有这些过程都是适用的。”① 恩格斯关于自然与精神的统一理论是对自然界、人类社会和人类思维规律的历史发展及其相互关系的规律性总结，而作为中国古代文化主导精神的天人合一的内在合理性和合规律性也同样是不言而喻的。面对着现代工业社会带来的一系列问题，“天人合一”思想在世界文化领域必然具有其独特的地位和作用。因此，中国传统文化在当代社会引起西方众多学者的关注和兴趣，甚至被视为 21 世纪的生存救星，也就不足为怪了。

第二节 中西文化的社会观比较

○家族为本　○个体为本

一、家族为本与个体为本

家族是婚姻和血缘关系结成的社会单位。家族本位还是个人本位是中西文化特征的重要差异之一，表现出两种截然不同的思维价值取向。

家族本位在中国人的思想意识中根深蒂固，家是中国人心中生活的宇宙，具有超常的凝聚力和向心力。中国人的姓氏，先是宗姓，其次是辈分，再次才是自己的名字。这里突出的是家族整体而非个人。中国的文化传统中离家便是“游子”，便少了生活的根基和心理的平衡。孔子说“父母在，不远游，游必有方”（《论语·里仁》）。时至今日，客居他乡之人思乡情结仍异常浓厚，还希望落叶归根。在家庭结构中，父子关系、夫妻关系、兄弟关系构成了最基本的结构体系，在这个结构体系中，各司其职，各得其所，在一定的伦理道德制约下活动。孟子讲，圣人是“人伦之民”，伦就是服从，子对父服从，妻对夫服从，弟对兄服从，服从便是孝悌。孔子讲：“三年无改于父之道，可谓孝矣。”（《论语·里仁》）孝是无条件的，即使父母有不对之处，劝

① 《马克思恩格斯全集》，中文 1 版，第 20 卷，519～520、564、568、610 页，北京，人民出版社，1971。

而不听，也要敬而无怨。“事父母几谏，见志不从，又敬不违，劳而不怨。”孝道是中国的国粹，在中国的传统文化中，有以孝治家、以孝治国的思想。在今天，孝敬老人仍然是有中国特色的社会主义文化建设所大力提倡的。家、伦理、孝道等，一方面具有积极的伦理和道德意义，另一方面在中国的传统文化中被过分地强调和不同程度地畸形发展，个人的自由被忽视，个体能动性的发挥受到了严重制约。

西方文化中奉行个人本位，以自我为中心，注重人格和尊严。其个人本位思想影响和渗透到社会生活的各个方面。相对中国而言，西方的家庭组织相对较少，家庭结构松散得多，家的观念淡漠，个体意识极强。西方人的姓氏，先是自己的名字，再是父名，然后才是族姓，突出自己。亲人间亦界限分明，同桌就餐，各付饭费；父母以子女脱离家庭独立生活为荣，而无子女成人离家的失落感；子女帮父母干活，领取报酬是天经地义的事。无论长幼，人人平等，各有自己的生活空间，西方人的父母对子女以平等和尊重的态度对待，而不是要求绝对服从。个人本位的价值观，在西方文化中有着具体的表现，正如美国的《独立宣言》所体现的，人生而平等，上帝赋予他若干不可剥夺的权利，其中包括生命、自由及对幸福的追求。

个人本位虽注重个人的价值和人格尊严，有利于个人主观能动性的发挥，但是个人本位思想又使得整个社会的人伦亲情和宗族群体观念淡漠。

二、家族本位与个人本位的形成

恩格斯在《家庭、私有制和国家的起源》中谈家庭血缘亲属称谓时说：“这并不是一些毫无意义的称呼，而是实际上流行的对血缘亲属关系的亲疏异同的观点的表现；这种观点是一个完备地制定了的亲属制度的基础，这种亲属制度可以表现单个人的数百种不同的亲属关系。不仅如此，这种亲属制度不仅在所有美洲印第安人中（直到现在还没有发现过例外）完全有效，而且在印度最古的居民中，在德干的达罗毗荼人部落和印度斯坦的戈拉人部落中，也差不多毫无变更地实行着。南印度的泰米尔人和纽约州的塞讷卡部落的易洛魁人用来表示亲属关系的名称，即使现在，也还有二百种以上不同的亲属关系是相同的。在印度的这些部落中间，正和在所有美洲印第安人中间一样……亲属关系在一切蒙昧民族和野蛮民族的社会制度中起着决定作用……父亲、子女、兄弟、姊妹等称谓，并不是简单的荣誉称号，而是一种负有完全确定的、异常郑重的相互义务的称呼，这些义务的总和便构成这些民族的社会制度的实质部分。”① 事实上，从家庭的组织形式看，中西文化并无多大差异，但家庭成员间的关系，家庭与社会的关系，如恩格斯所言，取决于彼此间“完全确定的、异常郑重的相互义务”。而这种义务的不同也导致了中西文化之家庭本位与个人本位的质的差异。

古代希腊从公元前 12 世纪至公元前 8 世纪，是产生英雄史诗的时代（荷马时代），也是原始社会末期氏族解体、奴隶制萌芽的时期。公元前 8 世纪至公元前 6 世

① 《马克思恩格斯全集》，中文 1 版，第 21 卷，39～40 页，北京，人民出版社，1979。

纪，是奴隶制形成阶段，出现了雅典、斯巴达等著名的奴隶制城邦国家。公元前 6 世纪至公元前 4 世纪，是古希腊“古典时期”，政治、经济、科学、艺术等空前繁荣。公元前 4 世纪至公元前 2 世纪是“希腊化时期”，古希腊文化在欧亚非地中海沿岸国家传播并走向衰落。从古希腊奴隶制国家的形成与发展过程看，其氏族社会解体比较充分，而又始终没有形成统一的个人独裁专制的国家，也没有严酷的宗教和思想专制。尤其是在“古典时期”，伯里克利还提出了“在法律面前人人平等”的主张。以雅典为首的许多城邦国家实行民主政治，公民享有较多的自由和民主权利，这有力地促进了古希腊文化的发展，也形成了古希腊文化中对人类力量的崇拜，对人的命运的关注，及其以人为本、以人为中心，富于创造精神的思想特征。

而中国在从原始氏族社会向奴隶制社会过渡时期，氏族社会解体不充分，奴隶制国家在其形成和发展过程中不健全，不像古希腊那样以奴隶制代替氏族社会的以血缘为纽带联系起来的宗法社会，而是由家族走向国家，建立起“家国一体”的社会政治格局。

公元前 2 世纪古罗马建立，罗马共和国时期实行贵族政治。实际是对古希腊奴隶制民主政治、个人自由和人格精神的践踏。

在欧洲中世纪（5—17 世纪）这一黑暗的封建时代，等级制度森严，西方文化在教会和神学的控制之下，这是一个人本精神被扼杀和泯灭的时期，所以在中世纪的中后期（14—16 世纪），形成了以复兴古希腊文化为旗帜的文艺复兴运动。反对封建教会及其文化，宣传新的意识形态人文主义，以“人”为本，以“人”为中心，以“人权”反对神权，以“人道”反对神道，以“人”的现世利益为最高原则。文艺复兴呈现的科学、自由和个性解放的人本精神，为整个西方文化的个人本位特征创造了坚实的条件。17、18 世纪欧洲产生的资产阶级文化运动——“启蒙运动”，作为文艺复兴的继续和发展，在社会政治观方面，较之人文主义者更加成熟，提出了影响深远的自由、平等、博爱等政治概念，创立了“天赋人权”的理论，把生命、财产、自由平等等视为“天”所赋予人的“人权”。这些思想一直是欧洲乃至西方近现代政治、文化思想的主调。美国的《独立宣言》就充分体现了这样的价值观：所有人生而平等，上帝赋予他们包括生命、自由、追求幸福等若干不可剥夺的权利。

在中国，由于在奴隶社会形成时氏族社会就没有充分解体，所以中国的奴隶社会和封建时代数千年间也未形成如同欧洲中世纪那样森严的社会等级制度，而是由君臣、父子、夫妻之间的宗法原则形成的社会组织占据着社会的主导地位。另一方面，中国数千年的自给自足的自然经济，又造就了与之相适应的“鸡犬之声相闻，老死不相往来”的村社结构，村社结构中又包含家庭宗族和邻里乡党两大网络，由家庭而家族而宗族，进而组成社会、构成国家。战国时代，社会变革并未打破以家庭为单位的自然经济和血缘宗族关系。中国的宗法社会组织结构始终没有摆脱家长制的束缚，父即家君，君即国父，家国一体。

家族本位的社会关系的基本结构单位是宗族。在自己的宗族，每个人都不是独立存在的个体，都不同程度地和不同层次上有血缘亲属关系。或由自己和上下父、子两代，计三世为一基本的家族单位；或以自己为中心，上下各延伸两代，计五世为一基本家族单位；或以自己为中心，上下各延伸四代，计九世为一基本家族单位，即由高祖—曾祖—祖父—父亲—自己—儿子—孙子—曾孙—玄孙九世组成。《礼记·丧服小礼》中说："亲亲，以三为五，以五为九，至九而礼毕。"但实际上，在以家族为本位的宗法社会中，这种宗族的亲亲关系的影响和文化传承是历多世而不绝的，是极其久远的。

时至今日，在中华民族的"百家"姓氏的各宗族中，尤其是农村的众宗族中多有续家谱的风尚，少则几世，多则十几世至几十世。每至春节，则将写有家族谱系的卷幅挂在正房门厅供奉。实际上它已经渐渐失去了封建迷信活动的含义，而是对先祖的怀念和祭奠，是中华民族家族本位文化精神在华夏子孙中形成的一种心理积淀。

在家族里，个人置身于群体中，只有在群体中才能体现个体的价值。因此，个人的权利不被突出，而强调的是自己对宗族群体的责任和义务。要父慈、子孝、兄友、弟恭等。《礼记·大传》中说："亲亲故尊祖，尊祖故敬宗，敬宗故收族。"即通过"人道亲亲"以尊祖、敬宗、收族，进而达到整个社会的安定团结、统一和有序，增强社会凝聚力和向心力，这也正是其成为中国文化中的重要精神特征并有着旺盛生命力的原因之一。

三、家族本位与个人本位的得失及现实意义

中国传统文化中家族本位思想是重家族轻个人，重群体轻个体，强调个体在群体中的义务和责任。将此思想推而广之，从家族到民族，从国家到整个"地球村"，乃至广阔的宇宙空间，如果能加强团结和协作，局部利益服从整体利益，这对于人类的并生共存、和平与发展也是极具现实意义的。从家庭本身而言，家族本位表现出的家庭成员间的天伦亲情也令许多西方家庭称羡。

当然，家族本位思想重群体轻个体的特点，其弊端也是明显的。其一，不利于甚至严重地制约了个体主观能动性的创造和发挥。其二，"人皆可以为尧舜"的理想的道德平等意识在社会现实生活中被封建伦理观念扫荡殆尽。其三，在以家族为本位的封建宗法社会中，法制无法摆脱人治的桎梏，因而显得异常脆弱。

个人本位强调以人为中心，以人为本，强调自由、平等，强调个体的独立意识和创造意识，这对于个人主观能动性的发挥和个体创造价值的实现是有积极意义的，但是它也明显地淡化了宗族亲情和集体精神，不利于形成社会和民族的凝聚力、向心力，不利于社会的安定和统一。

家族本位与个人本位各有利弊得失，但二者有着很好的互补性，这是很清楚的。中西文化在近现代的融合与发展也充分证明了这一点。西方国家在经历了近现代个体本位主义和自由主义思潮的洗礼之后，认识到其给社会带来的负面影响，正在吸收中国传统文化的精华，来加强和规范社会伦理道德，维护社会的稳定。而中国在近现代，尤其是五四运动以后，民主、科学与自由、平等思想的强化也是不言而喻的。随着社会主义民主法制建设和中国特色的社会主义文化建设的发展，个人的权利、价值也得到了相应的肯定。

第三节
中西文化的世界观比较

○善邻怀远 ○力取天下

中西文化的基本差异还表现在对民族关系问题的处理原则上，中国的原则是亲仁善邻、协和万邦、顺俗施化、以德怀远，西方民族的原则是以武力征服天下。

中国有一个传统，就是既要维护自己民族的独立，又不向外武力扩张；对于其他民族的侵犯，在采取防御自卫措施的同时，利用道德的教化去“协和万邦”。这是中国爱好和平、反对侵略的优良传统。西方在民族方面讲究对立和斗争，许多思想家主张用征服其他民族的办法解决民族冲突，甚至实现统治世界，这种主张常常被当权的统治阶级采纳并付诸行动，这就是“征服天下”。中西文化的这一差异，早已被人们注意到。意大利传教士利玛窦明代万历年间来华，见到明朝的军备，认为那是他所见到过的世界上数量最庞大、装备最精良的军队，但令他惊奇的是，这支军队完全是防御性的，中国人没有想到过要用这支军队侵略别国。20 世纪 20 年代，英国著名哲学家罗素来中国讲学时曾说过，中国是爱好和平的，不像西方人那样好勇斗狠。李大钊和陈独秀也认为中西差异在“一为安息的，一为战争的”。

西方民族发展的历史，充满了种族对立、相互征服。早在古代，希腊、罗马和侵入西欧的日耳曼人都以征服其他种族开国，都有武士阶级。当时的思想家亚里士多德，在为奴隶制辩护时，着重强调希腊人与野蛮人的对立，所谓野蛮人，即非希腊人。他认为，奴隶制是必要的而且是完全自然的，野蛮人和奴隶是同一概念，希腊人无论走到哪里都不应该成为奴隶；相反，野蛮人天生注定就是奴隶。对外族人的歧视是希腊人掠夺奴隶、土地、财富，不断向外侵略扩张的心理动力。亚里士多德的思想不仅为他们征服天下的行为奠定了理论基础，而且为他们的扩张进行辩护，集中体现了西方民族的好战天性。

不仅种族差异带来征服战争，宗教信仰不同的国家也彼此对立，时常发生宗教之战。罗马帝国后期的基督教思想家奥古斯丁把全人类分为选民和非选民，即注定得救的人和注定灭亡的人。他还歧视反对正统教义的教派，认为异教徒是注定灭亡的人，应该采取残酷的手段去征服。这种神权论风靡一时，是基督教各族向异教各族进行侵略扩张的理论根据，十字军东征就是一著名事例。

近代，随着商品经济的发展和教会势力的削弱，欧洲各国国王在市民阶级的支持下，一方面镇压封建贵族、结束封建割据状态，形成了有统一法律、统一关税和国内市场的君主集权民族国家；另一方面与教皇和教会作斗争，摆脱他们的控制。英、法、德、意等国先后建立了民族国家，形成了一个个有共同语言、共同地域、共同经济生活和表现于共同文化上的共同心理状态的共同体。

欧洲各族建立国家后，积极发展生产力，科技飞速进步，特别是军事武器和航海技术。他们为了寻找黄金，扩大贸易市场，疯狂对外扩张。于是他们发现了美洲大陆，抢掠非洲黑人并卖为奴隶，出现了殖民大战。英国曾经成为世界上最大的殖民国，号称“日不落大帝国”，亚洲、非洲、美洲大片地区被其征服，成为它的殖民地。这是西方民族征服天下的有力佐证。

与他们的行为互相促进的是，西方人历来崇拜勇猛善战的大征服者，古代的恺撒大帝和后来的拿破仑·波拿巴都是他们崇拜的偶像。

总之，一方面保持自己民族的独立和自由，另一方面又主张征服、压迫别的民族，是西方民族的重要特点。

中国自秦汉以来就是一个统一的多民族的国家，作为主体民族的汉族，也不是由哪个单一部落发展而来的，而是历史上融合、同化了许多其他民族而形成的。在中国历史上，处理境内各民族之间的关系及与周边民族之间的关系，都一直依据着“协和万邦”的原则，就是以道德修养和教化为本，以治理好自己的家园为前提，并以此去感化其他的邦国，使各国都团结起来，实现“协和万邦”的理想。用儒家常用的话来说，就是修身、齐家、治国、平天下。

西周初年，周王为了安抚殷商遗民，满足其宗族感情的需要，一方面封纣王之子禄父于殷商故地，以奉商之宗祀；一方面录用殷商贵族，让他们“帅其宗氏，辑其分族，将其类丑，以法则周公”（《左传·定公四年》）。在戎族地区，则一面通过分封子弟的方式在那里建立据点，一面通过册封各部落和原有邦国的方式将诸部落、邦国置于自己的控制之下。这种顺俗施化的统治方式对华夏族与蛮夷戎狄族在以后的数百年间逐渐同化、融合起了很大的作用。

西汉时匈奴呼韩邪单于请求朝见，在讨论朝见礼仪时，萧望之主张，对态度反复无常的境外民族，宽大为怀，给以优待，以保护其友好交往的积极性。汉宣帝采纳了萧望之的建议，表明这种“抚和”政策是中国人的共识，符合中国人的心理要求。

实力强大的唐朝也很少主动向外扩张，即使有一些热衷于开边拓土的帝王向外进行侵略，他们也往往得不到社会舆论的支持而归于失败。而且唐朝对于境内各少数民族采取“顺俗施化”的政策，一般不改变其生产方式、社会制度和风俗习惯，多用加封各族首领为都督、刺史的形式，让他们继续统辖本族。在经济上基本不征赋税，并时常给各族贵族大量赏赐。这种政策，早在殷周和汉代即有先例，并为历代统治者所实行。如明代实行“内安诸夏，外托四夷，一视同仁，咸期生遂”的政策，对元朝灭亡后留在境内的蒙古人、色目人给以与汉人无差别的待遇，对在元代进入中国版图的各少数民族地区，采取“土官与汉官参治”的办法，“顺俗施化，因人受政”。

当然，汉民族的“顺俗施化”政策和“协和万邦”的理想并不表明民族之间没有冲突，事实上汉族和其他民族的矛盾一直都没有间断，特别是中原地区从事农业的诸民族（主要是汉族）与西北草原地区从事畜牧业的诸民族之间，矛盾重重而又相互依存。因为游牧民族离不开农业民族的丝、茶、盐、铁，农业民族也需要游牧民族的牛、马、皮、毛。而西北地区自然条件比中原地区恶劣，又使游牧民族时常大举南下，凭借骁勇善战袭扰和入侵中原地区，民族间的矛盾由此加剧，时常兵戎相见。但不论是实力强大的汉唐，还是渐趋文弱的宋明，以汉族为主的中原农业民族对西北草原地区游牧民族大多采取防御政策，长城便是这一政策的生动体现。

汉民族极其珍视本民族的独立和文化传统，对境外民族的侵犯进行英勇顽强的抵抗，这是汉民族的传家宝。在独立自主的条件下，一方面注意坚决抵抗外族的武装侵略，另一方面采用“怀柔”、“抚和”政策，如和亲、会盟、开放“互市”、赠送大量布帛丝茶等，以实现“协和万邦”的理想。

中国“协和万邦”的民族原则，并非无本之木、无源之水，它是中国以“和合”为精髓的文化思想的体现，并与“和合”文化思想相互影响。中国历史上有武士而无武士阶级，自汉以来国家实行文官制；而且中国人较少宗教偏见，一般人对不同教派常常用“都是劝人为善”的话等量齐观，同一人而信奉儒、释、道三教者不可胜数，历史上未发生过宗教之战。在中国文化中占主导地位的儒家不主张武力争夺，强调道德修养，“君子动口不动手”；另一支道家思想，主张回归自然，相安无事，视精兵良将为不祥之物；佛教是绝对反对杀生的，哪怕是一只小狗，更何况杀人、打仗了。这种对和平的热爱从上层社会到普通百姓，已经深入人心，成为整个民族的良好自觉。在中国，秦皇汉武的功业被认为是穷兵黩武，诗歌散文中涉及战争的十有八九持反对态度，中国人崇拜的是德高望重的仁者。传统教化影响塑造着中国人的气质，在民族政策上表现为“协和万邦”。

当然，“协和万邦”的原则是以中国人的民族理论为基础的。传统的用来表示民族区别的用语是“华夏与夷狄”，认为华夷之别是文化高低之别，特别是有无道德礼教之别，而根本不是种族本身的区别，所以，道德文化高于夷狄各族的华夏族，自认为有责任、有能力教化他们。只要各民族间语言、文化、生产生活方式方面的差异消失了，疆域界限消失了，民族差异也就消失了，夷狄的道德礼教也提高了。对夷狄各族，华夏族的天子、群臣就用道德修养法去感化他们，实现“圣人感人心而天下平”。

综上所述，中国和西方民族都有强烈的民族意识，自觉认识到本民族与其他民族的不同。但西方民族认为民族的差异是民族本身的差异，这种差异是教育改变不了的，要取消差异，只有凭借实力，实行武力征服；中国却与此不同，中国认为民族差异是文化的差异，通过道德教化能够消灭差异，所以在保证独立自主的条件下，应施展文化同化效力，实现“协和万邦”的理想。当然，为征服天下而进行的战争，带来了种族的混合和居民迁徙，使起于叙利亚地区的犹太基督教、古巴比伦人的几何历法、印度民间故事和算术医学，与希腊罗马文化相互影响交流，最终形成了一个无中心的多元混合的自由开放式的文化环境。为协和万邦而开展的“抚和”教化活动，其实质是文化高发展的中心民族向低发展地区普及自己的文化，并且同化和吸收边地民族文化，最终形成了以一个在文化上处于优势地位的民族为中心同四周低发展民族之间的交流和混合，这是一个有中心的一元封闭式的文化环境。

第四节
中西文化的思维方式比较

○执两用中　○两极分立

在人与自然、家庭、民族三个方面的问题上，中国和西方民族的要求、态度、认识、行动明显不同，这是中西文化差异的表现形式。同时这些差异不是分散孤立的，而是相互关联的，其中有一个一以贯之的东西，即中国传统文化比较重视人与自然、人与人之间的和谐与统一，西方文化则比较重视人与自然、人与人之间的分别和对抗。如果说，一个民族的共同文化是这个民族不同阶级的人对于人与自然的关系、民族关系、家庭关系等问题处理方式的总和，那么，这些处理方式中一以贯之的东西就是该民族的共同心理习惯。共同心理习惯一方面是共同的要求、理想、愿望；另一方面是共同的认识、共同的观念。共同的要求就是它的价值观念，共同的认识主要表现为共同的思维方式。这一切，可以总称为文化模式。文化模式是一个包括思维方式、知识结构、价值取向、审美趣味的综合体。在这个意义上我们可以说，中西民族文化的基本差异是文化模式的差异，这个基本差异就是：中国传统文化重和谐与统一，也就是《中庸》中说的“执其两端，用其中于民”或“执两用中”；西方文化比较重视分别与对抗，即两极分立。

和“执两用中”的文化模式相对应，中国传统哲学的首要特点就是主张把差异和矛盾当作统一体的固有内容来认识，同时又主张把统一与和谐当作差异和矛盾的本来根据来把握。这种思维方式的本体论根据，就是认为在矛盾的同一性和对立性中，同一性更为根本，而对立与差异乃是包含在统一与和谐之中的。两（对立）是一（统一）的固有内容，一是两的本来根据。这种把同一性看得更为根本的本体论，使中国传统哲学产生发展了一种有中国特色的辩证的思维方法。这种思维方法，在不同的哲学家中有不同的名目。如老子叫它为“观复”，庄子叫它作“以明”，《周易大传》谓之“通乎昼夜之道而知”，都强调一种用对立面的转化和统一的原理来把握对立面的方法。昼夜既是最明显的对立现象，也是最明显的对立面相互转化的现象。北宋张载说：“两不立则一不可见，一不可见则两之用息。两体者，虚实也，动静也，聚散也，清浊也，其究一而已。”观察认识事物，要明白它的统一和谐是由对立差异构成的，其中的对立面又必然经过矛盾斗争最终和解。

这种执两用中的文化模式，使中国人的思想、生活、政治、艺术等都特别强调和谐互补。其中和谐观念由“自然的和谐”、“人与自然的和谐”、“人与人的和谐”、“人自我身心内外的和谐”四个方面构成。儒家、道家和中国化的佛教都强调并追求和谐，儒家以“礼之用，和为贵”、道家以“相忘于江湖”顺应自然、佛家以“无念”来达到人与人、人自我身心的和谐。

执两用中的文化模式体现在人与自然的关系上，便是“天人合一”观念。这种观念认为自然界是一个和谐整体，人是和谐自然的一部分，强调世界与人不可须臾分离，重视人，重视人生，也就不可能产生彼岸意识，而宗教的根本要义就是彼岸意识，无彼岸意识，因而也缺乏宗教意识。当然，“天人合一”观念承认人与自然的对立，但认为和谐统一是更为根本的，在与自然的关系中，人不可能作为认识主体站在世界之外研究世界，所以中国轻理论研究，自然科学不发达，而重直觉感悟，审美创造性发达。

执两用中的思维方式体现在人与家的关系上便是“家族本位”。缺乏彼岸意识的中国人看重现世生活，家庭亲朋父君对他是最重要的。人与人之间是有冲突对立的，但人与人之间的和谐又是根本，冲突只是特殊状态。当个人之间有冲突时，既不能偏于父，也不能偏于子，而应该以家族为重，家庭成员都要“卑己尊人”，以调节个人之间的关系。作为中国人，重要的不是研究自然，献身科学，造福人类，而是“如何做人”，成为忠臣、孝子、慈父。这就需要道德修养。为了追求强调和谐，不主张争取个人的权利。为了家族利益牺牲个人权利，这是自愿的，是伦理社会嘉赏的。国是扩大了的家，为官的要视民如子，而不是制定法律。因而中国道德意识强，法律意识弱；帝王专制时间长，民主政治建设十分缓慢。

执两用中的思维方式体现在民族政策上便是“协和万邦”。中国是一个统一的多民族的国家，这并非民族之间真的没有冲突对立，而是中国人认为矛盾是必要的，和谐是普遍的、根本的，矛盾是向和谐转化的必要过程和特殊形态。所以有冲突要面对，并积极主动地促进它向和谐转化。历代王朝一方面抵制侵犯，另一方面“怀柔”、“抚和”，显得懦弱，原因正在于此。“协和万邦”使中国最终成了一个历史悠久、民族众多、文化从未中断过的大国。

当然，执两用中的思维方式也使中国艺术追求淡远典雅。儒家认为中和是最高境界，道家则推崇淡泊。情感抒发要“乐而不淫，哀而不伤”。对罪恶与灾难的感悟认识不如希伯来人深切；对美、善、光明的追求不如欧洲人顽强执著。所以中国文学悲情不深，寂寞感不强，悲剧常以“大团圆”结局，诗歌乐章很少能突破平衡、悲喜双用的格局。

西方文化模式是两极分立，即在矛盾的同一性和对立性中，认为对立性更为根本。虽然其承认对立与差异包含在统一中，但认为统一是特殊状态，对立与矛盾是事物发展的动力。

西方古代哲学家比较注重分别和对抗。西方辩证法的奠基人赫拉克利特认为统一是由斗争产生出来的。他特别强调对立和斗争的意义。他说：“战争是普遍的，正义就是斗争，一切都是通过斗争和必然性而产生的。”赫拉克利特也赞美和谐，并且认为和谐是由互相排斥的东西结合在一起而形成的。两极分立的思想方式使柏拉图提出“理念”说，认为世界是两个，一为理念世界，一为感性世界，而且他所说的这两个世界都是人以外的外部世界，这样就自觉不自觉地把人和世界对立起来了。

中世纪哲学强调天和人的对立，人的灵魂和肉体的对立，精神方面与自然方面的对立，宗教生活与尘世生活的对立。其认为人的精神、灵魂在天国中、在宗教生活中，与神合一，是人应追求的；反之，人的肉体和自然方面在尘世生活中，与神处于对立的地位，是人应该摒弃的。在天人关系中，其强调天人对立。神（天）的统治不仅把尘世、自然、肉体看作应该被克服的障碍，而且也窒息了人的精神和人的主体性。神人两极分立，人成为神的奴隶。

文艺复兴时期，人的自觉意识觉醒，主体性得到一定程度的发展。人们的思想从空幻的彼岸世界回到了现实的此岸，从清静的僧院走到了纷扰的尘世，并主动去认识自然，改造自然，追求科学技术进步。人与现实世界的两极分立代替了神人两极分立。

启蒙主义运动时期，资本主义进一步发展，自然科学出现了分门别类的研究，现实世界成了人类认识把握的对象和客体，人转而来征服自然界。人们用以观察和实验为基础的归纳法和数学的演绎法研究世界，发现世界是由因果必然性支配的。法国百科全书派的唯物主义者明确主张，经验的唯一来源是感觉，思维不过是物质的属性。他们用因果必然性解释一切，把运动归结为机械运动，认为“人也不过是一架机器”。到19世纪上半叶，科学已影响了人们生活的各个方面，人的精神和主体性被自然界的因果必然性所支配。可见，近代西方哲学文化强调人和现实世界的对立。发展了科学，征服了自然，人反而为科学所束缚，成为机器的奴隶。

19世纪中叶以后的现代西方文化又开始强调个性价值，反对统一性，主张多样性，这是对以前偏于一端的纠正，又有陷入个性至上偏颇的危险。

两极分立的思维模式，使西方传统强调天人二分，人作为认识的主体站在世界之外研究世界，研究客体，探寻自然界的奥秘，所以重认识、重自然科学的研究。只是到了现代，尼采、伏尔泰、海德格尔等人才反对把人生的研究屈从于自然科学研究，而把人生的研究提到首位。同时，两极分立模式很容易导致两个世界的观念，即此岸世界和彼岸世界的分离。西方宗教上的上帝和哲学上的超感性本体世界都是这种思维方式把世界分裂为二的产物。两极分立既可促进科学认识，又可产生宗教信仰，这就是西方传统既重科学又重宗教的根源。

两极分立的思维模式表现在家庭关系上是个人本位，强调个人的需要，保障个人的权利，依靠的不是道德修养，而是法律规范。法律保护个人的财产权、选举权，在法律面前人人平等，在上帝面前人人平等。所以西方民族要么靠上帝约束人们的行为，要么靠法律制约人们的行为。同样，在民族关系问题上，西方文化强调两极分立，夸大民族差异，采用激烈的解决办法，通常由种族歧视发展为种族压迫，加深了民族之间的矛盾，阻碍了民族之间正常的文化交流。

大体说来，中国文化模式是执两用中，西方文化模式是两极分立。中国的执两用中给中国人带来了人与物、人与自然交融和谐的境界，但也由于缺乏两极分立思想和人的主体性而产生了科学和物质文明不发达的弊端，尤其是儒家传统把封建“天理”的整体性和不变性同天人合一说结合在一起，压抑了人欲和个性。两极分立促进了西方的民主与科学的发展，但民主与科学还不等于自由，即不等于心灵上的自由境界，物质发达的国家人往往成了物的奴隶。两极对立所给我们的是无穷进展、执著追求的精神；执两用中所体现的量度、平衡与和谐，给我们的是高远的境界、心灵的自由。理想的人格应该是二者的结合，即中西文化的融合，人的自由境界应超越两极，或超出人对世界万物的主客、阴阳两分态度，达到高度文明下的物我交融。从这个意义上说，21世纪将是中西文化进一步交流融合的世纪。

【思考与研讨】

1. 本章总结了中西文化的四种差异，根据你的直接经验和间接经验，你对哪一种差异体会最深，说说你的体验和理由。

2. 将班级划分为四个小组，到图书馆分别为中西文化的四种差异寻找历史资料和理论书籍来证明它们，然后由小组长在班里作汇报发言。

3. 思考中西文化各自的优势和缺陷，并依据自己和周围人的言行进行分析。

第十二章 和而不同 海纳百川

——当代中国文化发展与中西文化交流

只有确切地了解人类全部发展过程所创造的文化，只有对这种文化加以改造才能建设无产阶级文化。

——列宁

综观历史，凡不同的文化互相接触，必能产出一种新文化；如希腊人与埃及及美索波达米亚诸国接触，产生了雅典文化……照这各方面看来，东西文化交通的机会已经到了。

——蔡元培

源远流长的中国传统文化在19世纪中叶遇到了自肇基以来最为严峻的挑战，一个半世纪的碰撞冲击，上下茫茫的艰难求索，几代人的艰苦努力，终于在20世纪看到了新生的曙光，走向世界，走向东西汇通与交流，面向未来，熔铸科学求实的精神。中国文化必将在新的世纪再塑辉煌。

第一节 20世纪80年代以来我国的文化讨论与“文化热”

○20世纪80年代以来的文化讨论 ○文化定义 ○文化史研究对象 ○综合研究方法 ○中国文化的稳定性 ○“文化热” ○文化讨论的主要内容

一、文化讨论的开端：中国文化史研究

发端于20世纪80年代初、兴盛于80年代中期且一直持续至今的文化讨论，始于1982年的中国文化史研究。

1982年，在上海举行了两次“中国文化史研究学者座谈会”，这是新中国成立以来第一次举行关于中国文化史研究的专题性学术会议。参加会议的中外学者以极大的兴趣畅谈了文化史研究的重要意义。许多学者指出，中国文化史研究在我国学术领域属于一个空白点，需要尽快填补。新中国成立以来，学术界在中国历史的通史、断代史和政治、经济、哲学等专门史的研究方面，做出了许多成绩，但在中国文化史研究方面，则非常薄弱。“到1982年为止，全国以文化史命名的研究机构，只有中国社科院近代史所和复旦大学历史系的两个规模很小的研究室；全国高等院校在近年开设过中国文化史课程的，只有北京大学中文系和复旦大学历史系，而且都是专题研究性质；全国在30余年来以中国文化史命名的出版物、学术专著、教科书和专门刊物不多；全国的学术刊物很少发表讨论中国文化史的论文，大学的中国通史课程有所谓政治、经济、文化三大块的说法，其实文化部分属于陪衬乃至点缀，若干年来愈来愈趋向于略而不讲，如此等等。”[①] 中国文化史的研究现状，同几千年来中国文化的光辉历史不相称。今天，无论是为了两个文明的建设，还是为了历史科学的深入发展，都要求大力加强中国文化史的研究。

1982年学术界关于文化理论和中国文化史的讨论，涉及的问题较多，归纳起来，

① 吴修艺：《中国文化热》，2页，上海，上海人民出版社，1988。该书简明扼要地介绍了20世纪80年代初中期文化讨论的状况，本章在写作中参考并引用了书中的一些资料和论述，文中不再标注，特说明。

主要有如下几个方面的内容。

（一）文化定义和文化史研究对象

在两次文化史讨论会上，关于什么是文化，争论最激烈，主要观点有：文化就是知识；除了军事、经济、政治之外都是文化；凡是区别于自然的就是文化；文化是生活方式的总和；文化是意识形态；文化就是文明，是整个人类创造的物质文明和精神文明的总和，包括有形和无形的所有方面；有人则把文化与文明相区别而强调文化的特殊内涵，认为文化指的是人类生活各部门、各方面的精神，偏重于人类的心智、精神，是无形的、内蕴的，而文明指的是人类用才智创造的物质或精神的产物，偏重于物质，是有形的、外表的。凡此种种，不一而足。后来，有人作了专门的统计，发现国内外学术界给文化下的定义，达 260 多种。

学者们在文化定义上见仁见智，看法不能统一，从而导致他们关于文化史的研究对象和范围的见解也歧义迭出。一种意见认为，应该把人类创造的物质文明和精神文明的成就都作为研究对象。另一种意见则认为，文化史应该重点研究作为观念形态的文化，文化史应该既区别于通史，又区别于专史。还有一种意见认为，应该把科学技术和文物作为文化史研究的重要对象，文化史应该是精神文化史、物质文化史和科学文化史的有机结合。由于对文化的理解不同，各有各的文化概念，因此有人主张，大家按各自的理解去从事研究，在实践中逐渐形成一个共同的文化史研究的对象和范围。

（二）文化史的研究方法

对于如何开展中国文化史的研究，与会学者提出了各种各样的建议和主张。学者们普遍认为，要以综合研究方法来研究文化史，使文化史既能充分吸收各种专史的研究成果，又不是简单的各种专史的“拼盘”。为此，要把对中国文化的宏观研究与微观研究结合起来。一些学者强调，要用历史唯物主义观点为指导，对各个时期和各个地区的文化进行实事求是的历史分析。许多学者还从文化形态的视角进一步讨论文化的研究方法，其主要观点有三：第一，文化是一种复合体，在整体中包含不同形态。文化形态一经产生，便具有相对的独立性，但作为历史性的现象，文化形态又是发展的，在不同的时代有不同的面貌。因此，文化既具有历史性、地域性、民族性、排他性，同时又具有社会性、人类性、融合性、连续性、稳定性等属性。综合考察文化形态，从总体上把握它们的特性，是文化史研究的最重要方法。第二，文化形态是个复杂庞大的体系，运用科学的分类研究非常必要。第三，不同的文化形态有不同的内在结构，而研究文化形态的内在结构，不仅可以深入研究各种文化形态的特性，而且还可以避免文化研究中容易出现的简单化缺陷。

（三）对中国传统文化的估计

怎样估计中国传统文化？一种意见认为，中国传统文化可以用一个“礼”字来概括，理由是它长期作为儒家思想的核心，而儒家思想正是中国封建社会的统治思想，渗透到中国古代社会生活的各个层面。另一种观点则认为，中国幅员广阔，历史悠久，文化形态特别复杂，不宜一刀切。还有一种意见倾向于中庸说，认为中国历史上吸纳融合异质文化的能力特别强，在大量融合外来文化的基础上形成了自己的文化特色。学者们还就如何估计中国传统文化的精华与糟粕的问题展开了讨论，认为对中国传统文化应用历史的分析，用发展的眼光去看待它，不能采取盲目的一味肯定或一味否定的态度。

(四) 中外文化交流的问题

与会学者认为，中外文化交流和中外文化比较，是中国文化史研究的重要课题。文化交流是双向的，既要充分研究中国文化对世界文化的影响，也要认真研究世界文化对中国文化的影响。在讨论中，中国文化稳定性的特性引起了大家的关注。有的学者认为，这是因为中国文化具有相反相成的两种素质，一是善于融合外来的优秀文化，二是经常排斥外来的异端文化。中国文化在融合外来文化的过程中使用的是文化而不是武力，是同化而不是征服。即使是遇到同时期高于自己的文化，中国文化也从未丧失自己的特性，这充分显示了中国文化的稳定性。然而，这种特性也表现出历史惰性与腐朽性，对外来文化的先进成分有时也予以排斥，如晚清社会对西方科学技术的态度那样。有的学者认为，这种吸收与排斥的矛盾，主要反映了先进文明与落后文明的矛盾，当中国文化高于其他国家或地区的文化时，往往会勇于吸收外来的先进文化，反之往往对外来文化采取一概排斥的态度。

二、现代化语境中的文化讨论与“文化热”

(一)“文化热”的兴起与原因

20 世纪 80 年代我国的文化讨论真正“热”起来，是从 1984 年开始的。1984 年下半年，在郑州举行了“中国近代文化史学术讨论会”，年底，在上海召开了全国首届“东西方文化比较研究讨论会”，并成立了上海东西方文化比较研究中心。不久，北京、西安、武汉、广州等地相继成立了各种形式的文化研究组织，如北京的“文化书院”、“孔子研究所”，武汉的“文化研究沙龙”等。1985 年上半年，中国文化书院筹委会和九州知识信息中心在北京举办了第一期“中国文化讲习班”，由著名学者冯友兰、梁漱溟、张岱年、任继愈、李泽厚、杜维明等人主持演讲。演讲内容集中在“中国传统文化的性质、意义和基本精神”，“中国传统文化的价值和前途”等宏观论题上。在这以后，关于中国近现代文化史、中西文化比较、中国传统文化与现代化关系等问题的研究，南北呼应，遂成浪潮。1985 年，在深圳召开了“全国东西方文化比较研究协调会议”，在湖北黄石召开了“中国传统文化与现代化”大型讲习班，在武汉举行了“明清文化史”三次聚谈会。1986 年，由复旦大学主办，在上海召开了首届“国际中国文化学术讨论会”，在杭州召开了“全国东西方文化比较研究第二次会议”，《文汇报》和《光明日报》相继开辟《中国传统文化和现代化》、《关于中国传统文化》的讨论专栏。从1985年开始，各地相继开展了颇有声势的文化发展战略研究讨论活动，大家从“文化和政治”、“文化和经济发展”、“文化和科学”、“文化建设和社会主义精神文明建设”、“文化和教育”等方面讨论文化在现实生活中的重要作用。同时，各地方开始兴起区域文化研究和编纂地方志的热潮，相继出现了研究荆楚文化、吴越文化、巴蜀文化、幽燕文化、齐鲁文化、两淮文化、关东文化、岭南文化、海派文化、京派文化、少数民族文化等地域文化的盛况。人文社会科学的各学科与文化联姻，或从文化的角度开拓研究的新视野。在文学创作中，1984年开始兴起、1985年正式打出旗号的“寻根文学”，公开提出将文学植根于民族传统文化之中。出版界出版了大量的有关文化和文化史的专著、译著，对这场文化讨论起到了推波助澜的作用。

纵观20年的文化讨论热潮，分析它的发生与发展，有三个年份值得注意。一是1982年，这一年是文化讨论的开端。其主题是如何写好一部中国文化史，填补学术的空白。它是中国“文化热”的前奏和先导，引发了一场以思想学术界为中心的波及全国的文化讨论热潮。二是1984年，从这一年开始，思想学术界的文化讨论有一个明显的方向性转变，即由1982年的仅限于文化史的纯学术性的历史研究转向现实，讨论的主题是怎样认识中国当代社会。因此，研究的重点转向反思中国传统文化，尤其是反思中国近现代的历史命运。中西比较文化史的研究，则退居于次要地位。三是1989年，文化讨论大致可以1989年为分水岭呈现出两种趋势。1989年以前的文化讨论，西优中劣的观点占主导地位，因而“否定传统、呼唤西化比较多”。1989年以后的文化讨论，则“肯定传统、再造传统比较多”[①]。另外，1989年以前鼎沸的文化热潮到1989年以后渐渐降温，广及整个社会的文化讨论转而成为思想学术界正常化的学术活动。

那么，20世纪80年代“文化热”的起因是什么？为什么从1984年开始对中国文化研究的重点骤然转到中国近现代部分，而且和中西文化比较交织在一起，形成对整个中国传统文化的反思？关于这些问题，学术界展开了热烈的讨论。

较多学者指出，20世纪80年代出现的文化讨论热，是中国进一步改革开放的需要，是思想学术界对于时代需要的呼应。党的十一届三中全会以后，我国正式进入以经济体制改革和经济建设为中心的现代化建设的新时期。经济体制的改革与商品经济的迅速发展，带来社会心理、思维方式和价值观念等方面的巨大变化，这些变化反过来又促进了改革、开放与现代化建设的进程。但改革也使一些严重的问题显现出来。我国长期处于封闭的自然经济状态，几千年来在封建专制统治下形成的思想意识、思维方式、伦理道德和价值观念还根深蒂固，人们常常自觉不自觉地与改革开放中出现的新观念、新事物发生冲突，严重地阻碍着现代化的发展。在这些阻力中，最大的阻力恰恰来自改革者自身，来自潜存于民族文化深层结构中的集体无意识力量。文化讨论着眼于现实，其中，探索、解剖中国文化的劣根性是一个重要的主题。因此，学者

① 肖海鹰：《文化的“热”与“盲”——访文化学家庞朴》，载《光明日报》，1993-02-27。

们认为，要深刻地理解改革的性质和意义，就不能不对一个民族、一个时代的文化背景作出分析，要自觉地推动改革，就不能不对民族的传统文化进行一种整体的反思，在文化观念上进行一场革命，以消解人们潜在的心理障碍。

与此相联系的另一种看法是，80 年代出现的“文化热”，是我国粉碎“四人帮”以后思想解放和对外开放的结果。它之所以迅速兴起，正反映了时代前进的要求，反映了全国人民尤其是知识分子渴望祖国兴旺发达的迫切愿望。

一些学者认为“文化热”源于对“文化大革命”的反思和对科学、民主的呼唤。他们透过沉渣泛起、旧魂君临的惨剧，痛切地感受到传统阴影的无所不在的笼罩。他们认为，“文化大革命”的发生不是偶然的，随意践踏民主更非突然，这是长期形成的个人迷信和缺乏民主以致封建意识泛滥的必然结果。中国若不加强民主与法制的建设，就不能从根本上避免“文化大革命”一类的悲剧重演。

还有一些学者从中国近现代历史上的文化争论的角度透析当前的文化讨论，认为 80 年代兴起的“文化热”是中国近现代面对西方的军事、政治和文化的挑战作出的“西体西用”与“中体中用”、“全盘西化”与“中国本位文化”之争的延续与发展，目的是更新中国文化，重建新的文化秩序。

(二) 文化讨论的主要内容

中国近现代历史上持续不断的文化论争，表面上看是中西古今文化之辩，实质上则是关于“中国文化和中国社会如何现代化”之争。由于现代化首先从西方开始，而且“现代化”已成了西方社会发展的动力和强盛的重要标志，因此人们容易形成一种错觉，似乎现代化就是西方化。因此，中国在进行社会变革时，始终面临着现代化问题，中国在实现现代化的过程中，就无法摆脱是“西方化”还是“中国化”的选择。为了解决这一根本性的问题，知识精英们展开了论争，近代有“中西体用”之争，现代有“全盘西化”与“中国本位文化”之战，80 年代又提出了“西体中用”和“中西互为体用”的观点。1984 年以后的文化讨论涉及的问题很多，择其要点，可以归纳为四个方面的内容：

1. 中国文化的基本特性和核心精神

研究中国文化，首先要从整体上把握中国文化的基本特性和核心精神。关于这个问题，学者们从各个角度、各个侧面、各个层面作了种种表述。其主要观点有：中国传统文化由儒、道、佛三家汇合而成，其中儒学是中国传统文化的核心；中国传统文化的核心精神是“礼”或“礼治”，“礼”把个人与国家、家庭的利益融为一体，取消了人的主体性和个性，这种把自我和主体消融在“礼治”中的结果，一方面有助于中华民族的凝聚和中华文化的绵延，另一方面则形成“主奴根性”的卑劣品格；中国传统文化强调“存天理，灭人欲”，巧妙地取消人的需要和独立性，这种思想凝定为传统，就构成了中国传统文化以伦理为轴心的特质；中国传统文化的基本精神是一种“实用理性”；中国传统文化具有刚健有为、崇德利用、和与中、天人协调的多种特性；中国传统的思维方式和文化观念有封闭性、单向性和趋同性的特性，这些特性表现在思维方式上是缺乏创造性，表现在观念上是中庸之道；中国传统文化中有一种超稳定的特质；等等。

更有一些知名学者从中国文化的构成和文化背景方面系统地论述中国文化的特质。中国文化的人文社会因素主要由经济、民族和宗教三者构成。在经济上，中国文化自始迄今都建筑在农业文化上。农业文化是自给自足的，只求富足和安乐，而不讲兴革，因此，中国人自古养成安贫乐道、知足常乐、喜爱安定的习性。在民族上，中国在古代以华夏族为主干，是由多民族经过长期接触、融合而渐趋统一的。在中国文化的构成中，中华民族逐渐形成了独立性、保守性、同化力、和合性、坚韧性等特性。在宗教上，中国自古就把宗教规范在政治道德圈内，以道德代替宗教。中国古代的政治道德观念就吸收并融合了宗教观念，于是产生了“天人合一”的观念。中国人主张天人合一，以天道规范人道，以伦理观来配合宇宙观。儒家把这一观念发扬光大，为后世遵循，成为中国传统文化思想的主干。在此文化土壤上，形成了中国文化的特性。中国文化的特性是以人文为本位，讲求人际关系的和谐，重视做人的原则，所以注重伦理和道德，以伦理为社会的基础，以道德为立身处世的原则。

2. 如何对待中国传统文化

对中国传统文化的估价，即对中国传统文化在今天的价值和作用的评价，是文化讨论中最重要的问题之一。因为它不仅关系到如何评价中国传统文化的问题，更重要的是它还与中国在现代化建设中走什么样的道路和如何更新、构建新的文化等问题密切相关。正因为如此，从文化讲座讨论一开始，这个问题就成为争论的焦点。从价值取向和价值判断总的趋向上来看，对待中国传统文化的态度，主要是三种思想倾向。一种观点持全盘否定态度，认为中国传统文化已经腐朽，不再具有生命的活力。而且，中国传统文化的愚昧、落后、保守、封闭等消极性因素还严重地阻碍着社会的发展，因而必须予以全盘否定。另一种观点持全盘肯定的态度，认为中国传统文化是中华民族智慧和力量的源泉，在今天的现代化建设中，它仍将发挥巨大作用。这是因为中国文化从本质上讲是一种“刚健有为，崇德利用”的文化，这种自强不息的精神是中国文化发展的内在动力。再一种观点持折中态度，认为中国传统文化是一个整体，它既有积极因素，也有消极因素，因此，对中国传统文化既不能全盘肯定，也不能全盘否定，必须坚持批判继承原则，取其精华，弃其糟粕。在 80 年代的文化讨论中，第一种观点处于主导地位，从这种观点生发出来的民族文化虚无主义思想，遂成为一种强势思潮。民族文化虚无主义倾向于全盘否定传统，割断历史与今天的联系；否定传统文化，主张全盘西化，把中西文化对立起来，否定二者可以相互吸收与交融；以偏概全，在理论上表现出很大的随意性和片面性。① 80 年代末至 90 年代初，学术界开始反思民族文化虚无主义思想，学者们认为：这种思想是民族自卑心理的表现，它的危害性很大，对民族自信心、自尊心、尊严和社会主义文化建设，起了一种败坏的作用。必须正确对待民族传统文化，以弘扬中华民族的灿烂文化，促进我国的文化建设朝着正确的方向发展。

① 参见龚书铎等编：《民族文化虚无主义评析》，100～106 页，北京，中国人民大学出版社，1990。

3. 如何对待西方文化

文化讨论中另一争论的焦点是如何对待西方文化。中国近现代的历次社会变革、文化变革总是遇到这个问题。旧调重弹，却有了新的时代性。在 80 年代的文化讨论中，关于怎样对待西方文化，有种种看法，其中，“西体中用”论最有影响。这是继“中体西用”论和“全盘西化”论之后提出的第三个具有一定代表性的观点。首先提出这个观点的是李泽厚。据李泽厚自己说，他提出“西体中用”的目的，是为了同历史上的传统说法，特别是同“中体西用”的说法鲜明地对立起来，造成一种语言上的刺激，以便促进人们的思考。在他看来，在 80 年代的现实生活和文化讨论中，从上到下弥漫着一股浓厚的“中体西用”或变相的“中体西用”的思想，这是一种历史的或传统的惰性反映，是在中国实现现代化的障碍。于是他把“中体西用”倒过来，变成“西体中用”。① 在论述中，李泽厚对“体”、“用”范畴的含义作了明确规定：“我用的‘体’一词与别人不同。我一再强调社会存在是社会本体。把‘体’说成是社会存在，这就不只包括了意识形态，不只是‘学’。社会存在是社会生产方式和日常生活。这是从唯物史观来看的真正的本体，是人存在的本身。现代化首先是这个‘体’的变化。”就中国来说，“如果不改变这个社会存在的本体，则一切‘学’，不管是何等先进的‘西学’，包括马克思主义，都有被中国原有的社会存在的‘体’——封建小生产经济基础及其心理结构即种种‘中学’所吞食掉的可能”。这种教训，在中国近现代历史上屡见不鲜。要进行现代化，首先要改变这个社会本体，即小生产的经济基础、生产方式和生活方式。具体地说，“要用现代化的‘西体’——从科技、生产力、经营管理制度到本体意识（包括马克思主义和各种其他重要思想、理论、学说、观念）来努力改造‘中学’，转换中国传统的文化心理结构，有意识地改变这个积淀”②。将“西体”“用”到中国，这个“中用”既包括“西体”运用于中国，又包括中国传统文化和“中学”应作为实现“西体”（现代化）的途径和方式。在这个“用”中，原来的“中学”就被更新了，改换了，变化了。在这种“用”中，“西体”才真正正确地“中国化”了，而不再是在“中国化”的旗帜下变成了“中体西用”。这当然是一个十分艰难、漫长和矛盾重重的过程。但真正的“西体中用”将给中国建立一个新的科学社会结构和文化心理结构，将给中华民族的生存发展开辟一条新的道路和创造一个新的世界。③

4. 中国文化的现代化与未来前景

研究中国文化的历史与现状，目的是为了更新中国文化，使中国文化和中国社会步入现代化之途。如何使中国文化现代化，这是一个非常复杂的问题。到目前为止，学者们发表了许多有价值的见解。海内外一批知名学者积极倡导新儒学，把复兴儒学与中国的现代化联系起来，认为“复兴儒学是中国文化现代化的根本途径”④。与此

① 参见李中华：《中国文化概论》，335 页，北京，华文出版社，1994。

② 李泽厚：《漫说“西体中用”》，见李泽厚：《中国现代思想史》，331～332、333 页，北京，东方出版社，1987。

③ 参见上书，337～338 页。

④ 张君劢：《中国现代化与儒家思想复兴》，转引自李中华：《中国文化概论》，352 页，北京，华文出版社，1994。

相近的观点有“传统文化的更新”、“传统文化的变革”、“传统文化的创新”、“传统文化的创造性转化”、“传统文化的当代转换”等。许多马克思主义学者认为，中国是以马克思主义为指导的国家，因此，中国文化的现代化首先是马克思主义的现代化。更多的学者寄希望于在批判继承传统文化与批判吸收外来文化的结合中建构社会主义新文化。

“文化热”中的另一种为大多数学者认可的意见是庞朴从继承弘扬中国优秀文化传统出发提出的“会通古今中西”的主张。庞朴认为，通过“文化热”的讨论，将“酝酿出会通古今、中西的中国式的社会主义现代化文化，使中国文化重振雄风于天下”。庞朴采用“会通”这一概念，表明他认为古与今、传统与现代化绝不是彼此排斥互不相容的两种实体，而是对立的统一，是可以“会通”的。“传统是现代化的基础，现代化是传统的目的”，二者相互依存，相互转化。庞朴以动态的社会发展观看待传统与现代化，认为“传统是过去的现代化，现代化是未来的传统”，现代化不能凭空建立，“现代化就是传统的现代化”，传统对于现代化既是阻力又是动力。同时，传统还是一种无所不在的思想气势，“任何人摆脱不了传统，就如无法把自己的血液换一遍一样”。传统既不可能一下砸烂，也不可能像包袱一样抛弃了事。传统只可能通过自身“转化”为现代化，而这种转化只能“依靠传统内部的积极面向其消极面展开斗争，即主要用吸收传统的办法来否定传统”。

除了会通“古今”，庞朴还提出会通“中西”。文化作为社会现象，其社会属性不仅有时代性，而且还有民族性，也就是说，文化不仅拥有历史时间，还必须具有社会空间。时代性产生古今之别，引出现代性问题，民族性产生中西之分，引出传统问题。文化的民族性构成某一文化的特质，而文化的时代性则更多体现文化的共性。共性寓于个性之中。文化的民族性，特别是其中的文化心理层面中的民族性，构成了文化的灵魂，是“本中之本”，是一个民族不同于其他民族的依据。“承认文化就是承认民族，否认了文化的民族性就等于否认了这个民族。”当然庞朴还指出，民族性和时代性并不是截然对立的两种事物，而是同一事物的两个方面，二者不可分离。民族性必将随时代而变迁，这就是民族传统的现代化问题。庞朴以文化多元论与文化模式论为基础，采取了比较文化学的方法，有一种较广阔的世界视野和全球意识。

第二节 20世纪90年代中国文化的变革与大众文化的兴起

○主流意识形态文化　○精英文化　○大众文化　○大众文化兴起的原因　○大众文化的特点　○20世纪90年代大众文化变革　○大众文化的反思

20世纪90年代中国文化的变革与中国社会的现代化进程密切相关。新中国的成立奠定了中华民族走向现代化国家的坚实政治基础，但在相当长一段时间内，对于以工业化为主导的现代化的理解却带有极大的片面性。落后就要挨打的沉痛教训，农业社会效率低下的传统生产方式，高涨的全民建设激情，曾使举国上下对于工业技术的神奇力量赞叹不已。这种对于现代工业技术前景的浪漫向往，使中国人民对于现代化所包含的文化内容的负面影响视而不见。毫无疑问，现代化赖以产生的西方文化土壤中有着与农业文明截然不同的诸多原则，科学技术的发展正是置于这些原则之上的，如张扬个性、利益驱动、生存竞争等。于是在经过一段时间后，以革命的热情、意识形态的一统来调动人们生产的积极性丧失了有效性，现代化的进程便显得步履维艰。80年代的一切改革，在此意义上均可以理解为试图激活生产力。改革之初对此尚不清晰，随着改革的进程，这一问题渐渐变得明确：传统的计划经济、一统的文化思想，已经远远不能适应时代的要求了。

90年代的经济改革终于迈出了大步。市场经济的合法地位，使相应的此前进行的文化改革跃上了地面。90年代的文化出现了明显的变化，开始形成多元共生的局面。当下中国文化就其来源而论，大体有三个源头：一是中国的传统文化，包括长期历史发展中形成的社会伦理道德，以及精英所承继的儒家与道家精华。传统中国文化植根于民族生活的深处，是文化中最深刻、最稳定的成分。二是社会主义性质的由社会主义政治制度和经济制度所派生的文化——以马克思主义为指导的社会主义新文化。它被大力提倡并广为宣传，诸如集体主义的协作精神、无私奉献的螺丝钉精神。它与文化构成中的主流意识形态文化大体对应。三是西方工业文明所产生的“工业文化”，它与市场经济有关，其价值体系建立在利益作为驱动力的以平等交换为中心的市场上，以平等交换为中心，以利益为驱动力，植根于尚不完善发达的中国土壤，与传统文化必然地产生对立与冲突。当下文化的三个来源并不截然分明，而是相互交叉、相互纠缠在一起。

一、20世纪90年代中国文化的现状

以文化的格局，即文化的结构成分而论，20世纪90年代文化大体上也可以分为三种：依然强大的主流意识形态文化，日渐受到削弱的精英文化，异军突起的大众文化。三种文化的对立与互补、冲突与交融构成了90年代中国文化领域里繁荣与混乱同在、希望与失望并存的状态。

主流意识形态文化是与国家的性质相联系的处于一定社会政治和经济制度之上的文化，它为特定社会的特定政治、经济服务。在90年代的中国，它的核心内容是：以马列主义毛泽东思想为指导的社会主义性质的文化，其目标服从于为人民和为社会主义服务，其基本价值取向是集体主义精神和奉献精神。这一主流文化，即通常所说的“主旋律”，它的强大不仅体现在《宪法》所规定的地位上，也体现在上至中央、下至各级宣传部门的大力宣传上，更体现在它对于团结人民、教育人民所起到的重大作用上，这一文化居于中国当代文化的领导地位。

精英文化或高雅文化是指一定社会的知识分子所创造并在知识分子阶层中盛行的文化，既有历史上所继承的精英文化，也有当代知识分子所精心创造的精英文化。它也可能来自平民，但经过了升华与提炼，与平民保持着一定的距离。它有自己特定的理性品格与价值追求。一个民族文化水平的高下，正是取决于高雅文化与精英文化水平的高下。启蒙精神、独立批判精神、忧患意识、民胞物与和天下为公的情怀……所有这一切构成高雅文化与精英文化特殊的“魅力”。当下的中国精英文化集中体现在对世俗文化的批判与对人文精神阵地的守护上。精英文化与高雅文化保持着与主流文化和大众文化的张力，这种张力一定程度上匡正着大众文化的方向，同时又保持着与主流文化之间的距离，但在强大的主流意识形态文化面前，以及在日胜于一日的大众文化攻势之下，精英文化与高雅文化的阵地似见退缩。

大众文化是指被一个社会或一定地区内大多数人所欣赏、接受的文化。相对于主流意识形态文化的“国家”特性而言，它是“平民”文化，相对于知识阶层的精英文化而言，它是“通俗”文化，但我们又不能单用“平民”或“通俗”去指称这种文化，因为90年代兴起的大众文化包含有平民或通俗所不能涵盖的内容。大众文化是在市场经济的建设成为经济生活中心的背景下，在大众传媒（广播电视、报纸杂志、电脑电信）高速发展的高科技条件下兴起的一种新的文化形态，它有通俗性、娱乐性、群众性等一脉相承的内涵，但又在制作方式上与过去的“平民”和“通俗”文化有巨大的差异。

大众文化的异军突起是90年代中国文化变革的主要特点，它包括文化产业的迅速崛起和文化市场的逐渐形成。文化产业指满足人们娱乐生活的文化场所的建设，如健身房、美容厅、歌舞厅，以及文化产品的生产制作企业等。1997年被誉为“一花独放”的出版业，其繁荣的根本正在于大众文化产品的制作与销售达到了前所未有的水平。

二、大众文化兴起的原因

20世纪90年代中国文化的格局产生重大变革的原因是多方面的，最深层的当然是现代化进程，即农业文明向工业文明转化，计划经济向市场经济过渡所造成的伦理观念、价值判断体系、思想意识变迁在文化领域中的反映，其变革的表层原因可以分为以下几点。

（一）港台文化的影响

港台文化对90年代内地文化的影响是显而易见的。台湾的市场化程度远远高于内地，香港地区更是一个高度繁荣的消费社会，二者虽也有主流意识形态，但势单力薄，尤其是在香港几乎不占地盘。我们所能看到的大量涌进来的港台文化便是只有市民阶层浮泛情感反映的通俗歌曲、肥皂剧，以及形形色色的娱乐方式，还有这些通俗歌曲及肥皂剧后的商业运作。尽管它们在艺术上可能不能和内地的歌曲影视相比，但其雄厚的资金、合理的运作，却赢得了当时整体文化水平不高的内地群众的喜爱。从武打到言情，从小说到影视，在大众文化的所有领域，内地似乎都在港台后面亦步亦趋。

（二）主流文化自身的调整

中国居于统治地位的主流意识形态文化有过一枝独秀的“辉煌”。进入新时期后，尤其是在90年代中期以后，其背景产生了变化，虽说仍然倡导“主旋律”，但“多样化”似乎更适合中国的现实国情。于是主流本身便采取了若干调整，显得更为宽宏大度，为大众文化让出一席之地。这一退让与宽容弱化了意识形态的功能，意味着不同的文化话语在“市场平等”的背景下开始与意识形态文化进行对话。同时这一意识形态文化的宽容与退让，也造成了主流文化对大众文化的利用，即大众文化也部分地具备了意识形态文化的特点。目前，主流意识形态文化依然处于文化格局的领导地位，但已不是昔日的“一统天下”，而是显得和蔼可亲。但无论如何，功能决定了“头版”、“头条”总不如副刊、周末版灵活机动。

（三）市场法则的作用

文化企业作为文化市场中的主体，同样地遵循市场的一般规律，它们同样地追求利益的最大化和优胜劣汰原则。优胜劣汰使他们不断地花样翻新，利用大众传播营造一个又一个引人关注的热点。追求利润的最大化也正是看中了“文化”这片可开采的“富矿”。竞争使文化市场上的文化企业不得不研究最大的销路、最能让群众接受的形式和娱乐方式。

（四）大众娱乐的需求

文化消费是实现文化产品价值的途径，也是文化企业获得利润回报的途径。离开大众对文化产品的消费，大众文化便不可能如此迅速地占领90年代中国文化的地盘。十几年的改革开放使中国百姓大部分脱离了贫困，使相当一部分进入了小康。经济增长的积累也为消费提供了物质基础。大众在繁重的工作之余，不愿意再被严肃的精英文化所累，选择轻松的、不费精神的“文化”放松自己紧绷的神经是很自然的，这种对于娱乐性文化的需求也是大众文化兴起的原因之一。当然这种消费的需求有可能导入误区，需要文化管理的及时调控。

三、大众文化的特点

与精英文化相对时使用的“通俗文化”，与主流文化相对时使用的“平民文化”，都不能完全概括大众文化的内涵。它是一种工业文明、市场背景下的由传媒推销的潮流文化，以商品形式出现的消费文化。它具有民间性和通俗性的特点，但并不为下层阶级、大众所独有，它渗透在社会的各个阶层之中。

大众文化是传媒发展后的产物。从文化所需要的介质来看，人类的文化经历了三个阶段。远古时期尚无文字记载时的口头传颂，形成了游吟诗人与民间传说的远古文化，各个民族都有这一时期的记录。在印刷品作为载体的古代社会，很自然地形成了以文艺作品为主的古典文化。而今进入电子时代的特殊传媒，使文化进入了历史上的第三种形态：大众文化。传媒的发展是大众文化形成不可缺少的条件，也必将更进一步地影响大众文化。从市场与传媒角度看，大众文化通常具有以下特点。

（一）明显的消费化倾向

消费浪潮兴起是商品社会传媒所要达到的目标，大众文化当然也不例外。改革开放的成就满足了人们基本的生活需要后，渐渐富裕的人们便会追求舒适的享受，购物讲究环境，就餐追求品位，服装紧贴时尚，这既是人们出于满足欲望的要求，也是传媒鼓动策划的结果。历史传统中对于个人欲望的压抑，使个体心理上具备一种反常的渴望，一旦条件允许，便会爆发出来。大批腰缠万贯的暴发户以及握有某种权力的特殊人物构成了文化娱乐场所里的主流，消费意味着享受。与文化娱乐场所的消费相比，大众文化产品的消费拥有更大的群体，电视与广播的普及为传媒炒作热点，同时也为消费者的消费行为提供了极大便利。传媒对文化产品的炒作，说到底看中的是产品附带的广告收入。

（二）制作工艺流程化

为适应传媒时代销售商品的一般规律，大众文化产品的制作在传媒引导下变成了工艺流程，更注重、讲究的是“运作”。从策划人员的调研、挖掘热点，到产品的制作销售，都是由有关人员精心设计的。文化在今天也有了“营销策略”。传媒与文化成了一种相互的利用。文化产品制作的工艺流程化，一方面使产品跟着发掘的热点走，始终处于时尚的潮流和大众关注的中心；另一方面也造成了文化产品的粗制滥造、品质低下。文化产品由历史上文化工作者呕心沥血、春蚕吐丝般的创造变成了工业化背景下抢时间、抢速度的“短平快”追逐。当然，这种“短平快”并不是一无是处。一个好的创意，加上精心的制作，在给文化企业带来丰厚利润的同时，也影响了大众的心理。再者，文化产品制作的工艺流程化也是高科技发展的要求与必然，如影视作品不可能是单个人的精神创造物。

（三）娱乐性本质

娱乐性本质是大众文化和精英文化、主流意识形态文化相比时的明显特点。但这里的“乐”并不是传统文化作品的“寓教于乐”中的“乐”。那里的“乐”负载有“教”的内容；这里的“乐”是相当独立的，也是大众文化的本质之一。大众文化的娱乐功能不能完全地等同于感官欲望的满足，也不能将其断然与精神享受划清界限，它大概属于“物质享受”与“精神享受”的中间地带。在整个国民文化水平普遍较低的当下，正是这种中间地带的特点，造就了它的巨大声势。大众文化并不是一点也不带有认识作用、审美教育作用，但它最主要的直接追求的目的则是娱乐。认识与教育作用只是娱乐之外的附加物，因消费者而异，或有或无、悉听尊便。大众文化场所的直接“生活”消费，娱乐性几乎是唯一的。在大众文化产品的消费里，娱乐性也是它的第一功能。以言情影视作品为例，它也表达人的精神与情感，但却于其中注入了大量的水分，可以称之为情感的“通货膨胀”，在男男女女的追逐里，通过矫情把生活涂染成玫瑰色，让欣赏者不知今夕何夕。

当然，也正是大众文化处于中间地带的特点，使它本身的构成因高下优劣而易于分化。其有代表性的优秀作品可以进入“高雅文化”的殿堂，而其中低劣媚世的作品则只能归类于低等的感官欣赏。

四、20世纪90年代文化变革及大众文化的反思

面对当下中国文化的格局，全面地赞同或片面地否定，都不是一种积极正确地对待文化的态度。在对大众文化形成原因的分析里，我们阐明了它之所以于20世纪90年代兴起的必然性因素。它是市场经济和工业科技的产物，也是中国现代化进程的必然附带物。其异军突起、势头强劲有深厚的中国国情基础。由市场进行调节，作为工艺流程化的文化产业的产品，对娱乐功能的过分突出的强调可能使大众文化走上单纯追求经济效益而忽视社会效益的道路，而这是与社会主义时代的文化发展策略相背离的。20世纪90年代中国文化的变革是中国社会变革的一个部分。

一百年来，中国人民梦寐以求的建立现代化强国的愿望，到90年代才真正露出它的曙光。让市场调节生产、分配、消费的各个环节既是西方经济发展的成功经验，也是我们经济发展的教训总结。但以市场为中心必然带来思想、伦理观念、价值体系的巨大变革。以等价交换为不二法门的商品交换与传统文化中的“重义轻利”有矛盾，也与主流意识形态倡导的集体主义和奉献精神有冲突；追求企业利润的最大化与社会主义国家和全民共同富裕之间也有对立……文化产业与文化市场的逐渐形成与完善，“精神产品的商品化”已成不可阻挡之势。大众文化，从某种意义上说正是90年代中国复杂背景下的工业产业文化。

在大众文化异军突起的文化格局里，我们必须认识到：文化本身，尤其是文化产品本身，具有极强的精神性特征，它是人类精神创造的结晶，是人的本质力量自由自觉的对象化体现，应该也必须充满着理性之光，充满着积极向上的格调。它是精神主体春蚕吐丝般的奉献，它的传播不能不考虑社会的影响。讲究与追求文化产品的社会效益，不只是主流意识形态文化和精英文化的任务，同时也应当是大众文化的任务。而这一点恰是被大众文化所忽视的。我们不能同意那种弱化文化管理，让文化市场全部去自由调节文化生产的主张，那样只会使大众文化彻底地下滑到媚俗甚至低级庸俗的境地中。

90年代大众文化的迅速勃兴向中国文化提出了严峻的挑战，市场导向造成了精英文化的日渐衰弱。此前所引起的旷日持久的关于人文精神的论战，正是这一衰弱的拯救之声。事实上，任何一个时代，精英文化都处于一个狭小的圈子里，所谓“阳春白雪、曲高和寡”正是这个意思，但精英文化却不可或缺。衡量一个民族一个时期文化水平的标准恰是精英文化所达到的高度。不但精英文化如此，主流意识形态文化也是如此。尽管形式上看，主流意识形态文化依然占据着显要地位，但大众文化却在不知不觉中消解着主流文化的意识形态功能，因此，强化主旋律也是十分必要的。

当然大众文化的兴起在给中国90年代文化提出挑战、造成混乱的同时，也创造了发展的机遇。三种不同成分的文化不仅存在有矛盾与对立、冲突与斗争，同时也存在着互补与统一、渗透与融合。斗争中发展是文化发展的辩证法。既追求独立创造精神，又能为大众所普遍接受；既有良好的社会效益，又能带来巨大经济利益的文化精品，一定也必须在三种文化成分的对立与互补中产生。

第三节 中西文化的交流与会通

◎经济全球化 ◎文化全球化 ◎高信息时代文化的民族性与全球性 ◎中西文化的跨世纪交流与会通

我们的现代化不仅面临中国文化的变革，也面临世界文化的变革，如何重整中国文化，使之与世界文化接轨，成为国人关注的焦点之一。分析全球化与世界文化和民族文化的关系，把握全球化进程中文化冲突与融合的规律，对加强社会主义精神文明，建设有中国特色的社会主义文化具有重大的意义。

一、经济全球化引起文化的全球化

全球化进程，是一种正在超越国界和国家主权的、在全世界范围内所展现的沟通与联系、交流与互动的趋势，它向人们展示的是一个多元而又相互依存的世界。科学技术的革命一直是全球化最重要的条件，生产的国际化和经济的一体化是全球化的根本动力。

全球化首先是一个经济概念，它是市场经济的必然产物。经济全球化具有三个特征：一是贸易自由化，二是资本全球化，三是生产经营国际化。其次全球化是一个文化概念，因为全球化不仅是物质生产的全球化，也是精神文化生产的全球化。文化全球化的显著特征是世界整体意识的形成，以“地球中心”取代“民族中心”。文化的全球化以经济的全球化为前提和依托，是经济全球化的外在表现，是在经济全球化的发展中，由各民族文化的相互碰撞和整合产生的。

从历史进程来看，全球化大致可以分为三个时期：

第一时期，从15世纪地理大发现到19世纪末自由资本主义的终结。正如马克思所说，地理大发现首次开辟了世界历史，因为它使每个文明国家以及这些国家中的每个人的需要的满足都依赖于整个世界，因为它消灭了以前自然形成的各国的孤立状态，人类从此开始从全球性的角度来认知世界，这标志着全球化的开始。地理大发现开辟了全球性的交通网络，强烈刺激了早期资本主义国家的商品和资本输出，伴随资本主义在全球的活动，西方文化开始与一些古老的文明发生碰撞，先进的西方文化在对古老文明表示惊异的同时吸收了其中的一些优秀成果，古老的文明对西方文化往往是在愤怒和恐惧中排斥。早期资本主义武力征服的粗野和资本积累的野蛮决定了文化碰撞的残酷，美洲和非洲的一些古老文明就因为被征服而遭受毁灭。

第二时期，从19世纪末到第二次世界大战结束。在19世纪和20世纪之交，随着第二次科技革命的发展，少数发达资本主义国家实现了工业化并主宰了世界，建立了资本主义的经济体系和殖民体系。为了获得被征服民族的认同，培养自己的代理人和殖民地经济发展所需要的人才，发达资本主义国家加强了文化输出。殖民地民族在遭受政治经济压迫和掠夺的同时认识到西方文化的优势所在，将目光转向于西方寻求救国之道，西方文化与其他民族文化有了较深的结合。但这一文化交流是以欧洲为中心向外的单向辐射，在这种文化背景下出现了所谓的“欧洲中心”论，将西方文化等同于近代化，将近代化等同于西化。

第三时期，第二次世界大战后至今。第二次世界大战后，为了加强国际合作，一些世界性经济组织先后成立，如世界银行、国际货币基金组织和世界贸易组织等，这对调和国家之间的经济冲突，加强国家之间的合作起了不可低估的作用。第三次科技革命的发展有力地推动了资本流通和生产经营的国际化，商品以前所未有的数目和速度在流通，货币几乎以光速在运转。跨国公司的发展使全球性的市场由流通领域发展到生产领域，从而使各国经济变得你中有我，我中有你，彼此依赖。各民族各国家之间的文化交流日益频繁，发达国家与发达国家之间、发达国家与发展中国家之间以及发展中国家之间形成一幅错综复杂的文化交流网络。联合国教科文组织、世界卫生组织等也大力促进国际文化交流与合作，在教育、环保和人道主义等方面取得了重大成果。文化全球化的发展使人类在一定程度上产生了对共同的价值观念的认同，加强了各民族国家的合作。苏联的瓦解、冷战的结束，在一定程度上打破了意识形态对文化交流的障碍；通信事业和计算机技术的发展，互联网络的建立，使世界范围内的文化交流真正超越了国界。

尽管全球化已备受世人瞩目，但其进程只是刚刚开始。随着21世纪的来临，它必将在广度和深度上迅速推进，将人类文化推向一个崭新的阶段。

二、高信息时代文化的民族性与全球性

民族文化是人类文化由于民族、地域的划分而形成的不同文化组合。它以地域的

相对独立为外在特点，以其独特的历史、宗教、语言、习俗和制度等为内在特点，这些因素决定了民族文化各具特色。民族文化或以地域命名，大地域的如西方文化、东方文化、非洲文化、阿拉伯文化等，小地域的如中亚文化、北欧文化、岭南文化等；或以性质命名，如伊斯兰教文化、基督教文化、儒家文化等。在历史进程中，没有一种文化一成不变，但也没有一种文化在某一时期完全改观。历史发展的惯性决定了民族文化的差异，但是民族文化的独立只是相对的，不同民族文化在文化结构、文化活动和文化发展上存在着共同性和互补性。这是文化交流和融合的前提。因而，各民族文化之间存在着差异性与共同性的对立统一。

交通和信息手段的革命缩短了人们之间的距离，使我们生活在一个“地球村”中，信息传递的速度和数量的空前增加加速了文化的交流。文化的融合是一个总的趋势，这是历史的进步，但不同的文化在交流的过程中既相互吸引，又相互排斥。相互吸引说明文化具有可塑性和可变性，这决定了不同文化的统一性；相互排斥说明文化具有惯性和独立性，这反映了文化的多元化。文化在交流中形成了多元与统一的特征。统一性即文化的全球性、共同性、普遍性，多元化即各民族的文化具有其民族性、多样性和独特性。

不同的民族文化代表着不同的时代，由于生产力发展水平的不同，各民族的文化存在着差异性、不平等性和不平衡性。凡是拥有先进生产力和生产方式的民族国家，其文化形态代表着这个时代的潮流，属于先进文化和中心文化，反之，则属于落后文化和边缘文化。但是，没有一种文化是永远领先的，民族文化先进与落后地位的不断转换导致先进文化和文化中心的不断转移。这一转移不是文化自身孤立变化的结果，而是生产力水平发展不平衡和各文化相互交流、相互融合、相互促进的结果。全球化的发展，文化传播和文化转移的加速，打破了地域之间的封闭和隔阂，加速了各民族文化之间的交流，使它们的发展获得了几乎同等的条件和机会，各民族文化之间的时代差距正在逐渐趋向于缩小和消失。但是文化的民族性仍是难以抹杀的，这就使文化的发展出现多个中心，即多元化的局面。

在对文化进行考察时，必须从辩证的角度去看问题，必须从动态而非静态、从深层而非浅层来分析才能把握文化发展的历史趋势。各民族文化在进行交流的同时必然会发生冲突和碰撞，如将这些冲突和碰撞放到历史长河中，就会发现文化的冲突是现象，而交流、融合、促进才是本质，文化冲突是开始，文化的重整才是结局。在冲突中，交流和发展是民族文化成长的必经之路，从冲突走向融合是世界文化发展的必然趋势。历史上，文化的冲突从未间断，冲突的方式也多种多样，正是这些冲突推动了文化的进步。

在文化的交流中，一方面，我们必须反对文化霸权主义；另一方面，我们要反对狭隘的民族主义。文化的全球化是经济全球化的外在表现。经济全球化的过程中，发达的资本主义国家奉行帝国主义和殖民主义政策，建立了剥削和压迫落后民族和国家的资本主义经济体系，在经济和政治领域存在着压迫和反压迫、独立与反独立的斗争，这反映在文化上，就表现为文化之间的矛盾与冲突，即中心文化与边缘文化、先进文化与落后文化之间的冲突。文化成为压迫和反压迫斗争的工具。对发达的资本主义国家来说，国际政治局面的变化，过去的军事冒险和强权政治都已失去作用，而文化侵略比金元和大棒更具有合法性、隐蔽性和渗透性。文化霸权主义在第二次世界大战结束后，尤其是在冷战后得到推行。例如美国要求建立的世界新秩序，是将它的价值观念和意识形态强加给世界；法国要在世界范围内建立法语文化网络；日本也加强了其在世界范围内的文化活动。但是西方的文化扩张由于遭到非西方国家文化的遏制而没有达到目的。与此同时，西方文化自身也面临着危机，社会道德的堕落、享乐主义的泛滥、利己主义的猖獗，造成了西方价值的认同危机。在这一文化背景之下，西方学者积极地为维护世界霸权寻找理论依据。典型的代表是美国的亨廷顿，他在《文明的冲突与世界秩序的重建》一书中指出，文明是一种以特定的文化为基础的实体，未来的世界不会存在一个普遍一致的文明，而是不同文明共存，民族的冲突将取代一切其他形式的斗争成为21世纪的主要矛盾，“文明的冲突将主宰全球政治，文明之间的分界线将成为未来的战线”。他认为非西方文化的崛起和挑战导致了西方文化的衰落，为了西方的利益，必须强化同一文化渊源的欧洲和北美的关系，强化文化特质相近的西方与东欧和拉美的关系，强化西方同日俄的关系，限制儒教和伊斯兰教国家的扩张，支持认同西方价值观念的团体和组织，支持反映西方利益的国际机构。这是“西方文化中心主义”在新时代的翻版，其目的在于维护西方文化的霸主地位。

发展中国家在经历了西方文化的冲击之后进行了自觉反省，积极地复兴本民族文化以抵御西方的文化入侵，在维护民族利益方面取得了重大成果。不过，在以本民族文化抵御西方文化的斗争中容易走向极端，全盘地否定外来的先进文化，盲目而非批判地肯定本民族文化的优越性，过分强调对传统文化的继承，甚至复归，这就是狭隘的民族主义。封闭和盲目自信是狭隘民族主义的显著特征。狭隘民族主义对外来文化的态度是强调冲击，排斥交流，主张对抗，反对融合。这在一定程度上和一定时期内可以加强人们对本民族价值观念的认同和民族文化独立性的维护，但却可能以牺牲现代化、延缓发展为代价。当前国际社会上所出现的提倡宗教复归的宗教激进主义和以民族主义为旗帜的恐怖主义都属于典型的狭隘民族主义。它阻碍民族文化的自觉和主动的反省，阻碍民族文化向世界文化的转化，阻碍一个民族的现代化进程。狭隘民族主义的故步自封无异于饮鸩止渴，并不能解决民族文化所面临的根本问题，迟早会被打破，并将付出更惨重的代价，届时积累的民族内外矛盾冲突会更加剧烈，社会结构会发生巨大的震荡，社会发展会出现停滞甚至倒退。

全球化带来民族文化的危机，也带来民族文化发展的新机遇。对发展中国家来说，既要反对大国的文化霸权主义，也要反对狭隘的民族主义，以民族的根本利益为基础，以现代化发展为参照，重新审视本民族的文化，在对民族文化的反思和批判中发掘其优秀的内核和传统，以民族文化的优秀成分为基础重构民族的价值体系，在民族文化与世界文化之间架设沟通的桥梁。在民族文化走向世界文化的过程中，阵痛是不可避免的，但是阵痛能催生新的文化，阵痛的大小取决于民族的自觉程度，越是自觉，阵痛就越小，民族文化向世界文化的转换就越快。民族文化与世界优秀文化的融合，不仅能促进本民族文化的进步，也能为世界文化的发展作出贡献。

三、改革、对话与发展的世纪：中西文化的跨世纪交流与会通

在全球化时代，文化冲突无所不在，逃避冲突是不可能的，无视冲突也是不现实的，但对于冲突的反应是有选择的，可以相互排斥你死我活，也可以求同存异自由竞争。正确的态度应该是以交流和对话而非排斥和对抗的态度去看待冲突，迎接冲突，以交流取代冲突，消解冲突，促进融合，只有这样才能建立一种多元共存、不断进步的世界文化。

中国现代化的目标是建设高度的社会主义精神文明和物质文明，在现代化历程中，不仅面临着经济竞争，而且面临着文化竞争。中国古代有“富而不仁行之不远”之说，意即物质文明必须与精神文明同步，否则经济的进一步发展将受到限制。文化因素日益渗透到经济活动中，成为生产力因素的重要组成部分，社会生产力只有在经济与文化的协调中才能最大限度地发展，经济体制改革和经济的发展都在呼唤文化结构的变革。

中国文化要走向世界，只有改革开放，闭关锁国无异于自杀。只有吸收世界的先进文化成果，中国文化才能得到重整和发展。在全球化的浪潮中，中西文化处于不断的碰撞和交流之中，既有相融的一面，也有冲突的一面，双方将走向一个平等对话相互借鉴共同发展的新时期。

全球化首先否定西方文化中心主义。中国文化显著的特征是整体主义价值观念和天人合一的发展观念，这本是农业时代的产物，但在个人主义泛滥、信仰出现危机、生态出现危机的今天，却充分展示了其魅力。假如按照西方的模式，在向现代化过渡的转型时期，传统的社会结构必然遭到破坏，造成社会政治、经济文化的全面失范。但在中国现代化的历程中，整体主义的价值观念充分地调动社会各种因素的积极性，提高了社会的凝聚力，维系了社会在转型时期的稳定，使改革开放在短时期内取得如此重大的成就，这确实是西方文化无法做到的。中国改革开放的成就证明：西方的现代化模式不是现代化的唯一模式，西方文化不是现代化文化和全球化文化的唯一参照体系，“西方文化中心”论是站不住脚的。

全球化也否定了中国文化中心主义。历史上我们一直以泱泱大国自居，视其他民族为番夷，拒绝承认其他民族文化的同等地位和价值，即使在列强的坚船利炮打破大门后，我们还认为应以“中学为体，西学为用”，割裂了文化与经济和科技发展的关系，陷入对本民族文化盲目自信的恋旧之中。中国没有经历过正常的资本主义的发展，封建主义的因素至今仍没有彻底肃清。在中国文化的价值观念中，自由、民主、理性和法治的成分先天不足，这就为现代化的发展留下了隐患。忽视了个人主义的整体主义压制了民主的发展，导致了政企不分，以政府的有形之手取代了市场的无形之手，不利于市场经济的正常发展，同时还造成了特权和腐败；法治精神不足所造成的暗箱操作，削弱了市场经济活动的规范化和透明度，导致竞争不公平，责任和利益的关系不明晰；缺少理性精神的政治权威主义在一定时期内可以依靠自己的威望和号召

力保持社会的稳定，促进经济的超常规发展，但从长远来看会因为缺少决策的民主化和科学化而产生虚假繁荣和泡沫经济，最终导致社会的大动荡和经济的大倒退。东南亚国家与我们有共同的文化特质，其经济发展奇迹的经验值得我们借鉴，但对其所遭遇的金融危机我们也要引以为戒。对中国文化的反思，有助于我们从盲目的自信中清醒过来，为中国文化的发展开启新思路。在中国新文化的建设中，我们应该克服两个“很不够”：一是对中国传统文化和外国文化的精华吸收、继承和借鉴很不够；二是对其糟粕批判和否定很不够。这两个“很不够”既阻碍了传统文化向现代文化的科学转换，又不利于中外文化在融汇中的优化组合。因此，我们应该具有海纳百川的胸襟，站在历史巨人的肩膀上，站得更高，看得更远，以开拓进取的创造精神，去积极创造新的现代文化。

21世纪中国文化的发展要求建立走向世界走向未来的新文化，也就是建立中国特色的社会主义文化。中国特色的社会主义文化是什么样的文化呢？江泽民同志的《在庆祝中国共产党成立七十周年大会上的讲话》中明确指出：“有中国特色社会主义的文化，必须以马克思列宁主义、毛泽东思想为指导，不能搞指导思想的多元化；必须坚持为人民服务、为社会主义服务的方向和百花齐放，百家争鸣的方针，繁荣和发展社会主义文化，不允许毒害人民、污染社会和反对社会主义的东西泛滥；必须继承和发扬民族优秀文化传统而又充分体现社会主义的时代精神，立足本国而又充分吸收世界文化优秀成果，不允许搞民族虚无主义和全盘西化。我们应该牢牢把握有中国特色社会主义文化的这些基本要求，极大地提高全民族的思想道德素质和科学文化素质，促进社会主义物质文明和精神文明的发展。”① 这段话全面地概括了中国特色的社会主义文化的特征，指明了中国特色的社会主义文化的发展方向。简而言之，我们建设有中国特色的社会主义文化要以坚持社会主义方向为前提，以继承和发扬民族优秀传统文化为基础，以吸收世界的优秀文化成果为补充进行综合创新。

第四节 当代“国学热”和传统文化教育

○国学 ○“国学热” ○照着讲与自己讲 ○棒杀与捧杀 ○民族文化身份认同 ○重振国学 ○当代国学教育 ○当代民族文化建设

一、当代“国学热”的缘起

“国学”作为中国古代最高教育机构由来已久。但现代意义上的作为一个学术概

① 《江泽民文选》，1版，第1卷，158页，北京，人民出版社，2006。

念的“国学”却是清末民初中西文化比较和碰撞的产物。广义上的“国学”实际上就是中国传统文化的总称，其外延可指向“一国所有之学”，与其等同的还有“中学”、“国故”这些概念。狭义上的“国学”当然就指儒学，或以儒学为主体的中国传统思想文化，能够与之等义的自然就是“儒学”和“孔学”。1906年儒学大师章太炎在《国学讲习会序》里是这样为“国学”及其价值定义的：“夫国学者，国家所以成立之源泉也。吾闻处竞争之世，徒恃国学不足以立国矣，而吾未闻国学不兴而国能自立者也。吾闻有国亡而国学不亡者矣，而吾未闻国学先亡而国乃立者也。故今日国学之无人兴起，即将影响于国家之存灭。”章氏所言已过百年，然读来仍令人扼腕叹息，忧喜参半。所喜者在百年前国人即已充分认识到国学之重，可与国之存亡相干系，且国之精英已具备世界的眼光，甚至开始考虑民族文化的身份认同这样的理论深意；所忧者在大师之百年希冀尚未为我等晚辈后生完成，振兴民族文化并使之走向世界仍是华夏子民的今日重任。北京大学教授李中华认为：“如果非要给‘国学’下一个定义的话，应该是指中国传统文化，亦即关于我们自己民族在长期的历史发展中所形成的学问。”① 这个定义显然有些宽泛而笼统。在当代国学研究中处于前沿地位的中国人民大学国学院的意见是：“国学是借鉴西方先进学术文化和理念，重新研究和传承中国传统学术文化的一种学问。”② 相比而言，此定义由于站在中西比较研究的视域，将文化的传承性和当代性并重，似乎更为公允可取。

中国人民大学著名学者、和合学的创立者张立文教授在很多学术会议上反复强调的一番话也许可以作为当代“国学热”的恰当注脚。他说，中国的文化和学术，过去一直是照着西方讲。今后我们要改变这种文化虚弱的现状，要变“照着讲”为“接着讲”，进而“自己讲”。他所说的“自己讲”就是“讲自己”，向中国和世界讲述我们悠久文化的精髓和魅力。正是带着这样的理论追求和学术理想，中国学人为了争得自己应有的话语权力，开始投身到新世纪的国学研究热和教育热的大潮中。一般认为，当代“国学热”经历了三个阶段：20世纪80年代的“文化热”可以算作初级阶段，其着眼点在于从文化寻根的角度对“文化大革命”等政治动乱进行反思式的研究；90年代的“国学热”是承前启后的阶段，它不仅成为学院派关注的焦点，更重要的是它已经引起了民间和政府的极大兴趣，这为后来“重振国学、研究国学”热走向高潮作好了铺垫；进入21世纪，愈演愈烈的“国学热”已经令每一个关心国事的人不得不正视之。在2004年北京举办的“2004文化高峰论坛”上，来自世界各地的50多位著名学者联合发表了引起巨大轰动效应的《甲申文化宣言》：“文化多元化对于全球范围的人文生态，犹如生物多样性对于维持物种平衡那样必不可少。我们主张每个国家、民族都有权利和义务保存和发展自己的传统文化；都有权利自主选择接受、不完全接受或在某些具体领域完全不接受外来文化因素；同时也有权对人类共同面临的文化问题发表自己的意见。”③ 这已经将民族文化的保护和传承上升到国际政治和法律的高度，同文化沙文主义和文化歧视现象联系起来看，其振聋发聩之效自然使其成为

① 李中华：《对“国学热”的透视与反思》，载《理论视野》，2007（1）。

② 王畅：《访人大国学院副院长袁济喜教授》，载《神州》，2005（9）。

③ 转引自宋惠昌：《“国学热”中的沉思》，载《前线》，2006（3）。

当年的世界文化事件。2005年7月，中国政府宣布将在海外陆续成立100所孔子学院；同年9月28日，山东曲阜市政府举办公祭孔子诞辰2 556周年大典，中央电视台全程转播了这次盛况空前的庆典活动；据《光明日报》2005年10月19日报道：经过多方面的精心组织和准备，中国人民大学国学院终于在海内外人士的共同关注下举行了隆重的开学典礼暨揭牌仪式，首任国学院院长由著名红学专家冯其庸先生担任……就这样，近现代以来规模最大的一场“重振国学，弘扬传统文化”的文化复兴运动势不可挡地涌来了，它启动于自上而下和自下而上两个交互的方向，又受孕于当代市场“全球化”和文化“全球化”两个巨大无比的时代背景中，其能指攘攘，其所指赫赫，无不令人三思。

二、当代“国学热”的学理检视

关于当代“重振国学”的表征与五四新文化运动相反相成的关系是任何一个具有历史意识的学者都会涉及的，事实上这方面的论述已经有很多深度追问，本书不再作重复研究。本书只想指出，20世纪初当胡适等人提出“全盘西化”即后来的“充分世界化”的论调以及新文化运动喊出“打倒孔家店”的呼声时，其矫枉必须过正的愤激之情是可以理解的。但我们应该看出其根本弊病在于感性对理性的干扰和遮蔽，正因为如此，他们忽略了两个本质问题。其一，如果西方文化完全淘汰了中国传统文化，我们将何以在世界“立身”。那个时候为了将旧中国从一片衰败和沉重的痼疾中挽救出来，考虑不到这个问题情有可原。但是他们应该思考一下另外一种可能，即在体制建设、制度文明和科学技术上以西方为圭臬，而在文化传统、伦理道德和审美艺术上仍然坚守民族特色。今天，当我们看到韩国已经给我们提供了这种本国传统和西方文明和谐共处、各行其道而互不相扰的范例时，我们必须承认这种设想是有可能变为现实的。其二，西方文化中主客两分的二元对立思维模式和高度发达的工具理性与中国文化中的“天人合一”的思想以及主客两忘、心物一体的物化思维模式本来是可以互补的。新文化运动的主将过分强调西方文化的优越性和“德”、“赛”二先生的无与伦比的作用，只能导致对外的一味崇拜和对内的极度不自信，从而看不到传统文化的人文精神、终极关怀、忧患意识、知其不可为而为之的进取态度等有价值的一面。今天，许多学者已经充分认识到西方工业文明给人类带来的负面影响和西方强盛的科技理性所表现出来的局限性，因而开始逐渐恢复对民族文化的自信心。季羡林先生在20世纪90年代初提出的“三十年河西，三十年河东”的理念就能充分说明这一点。这个理念的主要含义就是“西方文化的昌盛期已过，取而代之的将是东方文化”。季先生还提出“以东方文化为主导，吸收西方文化中的精华，把人类文化的发展推向一个更高的阶段……以东方文化的综合思维模式济西方的分析思维模式之穷”[①]。毫无疑问，这些思想和立论在目前的学界具有一定的代表性和说服力。相比之下，李慎之先生在谈到全球性的价值观念危机时说得更加明确肯定：“孔孟之道历来被认为是一

① 季羡林：《东西方文化议论集》（上），69、84页，北京，经济日报出版社，1997。

种政治—伦理哲学，它可以成为我们重建道德秩序的精神支柱。”①

那么，与五四新文化运动的“棒杀”态度相比，我们今天这场轰轰烈烈的“重振国学”热潮是否有“捧杀”之嫌？无论如何，非此即彼式的思维模式和行为方式都是值得警惕的。尽管我们一再重申继承和批判相统一以及弘扬和鉴别相结合的原则，但是久蓄的民族复兴的情绪和媒体的刻意炒作还是容易让人失去清醒的头脑。因此，我们必须就传统文化对今天现实的意义和作用进行深度拷问和全面检视，才能将所谓“汲取精华，剔除糟粕”的精神落到实处，也才能在“儒学完全可用”和“儒学已经毫无意义”这两种极端的意见中作出理性的选择和判断。概言之，我们必须认真思考传统文化对今天我们面临的国内国际环境是否有其生存和发展的重要价值。首先，改革开放和市场经济所形成的国内大环境已经使身处其中的国人在道德观念和价值观念上发生了中国有史以来的最大变化。在汹涌的商品大潮和“一切向钱看”的社会风气裹挟下，人的异化已经达到令人触目惊心的程度，它表现为物欲的极度膨胀、道德的严重滑坡和艺术的全面沉沦等症候。因此，儒家的“仁、义、礼、智、信”和“温、良、恭、俭、让”显然对今天的精神现实具有实际意义，“礼以节外，乐以和内”的思想仍然对我们有很大的启发。一些港台学者针对他们那里更为严重的异化现实，痛心疾首地指出：“我们必须祈望儒家的真理名言，能发人深省，建立中国固有的伦理道德，社会才能安定，人民才能有真的幸福生活。”② 尤其对于我们这个宗教信仰先天缺失的民族，这种疾呼和主张是非常值得我们关注的。不仅如此，传统文化的断裂和旧理想主义的破灭所造成的精神真空与价值观的扭曲急需填补和纠正，而儒家严明的价值体系和道德形而上的追求恰好可以起到它应有的作用。

目前我们遭遇的另一个同样严峻的精神现实是大众文化对精英文化的挤压、扩张和同化现象。大众文化“是指在现代商品社会应运而生的、以大众传播媒介为载体的、以现代都市大众为主要对象的文化形态”③。众所周知，大众文化的主要特征就是商业性和娱乐性，它的生产和制作呈现出低幼化、粗鄙化、欲望化、模式化和平面化的趋向，因而对精英文化包括传统文化的生存和发展构成了极大的冲击。毫无疑问，在“超级女声”和“快乐男声”这样的流行文化肆意弥漫的环境中，大张旗鼓地提出“弘扬传统文化”的口号肯定具有划时代的意义。与此同时，在“全球化”愈演愈烈的国际大环境中，我们面临的最大危机和挑战当是民族文化的生存和自我历史文化的身份认同问题。当西方强势文化凭借着强大的经济力量对发展中国家进行文化渗透和同化时，几乎每一个有责任感的学人都同时产生了深刻的危机意识。香港著名学者胡国亨先生这样焦虑地论述道：“一股维系我们民族的力量，即我们对中国文化的认同，已被有中国特色的西化消磨得七零八落。现代化所带来的消费主义、自我主义、没有原则的竞争、对历史文化的漠视及践踏，使我们变得麻木不仁，使我们忘记了本身文化的独特性和优点，使我们盲目地以西方的标准为标准，以西方的价值为价值。”④ 因此，从这个角度来审视当代“国学热”，我们无疑应该对它潜在的巨大意义

① 李慎之：《全球化与中国文化》，载《太平洋学报》，1994 (3)。
② 《哲学与文化》社论，1995 (6)。
③ 姚文放：《当代审美文化批判》，3 页，济南，山东文艺出版社，1999。
④ 季羡林：《东西方文化议论集》(下)，603 页，北京，经济日报出版社，1997。

作出积极的评价。总之，“在当今文化同化的大趋势面前，怎样使民族文化既充满活力地存在，又能面向现代化、面向世界、面向未来，这是有民族使命意识的理论家所应通过探索而回答的问题。”①

三、当代国学教育

检视中国古代历史，真正意义上的国学研究和教育从未中断过。史载东汉的太学鼎盛时期学员达到3 000余人，他们还将儒家经典刻在石碑上并立于太学门前，这就是有名的《熹平石经》，颇有点类似我们今天的官定教科书。此外，太学常设“五经博士”，专司国学典籍的注疏、研究和教授。近现代以来，由于频繁的历史动荡和政治变故，国立学校的正规的国学教育几乎销声匿迹，取而代之的是西方现代学科体制教育。在当代“重振国学”热潮的影响下，不少地方以“国学学校”、“慧文学校”、“读经学校”等名称办起了许多相对独立的国学教育机构，这些学校以诵读、讲授古代经典为主要学习内容，采取一种全封闭的关门办学的管理模式和教育理念，试图培养出能够热爱并弘扬传统文化的优秀国学人才。但是一些有识之士对此不以为然，他们认为：“简单复制古代的国学教育或者企图恢复国学教育的一统天下，是没有出路的。唯一可供选择的方向，就是将国学教育与现代教育接轨，融入现代教育的体系之中，成为现代教育的一个有机组成部分，只有这样，国学教育才能健康持久地存在和发展下去。”②

无论如何，当代“重振国学”的宏愿必须坚持“两条腿”走路的原则才有可能实现。即一方面在学术研究上要倾力扶持，鼓励自由论争，无论是“以史带论”还是“以论带史”的研究，都应该本着继承和创新的统一，汲取和扬弃的统一，这是理论层面的建设；另一方面，国学教育必须全力跟上，以保证国学人才的接续和传统文化精神的落实。正如复旦大学哲学系王德峰教授所言：“真正的国学存在于一个民族的文化生命的实践中。”显而易见，国学以及国学中所蕴涵的人文思想、道德关怀、生命精神和其他积极的价值理念如果不能通过教育进入国民的灵魂，这样的国学只能是空中楼阁，瓶中之花。这是实践层面的建设。可喜的是，自20世纪90年代开始，从民间到政府，席卷全国的国学教育热潮至今温度不减，且呈现出正规化、普及化和终身化的趋势与特点。2002年人民文学出版社出版了一套包括《四书》、《五经》在内的“儿童中国文化导读丛书”，该书一上市便大受欢迎，一年之内再版三次；据《北京青年报》报道，北京大学“乾元国学教室”正式开课，学员大多来自银行界、企业界的成功人士和部分政府官员，他们将进行为期一年的国学主干课程学习；2004年，人称“当代大儒”的蒋庆编撰了一套12册的包括19部儒家经典共15万字的“中华文化经典基础教育诵本”，用来对12岁以下的孩子进行“蒙学教育”；北京宣武门的圣陶学院，北大西门的一耽学堂以及各地开办的私塾招收的学员越来越多。中国人民

① 黄力之：《世纪末的“国学热”之意识形态解读》，载《理论与创作》，2001（5）。
② 毕天璋：《国学教育热——对中国思想文化传统的新的认同》，载《河南教育学院学报》，2006（4）。

大学校长纪宝成在接受记者采访时的发言也许可以代表所有这些方兴未艾的国学教育的心声："正规的国学教育虽然刚刚起步，还处于探索阶段，但是，办国学院的必要性是毋庸置疑的，现在不存在要不要办的问题，而是怎样办得更好的问题。"

必须补充一点，以诵读和传授经典为主要形式的蒙学教育以及大学国学院以研究为目的的人才教育固然重要，但更为重要的是，必须从儿童和青少年的日常行为习惯的养成开始抓起，唯如此国学教育方能成为真正意义上的"教育"。对于喝着可口可乐、吃着麦当劳、看着进口大片长大的中国孩子，只有让国学内涵和精神由意识层面的知识变为无意识层面的教养，进而成为他们的行为准则和生活方式，国学教育才意味着真正的成功。譬如我们可以从传统礼仪的训练做起，甚至可以从"某某先生"、"某某君"这样的日常礼貌称呼开始养成。毕竟，"礼"是人类永远不可丧失的必要形式，是提升人的道德修养和建构和谐社会的重要途径。一个不讲究必要的礼节约束的民族，不仅其国民的言行会粗鲁不堪，其内在的文化精髓和血脉也必然会丧失殆尽。倘如此，尚何言"重振国学"和"文化复兴"?

四、当代民族文化建设

如上所言，当代文化复兴思潮很大程度上得益于自上而下和自下而上的双向互动，易言之，"国学热"同时具备了民间性和意识形态性两个底色。尤其是主流意识形态的接纳和重视，使得民族文化的当代建设问题赫然摆在早已纳入体制内的文化研究者面前。近年来一个很有意思也颇令人深思的现象已为国民所共睹：在很多重大场合的讲话中，越来越多的国家领导人开始大量援引中国传统经典中的至理名言，开始从全球的视域强调中国传统文化的独特性和中西文化的互补关系。比如 2003 年 12 月，温家宝总理在哈佛大学演讲中指出：中华民族的传统文化博大精深、源远流长。早在 2 000 多年前，就产生了以孔孟为代表的儒家学说和以老庄为代表的道家学说，以及其他许多也在中国思想史上有地位的学说流派，这就是有名的"诸子百家"。从孔夫子到孙中山，中华民族传统文化有许多非常宝贵的东西。从这些讲话中透露出的指导思想可以看出，中华民族已经整体性地意识到，要想在文化多样性日益萎缩和强势文化日益扩张的全球背景下保持自己的文化身份和地位，只有我们自己首先认同并复兴历史悠久的文化传统，将民族文化的建设作为一项任重道远的精神工程来对待。

民族文化的当代建设遇到的第一个不能回避的难题就是话语概念的现代转换问题。显然，从 20 世纪初开始的白话文叙事至今已经变成了我们的思维语言，1949 年以后的简化汉字更是让我们远离了传统文化的语境。众所周知，文化经典的常用话语如果不能与当代学术语言和日常语言有机融合，并在保留经典话语基本内涵的前提下顺利转换，那么所谓民族文化的当代建设就很难解决接受和普及的问题。其次，当代民族文化建设必须彻底摒弃实用主义的态度。有人认为"国学热"的持续升温只是媒体刻意炒作的结果，他们还用北京大学文史哲综合实验班（也被称为"国学大师班"）在 21 世纪之初停止招生来例证，由于国学不能解决当前人们的就业等实际问题，因而国学终究会因为不能实用而逐渐淡出大众的视野。无疑，这种实用理性对文化建设是非常有害的，毕竟文化建设这种精神层面的构建与物质的制造大相径庭，精神建构既是非功利的、长期的，其价值和作用也是物质建设所远远不及的。最后，需要强调一点，当代民族文化建设不能缺乏批判之维。文化保守主义者利用国学热潮对传统文化大唱赞歌，一好百好，甚至摆出全面复古的架势，这只能导致激进主义者更强烈的反对和广大中间人物的厌恶反感。学术上的“百花齐放，百家争鸣”当然是必要的，但更重要的是每一个建设者都应该自觉地增强批判意识和批判力度，并坚持批判基础上的传承和重构。唯如此，当代民族文化建设方能在传统精华和现代思想的结合中开花结果。

【思考与研讨】

1. 以主流文化、精英文化和大众文化三者的关系以及你对大众文化的态度为话题，以组为单位进行讨论并作个人发言。

2. 思考在文化全球化的大潮中如何保持民族文化的地位和特色的问题，将自己的观点写成一篇小论文。

3. 根据如何对待传统文化的三种思想倾向，将班级划分为几个辩论小组展开辩论。

后记

《中国文化概论》第一版在1999年出版的“高等院校21世纪人文素质教育教材”《中国文化概论》的基础上修订而成。在修订过程中，本书编委会坚持以弘扬中国传统文化，提高当代大学生的人文素养为原则，以梳理和彰显中国文化的理论精髓和实践成果为导向，在保持原有编写体例的特点的基础上更上层楼。为了使本书能够在内容质量上有较大的提升和改善，本书编委曾特别邀请楼宇烈、蔡钟翔、陈传才、袁济喜、詹杭伦、冷成金、彭永捷等专家学者参与修订讨论。本书编委会根据这些专家学者的精辟意见进行了认真细致的修改。在此再次向这些专家学者表示诚挚的谢意！

本书2012年人大版第二版再次进行了修订。压缩了繁复的内容，精简、更换了部分选文。具体修订工作由金元浦、刘登阁等完成。为了方便教师教学和学生学习，本书延续第一版的做法，仍然附有配套教学课件。这使得本书在体例完备、内容适当、文选丰沛、话语古雅等特点上能够锦上添花。

目前三度修订的精编本，在保持原书主体结构不变的情况下，进一步压缩了篇幅，删削、合并、调整了部分章节，使得这本教材更精练易读。

本书的修订得到了各位撰写者的大力支持，在此一并感谢。

金元浦

2014年6月10日

图书在版编目（CIP）数据

中国文化概论：精编本/金元浦主编．—北京：中国人民大学出版社，2014.6
ISBN 978-7-300-19495-0

Ⅰ.①中… Ⅱ.①金… Ⅲ.①中华文化-高等学校-教材 Ⅳ.①K203

中国版本图书馆CIP数据核字（2014）第128615号

普通高等教育"十一五"国家级规划教材
普通高等教育精品教材
21世纪中国语言文学系列教材
中国文化概论
（精编本）
主　编　金元浦
副主编　薛永武　李有光　刘登阁
Zhongguo Wenhua Gailun

出版发行	中国人民大学出版社		
社　　址	北京中关村大街31号	**邮政编码**	100080
电　　话	010－62511242（总编室）		010－62511770（质管部）
	010－82501766（邮购部）		010－62514148（门市部）
	010－62515195（发行公司）		010－62515275（盗版举报）
网　　址	http://www.crup.com.cn		
经　　销	新华书店		
印　　刷	北京昌联印刷有限公司		
规　　格	185 mm×260 mm　16开本	**版　　次**	2014年6月第1版
印　　张	17.25	**印　　次**	2020年4月第10次印刷
字　　数	369 000	**定　　价**	38.00元

关联课程教材推荐

书号	书名	作者	定价
978-7-300-15457-2	世界文学名著赏析	钱谷融 刘洪涛	49.00 元
978-7-300-26211-6	艺术欣赏（第二版）	黄高才 刘会芹	58.00 元
978-7-300-24379-5	电影导论	陈涛	65.00 元
978-7-300-24355-9	书法创作与欣赏	倪文东 傅汝明	35.00 元
978-7-300-24520-1	外国工艺美术简史	张夫也	75.00 元
978-7-300-19271-0	艺术学概论（第二版）	潘必新	25.00 元
978-7-300-24493-8	音乐欣赏（第二版）	齐柏平 赵方	35.00 元
978-7-300-19272-7	国学概论	黄高才	28.00 元
978-7-300-20707-0	文学欣赏	金元浦	32.00 元
978-7-300-22350-6	儿童文学概论	谭旭东	28.00 元
978-7-300-22528-9	美学概论（第四版）	牛宏宝	32.00 元
978-7-300-25462-3	唐诗宋词鉴赏（第二版）	张明非等	39.00 元
978-7-300-24346-7	文学理论实用教程（第二版）	杨守森	34.00 元
978-7-300-22242-4	西方文化概论	曹顺庆	35.00 元
978-7-300-24495-2	新编文学理论（第二版）	童庆炳	45.00 元
978-7-300-22115-1	中国传统文化概要（第三版）	冯希哲	35.00 元
978-7-300-17231-6	中国民间文学概论（第三版）	黄涛	49.00 元
978-7-300-21022-3	中国文化概论（第三版）	金元浦	49.80 元

配套教学资源支持

尊敬的老师：

衷心感谢您选择使用人大版教材！相关的配套教学资源，请到中国人民大学出版社网站（www.crup.com.cn）免费下载，或是直接与我们联系。

样书申请及课件处理，请联系：

龚洪训

电话：010－62515637

电子邮件：6130616@qq.com

选题策划及出版，请联系：

刘 静

电话：010－62513587

电子邮件：12918646@qq.com

地址：北京海淀区中关村大街 31 号

邮编：100080